DU MÊME AUTEUR

HISTOIRE

DE LA

POLITIQUE EXTÉRIEURE DU GOUVERNEMENT FRANÇAIS

1830-1848

AVEC DES NOTES, PIÈCES JUSTIFICATIVES ET DOCUMENTS
ENTIÈREMENT INÉDITS.

DEUXIÈME ÉDITION

Deux beaux volumes grand in-18.

PARIS. — IMPRIMERIE DE J. CLAYE ET Cᵉ, RUE SAINT-BENOÎT, 7.

AVERTISSEMENT

L'histoire de France n'est plus à faire. Des hommes considérables, qui ont rendu dans la politique et dans la science des services que le pays n'entend pas oublier, ont jeté sur nos origines nationales, sur la formation de notre société moderne et sur le développement successif de notre territoire, les plus vives et les plus pénétrantes lumières. Instruits à leur école, et s'aidant avec choix des nombreux mémoires que notre époque a vus paraître, des écrivains distingués ont raconté en détail les règnes de quelques-uns de nos rois. Introduite par le gouvernement lui-même jusque dans les archives de nos vieilles chancelleries, et guidée dans l'étude des anciens documents historiques par les commentaires des plus éminents esprits, notre génération n'a plus à apprendre quelle suite de guerres heureuses et de négociations habiles a servi à créer l'unité de la France. Elle sait par quels efforts de patience et de génie les politiques des temps passés ont préparé de siècle en siècle, et peu à peu consommé l'adjonction au vieux sol français de tant de provinces, dont l'indestructible cohésion constitue encore aujourd'hui la plus résistante de nos forces. Mêlés cependant, et comme perdus dans l'immensité des événements généraux, les faits particuliers qui concernent ces portions distinctes de notre patrimoine national n'ont pas toujours pu être distinctement saisis dans leur ensemble, représentés avec assez de soin, ou racontés avec une étendue suffisante. D'autre part, les annales de nos anciennes provinces, lorsqu'elle ont été rédigées à un point de vue trop exclusif, ont quelquefois fatigué, par l'excès des détails, l'attention des lecteurs.

Nous avons pensé qu'en recourant avec discernement et impartialité, tantôt aux pièces d'origine française, tantôt aux chroniques locales, il ne serait pas impossible d'extraire du cours entier de notre histoire quelque récit détaché assez instructif et curieux. L'histoire d'un pays peut être intéressante, sans que ce pays ait joué un rôle important dans les destinées de l'Europe. D'ailleurs, si nous ne nous abusons pas, le public a cessé de se complaire aux trop vastes conceptions. Cruellement désabusé par l'expérience, il n'a plus qu'une foi médiocre dans la philosophie de l'histoire; il en est venu à se méfier un peu d'une science toujours à l'aise et sûre d'elle-même dans le passé, qui dispose volontiers de l'avenir, mais qui se laisse à tout moment surprendre et dérouter par le présent. Si telles sont, en effet, les dispositions du public, nous voudrions espérer qu'il ne lui déplaira pas d'entendre raconter les vicissitudes d'un petit pays dont l'histoire ne lui est peut-être pas parfaitement connue. Il n'y a pas deux siècles, l'ancien duché de Lorraine jouissait, sous le gouvernement paisible de ses ducs, d'institutions politiques régulières et libres dont les pareilles n'existaient pas en France à cette époque. Il y a moins de cent ans, elle avait encore, sous le règne de Stanislas, une administration indépendante et séparée de celle du royaume de Louis XV.

Nous essaierons de dire comment la réunion de la Lorraine à la France, méditée par Henri IV et sans cesse poursuivie par ses successeurs, si souhaitée d'une part, si redoutée de l'autre, s'est enfin définitivement accomplie. Nous ne nous sommes pas, à proprement parler, proposé d'écrire une histoire générale de la Lorraine. Cette histoire existe, quoique assez peu connue des personnes du monde. C'est celle de D. Calmet. Nous avons visé plutôt à compléter l'œuvre du savant bénédictin, en insistant sur les portions de son sujet qu'il a volon-

AVERTISSEMENT.

tairement omises, ou à dessein rejetées dans l'ombre. En effet, Dom Calmet, à qui nous devons sept grands volumes in-folio, remplis de nombreuses dissertations et d'une masse de preuves historiques curieuses à consulter, avait reçu du duc Léopold, qui lui commanda son ouvrage, l'invitation expresse de n'y rien insérer qui pût éveiller les susceptibilités du gouvernement français. Quelle qu'ait été l'application de D. Calmet à répondre aux désirs de son maître, son histoire ne fut pas plus tôt finie et imprimée (vers 1728), que la publication en fut défendue. Le roi de France avait ouï dire que le travail de l'auteur lorrain renfermait des choses contraires à ses intérêts, qui risquaient de faire renaître les prétentions d'indépendance du chapitre de Remiremont, et de compliquer les difficultés pendantes au sujet du Barrois mouvant. A sa demande, trois commissaires furent nommés pour examiner l'ouvrage entier. Ils exigèrent la suppression de quarante-cinq feuillets. Plus tard, après la prise de possession de la Lorraine, M. le maréchal de Belle-Isle, n'étant pas satisfait de la réparation accordée à la France, et trouvant sans doute que les exemplaires corrigés contenaient encore des assertions qui pouvaient nuire à l'autorité du roi Louis XV, fit saisir et supprimer tous les exemplaires qu'il put trouver en Lorraine.

Ces précautions ne furent pas les seules employées, soit par le gouvernement français, soit par les autorités lorraines, pour fermer la bouche aux écrivains du temps qui voulaient raconter des faits que l'on préférait voir ensevelis dans un profond silence. Dès avant cette époque, l'abbé Hugo ayant, sous le nom de Baleicourt, commencé une histoire de Lorraine, le parlement de Paris avait condamné et supprimé son livre par arrêt du 17 décembre 1712, comme offensant et méconnaissant les droits du roi de France. Pendant le règne de Stanislas, Chevrier, l'auteur du *Colporteur*, essaya d'écrire une autre histoire des ducs de Lorraine, ouvrage dans lequel les actions des princes de cette maison, la conduite de leurs ministres et les événements presque contemporains étaient jugés avec une certaine liberté dégagée et frondeuse particulière à cet auteur; on ne lui permit pas d'aller plus loin que Charles IV. Les volumes v et vi, qui racontaient les règnes suivants, furent saisis et complètement supprimés; il n'en est pas resté un seul exemplaire. Ces rigueurs étaient expliquées, sinon justifiées, par l'émotion que la perte de leur indépendance causait alors aux peuples de cette contrée. Ces fières susceptibilités furent longues à se calmer. Naguère encore elles étaient si vives, que plusieurs personnes de Nancy se souviennent d'avoir vu de vieux Lorrains ne traverser jamais la place Stanislas sans détourner la tête, pour ne pas voir la statue du prince étranger qui avait remplacé leur dynastie nationale.

Nous avons donc tâché, sans négliger absolument les événements généraux de l'histoire de Lorraine, de mettre surtout en relief les incidents de la lutte qui a précédé l'incorporation de la Lorraine à la France, lutte soutenue avec persévérance contre les rois de France par une race de princes illustres qui n'ont quitté leurs États héréditaires que pour monter sur le trône de l'Autriche. Nous nous sommes principalement appliqués à préciser la série des faits que la prudence des auteurs contemporains a quelquefois préféré taire, ou que leurs passions ont trop souvent dénaturés. Notre but a-t-il été atteint? nous sommes loin de le penser. Nous avons seulement la conscience de ne nous être épargné aucune peine, et d'avoir fait tous nos efforts pour tirer le meilleur parti des documents nombreux, et la plupart inédits, que nous avons eus à notre disposition, et qui nous ont paru de nature à jeter quelque lumière sur le sujet que nous avons choisi.

Est-il besoin d'ajouter que cet ouvrage a été conçu et entrepris en dehors des préoccupations que les circonstances actuelles peuvent faire naître, et plutôt pour nous en distraire que pour nous en occuper? On n'y rencontrera ni sous forme d'idées générales, ni par voie indirecte, aucune allusion aux affaires de notre temps. Les écrivains qui en se félicitant de l'état de choses actuel, ont le tort d'adresser aux gouvernements déchus des reproches qu'il n'est pas permis de relever aujourd'hui, ont raison quand ils conseillent à leurs adversaires de ne pas se livrer à la guerre des allusions. Dénigrer en cachette pour se venger de ne pouvoir attaquer en face, ne sera jamais un procédé à notre usage; il a, suivant nous, l'inconvénient de paraître tenir un peu de la crainte et d'impliquer trop de respect. Nous craindrions qu'on ne nous supposât des sentiments que nous n'éprouvons pas.

Il ne nous reste plus qu'à réclamer l'indulgence de nos lecteurs, et à remercier tous ceux qui ont bien voulu nous guider dans l'étude que nous avons dû faire de tant de pièces historiques assez confusément réparties dans les collections publiques. Il est impossible de fréquenter nos archives nationales et nos bibliothèques, sans savoir combien est grande l'obligeance des conservateurs et des employés de tous ces établissements scientifiques. Sans l'utile assistance qu'ils veulent bien prêter à ceux qui les consultent, les recherches les plus attentives resteraient presque toujours infructueuses. Personne n'avait plus que moi besoin de leurs services, et personne ne leur en gardera plus de reconnaissance. Je dois aussi à la complaisance de plusieurs érudits lorrains la communication de beaucoup de renseignements utiles, et de quelques livres et manuscrits qui m'ont aidé dans mon travail. Le nombre de ces personnes obligeantes est trop grand, pour que je puisse les nommer toutes. Qu'il me soit toutefois permis d'offrir le témoignage de ma gratitude au savant bibliothécaire de la ville de Nancy, M. Soyer Wuillemet, et à M. Noël, qui a mis avec tant de bonne grâce à ma disposition la précieuse collection de ses manuscrits lorrains.

Mars 1854.

ERRATA

Page	ligne	au lieu de	lisez
29	18	Samoral.........	Lamoral.
126	17	Ferdinand III......	Ferdinand II.
277	12	aux chevaliers du guet.	au chevalier du guet.

HISTOIRE

DE

LA RÉUNION DE LA LORRAINE

A LA FRANCE

CHAPITRE PREMIER.

Situation de la Lorraine. — Sa population. — Ses anciennes institutions. — Politique des ducs. — Ils s'affranchissent peu à peu du vasselage des empereurs d'Allemagne, et s'allient étroitement avec la France. — Établissement des cadets de Lorraine en France. — Leur rôle considérable sous Henri II.

La Lorraine, cédée en 1737 au roi Stanislas, a été définitivement réunie à la France en 1766; mais cette réunion, accomplie sous Louis XV, avait été préparée par ses prédécesseurs. Vainqueur de la ligue, Henri IV s'empressa de donner sa sœur à l'héritier du duc Charles III. Cette alliance rompue par la mort de Catherine, il prit soin d'arranger le mariage du dauphin, encore enfant, avec la fille aînée du duc Henri. Louis XIII, devenu maître de son royaume par la défaite des grands et par la prise de La Rochelle, revendiqua le Barrois faute d'hommage, envahit deux fois la Lorraine, et démantela toutes celles de ses places qu'il ne put retenir. Louis XIV, poussant plus loin la même politique, arracha au duc Charles IV la cession de son duché, s'en empara bientôt après, et, malgré les efforts de l'Europe coalisée, le garda pendant la plus longue partie de son règne. Ainsi, tour à tour occupée de vive force, ou momentanément rendue à ses souverains légitimes, la Lorraine n'a jamais cessé d'être, soit le théâtre des entreprises violentes des rois de France, soit l'objet de leurs incessantes négociations; et l'on peut dire que la paix elle-même ne lui a pas été moins funeste que la guerre. Cependant, l'histoire, qui ne tient guère compte des résistances malheureuses, n'a pas attaché grand intérêt au sort d'un petit pays si fort tourmenté, et qui n'a trouvé de repos qu'en perdant sa nationalité.

En racontant les fortunes diverses des princes de la dynastie lorraine, chassés tant de fois de leur capitale, transplantés de Nancy à Florence, de Florence à Vienne, dépouillés de leurs États héréditaires par les chefs de cette puissante maison de Bourbon qui avait déjà tant ajouté de provinces au royaume des Valois, je m'efforcerai d'être exact et de présenter les faits dans leur réalité. Aux documents déjà produits, j'en ajouterai qui sont demeurés inconnus jusqu'à ce jour [1]. Je n'épouserai les préventions d'aucun parti. Je resterai de sang-froid. J'aurai même soin de me défendre de la passion posthume et, partant, un peu factice que le récit des faits allume parfois chez l'écrivain qui les raconte. L'impartialité sera ma règle. L'acquisition de la Lorraine, conforme aux intérêts de la France et nécessaire à sa grandeur, fut l'œuvre d'une politique profondément habile, moins soucieuse du droit que de la force, et plus nationale que scrupuleuse. Les efforts des ducs de Lorraine, de la noblesse et du pays tout entier, pour préserver leur commune indépendance, ont été continuels et opiniâtres. La lutte soutenue pendant

---

[1]. Les archives des affaires étrangères contiennent sur les affaires de Lorraine une suite de documents les plus curieux et les plus authentiques. On y trouve non-seulement les dépêches de tous les ministres français depuis le cardinal de Richelieu jusqu'à M. le duc de Choiseul, mais leurs plus secrètes instructions, la suite complète des relations de leurs agents en Lorraine, quelques-unes des lettres officielles des rois de France et des ducs de Lorraine, et nombre de mémoires rédigés par les personnages souvent considérables qui ont été mêlés à ces longues négociations. Cette collection, qui ne remplit pas moins de 80 volumes in-folio, m'a été du plus grand secours. Outre les informations précieuses qu'elle m'a fournies sur le fond même des choses, elle m'a servi à constater l'époque précise de certains faits, et la suite de plusieurs événements que les chroniques du temps et les écrivains postérieurs n'ont pas toujours placés dans un même ordre. Dans les cas douteux, je m'en suis le plus souvent rapporté aux correspondants du gouvernement français en Lorraine. En effet, s'il est raisonnable de n'accepter leurs appréciations qu'avec une extrême réserve, il est difficile de ne pas se fier aux indications chronologiques qui ressortent de leurs dépêches. Un agent passionné ou prévenu peut se tromper ou tromper ceux qui l'emploient; mais on ne peut guère imaginer qu'il se méprenne ou qu'il impose, quant aux dates et à la succession des faits matériels qui se passent sous ses yeux, et dont il rend compte journellement.

un temps si long n'a pas été sans courage, sans quelque gloire, et surtout sans beaucoup de souffrances. Moins qu'un autre, je ne voudrais ni être injuste pour la cause la plus faible, ni oublier les souvenirs qui honorent, dans le passé, une province devenue aujourd'hui si complétement française.

Il importe, avant tout, d'exposer l'état politique de la Lorraine, au moment où commence notre récit.

L'ancien duché de Lorraine se composait de la Lorraine propre, Vosges et Lorraine allemande; du Barrois placé sous le ressort du parlement de Paris, ou Barrois mouvant, et du Barrois sous le ressort de la cour souveraine de Lorraine, ou Barrois non mouvant. L'ensemble du pays avait dans sa plus grande étendue, du nord au sud, à peu près quarante lieues de longueur, et trente à trente-cinq de largeur, de l'est à l'ouest. Des fiefs importants, relevant, soit des empereurs d'Allemagne, soit des rois de France, morcelaient encore ce petit territoire. Les parties en étaient divisées à l'infini et séparées les unes des autres par le temporel des trois évêchés de Metz, de Toul et de Verdun. A ces désavantages se joignait, pour la Lorraine, le danger plus sérieux de n'avoir aucune barrière naturelle à opposer à ses voisins. Couverte seulement par les montagnes des Vosges qui la séparent de la Franche-Comté, elle touchait à l'empire d'Allemagne, du côté du levant, par l'Alsace et le Palatinat du Rhin; du côté du nord, par le duché de Luxembourg et l'archevêché de Trèves. Au couchant, du côté de la France, sa frontière était plus faible encore. Tandis que, pour arriver jusqu'à la Lorraine, les armées de l'Autriche étaient obligées de traverser le Rhin et de franchir quelques défilés susceptibles d'un peu de défense, il suffisait aux troupes françaises, rassemblées en Champagne, de remonter le cours paisible de la Moselle, pour se trouver devant Nancy, sa capitale. Ce pays si fort exposé, était en même temps très-fertile, et rien ne lui manquait de ce qui pouvait exciter la convoitise de ses ennemis. Les plaines de la Lorraine portaient de belles moissons; ses collines, peu élevées, étaient couvertes de forêts magnifiques; ses nombreuses vallées abondaient en pâturages, où paissaient beaucoup de chevaux de bonne race et toutes sortes de bestiaux. Le sol renfermait des mines productives et des salines d'un revenu considérable. Cependant, les habitants de ces riches contrées étaient dignes de les posséder, car ils étaient habiles à les cultiver et capables de les défendre : les Lorrains étaient un peuple industrieux et brave. Issus du mélange des peuplades bataves établies au nord de l'Europe et des guerriers francs qui avaient conquis l'Occident, ils réunissaient quelques-unes des qualités particulières aux descendants de ces races différentes. Comme les Hollandais, ils étaient naturellement paisibles, circonspects, tenaces dans leurs habitudes, et entendus à se procurer le bien-être à force de laborieuse activité. Comme les Français, ils se plaisaient au métier des armes. S'agissait-il de défendre leurs intérêts, de venger leur honneur, d'acquérir de la gloire, ils tiraient volontiers l'épée, s'imposaient sans peine les plus rudes sacrifices, et la mauvaise fortune ne les décourageait point. Mais le trait essentiel de leur caractère, c'était l'attachement à leur dynastie nationale. Cet attachement n'avait d'ailleurs rien d'irréfléchi ni de puéril : il était fondé sur les plus solides motifs.

Les souverains du pays, successeurs de Gérard d'Alsace, avaient d'autres titres à la considération des populations lorraines que l'antiquité de leur origine, et la grandeur de leur maison ; ils pouvaient se prévaloir de leurs vertus personnelles et du mérite de leurs services. En effet les ducs de Lorraine, souverains aujourd'hui de l'Autriche, maîtres seulement alors d'un très-petit État, avaient compris de bonne heure comment, pour assurer la conservation de leur héritage, ils devaient surtout compter sur l'affection de leurs sujets, et ils n'avaient rien négligé pour l'obtenir. Généreux et faciles envers le menu peuple, que la familiarité de leurs manières enchantait, ils avaient mis un soin égal à se concilier la bienveillance des grands du pays. Loin de chercher à restreindre les priviléges du corps de la noblesse, ils les avaient scrupuleusement respectés. Indifférents au vain plaisir d'exercer un absolu pouvoir, ils avaient même laissé, par une sorte de consentement tacite, les vieux usages de la contrée revêtir presque, avec le temps, l'apparence d'institutions positives. Ce système avait produit de notables effets, et maintenu longtemps la Lorraine dans un état assez différent de celui du reste de l'Europe. Ainsi, à une époque où les autres souverains, jaloux de leurs propres vassaux, n'emmenaient déjà plus à la guerre que des troupes soldées, commandées par des chefs dont le grade militaire constituait la principale dignité, les ducs lorrains apparaissaient encore sur les champs de bataille, à la tête des barons du pays conduisant, chacun sous sa bannière, les hommes liges de ses domaines. Ces seigneurs, l'élite de la noblesse, qu'on appelait la chevalerie lorraine, n'accompagnaient pas seulement le prince dans les combats; en temps de paix, ils se réunissaient à des époques fixes, et participaient avec lui à la distribution de la justice, ce premier attribut de la souveraineté. La cour des assises décidait gratuitement et souverainement de tous les procès entre particuliers [1]. C'était, en temps ordinaire, un tribunal ouvert à toutes les réclamations, et dans les occasions difficiles, un conseil où se débattaient

1. Voir à l'Appendice la note sur les institutions politiques de la Lorraine, sur la chevalerie et les assises.

les grands intérêts du duché. On le voit, la féodalité n'avait pas été comme ailleurs entièrement détruite en Lorraine ; ou plutôt, grâce à leur sagesse, le souverain et ses sujets avaient su la transformer graduellement, et en tirer quelques sages coutumes dont l'empire incontesté prévenait les excès d'autorité et profitait également à tous.

Sans compter nombre de princes excellents et modérés, la dynastie lorraine, toujours si profondément identifiée à son pays, avait eu le rare bonheur de lui fournir, à chaque phase importante de son histoire, le souverain que réclamaient précisément les circonstances du moment. Lorsque, vers le milieu du XVe siècle, la puissance des ducs de Bourgogne menaça l'indépendance des États voisins, inquiétant la France elle-même, Charles le Téméraire rencontra dans René II de Lorraine le terrible adversaire qui, après l'avoir vaincu une première fois à Morat, devait sous, les murs mêmes de Nancy, mettre un terme à ses violentes entreprises et à la fortune de sa maison. Après la chute des ducs de Bourgogne commença une autre lutte, plus sourde mais tout aussi active, contre leurs héritiers les empereurs d'Allemagne. Celle-ci fut conduite par le fils de René, le duc Antoine, appelé par ses peuples *le bon Duc*, et qui n'en fut pas moins un des plus avisés politiques de son temps. Telle fut l'habileté de ce prince, qu'au plus fort de l'ascendant de la maison d'Autriche, au moment où elle réunissait sur une même tête la couronne de l'empire et celle d'Espagne, il parvint à secouer le vasselage de la diète germanique, qui avait toujours prétendu donner aux ducs de Lorraine l'investiture de leur duché. Par une patente de Charles-Quint, accordée en 1542, consentie, l'année suivante, par tous les États de l'empire, le duc Antoine se faisait reconnaître pour souverain indépendant, tenu à une simple redevance envers la diète.

Les ducs de Lorraine n'avaient pas gagné des avantages aussi considérables du côté de l'Allemagne sans chercher ailleurs un point d'appui. Le roi Louis XI avait été l'allié secret de René II. Antoine fut élevé auprès de Louis XII ; et lui-même il envoya, dès l'âge de quinze ans, son fils se former à la cour de France, sous la tutelle de François Ier. Rentré dans ses États, le duc François, quoiqu'il eût épousé Christine de Danemark, nièce de Charles-Quint, n'en demeura pas moins attaché à la France, employant les courtes années de son règne à ménager un accord difficile entre ses deux voisins.

Ainsi occupés pendant plusieurs règnes consécutifs à rejeter le joug allemand, les ducs de Lorraine n'avaient pu songer à s'affranchir du même coup de l'influence française. Ils avaient eu trop besoin de l'assistance des rois de France pour oser leur refuser alors le serment de foi et hommage qu'ils leur devaient pour le Barrois. Ils s'engagèrent même de plus en plus dans la politique de cette couronne. La prise de possession par le roi Henri II des évêchés de Metz, Toul et Verdun, faillit changer cette étroite alliance en une complète sujétion. La conquête de ces trois villes importantes, outre qu'elle multipliait les points de contact entre la France et la Lorraine, lui faisait prendre pied au cœur même du pays. L'autorité spirituelle des trois évêchés embrassait à cette époque la totalité du duché de Lorraine, et leur juridiction temporelle y pénétrait fort avant. Verdun n'était pas une place sans valeur. Toul, également fortifiée, dominait le cours de la Moselle, qui se joint à la Meurthe non loin de Nancy. L'évêque de Metz possédait près de cette capitale des fiefs considérables, et ses droits seigneuriaux s'étendaient sur de nombreux enclaves disséminés par tout le territoire de la Lorraine. Un pareil état des choses avait eu peu d'inconvénients, et n'avait causé que d'insignifiants conflits d'attribution judiciaire, aussi longtemps que la souveraineté laïque et l'autorité ecclésiastique, confondues dans les mêmes mains, avaient été exercées par des évêques sans puissance, presque toujours choisis parmi les membres de la famille ducale, ou parmi les plus nobles maisons de la Lorraine. Il était difficile qu'il n'en fût pas autrement, du jour où la portion la plus essentielle de ces droits venait à passer à des princes ayant tout à la fois la volonté et la force de s'en prévaloir. Selon toute probabilité, de fâcheuses collisions n'auraient pas tardé à éclater sans la mort inattendue de Henri II. Les règnes de François II, de Charles IX et de Henri III laissèrent un peu de répit à la Lorraine.

Telle est la destinée inévitable des petits États placés trop près des grands empires, qu'ils ne doivent leur tranquillité qu'aux malheurs de leurs dangereux voisins. Les temps agités de la ligue furent, pour les populations lorraines, une époque de calme et de prospérité intérieure. Au dehors, c'est pour le nom lorrain l'instant du vif éclat et des plus étonnants succès.

Nos annales sont remplies du rôle joué dans nos troubles civils par les descendants de Claude, premier duc de Guise, cinquième fils de René de Lorraine, marié en France, en 1513, à Henriette de Bourbon. Rarement a-t-on vu une même tige princière produire ainsi, coup sur coup, tant d'illustres rejetons. Aussi braves capitaines que déliés politiques, habiles négociateurs, gens de conseil et d'exécution, joignant aux brillants dehors qui séduisent les peuples, les qualités solides qui mènent à bien les plus profonds desseins, les Guise ont, pendant un demi-siècle, occupé les premiers emplois du royaume, éclipsé et presque supplanté la race affaiblie des Valois. Comme il arrive presque toujours, la faveur royale et l'assentiment public ne furent d'abord que le juste prix des plus importants services. Par sa connaissance consommée des intérêts des cours européennes, par la prudence et l'à-propos de ses mesures, le cardinal Charles de Lorraine, plus qu'aucun autre des conseillers du roi Henri II, aida ce prince à reprendre sur ses ennemis les tardifs avantages qui signalèrent les dernières années de son règne. Les mérites de son frère furent plus signalés encore. Avant de donner, par le massacre de Vassy, le signal de ces violentes querelles religieuses dont il fut lui-même la première victime, François de Guise avait glorieusement défendu Metz contre Charles-Quint, repris Calais aux Anglais, Ham, Guines et Thionville sur les Espagnols. Il avait, dans une circonstance officielle, reçu du parlement le titre de conservateur de la patrie, et chassé hors du territoire ces mêmes étrangers que son fils le Balafré devait y rappeler plus tard. L'orgueil de tant de succès, l'engouement général qu'ils excitaient, l'ascendant incontesté qui en fut la suite, développèrent, chez des esprits naturellement ambitieux, les projets les plus hardis et les poussèrent aux plus funestes tentatives. Il n'était point possible aux Guise de combattre la maison de France et d'aspirer à sa succession, sans vouloir rallier à leur cause la branche régnante de leur famille et le pays dont ils étaient sortis. Malheureusement pour la Lorraine, ils y réussirent pendant un temps. De sa personne, le duc Charles III de Lorraine, fils de François Ier, fut le dernier des princes de sa maison à entrer dans la querelle; il s'y engagea moins avant qu'aucun d'eux; il s'en retira d'assez bonne heure; il y fut assez mêlé toutefois pour laisser clairement apparaître des prétentions directes à la couronne de France, revendiquée par le prince de Béarn, chef de la branche de Bourbon. Si passagère qu'ait été cette rivalité, Henri IV, victorieux, ne l'oublia jamais entièrement, et ses petits-fils, affermis sur leur trône, en ont toujours gardé, comme lui, bonne mémoire. A considérer au fond et dans ses plus sérieux motifs la politique suivie depuis cette époque par les rois de France, à l'égard de leurs voisins les ducs de Lorraine, on y découvre comme une secrète et vague rancune des dangers courus pendant le triomphe momentané de la ligue. On dirait que les princes de la maison de Bourbon s'imaginent, de bonne foi, accomplir un devoir, exercer un droit, et ne prendre que d'indispensables sûretés, lorsqu'ils s'efforcent, de génération en génération, soit en paix, soit en guerre, par la violence ou par la ruse, de dépouiller de leurs États des princes qui avaient, fût-ce un instant, osé convoiter leur héritage. Pour comprendre la longue suite de ces rudes représailles et posséder la clef des événements survenus plus tard, il est indispensable de connaître précisément la part que la branche régnante de Lorraine a prise dans les troubles de la ligue.

CHAPITRE II.

Charles III est emmené en France. — Il est élevé à la cour de Henri II avec les enfants de France. — Ses qualités précoces lui attirent la bienveillance de tous. — Il épouse Claude de France. — Il se rend en Lorraine avec sa nouvelle épouse. — Il retourne un instant en France pour assister aux conférences de Fontainebleau. — Ses mesures contre les protestants de Lorraine. — Sur la réclamation des anciens chevaliers, il fait une nouvelle entrée à Nancy, et jure de maintenir leurs priviléges. — Troubles de France. — Le duc de Lorraine répare ses places frontières et se tient prêt à toutes les éventualités. — Il commence la construction de la ville neuve de Nancy. — Ses rapports avec la cour de France jusqu'à la mort du duc d'Anjou.

A la mort de son père, François Ier de Lorraine, en 1545, Charles III n'avait que trois ans. La régence de ses États fut partagée entre Christine de Danemark, sa mère, nièce de Charles-Quint, et son oncle le prince Nicolas de Vaudémont. Le jeune duc venait d'atteindre sa huitième année, lorsque Henri II, passant en Lorraine pour se joindre aux chefs allemands de la ligue protestante, établit à Nancy, sous les ordres d'Arthur de Cossé, une garnison française chargée de lui garantir, pendant la durée de la guerre, la possession de cette ville [1]. La

[1]. L'occupation de la Lorraine n'eut pas lieu sans quelque résistance. La duchesse Christine de Danemark, voyant les grands préparatifs du roi de France, avait députe vers son oncle Charles V pour lui demander assistance. L'Empereur, occupé en Allemagne, lui conseilla de céder aux circonstances. Cependant le baron d'Haussonville, gouverneur de Nancy, que la duchesse avait placé dans la ville avec deux cornettes, ayant refusé au duc de Guise et au connétable de Montmorency d'y

duchesse Christine, soupçonnée de favoriser les Espagnols, fut dépouillée de sa part dans la régence, qui fut entièrement remise au prince de Vaudémont, plus attaché aux intérêts de la France. Le jeune prince lui-même, séparé des seigneurs lorrains, Jean du Châtelet, le baron d'Aguères et le sieur de Ligneville, que son père lui avait donnés pour gouverneurs, fut confié aux soins de M. de la Brosse-Mailly, et conduit à Paris pour y être élevé avec le dauphin. Charles III ne séjourna pas moins de sept ans en France. L'affection de Henri II, qui lui destinait sa fille, protégea sa jeunesse. Les conseils de ses oncles, tout-puissants à cette époque, dirigèrent ses premiers pas. Il était difficile d'être placé à meilleure école : la cour de France était alors la plus polie de toute l'Europe. A côté de célèbres guerriers comme François de Guise et Anne de Montmorency, Charles III y rencontrait des savants

---

recevoir garnison française, Henri II ordonna que l'on placerait un corps de garde de ses troupes dans la place, et renforça le guet de deux cents gentilshommes de sa maison. La duchesse, désolée de l'éloignement de son fils et du traitement qui lui était imposé dans sa propre capitale, essaya de fléchir le roi. Elle alla le trouver, fondant en larmes, dans la galerie du palais de Nancy, où il était logé avec toute sa cour. Elle lui remontra avec force qu'elle n'avait rien fait pour mériter sa colère. Son discours toucha tous les assistants. Le roi lui-même en fut ému. Il lui répondit gracieusement, la reconduisit jusqu'au bout de la galerie, mais ne voulut rien changer aux dispositions qu'il avait prises. D. CALMET, *Histoire de Lorraine*, t. V, p. 669.

Brantôme raconte cette entrevue avec plusieurs détails assez curieux et touchants dans la vie qu'il a écrite de la princesse Christine de Danemark. BRANTÔME, *Supplément à la Vie des dames illustres*.

comme Amyot et Ramus, des ecclésiastiques hommes d'État et protecteurs des lettres comme le cardinal de Lorraine et Paul de Foix, de l'illustre maison de Foix. Il vécut au milieu même du cercle de ces dames de grande naissance et de mœurs un peu faciles que l'habile Catherine entretenait complaisamment autour de son mari, et qui faisaient cortége à l'élégante Diane de Poitiers. Ce qui était plus heureux pour un prince de son âge, il était journellement admis dans l'intimité mieux choisie et plus restreinte de la docte Marguerite de France, fille de François Ier, nièce de la reine de Navarre, protectrice de Michel de L'Hôpital, celle-là même qui, dès cette époque, et non sans quelque peine, s'efforçait de faire accepter au frivole entourage du roi son frère les allures sévères de son intègre chancelier. Il avait enfin pour compagne ordinaire de ses études et de ses jeux sa jeune parente, la séduisante Marie Stuart d'Écosse, née la même année que lui, conduite presque en même temps en France, et, comme lui, destinée à porter un jour le poids d'une couronne étrangère [1]. Charles III n'était point déplacé en pareille compagnie. Son esprit était précoce et réglé. Il se fit remarquer de bonne heure par son grand air, par ces manières nobles et aisées qui sont

---

1. Marie Stuart était fille de Jacques V, roi d'Écosse, et de Marie de Lorraine, mariée en premières noces à Louis d'Orléans, duc de Longueville.

particulières aux princes de Lorraine [1] ; il y joignait le respect de lui-même et une certaine gravité tempérée, qui a toujours été, à peu d'exceptions près, un autre privilége de sa race. Ces qualités, rares en tout temps, plus singulières à son âge, lui concilièrent la faveur d'un monde capable de les bien apprécier, sinon de les imiter toutes. Claude de France s'attacha aisément à l'époux que la volonté de son père lui avait désigné et qu'entourait la bienveillance générale [2]. Charles III ressentit également pour cette douce et vertueuse princesse une tendresse sérieuse, plutôt encore accrue qu'affaiblie

---

1. Les princes de la maison de Lorraine ont toujours été signalés pour leur bonne tournure et une façon de démarche qui les faisaient tout d'abord reconnaître. C'est d'eux que la maréchale de Retz disait : « qu'ils avaient si bonne mine qu'auprès d'eux les autres princes paraissaient peuple. »

Les historiens lorrains prétendent que Charles III était d'une si grande beauté que tous les princes de l'Europe voulaient avoir son portrait, et qu'Amurath III, empereur des Turcs, s'en faisait faire un tous les ans. D. CALMET, t. V, p. 718 ; HENRIQUEZ, t. Ier, p. 302 ; BENOIT, *Histoire de Lorraine*.

2. « . . . . et parlerai de sa sœur qui fut Mme Claude de France, duchesse de Lorraine, qui a esté belle, vertueuse, bonne et douce princesse, quoy qu'on la dit en tout et à la cour ressembler à la mère et à la tante, et être leur vraye image ; elle avoit au visage une certaine gayeté qui plaisoit fort à tous ceux qui la regardoient. En sa beauté, elle ressembloit à sa mère, et en son sçavoir et bonté elle ressemblait à sa tante, que ceux de Lorraine ont toujours fort esprouvée bonne tant qu'elle a vescu, comme je l'ay veu moi, estant en ces pays-la, et après sa mort, l'ont trouvée fort à redire. Aussy, de sa mort, tout le pays en fut comblé de regrets, et monsieur de Lorraine la plaignoit tellement, qu'encore il a demeuré veuf d'elle jeune, ne voulut jamais se remarier disant qu'il n'en pourroit jamais trouver une pareille, et que s'il la pensoit trouver véritablement il se remarieroit. » *Mémoires de Brantôme*, Dames illustres, p. 322.

par la durée de leur union. Ce mariage, qu'avait précédé de fort peu celui de François et de Marie Stuart, se fit à Notre-Dame, le 22 janvier 1559, dans le même temps où la princesse Marguerite épousait le duc de Savoie. Ce fut au milieu des fêtes données à l'occasion de tant d'heureuses alliances que le roi Henri II périt, blessé à l'œil droit par l'éclat d'une lance qu'il avait voulu courir contre le comte de Montgommery.

La mort de son beau-père n'amoindrit en rien la position de Charles à la cour de France. L'ascendant de ses oncles, appuyés par Catherine de Médicis, était alors à son comble. Le nouveau roi, François II, beau-frère de Charles III, Marie Stuart, sa parente, lui témoignaient une égale affection. Cependant les soins à donner au gouvernement de ses États réclamaient sa présence en Lorraine. Charles et sa nouvelle épouse allèrent d'abord à Reims, assister au sacre de François et de Marie Stuart; ils s'acheminèrent ensuite vers Nancy. Telle était l'heureuse confraternité établie alors entre les maisons de France et de Lorraine, et l'étroit accord de tant de jeunes princes, que François II voulut reconduire le duc de Lorraine jusque dans la plus proche ville de ses domaines. Il mena avec lui, à Bar, sa jeune femme, sa mère la reine douairière Catherine de Médicis, ses deux frères, sa sœur Isabelle de France, récemment fiancée au roi d'Espagne, Antoine de Bourbon, roi de Navarre, les cardinaux de Lorraine et de Bourbon, nombre d'autres princes et princesses, force chevaliers et grands seigneurs [1]. La veille et le jour de Saint-Michel, le roi de France et le duc Charles assistèrent ensemble à l'office dans l'église de Saint-Marc, portant, avec les habits de cérémonie, les manteaux et le collier de l'ordre. La musique de la cour avait suivi le roi. Pendant plusieurs jours, la petite ville de Bar assista étonnée à une sorte de répétition des magnificences du sacre. Il semblait que François eût peine à se séparer du compagnon de son enfance. Marie Stuart, environnée des hommages qu'attiraient sa beauté et l'éclat de sa double couronne, se montrait surtout sensible au plaisir d'inaugurer, dans la patrie de sa mère, la pompe d'un règne qui devait si peu durer.

De retour à Nancy, Charles eut à s'occuper du règlement de cette foule d'affaires que les meilleures régences laissent presque toujours après elles. Il convoqua tous ses vassaux, se fit rendre les foi et hommage auxquels il avait droit, et exerça les reprises auxquelles étaient tenus tous ceux qui possédaient des fiefs dans les États de Lorraine et du Barrois [2]. Libre de ces premiers soins, il se rendit avec la princesse Claude à Remiremont, où il fit

---

1. D. Calmet, *Histoire de Lorraine*, t. V, p. 727.
2. D. Calmet, *Histoire de Lorraine*, t. V, p. 727.

serment de conserver les droits et privilèges de cette fameuse abbaye [1].

Ce premier séjour du duc en Lorraine ne fût pas toutefois de longue durée. De plus en plus maîtres de la confiance de la reine Catherine de Médicis et de l'esprit du roi son fils, les Guise rappelèrent leur neveu en France, où venait d'éclater la conjuration d'Amboise. Charles y resta assez longtemps pour assister à la conférence de Fontainebleau. Rien ne prouve qu'il ait connu et surtout approuvé les mesures violentes que le cardinal de Lorraine et François de Guise méditaient déjà contre le roi de Navarre, le prince de Condé, et les huguenots de France. Les historiens de Lorraine lui font au contraire honneur d'avoir proposé d'employer les raisons plutôt que la violence pour ramener à la foi catholique les partisans de la religion protestante [2].

Telle était la politique que Michel de L'Hôpital s'efforçait alors, à grand'peine, de faire prévaloir dans les conseils de France. Le jeune duc de Lorraine, ancienne connaissance du chancelier, qui avait toujours témoigné pour ce grand et vertueux citoyen autant de goût que de respect, était digne, en effet, d'appuyer d'aussi sages avis. Il ne tarda pas à prouver que, pour son compte et dans

1. Voir à l'Appendice, la note sur l'abbaye de Remiremont.
2. Henriquez, *Abrégé de l'Histoire de Lorraine.*

l'intérieur de ses États, il n'en voulait pas suivre d'autres.

La Lorraine n'était pas demeurée entièrement étrangère à l'impulsion qui portait alors presque tous les esprits vers les réformes religieuses. Cependant il s'en fallait de beaucoup que les doctrines de Luther y eussent été reçues avec la même faveur qu'en Allemagne. Le nombre considérable de fiefs ecclésiastiques, d'abbayes, de couvents, de fondations pieuses, qui couvraient la Lorraine et les trois évêchés, rendaient précieux à la noblesse ainsi qu'à la haute bourgeoisie du pays le maintien de l'établissement catholique. Les habitants des campagnes et les artisans des villes y étaient plus qu'ailleurs restés profondément attachés à leurs vieux usages et à la foi de leurs pères. C'était en se mettant à la tête d'une sorte de mouvement national, que le duc Antoine avait repoussé, trente ans auparavant, ces paysans fanatiques sortis des profondeurs de la Souabe et de la Misnie, qui prêchant, la torche à la main, l'égalité et la réforme, ravagèrent la Thuringe, la Franconie et la Saxe, pénétrèrent jusqu'en Alsace, et, partout victorieux, ne succombèrent que sous les efforts réunis du duc de Lorraine, de sa noblesse et de son peuple tout entier. La guerre des rustauds (ainsi fut appelée la croisade soutenue contre les bandes allemandes) avait laissé de profonds souvenirs dans toutes les classes de la population lorraine justement fière d'avoir préservé l'occident de l'Europe d'une nouvelle invasion de barbares ; et ces souvenirs ne contribuaient pas peu à la garantir contre tout prosélytisme religieux venant d'Allemagne [1]. L'invasion du protestantisme français n'y était pas non plus fort à craindre. En France l'agitation était alors plutôt politique que religieuse. Hors dans quelques contrées assez éloignées de la Lorraine, les grands de ce royaume avaient été presque seuls à professer les opinions de Calvin et de Farel, masquant ainsi, sous l'esprit nouveau qui surgissait alors, leurs vieilles prétentions féodales. Rien de semblable n'était possible en Lorraine. Il y avait de nobles et riches maisons, mais point de ces puissants feudataires qui pouvaient prétendre à ne relever que de Dieu et de leur épée. Les guerres continuelles

---

[1]. La guerre des rustauds a été le sujet de beaucoup de légendes populaires en Lorraine. On y a longtemps montré sur un rocher, près de Saverne, l'empreinte du fer du cheval du duc de Lorraine, auquel son maître lancé à la poursuite des ennemis, aurait fait faire un saut prodigieux. Pillart, en latin *Pilladius*, chanoine de Saint-Diez, écrivit en vers latins un poëme entier sur la guerre des Rustauds. Il se trouve au IVe volume de l'ouvrage de D. Calmet. Ce poëme a été traduit en français par M. Brayé de Nancy.

La *Rusticiade* a été imprimée à Metz en 1548, avec une dédicace nouvelle au duc Charles III.

Voir la chronique de Metz. — Voir, sur la guerre des rustauds, M. G. Dumast. *Nancy Histoire et Tableau*.

Voir également, sur la guerre des rustauds et sur l'apparition des doctrines protestantes en Lorraine, une digression contenue dans l'ouvrage de M. Beaupré : *Recherches historiques et bibliographiques sur les commencements de l'imprimerie en Lorraine et ses progrès jusqu'à la fin du* XVIIe *siècle*, p. 152 et suivantes.

que les ducs et les seigneurs du pays avaient eu à soutenir ensemble pour se soustraire à la domination étrangère, avaient fortement cimenté leur union ; les récentes alliances que le duc actuel venait de contracter avec les maisons de France et d'Espagne avaient grandi encore sa condition aux yeux d'une population naturellement portée à respecter et à chérir ses souverains.

Charles III n'était pas obligé de recourir à la violence pour maintenir la foi catholique dans ses États, et son caractère ne l'y portait pas. Il prit toutefois quelques mesures, qui malgré leur rigueur, étaient douces pour son temps et presque tolérantes. Il interdit l'entrée de ses États aux partisans des dogmes nouveaux [1]. Il fit défense à ses sujets de professer publiquement la religion réformée ; leur permettant de sortir des pays de son obéissance, et de vendre leurs biens, « pourvu qu'ils en fissent profit dans l'année » [2]. Par une autre précaution tout aussi efficace, mais à laquelle l'humanité du moins n'avait rien à redire, tandis que les Espagnols, les Allemands, les Anglais, les Suisses vendus aux deux partis, aidaient les Français à s'entre-détruire, il interdit aux Lorrains de s'enrôler sans son consentement [3]. Peu confiant toutefois dans l'emploi exclu-

---

1. M. Coster, Éloge de Charles III.
2. D. Calmet, *Histoire de Lorraine*, t. V, p. 766 ; De Thou, édition de Londres, t. V, p. 441.
3. M. Coster, Éloge de Charles III.

sif des voies rigoureuses, il établit, à Pont-à-Mousson une université chargée de maintenir la pureté des doctrines catholiques, et d'enseigner la théologie, le droit civil et canonique, la médecine, la philosophie et les belles-lettres [1]. D'après les conseils du cardinal son oncle, qui était à la fois archevêque de Reims, administrateur perpétuel de l'évêché de Metz, et légat *a latere* du saint-siége dans les duchés de Lorraine et de Bar, il joignit plus tard à cet établissement un collége de jésuites. Cet ordre nouvellement fondé avait surtout alors pour but de combattre les nouvelles doctrines [2].

Les débuts du règne de Charles III auraient été sans le moindre nuage, si quelques difficultés soulevées de la part des principaux de sa noblesse n'étaient venues lui prouver bientôt que, s'il pouvait compter sur le dévouement de tous ses sujets, c'était à la condition de respecter les vieux usages du pays. A sa première entrée à Nancy, le duc Charles n'avait point confirmé les priviléges de l'ancienne chevalerie de Lorraine. Au commencement de l'hiver de 1561, avant Pâques (ou 1562, si l'on compte l'année au 1ᵉʳ janvier, comme l'usage s'en est introduit plus tard), les seigneurs, réunis pour rendre la justice aux assises, s'autorisèrent de cet oubli pour refuser

---

1. D. Calmet, *Histoire de Lorraine*, t. V, p. 765.
2. *Histoire manuscrite de l'Université de Pont-à-Mousson*, par Abram. (L'autographe est à la bibliothèque de Nancy.)

au duc le don de joyeux avénement. Plus sage que ne le furent plus tard quelques-uns de ses successeurs, Charles III céda aux réclamations des seigneurs; il recommença son entrée solennelle, avec toutes les formalités requises, et jura de conserver les priviléges de la chevalerie¹. L'abbé du Chatelet reçut son serment, et il promit à Henri d'Anglure, baron de Melay, maréchal du Barrois, d'en faire autant à son entrée à Bar. Il est vrai que, par un usage trop fréquent chez les princes ainsi contraints, il ordonnait en même temps à son procureur général de rédiger une protestation qu'il renouvela lui-même au lendemain de cette seconde entrée, mais dont il ne paraît pas d'ailleurs qu'il ait jamais songé, depuis, à se prévaloir.

Le temps pendant lequel Charles pourvoyait ainsi successivement aux nécessités de son nouveau gouvernement, éludant de son mieux les embarras dont il ne pouvait autrement triompher, était celui où la France était en proie aux factions qui la menaçaient d'un prochain bouleversement. Pendant qu'il régnait sur un peuple tranquille, réglant sans bruit ces mille affaires quotidiennes, qui ne sont point sans importance pour le bonheur des nations, mais dont l'histoire ne s'occupe guère, les courriers venus de France lui apprenaient successivement la convocation des États-Généraux à Orléans; le départ de

---

1. Baleicour, *Hist. de Lorraine*, p. 225; D. Calmet, t. V, p. 73.

Marie Stuart pour l'Écosse ; l'avortement du colloque de Poissy, où le cardinal de Lorraine n'avait pas obtenu tout le succès qu'il attendait de son éloquence ; le massacre de Vassy ; la victoire de Dreux, remportée par son autre oncle, François de Guise ; l'assassinat de ce prince par Poltrot, devant les murs d'Orléans ; la mort funeste de presque tous les grands personnages qu'il avait connus à la cour de France ; enfin, comme un digne couronnement à tant d'horreurs, l'affreuse boucherie de la Saint-Barthélemy.

Charles, averti par de si frappantes leçons, continua à conseiller, assez inutilement, à Paris, l'emploi de la douceur qu'il pratiquait heureusement au sein de son duché. Redoublant de soins pour assurer à la Lorraine le maintien d'une tranquillité partout ailleurs à peu près inconnue, il s'occupa de pourvoir à la prompte distribution, par tout le territoire, d'une justice égale pour tous. Il publia nombre d'édits et de règlements fort approuvés des contemporains, et dont les dispositions pacifiques faisaient contraste avec les habitudes violentes de l'époque. Convaincu en même temps de la nécessité d'être prêt à faire face à toutes les éventualités, il eut soin de remettre en état les places frontières. Il s'appliqua principalement à fortifier Nancy, sa capitale[1]. Il bâtit, en dehors des anciennes murailles, une nouvelle ville qui

---

1. Voir à l'Appendice, la note sur les fortifications de la ville de Nancy.

est bientôt devenue plus considérable que l'ancienne. Il la construisit de manière que la vieille cité servait comme de citadelle à la nouvelle. Ces fortifications ont longtemps passé pour les plus belles et les meilleures de l'Europe [1]. Il embellit le palais ducal commencé par René et par Antoine, y ajoutant quelques parties d'un travail plus orné; pareilles à ces élégantes demeures dont, pendant son séjour en France, il avait admiré les gracieux modèles à Monceaux, à Blois et à Chenonceaux [2]. Il s'appliqua enfin à régler plusieurs différends survenus avec quelques princes voisins, avec l'abbesse de Remiremont, et surtout avec les chapitres des trois évêchés dont la juridiction, étendue sur tous États, demeurait l'occasion d'une foule de contestations et d'ennuis. Pour mettre un terme à un état de choses qui avait toujours si fort préoccupé ses prédécesseurs, et qui menaçait de devenir préjudiciable à son autorité souveraine, il essaya d'obtenir du saint-siége l'érection d'un évêché à Nancy. Mais ses efforts furent traversés par l'archevêque de Trèves, supérieur métropolitain des évêques de Toul, Metz et Verdun, et principalement par la cour de France, intéressée à maintenir une confusion qui profitait à son influence. Il fut plus heureux dans ses négociations avec les Suisses. Claude de Reinack et le comte de Salm firent, au nom du duc,

---

1. D. Calmet, *Histoire de Lorraine*, t. V, p. 786.
2. Voir à l'Appendice, la note sur le palais ducal de Nancy, M. G. Dumast, *Nancy, Hist. et tableau*, et la notice de M. Lepage.

une alliance offensive et défensive avec les louables cantons, renouvelant ainsi l'intime et séculaire alliance qui avait jadis, près du lac de Morat et sous les murs de Nancy, sauvé l'indépendance des deux pays [1].

Ces diverses occupations n'absorbèrent pas tellement Charles III, qu'il ne prêtât une continuelle attention aux affaires de France. La mort de François II n'avait en rien diminué son intimité avec cette cour. Peu de temps après son avénement, Charles IX était venu à Nancy tenir sur les fonts du baptême le fils aîné de Charles III. Des fêtes brillantes avaient célébré le passage du duc d'Anjou lorsque, allant prendre possession de la couronne de Pologne, il avait séjourné quelques jours en Lorraine, en compagnie de la reine douairière Catherine de Médicis, du duc d'Alençon, de Marguerite, reine de Navarre, sa sœur, et de plusieurs grands du royaume [2].

---

1. Le 22 juin 1476, René II de Lorraine, accompagné de presque toute la noblesse lorraine, contribua efficacement au gain de la bataille livrée par les Suisses, près du petit lac de Morat, contre les Bourguignons, commandés par Charles le Téméraire. Au 5 janvier 1477, c'est-à-dire l'année suivante, un corps de plusieurs milliers de Suisses prit part à la victoire que René II remporta sous les murs de sa capitale contre les mêmes ennemis. Cette victoire coûta la vie à Charles le Téméraire, et termina les longues guerres entre les maisons de France et de Bourgogne.

La victoire des Lorrains sur les Bourguignons a été chantée en vers latins par Pierre de Blarru. Ce poëme, *liber Nanceidos*, a été imprimé à Saint-Nicolas en 1518, par Pierre Jacobi. Voy. M. Beaupré : *Recherches sur les commencements de l'imprimerie en Lorraine*.

2. C'est pendant ce voyage en Lorraine que Henri III prit la résolution d'épouser la princesse Louise de Lorraine : « Il avait vu cette princesse à la cour, sous le règne de Charles IX, » dit l'historien de Thou

Les rapports des deux cours ne s'étaient pas bornés à des actes de pure courtoisie. Sur la demande de Henri III, le duc Charles avait envoyé à Paris le sieur Affrican d'Haussonville, maréchal du Barrois, pour y déposer et mettre en gage, pour le compte du roi de France, les diamants et pierreries de sa couronne, estimées à cent douze mille écus (onze cent mille francs). Cette somme était nécessaire au trésor appauvri de la France pour acquitter la solde des troupes étrangères qu'on ne pouvait licencier faute d'argent [1]. Mais l'instant approchait où Charles III allait être entraîné à quitter cette attitude

---

« et dès lors il avait été sensible à ses charmes ; il la revit en Lorraine lorsqu'il partit pour la Pologne. Cette vue acheva de le déterminer à l'aimer ; mais il avait jusque-là dissimulé sa passion... » DE THOU, *Histoire de Lorraine*, t. VII, p. 167.

Louise de Lorraine était fille de Nicolas de Vaudémont et de Marguerite d'Egmont, sœur du fameux Samoral, comte d'Egmont, auquel le duc d'Albe fit trancher la tête. Cette princesse, après la mort du roi Henri III, se retira à Chenonceaux.

« Je sais qu'une fois, » dit Brantôme, « une dame de ses plus privées, fut un jour si présomptueuse de lui remontrer en riant et gaudissant, que puisqu'elle ne pouvoit avoir enfans du Roy, n'y n'en auroit jamais pour beaucoup de raisons que l'on disoit de ce temps-là, qu'elle feroit bien d'emprunter quelque aide, filtre, et secret pour s'en faire avoir. Mais elle rejeta bien loin ces conseils bouffonesques, et le prit en très-mauvaise part, et oncques plus n'aima cette bonne dame conseillère. C'étoit une très-belle princesse (aussi le Roy la prit pour sa beauté), et jeune et délicate, et très-aimable. Elle ne s'adonnoit à autre chose qu'à servir Dieu, aller aux dévotions, visiter continuellement les hospitaux, panser les malades, ensevelir les morts, n'y obmettant rien des bonnes et saintes œuvres qu'observoient en cela les saintes, et bonnes dames, Princesses et Reynes des temps passés de la primitive Église. » BRANTÔME, *Supplément aux Vies des Dames illustres*.

1. D. Calmet, t. V, p. 771.

longtemps gardée d'observateur attentif et de sage conseiller. La mort de l'héritier présomptif de la couronne de France le conduisit à accepter un rôle direct et personnel dans la crise qui menaçait déjà de bouleverser la France.

CHAPITRE III.

Le duc Charles III entre secrètement dans les intérêts de la ligue. — Réunion de tous les princes lorrains dans une assemblée tenue à Nancy. — Autre conférence à Joinville. — Le duc Charles aide sous main les ligueurs à s'emparer de Toul, Mézières et Verdun. — Par représailles, l'armée protestante d'Allemagne pénètre en Lorraine. — Charles III la repousse jusqu'aux frontières de France. — Il assiége Jametz et Sédan. — Nouvelle réunion des princes lorrains à Nancy. — Sommation adressée à Henri III. — Journée des Barricades.— Mort du duc de Guise et de Henri III.— Tentatives faites auprès du roi d'Espagne pour qu'il appuie les prétentions de la maison de Lorraine à la couronne de France. — Elles échouent. — Le duc Charles se détache peu à peu de la ligue. — Il attaque et prend Stenay, Dun, et s'avance en Champagne. — Politique du duc de Lorraine pendant la tenue des États de Paris. — Il s'applique à déjouer les projets de ses cousins de Guise et du parti espagnol. — Cartel entre Henri IV et le duc de Lorraine. — Préliminaires de la paix. -- Traité de juillet 1595.

Pendant tout le temps qui avait précédé la mort du duc d'Anjou[1], Charles III s'était constamment abstenu de prêter l'oreille aux suggestions de son cousin, Henri le Balafré. Celui-ci s'était vainement efforcé de le compromettre dans sa lutte acharnée contre les protestants de France, et de le faire entrer dans ses sourdes menées contre l'autorité de Henri III. Mais, après la mort du frère cadet du roi de France, lorsqu'il fut à peu près certain que Henri III n'aurait jamais d'enfants de sa jeune épouse, Louise de Lorraine, une nouvelle perspective s'ouvrit devant les yeux du duc Charles; et,

1. Le duc d'Alençon avait pris le titre de duc d'Anjou après l'avénement de son frère à la couronne.

chose singulière! ce fut la mère du roi régnant qui fut la première à la lui faire apercevoir. « Catherine de Médicis, » dit le président Hénault, « voyant Henri III sans enfants, s'était livrée au duc de Guise dans le dessein de faire régner le duc de Bar[1], son petit-fils, au préjudice de la branche de Bourbon; mais le duc de Guise, qui ne travaillait que pour lui, profitait de ces dispositions, sans se laisser pénétrer par cette princesse. Nul ne savait son secret, et il en avait un pour chacun de ceux avec qui il traitait. Les promesses qu'il faisait au pape, au duc de Lorraine, au roi d'Espagne et au cardinal de Bourbon, étaient toutes différentes, et chacun d'eux le suivait en ne croyant ne suivre que ses intérêts particuliers... » « La reine-mère, » dit de Thou, qui s'explique plus clairement encore, « étant au désespoir d'avoir perdu son autorité, la voulait recouvrer à quelque prix que ce fût, et par la ruine même du royaume, s'il n'y avait point d'autres moyens d'y réussir..... Elle voyait avec douleur que, de tant d'enfants qu'elle avait eus, il ne restait que le roi, qui était sans postérité et sans espérances d'en avoir..... Elle forma donc le projet de mettre sur le trône les enfants de son autre fille, mariée au duc de Lorraine, et ce fut un nouveau motif de favoriser les Guise, quoique;

---

[1] Jusqu'au moment de son mariage avec Catherine de Bourbon, Henri de Lorraine, fils aîné de Charles III, porta généralement le titre de marquis de Pont. Après son mariage, il est toujours appelé duc de Bar.

d'ailleurs, elle redoutât leur ambition. Mais elle comptait que, par leur secours, elle pourrait mettre la couronne sur la tête des princes lorrains, ses petits-fils, qui étaient de la même maison que les Guise[1]. »

La première idée d'un accord commun et d'une action concertée entre tous les princes lorrains fut agitée dans une conférence secrète, tenue près de Nancy, dans une maison du sieur de Bassompierre. Là se réunirent, avec Charles et le duc de Guise, les seigneurs de la cour de France mécontents du roi Henri III, et les plus zélés partisans de la ligue[2]. C'étaient le duc de Mayenne et de Nevers, le cardinal de Guise, le baron de Sennecy, Rhosne, Menneville, Mandreville et quelques autres. Le duc Casimir, qu'on voulait détacher du parti du roi de Navarre, y avait été invité, et s'y fit représenter. Le roi d'Espagne y envoya quelques gens à lui.

Le duc de Guise peignit d'abord, avec de sombres couleurs, la triste situation du royaume de France, « livré, » disait-il, « à la cupidité des favoris et à la faiblesse d'un prince efféminé. » Il exposa l'épuisement des peuples, les inquiétudes du clergé pour la foi catholique, et conclut en disant que, pour remédier à tant de maux, il fallait employer les forces de l'association déjà fondée depuis huit ans. C'était désigner

---

1. Président Hénault, t. I, p. 539.
2. Mathieu, *Histoire de Lorraine*.

la ligue dont il était le chef ; et, comme il s'adressait à des personnes qui avaient déjà pris leur parti, la délibération ne fut pas longue.

Cette assemblée ne tarda pas à être suivie d'une autre, convoquée à Joinville, le dernier jour de la même année 1584. Les résolutions convenues entre les confédérés furent consignées dans un traité auquel prit part le sieur de Taxis, au nom du roi d'Espagne, et le sieur de Roncherolles, au nom du cardinal de Bourbon, qui y était qualifié de premier prince du sang royal de France. Ce traité comprenait vingt-deux articles. Il portait en tête les noms du roi d'Espagne, du cardinal de Bourbon, de Louis cardinal de Guise, archevêque de Reims, premier pair de France ; de Henri de Lorraine, duc de Guise et de Chevreuse, prince de Joinville, pair et grand-maître de France ; de Charles de Lorraine, duc de Mayenne, pair et grand-chambellan de France ; des ducs d'Aumale et d'Elbeuf. Dans le préambule du traité, les princes assemblés témoignaient que : « considérant le danger où était réduite la religion catholique dans le royaume de France, depuis que le roi de Navarre (Henri IV) s'était déclaré chef des hérétiques, ils avaient cru nécessaire de s'unir par une sainte ligue pour le maintien de la religion catholique dans le royaume. »

Tels furent les débuts de la ligue en Lorraine. Nous n'avons pas à raconter toutes les péripéties de ce long drame dont les épisodes furent si terribles et si singuliers. La ligue n'a pas seulement suscité et exalté les passions de la génération qui la vit naître et mourir. Comme elle a tout d'abord soulevé quelques-unes de ces questions de doctrine, de conscience et de liberté qui, grâce à Dieu, continueront à se débattre éternellement entre les hommes, elle a, pour ainsi dire, survécu à elle-même. Aujourd'hui même encore, et nous sommes aussi éloignés de nous en étonner que de nous en plaindre, elle n'est peut-être pas jugée par tout le monde avec sang-froid. Les partis qui divisent de nos jours la société remontent volontiers jusqu'à cette époque, afin d'y trouver des titres de noblesse pour leurs présentes opinions, et des arguments pour les besoins de leurs causes. De là une infinie variété d'appréciations. En effet, par ses origines et par ses commencements, par les phases diverses qu'elle a traversées et les buts différents qu'elle s'est successivement proposés, la ligue est un des événements les plus compliqués de notre histoire.

Au début, elle apparaît comme une sorte de vaste et sourde entente (nous ne voulons pas dire conspiration) qui s'organise, d'abord dans la capitale, dans les grands centres de population, enfin, de proche en proche, dans tout le royaume. Il s'agit, pour la grande majorité d'une nation alors très-monarchique et très-catholique, de pourvoir par avance à la prochaine défaillance d'une maison royale qui s'éteint assez misérablement. Pendant longues années, la succession au trône avait eu lieu dans la ligne directe ou presque directe. Cette fois, l'héritier légitime était le représentant d'une branche assez éloignée de la famille souveraine, dont le titre incontestable remontait à une époque déjà ancienne. Il appartenait, par sa foi, au culte de la minorité. C'était, d'ailleurs, un jeune prince assez inconnu, usant de toute son adresse pour cacher ses grandes qualités aux méfiances de la cour, et ne se parant guère, aux yeux des plus fins observateurs, que du douteux mérite de sa gaieté un peu grivoise et de ses mœurs faciles et relâchées. Beaucoup hésitent ; ils hésitent d'autant plus qu'ils aperçoivent tout placés non loin des degrés du trône, au moins par leurs alliances, des princes braves, énergiques, qui déjà ont rendu de signalés services, et, véritables maires du palais, commencent par protéger les faibles monarques qu'ils semblent appelés à remplacer plus tard. Les honnêtes catholiques du temps songent sans répugnance à substituer à un souverain quasi étranger, qu'ils savent ennemi de leurs croyances, une race de princes considérables et populaires, anciens défenseurs de la foi nationale.

C'est la première et la plus innocente période de la ligue. Si Henri IV n'eût pas changé de religion (il n'en était pas question à cette époque), s'il n'eût été qu'un débauché vulgaire au lieu de se montrer le grand homme que chacun sait, mais que personne ne soupçonnait alors, peut-être cet expédient eût-il été le plus avantageux aux destinées de la France.

Mais, au lieu de mettre patiemment leurs brillantes facultés au service du pays qui avait fondé sur eux ses meilleures espérances, les Guise, ambitieux trop pressés, laissent trop voir qu'ils convoitent l'héritage que l'instinct public leur destine. Ils troublent audacieusement le présent, croyant s'assurer mieux l'avenir. Ils deviennent de véritables chefs de partis, et se conduisent en tribuns insolents d'une foule ardente et grossière; c'est le moment du triomphe de la ligue. Mais ce triomphe violent prépare le succès de leur rival, devenu à son tour le représentant de l'autorité royale et des vraies traditions nationales. Enfin, Henri IV, embrassant le culte de la grande majorité de ses futurs sujets, lève le seul et véritable obstacle à la solution désirée par tous les bons citoyens. La ligue devient alors une faction sans motif, sans but appréciable; elle se livre aux plus étranges violences, et périt en allant chercher son dernier recours à l'étranger.

Il ne nous appartient pas de suivre la ligue dans ses phases successives; notre tâche se borne à raconter quel fut, à chacune de ces époques si caractérisées, le rôle particulier du duc de Lorraine. Dans les conférences qui préparèrent la prise d'armes des Guise, Charles se montra plus calme et moins pressé que ses associés. Il dicta, avec grande prudence, les conditions de son concours; il régla habilement son rôle personnel dans l'action commune, afin que, sans dévoiler trop tôt le but ultérieur de son ambition, il pût efficacement pourvoir à ses convenances actuelles et servir les intérêts permanents de son duché. Par son aide et au moyen de ses secrètes intelligences, les ligueurs purent s'emparer de Toul, Mézières et Verdun. La prise de Metz faillit également être le fruit d'une surprise concertée avec les affidés du duc de Lorraine. Il était difficile de s'y mieux prendre pour détruire peu à peu l'œuvre de Henri II, qui avait soigneusement enserré la Lorraine dans le réseau de ses places fortes, et ressaisir ainsi insensiblement l'influence longtemps perdue sur le territoire des évêchés.

Mais l'adhésion du duc Charles à la ligue ne fut pas toutefois si bien cachée et ses démarches si discrètes qu'elles ne donnassent l'éveil au roi de Navarre. Henri IV, occupé ailleurs en cet instant et hors d'état de s'opposer lui-même à ce nouvel adversaire, sollicita l'armée protestante d'Allemagne de s'unir aux Français de la religion réformée que les ligueurs avaient chassés de France, et demanda avec instance, aux uns comme aux autres, de pénétrer ensemble en Lorraine pour y faire une puissante diversion en sa faveur. Les avis furent partagés dans le camp des protestants, et l'on discuta sur la convenance de suivre l'avis de Henri IV. Tous les Français de cette armée, non plus que le chef avisé de la branche de Bourbon, n'ignoraient point l'intime alliance qui unissait tous les princes de la maison de Lorraine; ils insistèrent pour qu'on ne ménageât point le duc Charles. « Ils avouaient, » raconte de Thou, « que le but de ce grand armement était de secourir le roi de Navarre et les protestants; mais ils prétendaient aussi que, comme les Guise étaient les seuls auteurs de la guerre qu'on leur déclarait en France, il n'y avait pas de moyen plus sûr pour la terminer à leur avantage que d'en faire retomber le contre-coup sur le duc de Lorraine, chef de leur famille, qui, après être demeuré neutre dans toutes les guerres précédentes, venait enfin d'entrer dans la ligue dont ils étaient les chefs, et avait eu la témérité de prendre parti dans ce différend; qu'en effet, ils étaient certains que le roi Henri III n'avait consenti qu'à regret à cette guerre, et qu'ils ne souhaitaient rien davantage que de voir les Guise eux-mêmes réduits à le prier de la terminer. « Or, » ajoutaient-ils, « on n'en viendra jamais plus sûrement à bout qu'en faisant de la Lorraine le théâtre de la guerre [1]. »

---

1. De Thou, t. V, p. 27 et suivantes.

Charles III ne perdit point la tête en voyant fondre sur ses États des forces très-supérieures aux siennes.

Il demanda du secours au roi Henri III (août 1587), réduit à cette déplorable extrémité d'être obligé de se joindre à des ennemis à peine déguisés, pour combattre les alliés qui marchaient à sa défense. Cependant confiants dans les préparatifs militaires organisés de longue main pour la défense de leur pays, et animés par la présence de leur duc, les Lorrains ne renoncèrent pas à faire eux-mêmes tête à l'orage. Les protestants avaient pénétré en Lorraine par la ville de Sarrebruck, dont un gentilhomme du pays leur avait lâchement livré les portes, « sans ouïr seulement leur canon; » ils s'étaient dirigés par Blamont sur Lunéville, et menaçaient Saint-Nicolas, bourg ouvert, voisin de Nancy, l'un des plus célèbres de l'Europe par son commerce et la richesse de ses édifices [1]. Pour prévenir des désastres qui pouvaient atteindre jusqu'à la capitale, le sieur d'Haussonville, colonel général de l'infanterie du duc, se jeta dans Lunéville. Claude de La Châtre, maréchal de camp de l'armée lorraine, eut ordre de s'y rendre également; mais ayant trouvé la place en état et le sieur d'Hausson-

---

1. De Thou, l. 87, p. 26. « Lotaringii cum Nicolai fano metuerunt, municipio totâ Europâ nobilissimo, et edificiis egregiè ornato... » — Voir à l'appendice la note sur Saint-Nicolas.

ville résolu à la bien défendre [1], il se mit à tenir la campagne et à harceler les ennemis avec Christophe de Bassompierre et le comte de Salm [2]. La partie n'était point égale entre ces nombreuses bandes allemandes et les faibles compagnies lorraines. Mais si les unes étaient avides de piller de riches contrées jusqu'alors respectées par la guerre, les autres n'étaient pas moins décidées à défendre leurs foyers, et fières de combattre sous les yeux de leur prince. Les seigneurs qui les commandaient se trouvaient connaître parfaitement un pays où la plupart possédaient même leurs fiefs les plus considérables; ils étaient d'ailleurs soutenus par le gros de l'armée que le duc Charles conduisait en personne, et dont l'avant-garde était confiée à l'habile duc de Guise. Au lieu de marcher sur Nancy, les protestants tournèrent du côté de Bayon et de Charmes, et traversèrent la Moselle. Toujours suivis par les coureurs lorrains et toujours menacés de front par les ducs de Lorraine et de Guise, ils arrivèrent jusqu'au pont Saint-Vincent, où l'engagement faillit devenir général. Mais, satisfait d'avoir atteint son but et pourvu à la sûreté de ses États, le duc de Lorraine contint l'ardeur de son cousin de Guise et refusa de pousser plus loin ses avantages. Il laissa les protestants gagner la

---

1. De Thou, t. X, p. 27.
2. Christophe de Bassompierre, père du maréchal Bassompierre, auteur des *Mémoires*.

prochaine frontière de France, ce qu'ils ne firent pas toutefois sans avoir, par vengeance, saccagé le château d'Haroué, propriété des Bassompierre.

Charles III avait de sérieux motifs pour s'arrêter ainsi au milieu de sa poursuite. A ce moment, plus que jamais, il se montrait fidèle à la politique que nous avons tâché d'indiquer. En envoyant son fils, le marquis de Pont, combattre en France, sous le duc de Guise, les restes d'une armée affaiblie, il ménageait à ce prince la chance de se faire glorieusement connaître dans un pays où peut-être une couronne l'attendait ; en même temps, il croyait prudent de s'assurer de plus prochains et de plus certains profits : la conquête des États du duc de Bouillon tentait alors son ambition.

Le duc de Bouillon avait, dès l'origine, embrassé le parti des protestants de France, et venait de conduire lui-même les bandes allemandes à travers la Lorraine. Retiré à Genève depuis la dispersion de ses troupes, il y dépérissait maintenant autant du chagrin de sa défaite que des suites de sa blessure. L'occasion était heureuse pour avoir raison d'un voisin incommode et réunir à son duché des places importantes, situées tout près des siennes et si fort à sa convenance. Aussi le duc Charles ne négligea-t-il rien pour s'en rendre maître. Par son ordre, le baron d'Haussonville, joignant à toutes ses forces celles que le prince de Parme avait envoyées au secours de la Lorraine, alla investir Jametz. Un plus jeune seigneur, le sieur de Lenoncourt, bailli de Saint-Michel, lui fut adjoint pour activer les opérations du siége. La résistance fut longue toutefois, l'une des plus longues dont l'histoire fasse mention. Le baron de Schelandre ne rendit la ville au sieur de Lenoncourt qu'après treize mois de continuels combats; la ville prise, la citadelle tint encore. Tel était le désir du duc de Lorraine d'ajouter cette conquête à ses États, que plusieurs fois il écouta la proposition que lui firent les assiégés de marier leur jeune duchesse, fille du feu duc de Bouillon, à son fils aîné le marquis de Pont. Peut-être cette union se serait-elle accomplie, malgré la différence des religions. Mais, de son côté, le roi de Navarre (Henri IV), toujours prompt à déjouer les projets de la maison de Lorraine, s'avisa de donner l'héritière des Bouillons en mariage au vicomte de Turenne, son partisan[1]; d'ailleurs, la citadelle, réduite à toute extrémité, finit par demander à capituler, et se rendit sans condition au marquis de Pont.

Les succès des Guise, en France, ne le cédaient point à ceux que le duc Charles venait de remporter sur les frontières de la Lorraine. Les protestants n'avaient point résisté à leurs efforts réunis. La for-

---

[1]. Le vicomte de Turenne, depuis duc de Bouillon, reprit Stenay sur les ligueurs le jour même de ses noces. Voir de Thou, t. XI, p. 449.

tune de cette maison était alors à son apogée. Fiers de leurs victoires, les princes lorrains se réunirent de nouveau à Nancy, non plus en secret cette fois, mais publiquement, et non sans quelque apparat, pour y délibérer en famille sur les affaires de France, comme étant choses qui les touchaient de très-près. On connaît le résultat de ces conférences. Ce fut de Nancy que sortit, comme de la place forte de la ligue, la sommation adressée à Henri III « de prendre les moyens efficaces pour la destruction de l'hérésie dans son royaume, et de les mettre à exécution. » Cette sommation était accompagnée d'un mémoire qui ne contenait pas moins de onze articles, tous également destructifs de l'autorité royale. Par le premier de ces articles, le roi était tenu « de prendre plus ouvertement que par le passé, et à bon escient, le parti de la ligue, d'éloigner de lui les personnes suspectes qui lui seraient nommées, et de leur ôter les places et charges importantes dont elles pourraient être revêtues[1]. » Le tribunal de l'inquisition devait être établi au moins dans les principales villes du royaume. Le roi était prié « de mettre ès mains d'aucuns chefs les places d'importance qui lui seraient nommées. » Par un dernier article, qui paraissait avoir été dicté par le duc de Lorraine, il devait enfin s'engager « à fournir la solde aux gens

1. *Mémoire de la ligue.*

de guerre qu'il serait nécessaire d'entretenir en Lorraine et aux environs, pour obvier à une nouvelle invasion des étrangers; et à cette fin, pour toujours continuer la guerre commencée, de faire vendre au plus tôt, et sans autres solemnités, les biens des hérétiques et de leurs associés [1]. » C'était commander en maîtres.

Les ligueurs ne s'y trompèrent pas en France, et les Seize battirent des mains en recevant à Paris cet impérieux mémoire. Quant au roi Henri, dit un auteur lorrain, « il ne put s'empêcher de laisser aller quelques soupirs en lisant cet édit; mais s'étant contenu, il fit semblant de ne le pas trop désapprouver [2]. » La journée des barricades (12 mai 1588) fut le commentaire significatif du manifeste rédigé à Nancy. Le duc de Guise n'avait point encore bougé de cette ville. Il y demeura quelque temps tranquille en apparence, résistant aux invitations de la reine-mère, qui lui conseillait d'apporter lui-même sa justification à la cour; recevant dans cette ville, avec une apparente indifférence, les pressants messages de ses partisans, qui le suppliaient de venir enfin « frapper le grand coup. » Mais lorsque, dans ce profond silence et cette feinte immobilité, il eut, d'accord avec le duc de Lorraine, tout préparé pour un triomphe définitif, il s'achemina vers

1. D. Calmet, t. V, p. 804.
2. D. Calmet, t. V, p. 805.

Paris. Le triomphe fut court toutefois, et plus retentissant que réel. L'ovation enthousiaste des bourgeois et les vivats frénétiques de la populace des carrefours n'avaient été qu'une vaine démonstration. La fuite du roi fut un véritable échec. Par sa retraite, Henri III avait déjoué le plan des princes lorrains. Par le guet-apens de Blois, il apprit bientôt après, au duc de Guise et à son frère le cardinal, combien les souverains les plus faibles font tôt ou tard payer cher les soupirs qu'on leur arrache.

La mort du duc de Guise et celle de Catherine de Médicis, survenue peu de temps après, furent de terribles coups portés aux desseins du duc de Lorraine. Plus que tout autre, la reine-mère était intéressée à favoriser la cause de son petit-fils, le duc de Bar, et mieux que personne elle était capable, par son adresse, de le faire agréer pour roi à la nation française. Parmi les princes de sa race qui s'étaient fixés en France, seul le duc de Guise possédait ces hautes qualités qui entraînent les masses et peuvent, à un moment donné, décider des événements. Le duc de Lorraine sentit la grandeur de ces pertes, mais il ne se découragea pas encore. Le même sang-froid qui l'avait fait n'entrer que tard, et avec précaution, dans une si grande entreprise, l'empêcha de s'en retirer trop tôt. Aussi bien l'état du royaume était loin de lui interdire tout espoir. La mort de Henri III, la résistance obstinée de la capitale à reconnaître les droits d'Henri IV, avaient jeté partout une épouvantable confusion. L'instant où se produisaient de tous côtés des prétentions si étranges et si inattendues à la couronne de France, n'eût pas été bien choisi pour renoncer tout à coup à une poursuite plus ancienne et mieux fondée. Le duc de Lorraine prit son temps pour sonder les esprits et se rendre compte des dispositions des partis. Ayant reconnu tout d'abord des rivaux pour son fils dans le jeune duc de Guise et dans le duc de Mayenne, il sépara peu à peu ses intérêts des leurs, et se tourna du côté de l'Espagne. Le sieur de Châtenoy et, plus tard, le sieur Voué de Condé furent envoyés à Madrid pour y solliciter des secours, pour rappeler les sacrifices nombreux qu'à la sollicitation de Philippe II, le duc de Lorraine s'était imposés, afin de défendre en France la foi catholique et s'opposer au dessein du prince de Béarn[1]. Le sieur de Voué avait, en particulier, pour mission de faire savoir au roi d'Espagne, de la part du duc de Lorraine, « que la plupart des peuples français, et même le corps de Sorbonne, jetaient les yeux sur lui et sur les siens pour l'établissement qu'ils désiraient faire d'un roi; que, comme il ne pouvait prétendre à ce haut degré d'honneur que par la protection de

---

1. *Instructions* de M. de Châtenoy. Dans ces instructions, le roi de France et de Navarre était appelé prince de Béarn.

Sa Majesté catholique, il comptait que les liens du sang et de bienveillance qui étaient entre eux le rendraient favorable à ses intérêts[1]. »

Mais Charles avait rencontré à Madrid, dans le roi d'Espagne lui-même, un compétiteur aussi actif et plus puissant que les prétendants sortis de sa propre maison. Aussi, à partir de ce moment, et depuis la mort du cardinal de Bourbon, dont la royauté éphémère avait déjà quelque peu ralenti son zèle, il se montra beaucoup moins favorable aux intérêts de la ligue. Désespérant de voir la couronne de France échoir jamais aux siens, il ne parut plus songer sérieusement qu'aux chances qui pouvaient résulter pour lui du démembrement du royaume de France. Il rappela auprès de lui en Lorraine le plus gros de ses troupes, il se hâta d'ajouter de nouvelles conquêtes à celles qu'il avait déjà faites sur ses voisins. Il assiégea et prit Stenay en personne, surprit Dun et bloqua Sainte-Menehould. Les habitants de Metz ayant poussé quelques excursions sur ses terres, il les repoussa et accourut à la défense de Verdun que Henri IV avait fait mine de vouloir assiéger. Le roi ayant bientôt quitté cette ville pour se rendre devant Rouen, il retourna en Champagne et en Alsace, attentif surtout à défendre ses frontières de l'est contre les renforts que les protestants tiraient

---

1. Remontrances du sieur de Voué au roi d'Espagne.

d'Allemagne, et à pousser ses avantages dans les contrées qui touchaient de plus près à ses États [1].

Il est vrai qu'à la même époque, le marquis de Pont, son fils, continuait à combattre dans les rangs de la ligue. A la journée d'Arques, le jeune prince avait, comme aîné de la maison, réclamé l'honneur du commandement, et l'issue de la bataille lui permit même d'attribuer au duc de Mayenne la responsabilité de ce rude échec, bientôt suivi du grand désastre d'Ivry. Quelques troupes lorraines, mais en petit nombre, furent encore envoyées au secours de la ville de Paris. Mais ces derniers sacrifices, pour une cause que la fortune abandonnait, dissimulaient à peine les véritables intentions du duc de Lorraine. Elles apparurent presque sans déguisement à la tenue des États de Paris. Charles était trop avisé pour méconnaître la force du mouvement national qui entraînait alors les esprits dans le parti d'un roi victorieux ; il était trop maître de lui pour s'obstiner dans une entreprise impossible. Comme prince lorrain, il lui répugnait également de voir assis sur le trône de France, soit un cadet de sa maison, soit une infante espagnole, sortie de cette ambitieuse famille d'Autriche, contre laquelle ses ancêtres avaient autrefois tant combattu. Tout valait mieux au duc de Lorraine que de souffrir près de lui un si dangereux

---

[1]. De Thou, t. XI, p. 96; id. 203.

voisinage. Les instructions de son agent près des États furent rédigées en conséquence. Christophe de Bassompierre emporta, pour la forme, un Mémoire dressé à Nancy par Thierry Alix, sieur de Vroncourt, président de la chambre des comptes de Lorraine [1], et qui établissait les droits de la maison de Lorraine à la couronne de France [2]. Mais, au lieu d'insister sur les raisons développées dans le Mémoire, Bassompierre eut ordre de contrecarrer de tout son pouvoir les prétentions du duc de Mayenne, du jeune duc de Guise et du parti espagnol [3]. M. de Thou

---

1. D. Calmet, *Histoire de Lorraine*, t. V, p. 847.

2. Ce Mémoire était en partie composé à l'aide d'un ouvrage antérieur de François de Rosières, archidiacre de Toul, qui avait été écrit à l'instigation des princes de Lorraine, et imprimé à Paris en 1580, sous le titre : « Stemmata Lotharingiæ ac Barri Ducum. » L'auteur cherchait à prouver que la maison de Lorraine descendait en ligne droite de Charlemagne et même du fils de Clodion, sur lequel Mérovée aurait usurpé la couronne de France. Il fut bientôt prouvé que l'auteur avait fait usage de pièces controuvées sinon évidemment fausses. Son livre fut supprimé par le parlement, et l'auteur mis à la Bastille. Sans la protection des Guise et de Louise de Lorraine, Rosières aurait pu courir de plus grands dangers. En avril 1583, il fut amené devant le roi en son conseil, et, prosterné à genoux, avoua ses erreurs, qu'il qualifia lui-même de crimes dignes de la mort. Le désaveu solennel de Rosières était ce qui importait le plus à la cour de France, car son livre, prôné par les ligueurs, avait fait beaucoup de bruit. Le roi lui fit grâce, et lui permit de retourner à Toul.

On trouve dans les remarques de la satire *Ménippée*, édition de Godefroy, 11-406, le procès-verbal de la rétractation de Rosières. M. Chantereau Lefevre, dans ses Considérations historiques et générales sur la maison de Lorraine, livre écrit par ordre de la cour de France, a victorieusement réfuté le système généalogique de l'archidiacre de Toul.

3. Les auteurs de la satire *Ménippée* qui, sous une forme plaisante, ont si bien dépeint les intérêts et les passions des personnages du temps, ne se sont point mépris sur les dispositions réelles du

affirmé qu'il s'y employa de son mieux et réussit fort bien. Bassompierre était lié avec ce même M. de La Châtre que nous avons vu précédemment servir dans l'armée du duc contre les protestants d'Allemagne. L'influence de M. de La Châtre était grande dans les États et dans le parti même de la ligue. On peut croire qu'il traduisait aussi bien la pensée de l'agent lorrain, son ami, que la sienne, lorsqu'il s'écriait hardiment, au milieu des États étonnés « qu'on ne pouvait, à la vérité, traiter sans honte et sans impiété avec le roi de Navarre, tant qu'il serait hérétique, mais que, s'il embrassait la religion catholique, il

---

duc de Lorraine. Tandis que les traits les plus amers de leur satire sont dirigés contre le duc de Mayenne (*le franc lippu*), le duc de Guise (*le roi camus*) et l'infante d'Espagne, ils dénoncent sans trop d'aigreur les prétentions de Charles à la couronne, et s'ils l'attaquent d'une façon générale comme prince lorrain, ils ne s'en prennent point directement à sa personne. Les quelques mots par lesquels ils signalent sa politique, dénotent qu'ils ne se trompaient point aux apparences, et démêlaient parfaitement ses vrais desseins. « Je m'asseure, » dit de Roze dans sa bouffonne harangue, « je m'asseure qu'ils se contenteraient de peu : si vous voulez laisser au Savoyard le Dauphiné et la Provence, avec une partie du Lyonnais, et du Languedoc, pourveu que vous luy faciez prendre Genève, je voudray gager ma vie qu'il ne vous demandera plus rien, que la confiscation d'Ediguiere. Quant au duc de Lorraine, ôtez luy le duché de Bouillon, et luy baillez Sédan, Metz, et toute la Champagne, et partie de Bourgogne qui est à sa bienséance, vous l'appaiserez par après pour un morceau de pain... » Satire *Ménippée*, édition Charpentier, page 102. « ... C'est pourquoi, » dit plus loin M. d'Aubray, « nous ne voulons ouir parler ny d'infante d'Espagne, que nous laissons à son père, ny d'archiduc Arnest, que nous recommandons au turc, et au duc Maurice ; ni du duc de Lorraine que nous laisserons manier au duc de Bouillon et à Messieurs de Strasbourg ; ny au duc de Savoye que nous abandonnons au sieur de Desdiguieres qui ne luy ay de guères » (page 215).

traiterait plus volontiers avec lui qu'avec des imposteurs et des fourbes comme les Espagnols[1]. »

La différence des religions, voilà bien en effet ce qui retenait encore Charles III dans le parti de la ligue. Cette raison n'avait point cependant empêché qu'une sorte d'arrangement n'intervînt entre les parties belligérantes. Dès le commencement de 1592, pour prévenir la ruine des pays de Champagne, de Bassigny, de Lorraine et du Verdunois, un cartel fut échangé, à Sainte-Menehould, entre M. de Luxembourg, duc de Piney, député de la part de Henri IV, et le sieur d'Haussonville, maréchal du Barrois[2]. Ce cartel fut converti, au mois d'août 1593, en une trêve véritable, et prolongé jusqu'en décembre 1594. Pendant ce temps, le cours des événements survenus en France se chargeait de lever les derniers obstacles : Henri IV s'était fait catholique le 25 juillet 1593. Il avait été sacré à Chartres le 27 février 1594 ; il était entré à Paris le 22 mars suivant. En fait, la guerre était finie ; il ne restait plus qu'à signer officiellement la paix. Sancy, premier maître d'hôtel de Henri IV, et Christophe de Bassompierre s'abouchèrent à Laon en Picardie, et ne tardèrent pas à régler entre eux les intérêts de leurs maîtres. Comme tous les traités qui terminent les longues guerres,

---

1. M. de Thou, t. XII, p. 10.
2. D. Calmet, *Hist. de Lorraine*, t. V, p. 844. — Durival, t. I, p. 42, dition de 1778.

celui du 31 juillet 1595 ne donna complétement raison à aucune des parties. Charles III rendait Jametz au duc de Bouillon, mais il gardait Dun et Stenay. Les gouvernements de Toul et de Verdun étaient assurés à l'un ou à l'autre des enfants du duc, sans qu'ils pussent jamais sortir de la famille. Charles reconnaissait Henri IV pour roi légitime de France; mais, de son côté, Henri IV, outre une somme de neuf cent mille écus qu'il promettait de payer au duc, s'engageait, par un article spécial et séparé, à faire justice à messieurs les enfants du duc de Lorraine, pour les biens provenants de la feue reine Catherine de Médicis, leur grand'mère, « sans préjudice des droits que le duc prétendait, tant de son chef que de celui de ses enfants, sur les duchés de Bretagne et d'Anjou, sur les comtés de Provence, de Blois et de Coucy. » L'insertion de cette clause, qui ne tendait à rien moins qu'à réserver pour l'avenir ses plus sérieuses prétentions, prouve à quel point le duc de Lorraine se sentait en état de fixer les conditions de son accommodement, et combien il importait à Henri IV d'en finir, à tout prix, avec le chef de la maison de Lorraine. Réconcilié plus tard avec le duc de Mayenne, débarrassé de ses rivaux, et devenu maître en son royaume, Henri IV refusa de ratifier quelques-uns des articles du traité de 1595. Charles III sentit que les circonstances avaient beaucoup changé en peu de temps : il n'insista pas. Lors de la vérification au parlement de Paris, le 24 décembre 1601, les neuf cent mille écus furent réduits à deux cent cinquante mille ; quant au second article du traité, qui mentionnait les prétentions du duc de Lorraine sur les duchés de Bretagne et d'Anjou, sur les comtés de Provence, de Blois et de Coucy, il n'en fut plus question.

CHAPITRE IV.

État de la Lorraine après la guerre. — Embarras financiers. — Le duc Charles met quelques-unes de ses troupes à la solde de la France. — Il songe à réduire le taux des emprunts faits pendant la durée de la guerre. — Les chevaliers s'y opposent. — Projet de mariage entre Henri, duc de Bar, et Catherine de Bourbon, sœur d'Henri IV. — Difficultés qu'il rencontre. — Le pape refuse les dispenses. — On passe outre. — Les évêques de France ne veulent point consacrer cette union. — Comment Henri IV vient à bout de leur résistance. — Le mariage est célébré par l'archevêque de Rouen. — Le duc de Bar va à Rome solliciter les dispenses. — Objections et délais de la cour de Rome. — Les dispenses n'arrivent qu'après la mort de Catherine. — Voyage du roi de France en Lorraine. — Il arrange le différend survenu au sujet de l'élection d'un évêque à Strasbourg. — Difficultés entre le duc de Lorraine et le saint-siége à l'occasion du commandement accepté par le comte de Vaudemont dans l'armée des Vénitiens. — Hésitations du duc de Lorraine. — Il se refroidit pour l'alliance française. — Son caractère et sa mort.

Charles III avait eu plusieurs motifs pour se hâter de conclure la paix avec Henri IV; le principal était l'état où cette guerre prolongée avait réduit ses finances. Sully, énumérant dans ses Mémoires les sommes que le roi avait dû dépenser pour amener à son parti les principaux chefs de la ligue, affirme que « trois millions sept cent soixante-six mille huit cent vingt-cinq livres furent données au duc de Lorraine et autres particuliers compris dans son traité[1]. »

1. « On va juger de la grandeur du mal par le mémoire des sommes qui sortirent du trésor royal, pour amener au parti du roi les chefs et autres principaux membres et villes de la ligue. Ce mémoire a quelque chose d'assez curieux : il monte à plus de trente-deux mil-

Mais, soit que le duc Charles n'eût pas reçu la totalité de la somme que le surintendant des finances de Henri IV lui attribue, soit que cet argent eût été par lui distribué à ses principaux partisans, soit enfin qu'il eût été insuffisant à couvrir les dépenses que lui avaient causées tant de troupes maintenues sur pied, tant de places fortes remises en état ou nouvellement construites, il n'en est pas moins vrai que la gêne fut extrême en Lorraine, pendant les premiers temps qui suivirent la paix. Pour alléger autant que possible les charges de son trésor, Charles avait autorisé, longtemps avant que le traité fût positivement conclu, un certain nombre de ses régiments, commandés par les sieurs d'Haussonville et Beauvau, sieur de Tremblecourt[1], tous les deux colonels d'infanterie, à passer à la solde de la France. L'idée que ces corps détachés de l'armée lorraine allaient être employés à ravager la Franche-Comté, possession de son récent allié, le roi d'Espagne, ne retint pas le

lions. Le voici : Au duc de Lorraine et autres particuliers compris dans son traité, trois millions sept cent soixante-six mille huit cent vingt-cinq livres. Au duc de Mayenne, etc., etc. » *Mémoires de Sully,* édition de Londres, livre x, p. 559.

1. Jean d'Haussonville, baron d'Haussonville, était le second fils d'African d'Haussonville, maréchal du Barrois. Il fut gouverneur de Verdun, et mourut en 1607.

M. de Tremblecourt avait deux frères. L'un d'un premier lit, Charles de Beauvau, l'aîné de la maison, fils de Claude de Beauvau et de Nicole de Lutzbourg, était seigneur de Fleville, Manonville, etc., et premier gentilhomme de la chambre du marquis de Pont-à-Mousson (duc de Bar).

« Outre la valeur personnelle de ces seigneurs (dit M. Berger de

duc. Et bientôt après, comme pour mieux afficher aux yeux de tous la nouvelle politique de leur maître, elles allèrent combattre contre son propre cousin le duc de Mayenne, qui tenait encore en Bourgogne, et ne contribuèrent pas peu à sa défaite, à la journée de Fontaine-Française.

Le licenciement de quelques troupes, devenues désormais inutiles, n'était toutefois qu'un faible soulagement aux embarras accumulés du duché de Lorraine : il y fallait d'autres remèdes. Un instant, Charles songea à réduire à cinq pour cent le taux des intérêts des emprunts qu'il avait dû contracter pendant la durée de la guerre. Une telle mesure n'avait rien alors de trop inusité ; elle avait été parfois, en ces temps désordonnés, l'unique ressource de puissants États, où les règles les plus simples du crédit financier étaient fort peu connues et encore plus mal respectées. En Lorraine, où les habitudes d'ordre et de régularité, communes aux particuliers

Xivrey, Note jointe au *Recueil des missives et lettres de Henri IV*, t. IV, p. 280), un lien d'étroite parenté entre la maison de Bourbon et celle de Beauvau devait faire désirer vivement au roi de les rattacher tout à fait à sa cause, car il avait pour trisaïeule Isabelle de Beauvau, femme de Jean II de Bourbon, comte de Vendôme. Pierre de Beauvau, grand-père de cette princesse, était une souche commune à Henri IV et à M. de Tremblecourt. »

Voir une lettre de Henri IV à Charles III de Lorraine, au sujet de MM. d'Haussonville et de Tremblecourt. *Recueil des lettres et missives de Henri IV*, t. IV, p. 333.

La famille des messieurs d'Haussonville dont il est ici question est éteinte ; mais la maison de Beauvau possède encore en Lorraine la terre d'Haroué, ou Harouel, ancienne propriété de Bassompierre.

aussi bien qu'au gouvernement, avaient fait prévaloir de plus saines doctrines et créé, en ces matières, une sorte d'esprit public, la sensation fut grande quand on apprit l'intention de Charles III.

Comme d'ordinaire, ce fut le corps de l'ancienne chevalerie de Lorraine qui se fit, auprès du souveverain, l'interprète du sentiment des populations.

Les principaux de la noblesse, parmi lesquels les chroniques locales citent le marquis de Beauvau, les comtes de Salm et Des-Armoises, s'adressèrent à Charles III, dans un langage que leurs services passés autorisaient, et dont la déférence n'excluait pas un certain accent de mâle liberté. « Les conventions, » représenta le marquis de Beauvau, « étaient des chaînes respectables qui liaient les souverains comme les autres hommes ; et toute la puissance de Charles ne pouvait le dispenser de remplir à la lettre les engagements contractés avec ses créanciers. Réduire les intérêts de leurs contrats, ce serait évidemment abuser de leur bonne foi, et détruire toute confiance entre le prince et les particuliers.... La prochaine assemblée des assises ne consentirait jamais à un règlement semblable.... » Il finit en disant que, « comme il était sûr de n'être pas désavoué par les anciens chevaliers, il offrait, en leur nom, de remettre dans les coffres du duc tout l'argent qui pouvait lui revenir de cette réduction, et qu'il allait se cotiser pour donner l'exemple aux autres [1]. » Le comte de Salm alla plus loin encore : après avoir approuvé les offres du marquis de Beauvau, il affirma « qu'aux prochaines assises, plutôt que de donner son adhésion à la réduction proposée, il prendrait les armes pour maintenir la foi publique et l'honneur de son souverain. » Charles III était digne qu'on lui adressât ces sincères avis, et la preuve qu'il en donna fut de les suivre. Sans en vouloir à ceux qui lui avaient si résolûment parlé, il répondit que l'expédient en question lui avait, après réflexion, paru à lui-même illégitime. Il assura les chevaliers que, sans avoir recours à leur générosité, il espérait pouvoir, avant peu, avec de l'ordre et de l'économie, trouver moyen d'acquitter ses dettes, sans les faire payer à son peuple; et, ce qui vaut mieux encore, il tint sa promesse.

Cependant un mariage se préparait dès lors, qui devait témoigner hautement à quel point l'ancienne rivalité avait disparu entre les deux maisons de France et de Lorraine, et quel prix le roi de France attachait à l'intime alliance de son voisin le duc de Lorraine. Depuis le jour où il avait succédé à Henri de Valois, Henri IV n'avait pas un instant cessé de faire les plus grands efforts pour rompre l'union du chef de la branche régnante de Lorraine avec les Guise. Nombre de fois, au plus chaud de la lutte

---

1. Henriquez, t. I, p. 323.

contre la ligue, il avait proposé à Charles III, libre depuis la perte de sa femme, Claude de France, décédée en 1575, d'épouser sa sœur, Catherine de Bourbon. La vivacité des hostilités avait seule empêché qu'aucune suite fût donnée à cette offre. Mais, après son traité avec Charles, lorsqu'il eut, dans l'espace de quelques mois, obtenu l'absolution du pape, forcé la soumission du duc de Mayenne en Bourgogne, du duc de Joyeuse en Languedoc, traité avec le duc de Mercœur en Bretagne, avec les protestants auxquels il accorda l'édit de Nantes, avec le roi d'Espagne qui lui rendit à Vervins les places conquises en Picardie, Henri IV, libre de porter sa pensée au dehors et de pourvoir aux intérêts d'avenir de sa couronne, reprit avec une insistance nouvelle le projet de cette alliance. La princesse sa sœur ayant témoigné quelque répugnance à s'allier avec un prince plus âgé qu'elle, et qui avait, d'un mariage antérieur, des enfants aptes à lui succéder, ce fut à Henri de Lorraine, fils aîné du duc Charles, que Henri IV résolut de la marier[1]. Les obstacles

---

1. Les vicissitudes matrimoniales de Catherine de Bourbon, sœur de Henri IV, ont été nombreuses et singulières. Voici ce qu'en dit Sully :
« On proposa d'abord, du vivant de la reine Catherine, de la marier au duc d'Alençon : la chose manqua par la haine de Henri III pour son frère. Ensuite on parla de la donner à Henri III lui-même : la reine-mère n'y voulut pas consentir, par aversion pour la maison de Navarre. La princesse refusa à son tour le vieux duc de Lorraine, qui lui fut offert, parce, disoit-elle, qu'il avoit des enfans d'un premier mariage. Le roi d'Espagne la demanda pour lui, aux conditions d'une alliance

qui pouvaient entraver cette union ne l'arrêtèrent point. Cependant ils étaient nombreux. Henri, que nous avons nommé jusqu'à présent marquis de Pont, et qui prit à cette époque le titre de duc de Bar, avait plusieurs années de moins que Catherine, et ne paraissait pas témoigner grande ardeur pour cet établissement. De son côté, la princesse, qui avait jadis fait si peu de mystère de ses préférences pour le comte de Soissons que de se lier avec lui par un échange de promesses de mariage, se montrait très-

étroite entre le roi de Navarre et lui, à quoi le premier de ces princes ne voulut point entendre. Après cela cette princesse fut recherchée par le duc de Savoie, mais dans des circonstances où ce mariage pouvoit être préjudiciable à la religion protestante, les réformés y mirent obstacle. Elle ne vouloit point du prince de Condé : elle le trouvoit trop pauvre. Elle refusa de même, et sans aucune bonne raison, le roi d'Écosse. Le prince d'Enhalt se mit aussi sur les rangs ; et dans les mouvemens de colère qui animoient quelquefois cette princesse contre le roi son frère, elle lui reprochoit qu'il l'eût volontiers mise entre les bras de deux ou trois princes étrangers, ou, comme elle disoit, de deux ou trois gentilshommes, pour payement de leur solde. Sa prévention pour M. le comte de Soissons, lui fit fermer l'oreille à toutes les poursuites de M. le duc de Montpensier, qui étoit un parti sortable. Enfin la nécessité de prendre un état la détermina à accepter le prince de Bar. » Sully, t. I, l. x, p. 583.

Il ne paraît pas d'ailleurs que les reproches adressés par Catherine à son frère fussent dénués de tout fondement. Si l'on s'en rapporte à l'anecdote suivante racontée par d'Aubigné, cette opinion était à peu près celle des seigneurs qui vivaient dans l'intimité d'Henri IV.

« D'Aubigné étant un jour à la Gornache, en Poitou, couché dans la chambre du roi, dans un même lit avec M. de Fontenac, et parlant fort bas du mariage de cette princesse à ce seigneur, qui avait l'ouïe un peu dure, Fontenac, pour lui faire répéter, lui dit : « Que dis-tu ? » Le roi, qui avait l'oreille très-fine, lui cria de son lit : « Sourd que vous « êtes, n'entendez-vous pas qu'il dit que je veux faire plusieurs gen- « dres de ma sœur ? — Dormez, Sire, dormez, nous en avons bien « d'autres à dire à vos dépens. » *Mémoires de d'Aubigné.*

récalcitrante sur le chapitre d'un changement préalable de religion. Elle ne se gênait guère pour répéter qu'elle n'entendait point se procurer un époux, comme son frère s'était gagné un royaume, en renonçant à sa foi [1]. La différence des cultes trou-

---

1. On fit plusieurs conférences à Paris entre docteurs catholiques et ministres protestants pour éclairer les doutes de la sœur de Henri IV. « Mais, dit le *Journal de Henri IV*, parce que les docteurs de Sorbonne se servirent d'expressions et de subtilités scholastiques auxquelles ladite dame n'a rien compris; les ministres l'ont facilement persuadée de demeurer dans sa religion. »

Péréfixe dit que le roi n'ayant pu venir à bout de la convertir, quoiqu'il y employât les menaces, dit un jour au duc de Bar : « Mon frère, c'est à vous de la dompter. »

Henri IV avait coutume de répéter en plaisantant aux protestants, en parlant de sa sœur, qui défendait souvent leurs intérêts auprès de lui : « Messieurs, votre royauté est tombée en quenouille. »

La *Chronique septenaire*, écrite par Cayet, ancien prédicateur de Catherine, converti plus tard à la religion catholique, ne dit point que Catherine eût témoigné aucune répugnance à épouser le duc de Bar. Elle assure au contraire « que Madame montrait de son côté tout le contentement possible... » Elle avait accoutumé de dire : *Grata supervenit quæ non sperabitur hora*. « Étant ladite dame très-bien instruite en latin. » Ce qui est hors de contestation, c'est qu'une fois mariée la princesse Catherine témoigna beaucoup de vive et sincère affection à son époux. Sully, de Thou et les écrivains lorrains s'accordent à dire qu'elle fut un exemple de dévouement conjugal. Les chroniques du pays racontent qu'à Nancy, lorsqu'on lui amenait de nouvelles mariées, elle faisait ce vœu en leur faveur « qu'elles aimassent autant leur mari qu'elle aimait le sien. » Étant, comme nous l'avons vu, fort versée dans les auteurs latins, elle citait parfois ces vers de Properce :

Omnis amor magnus, sed aperto in conjuge major.
Hunc Venus ut vivat, ventilat ipsa facem.

changeant seulement le mot *Venus* en *Deus*.

Charlotte-Rose de Caumont-Laforce a écrit : l'*Anecdote galante* ou *Histoire secrète de Catherine de Bourbon*, imprimée à Nancy, 1703. Cet ouvrage renferme beaucoup de détails conformes aux chroniques du temps. Cependant, comme le dit l'auteur lui-même dans sa préface, « c'est moins une histoire véritable qu'un roman ».

blait extrêmement la conscience de Charles III qui, soit comme prince, soit comme particulier, avait toujours fait profession d'un ferme attachement aux doctrines de l'Église de Rome. Il lui en coûtait d'autant plus de donner son consentement à cette union, qu'il ne pouvait ignorer que le pape était décidé à refuser les dispenses rendues nécessaires par le degré de parenté qui unissait les futurs époux[1]. Une considération séduisante et supérieure à ses yeux à toutes les autres, décida Charles III : Henri IV n'avait point d'enfants. On doutait alors qu'il réussît à obtenir la dissolution de son mariage avec Marguerite de Valois, auquel cas les enfants du duc de Bar et de Catherine auraient pu mettre un jour en avant quelques prétentions à la couronne de France. L'agrément du duc obtenu, lorsqu'il fut décidé que l'on se passerait de la permission du saint-siége, rien ne fut encore fini. Henri IV rencontra aussitôt des résistances plus obstinées que celles du duc de Lorraine : ce furent celles du clergé de France. « Ces Messieurs, » dit Sully, « déclarèrent que rien n'était

---

1. Christophe de la Vallée, évêque de Toul, et entièrement dévoué à la maison de Lorraine, ayant représenté au duc Charles les inconvénients de ce mariage par rapport à la religion et à la parenté, le duc Charles lui avoua qu'il n'y avait que les intérêts de sa maison qui l'avaient déterminé à passer sur toutes ses répugnances à cet égard; mais qu'il se flattait que le pape ne lui serait point contraire. La Vallée écrivit au pontife dont la réponse ne satisfit point le duc. — Benoist, *Hist. de Toul.* — Amelot de la Houssaye, *Note sur les négociations du cardinal d'Ossat.* — Calmet, t. V, p. 858.

capable de leur faire donner leur consentement à ce mariage. On s'en serait passé ; mais il fallait trouver un évêque qui voulût bien faire cette cérémonie. Et comme tous ces Messieurs se tenaient par la main, cela formait une difficulté sur laquelle ils fondaient leur dernière ressource [1]. »

Henri IV tenait trop à ce mariage pour céder de guerre lasse. Si les princes de Lorraine se laissaient séduire par l'espoir de se ménager, le cas échéant, quelques chances sur la couronne de France, il entrait également dans les projets du roi de France de créer aux siens quelques droits sur cet État voisin ; il trouvait bon, à tout hasard, de s'attacher par un lien étroit les princes de la maison régnante de Lorraine. Dans cette occasion, comme dans toutes celles qui intéressaient le fonds même de sa politique, il fit preuve d'une rare persistance. La ténacité en ses desseins n'avait rien d'apprêté chez ce grand roi. Il était d'ailleurs grand ménager de son autorité, savait parfaitement son monde, et quels moyens il valait mieux employer pour amener à ses fins ceux qu'il ne voulait pas violenter. Laissons les secrétaires de Sully raconter comment il vint à bout du mauvais vouloir des opposants.

« Dans cet embarras, Sa Majesté s'avisa de s'adres-

---

1. Sully, t. X, l. I.

ser à l'archevêque de Rouen[1], comme étant son frère naturel et lui ayant obligation, depuis peu, de l'archevêché; outre que ce prélat était connu de Sa Majesté, ainsi que de toute la France, pour être médiocrement scrupuleux, pour ne rien dire de plus. Cependant, à la première proposition que ce prince fit à l'archevêque, il vit un homme qui, d'un ton dévotement rebelle, l'accabla de citations, bien ou mal faites, des saintes Écritures. Le roi, surpris, comme on peut se le figurer, d'un langage si nouveau dans la bouche d'un homme qui ordinairement parlait de tout autre chose, ne pouvait presque s'empêcher de lui rire au nez, en lui demandant par quel miracle il était devenu tout à coup si savant et si consciencieux. « Puisque vous faites ainsi l'en-
« tendu, » ajouta Henri, « je vais envoyer vers vous
« un grand docteur, votre confesseur ordinaire, et
« qui entend à merveille les cas de conscience... »
Ce grand docteur et discuteur était Roquelaure, compagnon ancien et actuel de débauche de M. de Rouen, et à la prière duquel il avait obtenu l'archevêché..... »

« ..... Le roi ayant quitté M. de Rouen, fit venir Roquelaure et lui dit : « Vous ne savez pas, Roque-
« laure, votre archevêque veut faire le prélat et le

---

1. Charles de Bourbon, fils naturel d'Antoine de Navarre et de Mlle de la Beraudière, autrement appelée la Rouet, fille de la reine-mère.

« docteur, et m'alléguer les saints canons, où, je
« crois, qu'il entend aussi peu que vous et moi; et
« cependant, par ce refus, ma sœur demeure à marier.
« Je vous prie, parlez-lui comme vous avez accou-
« tumé, et le faites souvenir du temps passé. — Ah!
« pardieu! Sire, » répondit Roquelaure, « cela n'est
« pas bien; car il est temps au moins, selon mon
« opinion, que votre sœur Cathelon commence à
« goûter des douceurs de la vie; et je ne crois pas
« que, dorénavant, elle en puisse mourir par trop
« grande jeunesse. Mais, Sire, dites-moi un peu ce
« que dit ce bel évêque pour ses raisons; car il en
« est quelquefois aussi mal fourni que je saurais
« l'être. Je m'en vais le trouver pour lui apprendre
« son devoir... »

« Il n'y manqua pas. Il dit à l'archevêque dès en
entrant dans la chambre : « Hé quoi! mon arche-
« vêque, que veut dire ceci? On m'a dit que vous
« faites le fat : pardieu, je ne le souffrirai point; il
« y va de mon honneur, puisque chacun dit que je
« vous gouverne... Ne me faites-vous pas passer pour
« menteur en vous obstinant à faire la bête. Cela
« serait bon entre vous et moi, qui nous sommes vus
« quelquefois ensemble aux brèches raisonnables et
« les dés à la main.... » Et comme M. de Rouen
objectait l'exemple des autres évêques : « Hé mor-
« dieu! ne le prenez pas comme cela, » interrompit
Roquelaure, « il y a bien de la différence d'eux à

« vous; car ces gens s'alambiquent tellement le cer-
« veau après le grec et le latin, qu'ils en deviennent
« tous fous; si vous faites plus l'étourdi et l'entêté,
« je le manderai à Jeanneton de Condom, à Ber-
« narde l'Éveillée et à maître Julien. M'entendez-vous
« bien? Pardieu, c'est bien à vous de parler des
« canons où vous n'entendez que du haut allemand. »
M. de Rouen ayant voulu reprendre la parole et
lâcher quelques mots du paradis : « Comment, mor-
« dieu ! Paradis ! » reprit aussitôt Roquelaure, « êtes-
« vous si aze que de parler d'un lieu où vous ne
« fûtes jamais, où vous ne savez comment il fait, ni
« si vous y serez reçu quand vous y voudrez aller?
« Je tiens que Paradis a été aussi peu fait pour vous
« que le Louvre pour moi. Mais, enfin, laissons là
« votre Paradis, vos canons et votre conscience pour
« une autre fois, et résolvez-vous à marier Madame;
« car si vous y manquez, je vous ôterai trois ou
« quatre méchants mots de latin que vous aviez tout à
« l'heure à la bouche. Plus n'en sçait ledit déposant :
« et puis adieu la crosse et la mitre, mais qui pis est,
« cette belle maison de Gayon, et dix mille écus de
« rente..... »

« .... Roquelaure n'abandonna point l'archevêque
qu'il ne lui eût fait promettre de marier Madame : et
ce fut lui, en effet, qui fit la cérémonie..... »

Le mariage ainsi accompli avait donné satisfaction aux volontés du roi et, ce qui lui plaisait peut-

être tout autant, brouillé Charles III avec les violents du parti catholique, et troublé l'intimité de ses relations avec le souverain pontife. En effet, ce mariage avait fait grand bruit à Rome. Le pape s'en plaignit au cardinal de Joyeuse [1]. Il refusa même d'expédier aucune affaire pour la Lorraine, aussi longtemps qu'on n'y aurait point, disait-il, réparé ce scandale. Le duc de Bar était à peine arrivé à Nancy, avec sa nouvelle épouse, qu'un bref pontifical, adressé à l'évêque de Toul, vint l'avertir qu'il avait violé les règles de l'Église par son mariage, considéré comme nul par Clément VIII. Une sentence d'excommunication avait été lancée contre lui. Ce jeune prince, non moins attaché que son père à la foi catholique et fort timoré en ces matières, se retourna alors du côté de sa femme, et tâcha d'obtenir de sa tendresse ce qu'elle n'avait point voulu accorder à la politique. Par égard pour son mari, Catherine ne refusa point d'écouter les théologiens de l'université de Pont-à-Mousson; mais ils ne furent pas plus heureux à la persuader que ne l'avaient été les docteurs de la Sorbonne. Catherine n'avait pas un instant cessé d'être en rapport avec les ministres protestants. Duplessis Mornay était resté son confident et son ami. C'était à lui qu'elle s'était adressée, peu de temps avant son mariage, pour démentir le bruit de sa prétendue

---

[1]. Cardinal d'Ossat, lettre CLXXV.

conversion, l'assurant « qu'il n'était pas vrai qu'on l'eût vue à la messe ; qu'elle n'y avait été de fait ni de pensée, et qu'elle se réservait d'y aller seulement quand il serait pape[1]. » La correspondance qu'elle continua d'entretenir avec le chef principal du parti calviniste en France, témoigne de son attachement à sa foi. « Monsieur mon mari m'a fort commandé de parler à lui, ce que j'ai fait deux fois, » dit-elle en une de ses lettres, « où j'ai plus appris à être huguenotte que jésuite. Voilà comme ce qu'ils ont fait, pensant me gaigner, a réussi tout au contraire. » D'autres passages montrent dans quelles douloureuses agitations la différence des religions avait jeté les deux époux, et combien le scrupule et l'affection se partageaient à peu près également l'âme timide du prince lorrain. « Je vous dirai que j'ai de durs combats à soutenir, non pour estre forcée en ma religion, mais pour voir les peines aulxquelles on met monsieur mon mari, pour ne pouvoir obtenir du pape l'absolution de m'avoir épousée, étant sa parente. Cela l'afflige si fort que je ressens sa douleur, et n'y puis apporter remède que la plaincte. La doulceur de quoi il me traicte me faict souhaiter qu'il n'y allast que de ma vie, pour l'ôter de la créance où on le met qu'il est damné. On lui a deffendu de faire ses pasques. Tout cela le rend extrêmement affligé,

---

[1]. Lettre de madame à Duplessis Mornay, année 1594, t. VI, p. 81.

mais non pas m'aimant moins, et me dict sa peine avec tant d'amoureuses paroles qu'à toute heure j'ai les yeux pleins de larmes, mais pourtant bien résolue de vivre et mourir en la craincte de Dieu. Je vous escris librement comme à mon ami. Je vous prye pour cela ne passer pas oultre que là où vous jugeréz que cela me pourra servir pour m'aider à nous sortir tous deux de ceste peine, sans laquelle je serois la plus heureuse femme du monde [1]..... »

De plus en plus troublé dans sa conscience, le duc de Bar se décida à partir incognito pour Rome. S'il faut en croire quelques historiens et le témoignage de l'ambassadeur de Henri IV à Rome, le but de ce voyage aurait moins été de solliciter en personne les dispenses nécessaires à son mariage et de combattre les répugnances du saint-siége, que de faire prononcer *ex cathedra* la dissolution de l'union qu'il avait contractée [2]. « La princesse Catherine ne paraissant pas devoir avoir d'enfants, » dit don Calmet, « et le roi son frère étant en état d'en avoir bientôt de légitimes, les princes lorrains se repentaient de ce mariage, dont ils craignaient de ne pas tirer les avantages qu'ils s'étaient promis. La seule chose qui les retenait était la crainte de ce qu'il y aurait d'odieux dans ce divorce, si on en venait là [3]. » Quoi qu'il en

---

1. Lettre de madame à Duplessis Mornay, nov. 1599, t. IX, p. 298.
2. Dépêches du cardinal d'Ossat, 219-220-221-222.
3. D. Calmet, t. V, p. 862.

soit, le duc de Bar revint en Lorraine, sans avoir rien obtenu de ce qu'il avait pu souhaiter. Le souverain pontife lui avait fait attendre longtemps son audience ; il lui avait refusé d'abord la grâce d'être admis à faire son jubilé. A grand'peine, et lorsqu'il était sur le point de quitter Rome, ce prince reçut la permission de prendre un confesseur qui lui donna secrètement l'absolution et la communion dans quelque chapelle à part, afin qu'en visitant seulement une fois les quatre églises patriarcales, il pût gagner les indulgences qu'il désirait si fort[1]. Ce ne fut qu'après son départ, sur les pressantes sollicitations du cardinal d'Ossat et des autres ministres de France à Rome, qu'une congrégation de cardinaux fut enfin nommée pour délibérer sur les dispenses tant de fois demandées. Mais les cardinaux, réunis pour la première fois en août 1600, ayant, suivant la lenteur accoutumée en la cour de Rome, mis deux années à discuter la question de savoir si le pape pouvait, en principe, accorder ces dispenses, et deux autres années à en débattre la forme, elles n'arrivèrent en Lorraine qu'après la mort de la princesse Catherine, décédée dès le mois de février 1604.

Pendant que duraient ces négociations, Henri IV vint à Metz, et ensuite à Nancy. Les motifs ostensibles de ce voyage furent le besoin d'apaiser quel-

---

1. D. Calmet, *ibid.*

ques mécontentements, que les exigences d'un sieur Soboles, lieutenant du duc d'Épernon, avaient excités dans la ville de Metz, et le désir de revoir sa sœur, qui étant dès lors malade, et atteinte de la maladie dont elle mourut bientôt après, persistait à se croire grosse[1]; mais la politique avait, comme d'habitude, la plus grande part à cette démarche. Avant de quitter Paris, Henri IV s'en expliqua avec celui de ses conseillers auquel il avait le plus coutume de confier ses secrètes pensées : « Outre qu'il serait bon d'ôter au duc d'Épernon une citadelle dont il pouvait abuser, et un pays considérable où il s'était comporté, sous le règne de Henri III, moins en gouverneur qu'en prince souverain : « Si quelque jour, » ajoutait-il à Sully, « ses grands desseins venaient à s'exécuter, il fallait trouver toutes les facilités possibles dans le gouverneur de ce pays important par sa situation : ce qu'il ne se promettait pas du duc d'Épernon. Il pouvait, de plus, se présenter quelque occasion favorable de joindre la Lorraine à la France, qui demandait qu'il prît lui-même

---

1. C'est sans aucun fondement qu'on a soupçonné de l'empoisonnement dans cette mort. D'autres l'attribuent à des potions que la princesse prit pour devenir mère. C'est plutôt parce que les médecins de Nancy la traitaient comme si elle était grosse, quoiqu'elle ne le fût pas. La princesse en était elle-même si fort persuadée, par l'extrême envie qu'elle en avait, qu'elle résista à tous les remèdes. Elle persista dans cette idée jusqu'au dernier moment, qu'elle rendit l'âme, disant toujours : « Sauvez mon fruit. » Le corps ayant été ouvert, on vit clairement que la maladie ne provenait que d'une tumeur ou enflure extérieure. *Notes des Mémoires de Sully*, livre XVII, page 297.

connaissance de cet État, et qu'il eût un homme de sa confiance dans le gouvernement qui le confine [1]. »

Henri IV fut reçu avec toute sorte de magnificence à Nancy; il assista à beaucoup de fêtes et de ballets [2], mais y mêla aussi les affaires. Il intervint dans le différend survenu au sujet de l'évêché de Strasbourg, et qui, depuis plusieurs années, troublait la tranquillité de la Lorraine, en maintenant sur sa frontière de l'ouest un état d'hostilités incessantes.

Après la mort de l'évêque de Strasbourg, Jean comte de Mandersheit, décédé à Saverne le 2 mai 1592, le chapitre des chanoines, dont une portion était demeurée catholique, dont l'autre moitié avait embrassé la confession d'Augsbourg, se divisa sur le choix de l'évêque à élire. Les chanoines protestants siégeant à Strasbourg, avaient nommé au siège vacant Jean Georges, marquis de Brandebourg; les chanoines catholiques, réunis à Saverne, donnèrent leurs suffrages au cardinal Charles de Lorraine, second fils du duc régnant, qui était déjà évêque titulaire de Metz. Et les bourgeois de Strasbourg, vassaux de l'évêque, profitant de ces divisions du chapitre, n'avaient point manqué de s'emparer de plusieurs places qui étaient du temporel de l'évêque. La guerre s'en était suivie, guerre à laquelle avaient pris part, d'un côté, les villes protestantes de Bâle,

1. *Mémoires de Sully*, liv. xiv, p. 157.
2. Bassompierre, collection Pétitot, vol. XIX, p. 292.

de Berne et de Zurich, le prince Christian d'Anhalt et quelques troupes allemandes; de l'autre, le duc de Lorraine et ses fils, intéressés à soutenir la foi catholique et les droits d'un prince de leur maison. L'empereur avait voulu s'entremettre plusieurs fois pour apaiser cette querelle, où le sort des armes n'avait donné d'avantages décisifs à aucun des deux partis, mais il n'avait guère réussi. Le roi, assisté du landgrave de Hesse, du duc de Neubourg, du duc de Poméranie, et d'un député de l'électeur de Trèves, s'en occupa à son tour. Si nous nous en rapportons à M. de Thou, qu'il employa à ménager cette pacification, « son cœur était pour Jean Georges de Brandebourg. Cependant, comme il était attaché à la maison de Lorraine par une double alliance, il ne voulait pas se déclarer contre le cardinal. Ainsi, faisant fonction de médiateur, il adjugea les terres les plus près de la ville de Strasbourg à Jean Georges de Brandebourg, comme moins suspect aux habitants, et il donna le reste au cardinal [1]. »

Durant son séjour en Lorraine, le roi apprit la maladie et la mort de « sa grande amie et bonne alliée » la reine Élisabeth d'Angleterre, « l'ennemie irréconciliable de ses irréconciliables ennemis et un second lui-même [2], » ainsi qu'il la nommait dans une

---

1. Voir de Thou, livre cxxix, p. 131 et suivantes. — D. Calmet, t. V, p. 868 et suivantes.
2. Lettre de Henri IV à M. de Rosny, datée de Nancy, 10 avril 1603.

lettre à Sully. Cette mort, si fâcheuse à ses intérêts, le contraignit d'ajourner la préparation des grands desseins qu'il méditait dès lors pour l'abaissement de la maison d'Autriche. Il n'oublia pas toutefois, pendant sa visite, de rappeler à chaque occasion tout ce qui pouvait engager le duc de Lorraine à se détacher de l'alliance de l'empire [1]. Dans ses entretiens intimes, Henri IV s'ouvrit-il entièrement à son beau-frère, ou bien le duc Charles démêla-t-il l'ensemble des plans ambitieux qui allait bientôt devenir le principal pivot de la politique extérieure de Henri IV, et qui pouvait être si préjudiciable à la Lorraine? toujours est-il qu'à partir de cette époque, et surtout depuis la mort de Catherine, l'intimité des deux souverains se refroidit un peu. Aussi bien Charles avait eu plusieurs fois occasion de reconnaître que s'il était dangereux de mal vivre avec la France, cette alliance trop étroite n'était pas non plus sans quelques inconvénients.

Rien ne tenait tant au cœur du souverain catholique de la Lorraine que les bons rapports avec le saint-siége. Or, ces rapports déjà tant soit peu altérés depuis le mariage du duc de Bar, se trouvaient, en ce moment même, plus que jamais compromis par suite d'une démarche à laquelle le désir de seconder la politique française n'avait pas été étranger.

---

1. D. Calmet, t. V, p. 868.

Vers l'an 1600, la république de Venise s'était brouillée avec le pape. L'année d'après, le duc de Lorraine, cédant aux instances des Vénitiens, les plus anciens et les plus fermes alliés du roi Henri IV, avait permis à son fils François, comte de Vaudémont, de s'engager à leur service. Ce prince avait accepté, avec une pension de douze mille écus, le commandement d'un corps de troupes, qu'il avait promis, le cas échéant, de faire passer en Italie. Sans doute, en accordant cette permission, le duc Charles s'était flatté que la querelle ne dégénérerait jamais en une guerre ouverte ; et selon toute probabilité il avait eu surtout pour but de ménager à son troisième fils une position considérable et conforme à ses goûts. Quoi qu'il en soit, les prévisions du duc furent sur le point d'être étrangement déjouées. En 1606, la sérénissime république n'ayant pu s'arranger avec le pape, malgré ou peut-être à cause de l'entremise de tous les princes de la chrétienté, le duc de Lorraine vit coup sur coup arriver à Nancy le secrétaire vénitien Padarini venant sommer le comte de Vaudemont de tenir ses engagements, et M. de Bassompierre, chargé par Henri IV de dire de sa part au jeune comte qu'il ne pourrait sauver sa réputation s'il ne faisait honneur à sa parole. En même temps, les brefs émanés de Rome s'exprimaient en termes sévères à l'égard du duc. Le souverain pontife se plaignait qu'un prince de la maison de Lorraine songeât à prendre les armes pour soutenir des rebelles contre l'Église. Il annonçait l'intention de censurer publiquement la conduite du comte de Vaudemont ; puis joignant à ses menaces la perspective d'une dignité séduisante, il offrait de le créer gonfalonier de l'église romaine au delà des monts [1].

Les circonstances de cette affaire furent d'autant plus désagréables au duc Charles, qu'elles avaient semé la division dans l'intérieur même de sa famille. Ses enfants, consultés par lui, n'avaient pu parvenir à se mettre d'accord. Redoutant avant tout les reproches de la cour de Rome, le cardinal et son frère aîné, le duc de Bar, insistèrent pour que l'on donnât toute satisfaction au Saint-Père. Le comte François de Vaudemont plaida avec non moins de chaleur pour les intérêts de son honneur engagé, disait-il, en cette affaire. Le duc ne pouvait beaucoup tarder à prendre une décision ; il avait, par avance, congédié l'envoyé de la sérénissime république, dont l'insistance l'importunait, lorsque arriva heureusement la nouvelle de l'arrangement conclu entre le pape et les Vénitiens. Débarrassé de l'ennui d'avoir à se prononcer contre l'un de ses fils, Charles ne garda pas moins une impression pénible des discussions dont il avait été témoin entre le duc de Bar et le comte

---

1. *Histoire des différends entre le pape Paul V et la République de Venise*, années 1605-1606 et 1607. — D. Calmet, t. V, p. 872 et suiv.

de Vaudemont. Elles lui avaient révélé d'une façon trop visible les différences profondes du caractère de ces deux frères, destinés à ne jamais bien s'entendre. Et cette découverte ajouta à sa tristesse.

L'entourage du duc avait vu poindre les premiers signes de cette tristesse aussitôt après la conclusion de son traité avec la France. Le mariage demeuré stérile de son fils aîné avec Catherine de France l'avait encore augmentée. Les contemporains attribuèrent ce changement dans les dispositions de leur souverain, à l'altération graduelle de sa santé. Mais il était facile de lui découvrir d'autres causes. Charles, quoiqu'il eût accepté et même recherché la paix, n'était point né pour l'absolu repos. Volontiers il eût, à l'exemple de ses ancêtres qui avaient toujours fait leur capital de la guerre, recherché, ailleurs qu'en son pays, les occasions de se signaler encore par les armes. L'amour qu'il portait à ses peuples et la sage appréciation des vrais besoins de la Lorraine l'avaient seuls retenu et fixé dans son duché. Il ne pouvait d'ailleurs assister, sans un peu de préoccupation, au développement de la grandeur croissante de la France. Mieux que tout autre, le duc de Lorraine avait été à même de démêler de bonne heure les redoutables desseins du roi de France. Depuis longtemps, il en suivait d'un œil inquiet tous les préparatifs. Il savait parfaitement que les premiers coups devaient être frappés en Allemagne, que l'occupation momentanée de la Lorraine était le préliminaire obligé de toute entrée en campagne, et son incorporation définitive à la France, une des idées favorites de Henri IV. Sa clairvoyance ne lui permettait guère d'espérer qu'à l'heure voulue, le pays trouverait chez son successeur le degré de résolution et de prudence nécessaire pour conjurer tant de périls.

Poursuivi de ces pensées, Charles III résolut d'aider, autant du moins que cela dépendait de lui, sa dynastie et ses sujets à traverser la rude épreuve qu'il prévoyait pour eux. Il essaya de jeter partout autour de lui les fondements d'un solide établissement monarchique. Il fit plusieurs voyages en Allemagne, pour renouveler les traités et cimenter les liens qui l'unissaient à plusieurs des princes d'outre-Rhin. Il cultiva plus que jamais ses relations d'amitié avec les cantons suisses; et, le premier parmi les siens, introduisit à sa cour des troupes de cette nation pour y garder sa personne [1]. N'ayant pu obtenir, comme nous l'avons vu plus haut, l'établissement d'un évêché en Lorraine, il créa à Nancy, sous le titre de Primatiale, une collégiale qu'il enrichit de tous les bénéfices qu'il avait destinés à la nouvelle cathédrale. Pour en rehausser l'éclat, il lui donna son fils le cardinal pour premier primat, et Antoine de Lenoncourt pour premier doyen.

---

1. Charles Lepoix, *Caroli III Macarismos*, p. 204.

Comme le plus sûr moyen de s'attirer l'affection de ses peuples était, à ses yeux, l'octroi d'une justice impartiale, n'ayant rien de vague et d'incertain, il s'attacha plus que jamais à en réformer les abus, et régla, d'accord avec les trois ordres de l'État, les ecclésiastiques, les nobles et le tiers état, et d'une manière définitive, tout ce qui regardait cette branche importante du service public[1]. Ces règlements sont restés en vigueur jusqu'en 1633. Les finances appelèrent également son attention. Jamais

1. *Caroli III potentiss. Ducis Cal. Lotharringiæ marchisii Ducis Barri*, etc., etc., ΜΑΧΑΡΙΣΜΟΣ, est l'ouvrage de Charles Lepoix, doyen de la faculté de médecine à l'Université de Pont-à-Mousson. Cet éloge écrit en latin, hérissé presque à chaque ligne de citations empruntées aux classiques grecs et latins, est très-singulièrement composé ; il est divisé en neuf chapitres, nombre égal à celui des Muses, qui sont censées offrir chacune à Charles III une couronne symbolique. Chaque chapitre est précédé d'une espèce d'invocation en vers adressée aux membres de la famille ducale. Voici les titres de ces neuf chapitres :

Corona laurea, seu de felicitate externâ.
Corona querna, seu de seminibus virtutum.
Corona ex ilice, vite, malo, et oleâ, seu fortitudinis, modestiæ et clementiæ.
Corona ex salice, amygdalâ, caprifico malo et cicue, sive temperantiæ et magnificentiæ.
Corona ex palmâ et myrto, seu justitiæ et comitatis.
Corona ex moro, seu prudentiæ.
Corona ex loto sive pietatis.
Corona e malo punicâ sive amicitiæ.
Corona ex cupresso, seu honoris et justorum funebrium.

Malgré l'abondance des passages grecs et latins tirés de Pindare, d'Eschyle, d'Euripide, de Tacite, de Sénèque et de Cicéron, on trouve dans chacun de ces chapitres, dont les titres sont si bizarres, des détails sur Charles III, des renseignements, et des anecdotes qu'on chercherait vainement ailleurs.

ses sujets n'eurent à payer à l'État plus du trentième de ce qu'ils pouvaient gagner en un mois. Cependant l'administration de ses salines, de ses mines et de ses domaines fut toujours, sous son contrôle immédiat, si bien conduite, qu'après avoir embelli presque toutes ses villes, créé, aux portes du vieux Nancy, comme une seconde capitale, plus étendue et plus belle que l'ancienne, après avoir maintenu, en temps de paix, un corps de troupes nombreux, aussi bien équipé que soigneusement exercé ; après avoir, jusqu'à la fin de sa vie, entretenu une cour digne de son rang en Europe, il trouva encore moyen de laisser à ses successeurs une épargne considérable dont, par malheur, ils ne furent pas toujours aussi bons ménagers que lui !

Tant de précieux résultats furent graduellement acquis à la Lorraine par le continuel et paisible exercice des éminentes facultés qui avaient signalé les premières années de Charles III, et que l'âge n'avait fait que confirmer et mûrir. Ses peuples le virent, sur le trône de Lorraine, tel qu'il avait été, aux jours de sa jeunesse, à la cour de Henri II, rempli à la fois de gravité et de douceur, imposant et point sévère, affable avec les grands, sans familiarité, débonnaire avec les gens de moindre condition, mais toujours soigneux de se faire respecter. L'expérience des hommes et le maniement des affaires avaient ajouté une certaine majesté tempérée à sa réserve naturelle. Sa parole était plus sacrée que les plus grands serments[1]. Quand il avait prononcé *foi de gentilhomme*, qui était sa façon ordinaire de promettre, rien ne pouvait plus le faire changer. Un geste, un clin d'œil, un mouvement de tête étaient des assurances certaines de sa résolution invariable[2]. Toujours maître de lui, il ne courait pas au-devant des dangers, mais il les affrontait sans jactance. Dans les siéges nombreux qu'il entreprit, il alla toujours le premier au feu, le premier à la tranchée, le premier à l'attaque. A l'assaut de Stenay, plusieurs capitaines étant tombés à ses côtés sous une volée de coups de canon, il ne s'en émut nullement[3]. Son sang-froid ne l'abandonnait jamais, pas plus dans son cabinet que sur le champ de bataille. Ayant appris, un jour, que les ennemis étaient rentrés par surprise dans cette même ville de Stenay, il n'en témoigna aucune impatience; seulement il frappa du bout du doigt la lettre qui lui apportait cette nouvelle, comme pour marquer qu'il voulait s'en venger; et, en effet, il reprit bientôt Stenay, au cœur même de l'hiver.

Charles III développa, autant qu'il le put, le commerce dans ses États. Les deux foires qu'il avait établies à Saint-Nicolas-de-Port, bourg aujourd'hui

---

1. Charles Lepoix, *Macarismos*, p. 181.
2. *Ibid.* p. 93.
3. *Ibid.* p. 103.

à peu près inconnu et désert, avaient fait de la Lorraine un des États les plus commerçants de l'Europe[1]. Il aima et encouragea les arts. « Charles, » dit un de ses panégyristes, « donna des disciples à Euclide (Érard de Bar-le-Duc) et un traducteur à Vitruve (Jean-Appier Stauzelet). Avec les Bercklay (Guillaume Bercklay d'Aberdeen, en Écosse), les Charpentier, les Grégoire, il était jurisconsulte; avec les Toignard, les Mongius, les Lepoix, il était médecin. Les Calot, les Sylvestre, les Berain, sont les enfants de son règne; il leur cherchait même des maîtres, tandis qu'il envoyait et entretenait à Rome, à ses frais, Pérou, Melin, Doffin, Bellanges et d'autres peintres devenus célèbres. Les ouvrages publics qu'il multipliait développèrent les talents de Maréchal, de Vautier et de l'habile Jean Thiriot, qui opposa aux Anglais la fameuse digue de La Rochelle[2]. »

Charles était aussi simple dans ses manières qu'actif et appliqué au travail. Magnifique à l'occasion et quand l'honneur de sa couronne l'exigeait, il n'était pas d'ordinaire vêtu autrement que les plus modestes gentilshommes de son entourage. Les occupations de sa vie étaient réglées comme son caractère lui-même. Chaque jour il donnait six heures d'audience à ses sujets, et chaque année il visitait la troisième partie de ses États[3].

1. Ordonnance du 24 mars 1597. — Durival, liv. 1, p. 44.
2. Coster, Éloge de Charles III.
3. Henriquez, *Histoire de Lorraine*.

Lorsqu'il entreprenait quelqu'une de ces tournées, la foule de ses sujets, et jusqu'aux plus pauvres habitants des villages, se précipitaient avec avidité sur son passage. Les Lorrains appréciaient leur duc; ils ne se laissaient pas tromper à l'aspect de sa physionomie un peu froide. Ils comprenaient parfaitement que, placé sur un plus vaste théâtre, le prince qui s'occupait ainsi de leur bonheur, aurait été, pour l'Europe entière, un grand homme. Ils lui savaient un gré infini de n'avoir voulu être pour eux qu'un souverain bienfaisant. Cependant, comme nous l'avons déjà dit, soit vague pressentiment de l'avenir, soit mélancolie naturelle, soit qu'une tristesse involontaire s'empare facilement des hommes les plus sages, au terme des carrières les mieux remplies, Charles devint de plus en plus sombre pendant les dernières années de son règne. La mort de son fils, le cardinal de Lorraine, qu'il aimait particulièrement, mit le comble à son chagrin. Cette douleur, qui le minait sourdement et le conduisit au tombeau, n'altéra pas toutefois sa douceur. Son médecin le félicitant de ce qu'il avait échappé à une première attaque d'apoplexie qui avait failli l'emporter : « J'en suis charmé pour vous, » répondit le duc, « car j'en croyais mourir. »

Lorsqu'il sentit les atteintes de la mort, il fit venir le duc de Bar, le comte de Vaudemont, sa fille Catherine, abbesse de Remiremont, et ses dernières paroles trahirent les véritables préoccupations de son âme : « Mon fils, » dit-il à son successeur, « je vais entrer dans la voie de toute chair. Aimez et craignez Dieu sur toutes choses. Maintenez la concorde entre vos frères et les princes de votre maison. Rappelez-vous qu'un souverain doit l'être dans sa famille, comme dans ses États. Conservez la paix avec vos voisins. Je vous laisse un État tranquille, et vous recommande surtout mon pauvre peuple [1]. »

Charles fut, comme ses prédécesseurs, enterré à l'église des Cordeliers de Nancy. Ses funérailles eurent lieu avec toute la pompe usitée à l'enterrement des ducs de Lorraine [2].

---

1. D. Calmet, t. V, p. 895. — Henriquez, t. I, p. 330. — Chevrier, *Histoire secrète de quelques personnages illustres de la maison de Lorraine*, t. I, p. 137.

2. Il était d'usage à la cour de Nancy de déployer beaucoup de luxe et d'éclat à l'enterrement du souverain. La pompe funèbre de Charles III a été gravée à l'eau forte par Frédéric Brentel, artiste strasbourgeois, sur les dessins de Claude de la Ruelle, et de Jean la Hierre. Cette collection de *dix grandes tables* ou gravures *contenantes les pourtraicts des cérémonies, honneurs et pompe funèbre faitz au corps de feu sérénissime prince Charles III du nom*, est très-recherchée et rare, même en Lorraine. Elle confirme pleinement, si peut-être elle n'a fait naître le dicton populaire ou proverbe historique qui mettait au nombre des plus magnifiques cérémonies de l'Europe : le couronnement d'un empereur à Francfort, le sacre d'un roi de France à Reims, et l'enterrement d'un duc de Lorraine à Nancy.

Voir, pour les détails bibliographiques de la pompe funèbre, le livre de M. Beaupré, p. 260 et suivantes.

CHAPITRE V.

La mort de Charles III ne change rien à la politique de la Lorraine. — Caractère de Henri II, prince faible et irrésolu. — Projets de Henri IV sur la Lorraine. — Il se propose de marier le Dauphin avec la princesse Nicole, fille ainée de Henri II. — Il envoie Bassompierre à la cour de Lorraine. — Bassompierre demande la main de la jeune princesse. — Hésitations de Henri II sur la réponse à donner au roi de France. — Il accepte. — Ce projet d'alliance brouille Henri II avec le comte de Vaudemont son frère. — Mort de Henri IV.

Charles III n'avait pas régné moins de soixante-trois ans, quand il mourut à Nancy le 14 mai 1608.

Henri II, son fils aîné, s'était remarié en 1606, à l'âge de quarante-trois ans, à Marguerite de Gonzague, fille de Vincent de Gonzague et d'Éléonore de Médicis. Cette princesse était la propre nièce de Marie de Médicis, seconde femme de Henri IV. Le nouveau duc de Lorraine, déjà connu et aimé de ses sujets, demeurait ainsi le proche allié de la France. Rien n'était changé au dedans ni au dehors à la politique de Charles III, et le passage d'un règne à l'autre fut à peu près insensible.

Cependant Henri II, modéré, libéral et pieux comme son père, n'avait hérité d'aucune de ses qualités énergiques. La complète subordination dans laquelle il avait vécu jusqu'au jour de son avénement, avait encore ajouté à sa timidité naturelle.

Sa douceur était voisine de la faiblesse, et la crainte excessive de déplaire le rendait aisément irrésolu. Ces défauts étaient d'ailleurs rachetés par une vraie générosité, par un vif et sincère amour du bien public. Henri II gouverna ses peuples avec régularité et justice ; mais il fut sans autorité parmi les siens. De fâcheuses divisions qu'il ne sut point prévenir, et qu'il était incapable de dominer, troublèrent de son vivant la paix intérieure de la famille ducale de Lorraine jusqu'alors si parfaitement unie. Ces dissentiments domestiques, principaux événements d'un règne entièrement pacifique, ont eu plus tard de telles conséquences, ils tiennent de si près au sujet même de notre histoire, qu'il nous est commandé d'en raconter ici l'origine et les progrès.

L'alliance projetée de l'héritière de Lorraine avec le dauphin de France fut la première occasion des querelles de Henri II et de son frère le comte de Vaudemont.

Au commencement de l'année 1609, Henri IV préparait plus que jamais l'accomplissement des profonds desseins qu'il avait depuis longtemps formés pour mettre un terme à la puissance des empereurs d'Allemagne. Il n'avait pu voir sans jalousie cette formidable alliance des couronnes d'Autriche et d'Espagne, dont les possessions répandues sur tant de contrées diverses confinaient à la plupart des États européens, qui avaient ainsi un pied partout, et partout employaient leurs armées, leurs trésors et les voies de l'intrigue, à gêner le développement naturel de la France. Le moment était venu, à ses yeux, d'opposer au faisceau des puissances catholiques qui avaient leurs chefs à Madrid et à Vienne, l'union des princes protestants, et de tous ceux qu'effrayait l'ambition de ces deux cabinets. Tous ses efforts tendaient à devenir le chef avoué de cette redoutable coalition. Pendant que ses ambassadeurs s'ingéniaient à Londres pour réveiller le zèle et triompher des perpétuelles hésitations de Jacques Ier, tandis que, par ses ordres, Sully payait aux provinces unies de gros subsides qui les devaient maintenir dans son alliance, il prenait soin de faire parler par des agents sûrs aux Électeurs de Saxe et de Brandebourg, à la Hesse et à ses alliés; il n'oubliait point de traiter secrètement avec le duc de Savoie, pour qu'il entretînt à sa portée un corps de troupes considérable; il rassemblait enfin lui-même sur ses frontières de l'est des forces imposantes, qui tenaient le monde entier en éveil.

Mais la grandeur du but qu'il poursuivait et la multiplicité des détails qu'il lui fallait embrasser pour l'atteindre, n'avaient pas distrait Henri IV de ses vues particulières sur la Lorraine. Dans sa pensée profonde, où germait par avance cette politique tout à la fois audacieuse et sensée, qui fut plus tard celle de Richelieu, de Mazarin, des premiers et des plus grands ministres de Louis XIV, la main-mise sur la Lorraine était le préliminaire indispensable de toute lutte sérieuse du côté de l'Allemagne. Affaiblir la maison d'Autriche, et préparer la réunion de la Lorraine à la France, telles étaient alors les principales préoccupations de Henri IV, ou plutôt ces deux projets n'en formaient qu'un seul en son esprit : c'étaient les deux parties d'un même plan qui devaient, combinées ensemble, assurer à tout jamais la supériorité continentale de la France. Cependant, comme il ne pouvait en pleine paix, et sans le moindre prétexte de mécontentement, attaquer à force ouverte les États de son inoffensif voisin le duc de Lorraine, Henri IV songea à l'attacher à sa cause par quelque lien étroit. Il résolut d'arranger à l'avance le mariage de son fils avec la fille aînée de Henri II. Le dauphin n'avait alors que huit ans, et la princesse Nicole venait à peine d'entrer dans sa troisième année; mais le bas âge de ces enfants n'arrêtait pas Henri IV. L'idée de cette alliance était si fortement arrêtée dans son esprit, qu'il ne manquait jamais d'en parler dans tous ses entretiens avec la reine; Il la lui recommandait, si Dieu venait à disposer de lui, comme une des mesures les plus nécessaires au gouvernement de ses États : « Lorsqu'il lui parloit du mariage du roi son fils, » dit Richelieu, « il estimoit que le plus avantageux qu'on pût faire était l'héritière de Lorraine, si le duc n'avait point d'autres enfants. » Ajoutant : « *que ce lui seroit un grand contentement de voir que ce royaume fût agrandi des dépouilles d'une maison dont il avoit reçu des maux indicibles* [1] ».

La mort longtemps attendue du duc de Clèves, qui laissait en Allemagne un héritage fort contesté, étant venue ouvrir enfin le champ à son ardeur, Henri IV se décida aussitôt à presser la conclusion de cette alliance. Son choix se fixa sur Bassompierre comme sur l'agent le plus propre à la faire réussir.

François de Bassompierre avait alors trente ans. Fixé à Paris depuis la paix, il était devenu l'un des familiers du roi Henri IV. C'était un brillant courtisan, plus occupé jusque-là de galanteries et d'amour que de sérieuses affaires d'État. Peu de temps avant l'époque où nous sommes arrivés, le vieux connétable, Henri de Montmorency, avait déclaré l'intention de lui donner sa fille, la belle et célèbre Charlotte de Montmorency, mariée plus tard à Monsieur le Prince, et qui fut la mère du grand Condé. S'il faut s'en rapporter à Bassompierre, le cœur de sa fiancée avait sans peine ratifié le choix de son père. Quant à Bassompierre : « comme sous le ciel il n'y avoit rien alors de si beau que mademoiselle de Montmorency, ni de meilleure grâce, ni de plus parfait, elle étoit, » dit-il, « fort avant en son cœur [2] ».

1. *Mémoires de Richelieu*, collection Petitot, 2ᵉ série, t. X, p. 395.
2. *Mém. de Bassompierre*, collection Petitot, 2ᵉ série, vol. XIX, p. 388.

Le mariage n'eut pas lieu toutefois, et l'obstacle vint du roi lui-même. Un jour Henri IV, malade, fit mettre Bassompierre à genoux sur un carreau près de son lit : « Bassompierre, » lui dit-il après un grand soupir, « je te veux parler en ami : je suis devenu non-seulement amoureux, mais furieux et outré de mademoiselle de Montmorency. Si tu l'épouses, et qu'elle t'aime, je te haïrai; si elle m'aimoit, tu me haïrois; il vaut mieux que cela ne soit point cause de rompre notre bonne intelligence. Je suis résolu de la marier à mon neveu de Condé, et de la tenir près de ma famille, ce sera la consolation et l'entretien de ma vieillesse [1]. » Bassompierre avait répondu à cette confidence du roi en véritable courtisan : il avait sacrifié sa maîtresse à son prince, et n'avait point hésité à assurer sa fortune en renonçant à ses prétentions.

Lorsqu'il éloignait Bassompierre de Paris, aussitôt après le mariage du prince de Condé avec mademoiselle de Montmorency, peut-être Henri IV cédait-il encore à quelque jalouse inquiétude naturelle chez un amoureux presque sexagénaire ? Toujours est-il que, sous d'autres rapports, son choix était aussi fort avisé. François, depuis maréchal de Bassompierre, fils de Christophe de Bassompierre, serviteur zélé des ducs de Lorraine, qui avait signé,

---

1. *Mémoires de Bassompierre,* collection Petitot, 2ᵉ série, vol. XIX, p. 387.

en 1595, le traité de paix de Charles III avec Henri IV, possédait de grands domaines auprès de Nancy. Son apparition à la cour du duc Henri ne devait étonner personne, ni éveiller aucun soupçon. Chose singulière! ce galant seigneur lorrain, qui faisait si soigneuse collection des lettres d'amour à lui adressées par les belles dames du temps, jusque-là d'être obligé (assure-t-il en ses Mémoires) d'en brûler près de six mille quand il fut, quelques années plus tard, envoyé à la Bastille, passait alors, à la cour de France, pour fort discret. En lui ordonnant de se rendre en Allemagne et en Lorraine, sous couleur de ses propres affaires, mais en réalité pour disposer le duc de Lorraine au mariage de sa fille aînée avec le dauphin, Henri IV n'épargna à son envoyé ni les recommandations, ni les encouragements propres à faire réussir son dessein. Il permit à Bassompierre d'offrir jusqu'à douze mille écus aux particuliers qu'il jugerait utile d'intéresser en cette affaire; « et pour l'animer davantage à le servir en cette occasion, il lui proposa de rétablir en sa faveur le duché-pairie de Beaupréau, s'il vouloit épouser mademoiselle de Chemilly, qu'il venoit de démarier avec monsieur de Montmorency. » « Mais j'étois tellement perdu d'amour, » ajoute Bassompierre, « que je le suppliai, s'il me vouloit faire quelque grâce, ce ne seroit pas par le mariage, puisque par mariage il m'avoit fait tant de mal. »

Aux premiers jours de cette même année 1609, le marquis de Bassompierre, après avoir séjourné quelque temps à Haroué, afin de mieux déjouer les conjectures des coureurs de nouvelles, arriva à Nancy. Le duc n'y avait pas encore fait son entrée solennelle ; et déjà, ce que Bassompierre ignorait, un ambassadeur de la cour d'Espagne, muni précisément des mêmes instructions que lui, était venu, quinze jours auparavant, demander avec grand secret et force insistance, la main de la jeune princesse lorraine pour l'infant Philippe IV. La surprise et le trouble que Henri II laissa voir à l'envoyé de Henri IV furent extrêmes. Il commença par s'informer de Bassompierre si le roi de France lui avait donné cette commission au moment même de son départ de Paris, ou s'il la lui avait envoyée depuis son arrivée en Lorraine. La présence d'un grand nombre de troupes à pied et à cheval, qui étaient venues border sa frontière, paraissait surtout l'inquiéter beaucoup. Il ne dissimula pas que le long retard apporté à la délivrance d'un tel message lui donnait à penser qu'on avait voulu laisser aux armées françaises le temps de se loger dans son voisinage, avec dessein de l'attaquer s'il ne se rangeait aux volontés du roi. Bassompierre eut grand'peine à rassurer le duc, en lui donnant parole que, s'il avait différé de lui remettre sa lettre de créance, c'était uniquement pour éblouir les yeux de ceux qui auraient pu voir clair en cette principale affaire. Il affirma que les troupes réunies près du duché n'avaient point d'autre destination que d'aider aux alliés du roi en Allemagne. Henri II retrouva cependant un peu de tranquillité lorsque, après lui avoir rappelé qu'il avait l'honneur d'être né son vassal, fils d'un père qui avait été son très-zélé serviteur, l'envoyé français ajouta qu'il n'avait point ordre de le presser; qu'il ne lui demandait pas de réponse immédiate; qu'il se proposait d'aller, avec l'agrément du duc, voyager pendant quinze jours en Allemagne, afin qu'au retour, si on remarquait leurs plus fréquents entretiens, on pût s'imaginer qu'ils parlaient ensemble des affaires d'Allemagne, et non point de celles de France[1]. Le court répit que Henri II avait accepté avec joie ne le délivra point de ses angoisses. Son principal et plus intime conseiller, le président Bonnet en reçut aussitôt confidence. « Vous nous avez taillé bien de la besogne aujourd'hui, » dit-il le même soir à Bassompierre, « et avez mis en telle confusion notre duc, que je ne l'ai, de ma vie, vu plus en peine, et ne se trouve pas moins empesché à vous répondre qu'à ne vous répondre pas. — Au moins, » répliqua Bassompierre, « ne lui ai-je pas fait aucune proposition qui soit honteuse... et s'il sait quelque parti plus sortable ou

---

[1]. *Mémoires de Bassompierre*. Petitot, t. XIX, p. 397.

meilleur pour sa fille, il le peut prendre sans nous offenser. » A la suite de son entretien avec le président Bonnet, Bassompierre, fidèle aux instructions de Henri IV, offrit à ce ministre du duc de « l'intéresser », c'était le mot en usage en ces temps-là. Le président Bonnet répondit à Bassompierre étonné qu'il était bon serviteur de son maître, « lequel étoit assez puissant de lui faire plus de bien qu'il ne lui en falloit pour toute sa famille. »

L'embarras du duc Henri, en présence de l'offre de Henri IV, était naturel. La grandeur de l'alliance ne lui déplaisait point; mais il lui était facile d'apercevoir qu'en recherchant la main de sa fille aînée, le roi de France ne songeait qu'à se créer des droits à la succession de ses États. Son âge et celui de sa femme ne lui interdisaient pas encore l'espoir de maintenir à sa lignée l'héritage du duché de Lorraine. La parole qu'on sollicitait de lui allait le lier irrévocablement; tandis que si, plus tard, il lui naissait un fils, la France saurait bien trouver plus d'un prétexte pour rompre un engagement qu'il n'était pas de force à lui imposer. Mais la raison première des incertitudes du duc Henri, c'était la crainte des éclats du courroux de son frère. François, comte de Vaudemont, avait épousé, en 1591, Christine de Salm, fille unique de Paul, comte de Salm; il en avait eu plusieurs fils. Son caractère bien connu, ses discours souvent répétés, ne permettaient pas de douter qu'il ne se regardât, lui et les siens, comme les héritiers naturels du duc actuel, et qu'il n'accueillît avec colère l'idée d'une pareille alliance.

A son retour d'Allemagne, Bassompierre obtint facilement du duc de Lorraine l'assurance qu'il maintiendrait soigneusement, à propos de l'affaire de Clèves, la neutralité que Henri IV l'avait autorisé à garder entre les deux couronnes ; mais il n'eut pas si prompte expédition sur l'affaire du mariage de la jeune princesse lorraine avec le dauphin de France. Par un procédé assez familier aux esprits irrésolus, au lieu de lui donner réponse, Henri II demanda conseil à son interlocuteur. Bassompierre se défendit de faire ainsi le double personnage d'ambassadeur du roi et de conseiller de Son Altesse de Lorraine. Mais il ne se refusa pas à discuter assez longuement les différentes réponses dont le duc le pouvait charger et leurs divers motifs, lui laissant à choisir celle qu'il jugerait la plus convenable. « Si Son Altesse, » dit-il en terminant, « a surtout à cœur les intérêts de messieurs ses neveux et de la branche collatérale de sa maison, elle peut répondre au roi que le désir de perpétuer sa succession et ses États dans la même famille est tel, qu'elle est résolue de marier madame sa fille à un prince de son sang. Ce qui étoit un refus absolu ; et bien qu'il se fût promis de ne lui point donner d'avis, il ne lui conseilloit pas cependant d'user de termes si crus, attendu que de nier à qui peut forcer est l'art de se ruiner. » La seconde réponse était de dire que, M. le dauphin ni la princesse lorraine n'étant en âge nubile, il était inutile de penser à ce mariage avant le temps de le pouvoir conclure ; cette seconde réponse « étant encore un refus absolu », et qui sera reçu du roi comme tel. La troisième était de remercier le roi très-humblement de cet honneur, l'assurant que son altesse le recevrait avec beaucoup de respect et de joie, et le suppliant « que cette affaire fût traitée avec toute sorte de secret et de silence pendant quelque temps, afin qu'il pût disposer ses sujets à l'agréer et ses parents à y consentir. » L'autre réponse était de recevoir au pied de la lettre l'offre du roi, de s'y conformer, et « conclure l'affaire avec joie et contentement, faisant de bonne grâce ce qu'on étoit résolu de faire. »

Bassompierre ayant assuré que, de ces quatre réponses, il rapporterait au roi celle qui aurait été choisie, sans y rien changer, laissa le duc fort pensif et plus perplexe que jamais.

Ce fut le président Bonnet qui tira Henri II d'embarras en lui citant, racontent les Mémoires du temps, l'apologue de celui qui avait promis à un certain prince de faire parler un âne en dix ans[1].

---

1. *Vie manuscrite de Charles IV*, par l'abbé Hugo.

Son avis fut d'accorder au roi de France ce qu'il demandait. « Car, » disait-il, « on ne risque pas beaucoup à promettre une chose si casuelle et si éloignée : ou le duc Henri aura des enfants mâles, ou le jeune prince ou la jeune princesse mourront, ou il arrivera quelque autre dénoûment [1]. » Lorsqu'il fallut faire connaître cette décision, ce furent de nouvelles hésitations de la part du duc Henri. Bassompierre avait demandé par écrit la main de la jeune princesse; il exigeait une réponse également signée. Henri II craignait beaucoup que cette réponse ne fût vue. Il affirmait au négociateur français, « que cela lui importoit à la vie même [2]. » Enfin, après beaucoup de combats et de grandes recommandations sur l'importance du secret à garder, il se résigna à signer un acquiescement formel à la proposition de Henri IV. Peu de temps après, les articles du contrat de mariage furent arrêtés entre les ministres du duc et Bullion, envoyé de la part du roi de France; aussitôt après le retour de Bassompierre. On dit même, mais aucune preuve ne l'atteste, que, dans cette entrevue, on conclut également le mariage du duc d'Orléans, frère cadet du dauphin [3], avec la princesse Claude, seconde fille de Henri II. « Comme si la France, » observe un auteur lorrain,

---

[1]. D. Calmet, t. VI, p. 6.
[2]. *Mémoires de Bassompierre*, t. XIX, p. 416.
[3]. N. duc d'Orléans, mort plus tard en bas âge.

« avait voulu épuiser tout d'un coup les droits des deux héritières qui, dans sa pensée, étaient les seules qui pussent venir de leur chef à la couronne de Lorraine [1]. »

Quoi qu'il en soit de cette seconde alliance, la première n'avait pu être ménagée avec tant de mystère que l'éveil n'en fût donné au comte de Vaudemont, par celles de ses créatures qu'il avait chargées d'épier les démarches de son frère. Le comte n'entretenait aucun doute sur la validité des droits de ses enfants. Il estimait qu'en bonne équité un arrangement quel qu'il fût, concerté avec un souverain étranger, ne pouvait les entamer en rien. Mais il sentait aussi parfaitement que, fort du titre acquis par son mariage avec la princesse Nicole, un fils de France serait un jour un dangereux compétiteur. Il résolut donc de s'éclaircir à fond des intentions de son frère. Il lui proposa, comme chose qui ne pouvait rencontrer de difficultés, de déclarer à l'avance, d'une façon solennelle, le mariage de sa fille aînée avec le prince Charles, son neveu. Henri II, malgré le désir de voir échouer le traité récemment conclu avec la France, était obligé de paraître en vouloir fermement l'exécution. Il se flatta de calmer les ombrages du comte, en lui objectant que leurs enfants étaient encore trop jeunes pour qu'on songeât à les marier.

---

[1]. Guillemin, *Vie manuscrite de Charles IV*.

Il lui promit aussi, quand sa fille serait en âge, de ne la point établir sans le consulter le premier sur le choix de son époux. Le comte de Vaudemont ne fut point dupe de cette vague assurance, et n'ayant pu tirer autre parole du duc, il se laissa emporter aux plus amers reproches et aux menaces les moins déguisées. Après avoir vivement représenté que toute alliance avec un prince étranger serait un signal infaillible de guerre civile, il déclara fièrement que si la princesse Nicole n'était point mariée à un prince du sang lorrain, il lui disputerait la couronne jusqu'à la dernière extrémité, et que toute sa maison périrait avec ses fils plutôt que de laisser la souveraineté passer à un autre [1].

Henri II, qui avait tant redouté cette scène de violente explication, s'en montra fort irrité. Il lui sembla que s'exprimer en termes pareils c'était déjà le considérer comme mort. Il s'imagina que son frère triomphait en son âme de le voir sans postérité mâle. Méfiant et jaloux de son pouvoir, comme le sont volontiers les princes faibles, il ne douta point qu'on ne pressât ce mariage, afin d'attirer à son neveu cette part d'autorité et de faveur publique qui fait rarement défaut au successeur désigné d'un prince sans héritier. La rupture entre les deux frères fut complète et notoire. La noblesse du pays et le

---

[1]. Guillemin, *Vie manuscrite de Charles IV*. — D. Calmet.

public lorrain ne pouvaient longtemps demeurer sans prendre couleur et se partager entre eux, quand survint un grand événement destiné à modifier profondément l'aspect des choses en Europe, et qui devait, sinon terminer, du moins suspendre momentanément le fâcheux débat soulevé à Nancy entre les deux frères. Henri IV venait d'être assassiné à Paris (14 mai 1610).

CHAPITRE VI.

Effets de la mort de Henri IV. — Abandon de sa politique. — Système de Marie de Médicis sur les alliances de la France. — Elle renonce au mariage lorrain. — Elle arrange le mariage de Louis XIII avec une infante d'Espagne. — Bonnes relations de la Lorraine et de la France, après l'abandon du projet de mariage. — Administration du duc Henri. — Il songe à donner sa fille au baron d'Ancerville, bâtard d'un Guise. — Nouvelle rupture entre les deux frères. — Mémoires échangés au sujet de la succession de Lorraine. — Le comte de Vaudemont mène son fils Charles de Lorraine en France. — Ses débuts à la cour. — Il accompagne la reine à Bordeaux. — Assiste à l'échange des princesses de France et d'Espagne. — Fait l'amoureux de la reine, et soufflette le comte de Soissons. — Son intimité avec Louis XIII. — Est rappelé à Nancy. — Va en Allemagne, assiste à la bataille de Prague, et s'y distingue. — Mort du baron de Lutzebourg. — Intervention singulière d'un carme déchaussé espagnol. — Mariage de Charles et de Nicole, du baron d'Ancerville (prince de Phalsbourg) et de Henriette de Lorraine. — Dernières années de Henri II. — Sa mort

Ce n'est pas dans les récits composés plus tard, c'est dans les Mémoires du temps, dans les dépêches des ambassadeurs étrangers et dans les lettres écrites au lendemain du crime de Ravaillac, qu'on peut prendre une idée exacte de l'effet produit par la mort de Henri IV. Jamais obscur fanatique n'avait frappé un coup de pareille conséquence.

Henri IV disparaissait de la scène à l'instant précis où, débarrassé des factions, possesseur d'une épargne considérable, demeuré toujours actif malgré les années, et devenu le prince le plus puissant de la chrétienté, il allait, après avoir réglé jusqu'en ses moindres détails l'ordre à suivre pendant son absence, sortir pour la première fois de son royaume, et commencer, contre ses rivaux du dehors, la guerre qui lui avait été si heureuse contre ses ennemis du dedans. Ses préparatifs avaient été immenses et publics ; ils avaient excité l'attente universelle. Les moins clairvoyants avaient facilement compris que les difficultés survenues à propos de Clèves et de Juliers, n'étaient que le prétexte ou plutôt l'occasion longtemps attendue d'une plus vaste entreprise. En tous cas, les cabinets étrangers, sollicités longtemps à l'avance par les futurs adversaires, les huguenots et les ultra-catholiques français, avertis par l'instinct infaillible des partis, savaient parfaitement à quoi s'en tenir. C'était de la vieille querelle du temps de la ligue qu'il s'agissait toujours ; c'était la revanche à prendre par le successeur des Valois contre les fauteurs de nos anciens troubles civils ; et nul doute qu'au premier coup de canon tiré n'importe où, n'importe pour quelle cause, la France ne dut bientôt trouver à mesurer ses forces contre les armées de l'Autriche et de l'Espagne. Le roi mort, il n'était plus possible de risquer ces hautes mais périlleuses aventures. Leur abandon était la suite nécessaire de l'avénement d'un enfant au trône, et de la régence d'une femme. Personne ne s'en étonna. Les contemporains s'y attendaient. Ils s'émurent davantage lorsqu'ils virent rejeter du même coup, avec les desseins devenus impraticables, la politique nationale de Henri IV, ses exemples, ses conseils, et les traditions même de la monarchie.

L'histoire n'a pas beaucoup insisté sur le contraste entre la fin du dernier règne et le commencement de la régence nouvelle : cela est naturel. Aucun acte saillant n'avait en effet trahi extérieurement les résolutions, d'ailleurs bien arrêtées, de Henri IV, et Marie de Médicis, en prenant le pouvoir, ne cessa point de professer qu'elle comptait suivre fidèlement les errements de son mari. Cependant, si rien n'était changé en apparence, tout l'était en réalité. Pendant la vie de Henri IV, Marie de Médicis s'était, par choix ou par paresse, volontairement tenue en dehors des affaires sérieuses. Elle s'était presque bornée à défendre contre les maîtresses en titre ses droits d'épouse si souvent méconnus. Volontiers, elle avait imputé les déterminations les plus sensées du roi à l'influence des femmes qu'il lui préférait. Sa jalousie trop motivée lui faisant tout prendre en mauvaise part, elle avait été peu à peu conduite à devenir, sans parti pris et sans coupables intentions, le centre d'une opposition domestique assez tracassière, sinon fort dangereuse. Dans les derniers instants de leur union, Henri IV aurait eu même le droit de lui adresser de plus sérieux reproches que celui qu'il lui répétait parfois en plaisantant, « d'être moins caressante que personne du monde, et entière pour ne pas dire têtue[1]. » Marie de Médicis, aussitôt après avoir reçu la confidence des intentions du roi et connu particulièrement ses desseins sur l'Italie et la Belgique, s'était d'abord efforcée de l'en détourner. « Elle avait, » dit Richelieu, « remis vainement sous les yeux du roi la jeunesse de son fils, le peu d'expérience qu'elle avait dans les affaires, et le nombre de ses années qui le conviaient à jouir de ses victoires si chèrement acquises. » N'ayant pas réussi par ses instances, elle avait passé un peu plus avant et prévenu ses parents de Florence, et par eux, le pape et les Espagnols. Rien ne lui avait coûté pour rompre une entreprise dont elle appréhendait le succès, qui éloignait d'elle son mari, et, ce qui était plus fâcheux encore, allait le rapprocher de Charlotte de Montmorency. En effet, après les cérémonies du mariage, le prince de Condé avait brusquement emmené sa femme à Bruxelles.

On comprend qu'avec la disposition d'esprit que nous venons d'indiquer, Marie de Médicis ait eu hâte de donner cours à ses propres inspirations. Son système de gouvernement à l'intérieur fut simple et tel que le conçoivent au début tous ceux qui ne se sont pas instruits à la rude école des faits et des passions humaines. Elle visa à contenter tout le monde. Elle garda les anciens ministres restés fidèles

---

1. *Mémoires de Richelieu*, t. I, p. 15-16.

aux maximes du feu roi, et leur adjoignit quelques-uns de ses propres partisans, dépositaires de ses secrètes pensées. Elle se rapprocha des ultra-catholiques, contre lesquels son mari avait toujours gardé de profondes méfiances, et elle assura en même temps les protestants du royaume qu'ils n'avaient rien à redouter pour la sûreté de leur religion. Elle s'appliqua principalement à satisfaire les exigences des princes du sang et toutes celles des seigneurs de la cour, dont le mécontentement pouvait faire naître quelque danger ou causer seulement un peu d'embarras ; ce à quoi l'aidèrent à merveille, du moins dans les premiers temps, l'abondance des faveurs dont dispose si naturellement tout gouvernement nouveau, et les grosses sommes que les sages économies du dernier règne avaient laissées à sa disposition.

L'innovation fut plus sensible dans la conduite des affaires extérieures. Marie de Médicis, qui s'en était réservé la direction particulière, ne crut pouvoir mieux faire que de prendre le contre-pied de tout ce qu'avait projeté Henri IV. Elle laissa se relâcher et tomber peu à peu les alliances contractées avec le roi d'Angleterre et les princes protestants d'Allemagne; elle tourna ses avances du côté des puissances catholiques. L'établissement de ses enfants fut le point principal sur lequel elle entendit rompre le plus ouvertement avec le passé, et user sans contrôle de la toute-puissance que lui donnait sa double position de mère et de régente. A ses yeux, les difficultés contre lesquelles son mari avait lutté pendant toute sa vie avaient eu pour origine la rivalité fâcheuse de la France et de l'Espagne. Quel moyen plus certain d'assurer la tranquillité durant la minorité du roi et de lui ménager un règne facile, que d'ôter par avance aux malintentionnés du royaume le point d'appui qu'ils n'avaient jamais manqué de trouver à la cour de Madrid? Le mariage de Louis XIII avec une infante d'Espagne pouvait seul procurer un si grand avantage, et cette pensée décida les préférences de la régente. Peut-être les projets de Henri IV sur la Lorraine, basés sur le mariage du dauphin avec l'héritière de Henri II, étaient-ils devenus, dans les circonstances nouvelles, de plus difficile exécution; ils étaient raisonnables, toutefois, et conformes aux intérêts de la France. Plus tard, Louis XIII, en s'emparant deux fois, sans aucune espèce de droit, des États de Charles IV, a prouvé que, appuyé sur un titre légitime, il n'eût pas été incapable d'accomplir la tâche que son père lui avait réservée. Le mariage avec une infante d'Espagne, fondé sur l'espoir que cette alliance ferait cesser l'antagonisme des deux monarchies, était une chimère. Ce fut pourtant pour suivre cette chimère, bientôt ruinée par l'événement, que Marie de Médicis, oublieuse des recommandations réitérées de son mari, résolut de se délier des engagements contractés avec la cour de Lorraine.

Elle n'y rencontra point de difficultés. Dom Calmet se trompe en supposant qu'à son voyage à Fontainebleau, pendant l'été de 1611, la duchesse de Lorraine avait essayé de réchauffer l'affaire du mariage de sa fille. Dès cette époque, les courtisans bien informés, et mieux qu'eux tous Marguerite de Gonzague, nièce de Marie de Médicis, savaient que l'union de Louis XIII avec l'infante, fille de Philippe III, était définitivement conclue, quoique non encore déclarée. A tous ceux qui voulaient l'inquiéter sur la reprise de l'ancien projet de Henri IV, l'ambassadeur espagnol avait mainte fois répondu que le roi de France ne pouvait avoir deux femmes, et que le roi son maître ne se laisserait pas tromper. La famille ducale de Lorraine, qui n'avait jadis cédé qu'avec peine à la pression exercée sur elle, n'avait garde de protester contre la nouvelle combinaison ; tout au plus peut-on admettre que, pour témoigner sa grande considération pour l'amitié de la France, la femme de Henri II se fût doucement plainte à la reine sa tante d'un désistement qu'elle pouvait faire valoir comme un mauvais procédé. Ce n'est pas une grande nouveauté en diplomatie, et c'est un artifice profitable aux petits États, dans leurs rapports avec de plus grandes puissances, de feindre des mécontentements qu'ils n'éprouvent point. Au fond, la cour de Lorraine ressentait une véritable satisfaction de se voir affranchie de sa promesse ; elle était donc bien loin d'en vouloir à la mère de Louis XIII : il y parut bientôt.

Afin de fermer la bouche aux mécontents qui criaient à l'abandon complet de la politique de Henri IV, la reine Marie de Médicis avait résolu d'aider les princes allemands, anciens alliés du feu roi, à s'emparer de la place de Juliers, que leur disputaient les partisans de l'empereur. Cette guerre restreinte ne dépassait pas la mesure des forces de la régence; elle était destinée à lui donner un certain lustre militaire, dont ses débuts avaient été trop complétement privés. Il y avait toutefois quelques obstacles à lever. On ne pouvait opérer la jonction des forces françaises rassemblées en Champagne, avec les troupes des Provinces-Unies, commandées par le comte Maurice de Nassau, et l'armée assiégeante du prince d'Anhalt, sans traverser quelque portion des territoires que les Espagnols possédaient à l'est de la France. Il n'eût pas été prudent de mettre à cette épreuve leur récente bonne volonté. Restait à demander au duc de Lorraine la permission de prendre la voie de Nancy et de Sarrebruck [1] : il s'y prêta de bonne grâce. Le corps d'armée du maréchal de La Châtre, à l'aller comme au retour de son expédition en Allemagne, fut autorisé à faire étape dans les villes de la Lorraine. Les vivres et tous les approvi-

---

1. M. Bazin, *Histoire de France sous Louis XIII*. Édition Chamerot, t. I, p. 71.

sionnements nécessaires à des troupes en campagne lui furent partout abondamment fournis. Des témoignages aussi publics démontraient assez qu'aucune atteinte sérieuse n'avait été portée à la bonne intelligence des deux cours.

Plusieurs années s'écoulèrent ainsi, les plus heureuses du règne de Henri II, pendant lesquelles il s'appliqua à pratiquer scrupuleusement la politique qu'il avait vu suivre à Charles III. Il maintint ou renouvela les anciennes alliances de la Lorraine avec les princes catholiques d'Allemagne et les cantons souverains de la Suisse. Dans le voyage qu'il dut faire à Ratisbonne, pour exercer ses reprises, il prit soin de se ménager la bienveillance de l'empereur Mathias. Attentif à saisir l'occasion d'augmenter en temps de paix l'importance de son duché, il acheta de la duchesse de Mercœur le marquisat de Nomeny, le ban de Delme et les droits régaliens sur plusieurs territoires environnants. Il établit une officialité à Darney, pour y vider les procès de cette contrée, qui jusqu'alors avaient été jugés en première instance à Besançon[1]. Reprenant les plans de son père, il acheva en l'embellissant le palais ducal de Nancy, et poussa avec activité les constructions de la ville neuve. Henri II eût été aussi économe qu'il était prodigue et magnifique, qu'il n'aurait pu

---

1. Henriquez. — D. Calmet.

trouver dans ses revenus ordinaires le moyen de solder toutes ces acquisitions, de pourvoir aux dépenses de tant de travaux, et de fournir à ses libéralités continuelles. Il fut donc obligé de recourir plusieurs fois à la bourse de ses sujets. Sa profusion en toute chose était extrême, et lui-même le reconnaissait sans peine. « C'était, » disait-il, « le péché originel de sa maison [1]. » Les États, rassemblés à Nancy et à Bar, n'osèrent point toutefois se montrer récalcitrants envers un prince si généreux. Ils lui accordèrent sans trop d'hésitation tous les subsides qu'il demanda : ils se seraient fait scrupule de refuser quelque chose à qui n'avait jamais refusé rien à personne.

Le sort de la Lorraine aurait été trop beau si l'avenir eût été aussi assuré que le présent était tranquille. Mais faute d'héritiers mâles, la question de succession au trône demeurait toujours pendante, et déjà l'on pouvait prévoir qu'une seconde et plus violente rupture allait éclater au sein de la famille ducale. Le temps n'avait pas calmé l'irritation de Henri II contre son frère. Le duc n'avait pu oublier que le comte de Vaudemont avait demandé pour son fils la main de la princesse Nicole, d'un ton qui sentait autant le commandement que la prière. Décidé à repousser une prétention si fièrement produite, mais

---

[1] Sauvage. — D. Calmet, l. vi, p. 26.

persuadé en même temps que toute alliance avec un prince étranger serait mal accueillie par ses sujets, le duc jeta les yeux sur Louis de Guise, baron d'Ancerville. Le baron d'Ancerville, qui porta plus tard les titres de prince de Phalsbourg et de Lixin, était fils naturel du cardinal de Lorraine, tué à Blois, et d'une demoiselle de Chabot [1]. « C'était, » dit le marquis de Beauvau, « un homme bien fait, de bonne mine, grand et de belle taille ; doux, civil, libéral et courageux. » Il avait le cœur noble et capable des plus hautes entreprises. Ses adversaires eux-mêmes convenaient que si la tache de sa naissance n'eût terni son mérite, ses rares perfections l'auraient rendu digne de régner [2]. L'infériorité de cette origine, à laquelle autrefois l'opinion était d'ailleurs plus indifférente que de nos jours, n'arrêta pas Henri II : elle le confirma plutôt dans son choix. Tandis qu'il craignait, non sans raison, que le prince son neveu, s'il devenait l'époux de Nicole, ne se fît, sous ombre de ses prétentions, un devoir d'abaisser la position de cette princesse, il jugeait que le baron d'Ancerville aurait toujours intérêt à ménager la souveraine qui l'aurait élevé jusqu'à elle. Ayant pressenti les dispositions des cours étrangères, particulièrement celles de la France, et n'ayant rencontré aucun

---

1. N. de la maison de Chabot en Savoie, mariée depuis à un gentilhomme de la maison de l'Ile-Adam.
2. *Vie manuscrite de Charles IV*, par Guillemin.

obstacle à son dessein, il se persuada qu'il ne lui restait plus qu'à agir sur le cœur déjà prévenu de sa fille, et sur les dispositions de sa noblesse. Il redoubla de largesses. Il prit soin d'établir dans les honneurs principaux et dans les charges les plus considérables les partisans de son favori. Il affecta de ne conférer aucune grâce qu'à sa recommandation, s'efforçant d'accoutumer ainsi ses sujets à aimer déjà comme un bienfaiteur celui qu'il espérait leur faire plus tard accepter pour maître [1]. « Mais, » dit avec quelque fierté l'auteur d'une vie manuscrite de Charles IV, « il n'est jamais si aisé aux ducs de Lorraine, avec tout leur pouvoir, d'entraîner les suffrages des gentilhommes en faveur d'un parti formé à la confusion de la souveraineté même. L'honneur dont la vraie noblesse se pique, ne lui permet pas d'en trahir les devoirs par une lâche complaisance. » En effet, l'esprit public résistait sourdement en Lorraine à toutes les séductions essayées par le duc Henri. Fort de l'assentiment donné à sa cause, le comte de Vaudemont ne garda plus alors aucune mesure. Il s'éleva hautement contre le compétiteur de son fils. Il reprocha à son frère l'alliance qu'il voulait contracter à la honte de son sang et au scandale de la nation; et le menaçant de tous les maux que ce mariage allait causer, il l'accusa de préparer

---

1. *Vie manuscrite de Charles IV*, par Guillemin. — *Vie manuscrite de Charles IV*, par l'abbé Hugo.

la perte de leur maison [1]. Enfin, *pour donner tout le délicat à sa vengeance* [2], il publia et fit distribuer à toutes les cours de l'Europe un manifeste dans lequel il établissait ses droits comme premier prince du sang à la succession de la couronne. Il terminait sa protestation en exhortant « les peuples de la Lorraine de ne se point soumettre à la domination d'un fils de prêtre, et de ne point favoriser la conjuration formée contre l'héritier présomptif de la couronne [3]. » Cette déclaration menaçante du comte de Vaudemont fut suivie d'une démarche plus significative encore. Il se retira en Bavière, auprès de l'Électeur son beau-frère [4]. Le duc de Lorraine, d'abord surpris et alarmé, ne resta pas toutefois longtemps silencieux. Au factum qui prouvait, par maintes raisons de droit et force considérations historiques, la masculinité de la succession lorraine, il répliqua par un mémoire qui démontrait, avec non moins d'autorité et un nombre égal de faits à l'appui, que cette couronne tombait en quenouille. Ainsi fut entamée, au sein de la famille ducale, entre les deux frères eux-mêmes, cette controverse qui a produit tant d'écrits, qui a non-seulement divisé les historiens, les esprits spéculatifs et les savants, mais échauffé après eux

---

1. *Mémoires du marquis de Beauvau.* Cologne, 1640, p. 3.
2. *Vie manuscrite de Charles IV*, par l'abbé Hugo.
3. *Vie manuscrite de Charles IV*, par Guillemin.
4. Maximilien de Bavière, marié à Élisabeth de Lorraine.

des politiques aussi peu abstraits que Richelieu, Mazarin et Louis XIV, et qui pendant un si long temps a tenu comme suspendues à un fil les destinées de la Lorraine [1].

Cependant, tandis que les partisans des deux princes lorrains échangeaient de volumineux Mémoires qui aigrissaient les esprits sans éclaircir les doutes, le jeune fils du comte de Vaudemont grandissait, et s'introduisait lui-même sur la scène d'une façon qui fixait déjà les regards des Lorrains. Ce prince, qui fut Charles IV, a joué un si grand et si

---

1. La question de savoir si la loi salique était applicable à la Lorraine était douteuse comme question de droit, et non moins difficile à résoudre par les antécédents historiques. En effet, l'occasion de la décider ne s'était présentée qu'une fois dans les temps modernes ; et cette fois elle avait été terminée par une transaction. René d'Anjou, comte de Provence, roi de Naples et de Sicile, ayant épousé Isabeau, fille unique et héritière de Charles II de Lorraine et de Bar, prit d'abord possession de ses États ; mais il en fut bientôt dépossédé par le comte de Vaudemont, le plus proche parent mâle du dernier duc. A la bataille de Bulgnéville, René fut fait prisonnier par son compétiteur. Cependant, sur l'entremise de Philippe le Bon, duc de Bourgogne, qui se chargea de la garde de René, la décision de l'affaire fut, du consentement des deux partis, remise au pape Eugène et à l'empereur Sigismond, qui présidait alors en personne au concile de Bâle. Ils décidèrent que pour le duché de Bar, il tombait indubitablement en quenouille. Mais rien ne fut arrêté quant à la Lorraine, le comte de Vaudemont ayant volontairement renoncé à la succession en faveur d'Isabeau, à la condition qu'elle donnerait sa fille unique en mariage au fils dudit comte. De ce fils naquit René II, duc de Lorraine, auquel sa mère fit abandon de tous ses droits, et qui reconquit tous ses États sur le duc de Bourgogne Charles le Téméraire. Ainsi la couronne de Lorraine rentra par compromis dans la maison de ce nom, après être restée quarante-trois ans dans celle d'Anjou.

Quant à l'importance de la question, elle s'accrut beaucoup avec le temps. Charles IV n'ayant pas eu, non plus que Henri II, d'enfants

singulier rôle, non-seulement sur le théâtre restreint de la Lorraine, mais dans toutes les affaires de son temps, qu'il nous faut retourner un peu en arrière pour raconter ses commencements.

Charles de Lorraine, né le 5 avril 1605, de François, comte de Vaudemont, et de Christine de Salm, fut d'abord destiné à l'état ecclésiastique. A la mort d'un fils aîné qu'ils perdirent en bas âge, ses parents lui permirent de renoncer à une carrière pour laquelle il ne montrait guère de vocation [1]. Lorsque le mariage de Louis XIII avec la princesse Nicole eut été

mâles de la princesse Nicole, sa cousine, le nombre des personnes intéressées à débattre les points de droit soulevés par l'incertitude de règles applicables à la succession lorraine, devint fort considérable. C'était d'abord, dans le système de la masculinité, le frère cadet de Charles IV. Quoique cardinal, il pouvait, n'ayant point reçu les ordres, se marier et faire lignée, comme effectivement il arriva plus tard. Après lui, venaient les princes lorrains, descendus de Claude de Lorraine, établis en France vers 1560; et dans la lignée féminine, Claude de Lorraine, sœur cadette de Nicole. Enfin la France prétendait à la réversibilité du duché de Bar en cas d'extinction de la descendance directe. Cette question ne fut vidée qu'en 1634, par le mariage de Claude avec le frère de Charles IV. En attendant, les cours de France et de Lorraine et chacun des prétendans et ayant-droit, mirent au jour de nombreux factums. On les peut lire aux tomes IV, V et VI des papiers de Lorraine, aux Archives des affaires étrangères, dans la collection lorraine de la Bibliothèque impériale, et dans la collection Dupuy, même bibliothèque.

1. Conformément à l'usage immémorial de la maison de Lorraine, qui avait toujours eu grand soin d'assurer autant que possible à quelqu'un de ses membres la possession des grands siéges épiscopaux voisins de ses États, Charles avait été, dès sa naissance, pourvu de la coadjutorerie de l'évêché de Toul. Cette dignité passa à son frère cadet Nicolas-François de Vaudemont, créé plus tard cardinal, puis marié à Claude, seconde fille de Henri II, et que nous aurons souvent occasion de nommer dans le cours de cette histoire.

définitivement rompu, le comte de Vaudemont jugea qu'il ne pouvait faire mieux que de placer son fils sous la tutelle de la reine Marie de Médicis, afin qu'élevé dans l'intimité du jeune roi de France, l'héritier présomptif de la Lorraine pût se ménager un puissant appui au lieu même où il avait failli rencontrer le plus dangereux compétiteur. Après lui avoir composé un équipage conforme à sa condition, après lui avoir formé deux compagnies de gendarmes sous le nom de Lorraine et de Vaudemont, il le mena lui-même à Paris, non sans lui avoir recommandé de se rendre agréable à chacun, de ne point séparer ses intérêts de ceux des princes de sa maison fixés en France, et surtout de ne rien négliger pour s'attirer la bienveillance de la régente et l'amitié de Louis XIII.

Malgré sa jeunesse, Charles de Lorraine n'était point hors d'état d'apprécier la justesse des conseils de son père, ni incapable de les pratiquer, à sa façon du moins, qui fut toujours très-particulière. Il arrivait en France à peu près au même âge où y était venu jadis Charles III. Mais s'il était lui-même assez peu semblable à son grand-père, les circonstances du temps et le milieu dans lequel il lui fallait vivre étaient plus différents encore. La couronne était solidement établie sur la tête du jeune roi. Ceux qui rêvaient de ressusciter, pendant sa minorité, les troubles de la ligue se méprenaient étrangement sur les dispositions du public et sur leur véritable force. Il y avait à la cour de Louis XIII enfant, comme à celle de François II, de Charles IX et de Henri III, des princes ambitieux, des jeunes seigneurs hardis et brillants; il n'y en avait aucun qui fût en position d'élever, comme autrefois, ses fâcheries personnelles à la hauteur d'un grief national. Henri IV avait désappris la rébellion à ses sujets. Les protestants étaient à peu près soumis, sinon complétement satisfaits; leurs chefs traitaient avec la régente. Enfin, l'ascendant de la maison de Guise était complétement et irrévocablement tombé. La dernière grande figure de cette illustre race, le duc de Mayenne, dégoûté de la guerre civile et sincèrement rallié au gouvernement, le seul de la famille dont la sagesse aurait pu diriger utilement l'inexpérience de son jeune parent, venait de mourir loin de la cour, laissant un fils de réputation douteuse, tué peu d'années après au siége de Montauban. Aucun des enfants de Henri le Balafré n'avait hérité de ses talents. L'aîné d'entre eux, Charles, duc de Guise, abusé sur sa propre importance, faisait quelquefois mine de vouloir recommencer son père; mais l'à-propos du personnage était passé, et les velléités d'opposition du fils n'aboutissaient tout au plus qu'à se faire payer plus chèrement par la cour. Louis, cardinal de Guise, archevêque de Reims, mort au siége de Saint-Jean-d'Angely, le harnois de guerre sur le dos, pour avoir trop bu, au fort de la mêlée, d'un vin rouge trempé de vin blanc, et qui laissa de Charlotte des Essars, « son amie, » cinq enfants légitimés plus tard, était un « prélat plus propre à manier l'épée que le bréviaire, » disent les chroniques du temps, « faisant l'enragé et ayant toujours bonne envie de se battre. » Claude, duc de Chevreuse, marié longtemps après à Marie de Rohan, veuve du connétable de Luynes, n'avait encore marqué en rien. François, chevalier de Guise, que ses frères, disait le maréchal d'Estrées, avaient « élevé au sang, » n'était connu que par deux duels heureux qui, même à cette époque si indulgente en telles matières, avaient plutôt paru tenir du meurtre que d'un loyal combat. Parmi les autres princes lorrains, le duc d'Elbeuf n'était pas fort expérimenté, et le comte d'Harcourt, appelé alors familièrement « Cadet la Perle, » avait à peu près le même âge que son jeune cousin, et préludait à peine, par des actes d'une fougueuse pétulance, à sa future renommée militaire[1].

Tels furent, à défaut d'autres et de plus sages conseillers, les compagnons ordinaires de Charles de Lorraine. Ainsi abandonné à lui-même, il ne pouvait que suivre la voie tracée par les membres de sa famille. Associé à leur politique, il imita surtout

---

[1]. Voir *Histoire manuscrite de la maison des Guise*, par Odin, et l'*Histoire des ducs de Guise*, par le comte René de Bouillé, t. IV.

leurs exemples. Cette politique était alors un étroit accord avec la reine. Par une singulière interversion des rôles, les princes du sang, pour des motifs auxquels l'intérêt sérieux du pays paraissait trop étranger, ayant jugé convenable de faire opposition aux mariages espagnols et de se retirer chacun dans leur gouvernement, les Guise avaient tout aussitôt pris leur place dans la faveur royale et dans les grandes charges de l'État. Le duc de Guise avait été nommé lieutenant général du royaume, chargé de couvrir, contre les entreprises du prince de Condé et des huguenots, la marche de la cour qui se rendait à Bordeaux pour y célébrer la double alliance de Louis XIII avec l'infante d'Espagne, et de la sœur du roi, Élisabeth, avec Philippe IV. Fier de l'importance que donnait à tous les siens et à lui-même l'abandon fâcheux où se trouvait le jeune roi privé en une telle occasion de l'assistance de ses proches parents et des appuis naturels de son trône, Charles de Lorraine se présenta devant Marie de Médicis et sollicita ardemment la permission de marcher contre les rebelles, avec ses deux compagnies de gendarmes. La reine remercia beaucoup ce valeureux champion de sa bonne volonté. Elle lui dit qu'elle avait encore plus besoin de lui pour faire compagnie au roi, en l'absence des princes de la maison royale. Elle retint toutefois avec joie les deux compagnies, qui furent placées sous les ordres de Bassompierre, et servirent dans l'armée du maréchal de Bois-Dauphin[1]. Arrivé à Bordeaux, Charles se jeta incognito dans le groupe des seigneurs qui, sous la conduite du duc de Guise, allèrent jusqu'à la frontière, mener la princesse Élisabeth à son fiancé et chercher, en retour, la nouvelle reine de France. Il assista à l'échange. A la vue de l'infante, disent les biographes de Charles IV, le prince fut tout à coup saisi d'un de ces sentiments que la sympathie naturelle produit souvent à la première entrevue; et Anne d'Autriche, ne manquent pas d'ajouter les mêmes écrivains, « ressentit à son tour la pareille impression. » Nous doutons, malgré ces témoignages des auteurs lorrains, que les galanteries précoces de leur héros aient alors compromis beaucoup la jeune reine. La vérité est, toutefois, qu'elle lui fut toujours bonne amie et qu'elle prit habituellement ses intérêts. Peut-être, sans que son cœur fût bien touché, commença-t-elle de bonne heure à trouver à l'entretien d'un jeune prince de bonne mine, délibéré, vif et aimable, plus de charmes qu'à la conversation du roi, toujours demeuré si timide, « tenu en esclavage par sa mère et ses favoris jusqu'à savoir à peine lire et écrire, » dit Saint-Simon; qui passait, assure Mme de Motteville, « le meilleur de son temps à courir après les bêtes, » à donner lui-même à manger à ses

---

1. Guillemin, *Vie manuscrite de Charles IV.* — *Mémoires de Bassompierre,* etc.

oiseaux, et ne se soucia jamais beaucoup de l'affection de sa femme, ni de la compagnie des dames[1].

Quoi qu'il en fût de cette prétendue liaison entre la reine et le jeune prince lorrain, celui-ci ne tarda pas à montrer qu'en ses colères du moins, sinon dans ses amours, il le fallait prendre au grand sérieux. Louis de Bourbon, comte de Soissons, ayant voulu, un jour, lui disputer l'honneur de tenir l'étrier de Louis XIII, qui s'apprêtait à monter à cheval, Charles le repoussa en lui donnant, devant toute la cour, un violent soufflet. Le comte tirait l'épée pour venger son honneur offensé, Charles de Lorraine s'était mis en défense, et le sang allait couler, quand le roi intervint pour mettre le holà et connaître de la querelle. Sans approuver la conduite du prince Charles, il blâma surtout celle du comte de Soissons, qu'il déclara l'agresseur. Les assistants, surpris, trouvèrent que l'inclination plus que la justice avait eu part à ce jugement. Chose singulière, en effet, pour qui aurait pu prévoir alors

---

1. Mme de Motteville énumère dans ses Mémoires les personnages dont la reine Anne d'Autriche voulut bien agréer les adorations et les soins, conformément aux théories galantes et alors fort à la mode de Mme de Sablé, c'est-à-dire, assure-t-elle, en tout bien et tout honneur. La duchesse de Chevreuse a pareillement livré à la curiosité intéressée du cardinal de Retz le nom de tous ceux qui avaient, avec plus ou moins de succès, cherché à émouvoir en leur faveur le cœur de cette reine. Dans ces listes, qui sont les mêmes, il n'est pas question du duc de Lorraine, soit que ces deux dames, grandes amies et confidentes d'Anne d'Autriche, aient ignoré, soit qu'elles aient dédaigné de raconter ces innocents enfantillages de sa première jeunesse.

l'avenir! le prince lorrain était devenu une espèce de favori à la cour. Marie de Médicis, charmée de ses façons plaisantes et résolues, se divertissait de ses folies; et, touchée en même temps du dévouement qu'il témoignait pour elle, se plaignait confidemment à lui des membres de la famille royale de France, « qu'elle lui dépeignait comme autant de factieux toujours prêts à brouiller l'État[1]. » Il n'avait pas moins plu à Louis XIII. Cédant au goût naturel qu'inspire volontiers à un enfant timide et retardé, le caractère d'un autre enfant plus vif, plus hardi et plus avancé, le jeune monarque ne tarissait pas en éloges sur Charles de Lorraine[2]. Il se déclarait ou-

1. Guillemin, *Histoire manuscrite de Charles IV*.
2. « Le roy l'appeloit toujours Monsieur-Monsieur... et toute la cour
« conséquemment de même ; et s'il faisoit la joie des éveillés il faisoit
« le tourment de ceux qui eussent voulu dormir. Les deux reines y
« perdirent bien des heures ; et il étoit souvent poussé par le roy à
« mettre quelque accroche à leurs coëffes ; c'étoit pourtant toujours avec
« une si respectueuse adresse qu'elles ne s'en fâchoient pas. La reine-
« mère disoit seulement à ses femmes de chambre de la sauver de
« Monsieur-Monsieur, et la jeune croyoit qu'il étoit d'un pays où l'on
« ne dormoit pas...
« ..... Partout où étoit la cour et divertissements de terre, d'eau, de
« galeries, il étoit toujours le premier appelé et le premier en action
« devant les yeux du roy. Il se fit à Amboise une partie d'embarcation
« sur la rivière de Loire. Le roi entra le premier dans le bateau ; le
« prince tardant à suivre et personne ne voulant s'y jeter avant luy, il
« fut poussé et sauta si vite qu'il se jeta sur le roy et le renversa tout
« son long ; relevés qu'ils furent, il dit au roy : « Sire, tenez-moi, ou
« permettez que je tue ces gens-là qui m'ont presque mis en état de
« vous tuer. » Le roy ne fit que rire, particulièrement quand il vit que
« Monsieur-Monsieur tournoit la tête, et tuoit tout le monde de ses
« yeux. La navigation s'acheva et l'on s'arrêta au bain ; le roy fit ca-
« cher les habits de Monsieur-Monsieur, et évader le page qui les gar-

vertement, en toutes occasions, pour le compagnon ordinaire de ses jeux, jusqu'à s'être écrié, dit-on, dans un transport de tendresse, qu'il voudrait que son ami ne fût pas de si bonne maison, ni de si haute condition, afin d'avoir le plaisir d'en faire lui-même un grand prince [1].

Les bruits qui revenaient en Lorraine des succès de Charles à la cour de France étaient avidement accueillis par les partisans de la succession masculine. Ils réjouissaient le cœur du comte de Vaudemont, et lui parurent ajouter de nouvelles chances à ses prétentions. Pour les améliorer encore, il manda à son fils d'aller passer quelque temps à Nancy, curieux de voir ce que pourrait sur l'esprit

« doit; à la sortie de l'eau, comme Charles criait au page, et le page
« ne répondant et ne paroissant pas, il aperçut le carrosse de la reine-
« mère plus loin de la rivière ; il courut à lui, sauta dedans, et se mit
« à tourmenter les dames qui étoient avec la reine pour avoir ses ha-
« bits, disant qu'elles les luy cachoient. » — Extraits de l'*Histoire manuscrite du P. Vincent*. Collection de M. Noël, p. 703-704.

1. Quelques auteurs lorrains ont prétendu que l'amitié de Louis XIII pour Charles de Lorraine aurait été si grande qu'il aurait un instant songé à devenir le beau-frère de son favori ; ils affirment même qu'il ne s'en serait pas fallu de beaucoup que le jeune roi ne répudiât sa femme, qui ne lui plaisait guère, pour épouser la sœur de Charles IV, Henriette de Lorraine, qui fut ensuite la princesse de Phalsbourg, et dont la réputation de beauté était alors très-répandue en Europe. Ces assertions hasardées ne sont pas confirmées par des témoignages contemporains de quelque valeur. Il est vrai que l'histoire générale et les auteurs français ne font pas non plus mention de l'ascendant un instant exercé par Charles de Lorraine sur Louis XIII. Mais ce silence s'explique très-naturellement. Louis XIII, presque enfant, exclusivement gouverné par sa mère, et ne se mêlant en aucune façon des affaires de l'État, ne pouvait donner alors aucune preuve publique de sa bonne

du duc son oncle et sur le cœur de la princesse sa cousine la présence d'un jeune homme de noble aspect, formé aux belles façons françaises, déjà connu pour avoir courtisé une reine et souffleté un prince du sang de France. Charles obéit avec regret à son père : il ne quittait pas sans peine le séjour de France. Il lui en coûtait d'aller faire, par ordre, la cour à la princesse Nicole. La manière dont il s'acquitta de ce commandement fit assez voir qu'il avait plus à cœur de contenter son père que de plaire à sa parente. Raisonnant publiquement sur la succession au trône de Lorraine, il ne se gênait point pour dire que « son père affaiblissait la force incontestable de ses droits, en les voulant fortifier par une alliance avec la fille de Henri II, comme

volonté pour le jeune prince de Lorraine. Plus tard, quand il se mêla d'agir, soit par lui-même, soit par l'entremise de son puissant ministre, le cardinal de Richelieu, ses dispositions étaient entièrement changées. Une sorte de jalouse aversion, dont les annales du temps rapportent au long les sensibles conséquences, avait remplacé le premier engouement. Mais cet engouement, pour avoir été assez court, et sans effets apparents, n'en fut pas moins très-réel. Charles, devenu duc de Lorraine, s'en souvenait bien. C'est pourquoi, confiant dans son ancienne supériorité personnelle, il conserva longtemps pour Louis XIII une sorte de mépris que celui-ci, formé par l'âge, ne méritait plus. Plusieurs fois il affecta, surtout au commencement de son règne, de laisser tout intermédiaire de côté et de vouloir traiter directement de ses affaires avec le monarque qu'il avait autrefois si facilement dominé. Louis XIII se prêtait avec quelque ennui à ces entrevues familières où l'avantage du beau dire n'était pas de son côté. Il apprit toutefois peu à peu à se faire comme un bouclier d'une sorte de majesté royale qui lui était très-naturelle et bienséante ; Charles IV revenait alors à Nancy un peu désappointé de n'avoir pu rien gagner sur son timide, un peu gauche, mais imperturbable interlocuteur.

si il ne pouvait régner qu'avec elle ; que la couronne lui appartenait ; qu'il la mépriserait s'il la fallait tenir d'une femme ; qu'au surplus, celle-là lui échappant, il s'en procurerait bien une autre avec son épée[1]. »

Semblables discours n'étaient pas faits pour gagner la faveur du duc de Lorraine, aussi le prince Charles ne resta pas longtemps près de lui : d'autres occupations plus conformes à ses goûts l'appelaient ailleurs. Le comte de Vaudemont, son père, venait d'être nommé général de la ligue catholique au delà du Rhin, et, prêt à entrer en campagne, il avait réuni, dans son comté de Salm, une armée de huit mille hommes et de quinze cents chevaux. Son fils alla le rejoindre à Bouxenon, passa le Rhin à Brisach, et se rendit avec lui auprès de Maximilien, duc de Bavière. Les princes, alliés de Ferdinand III, accouraient alors lui porter secours contre Frédéric V, électeur palatin, qu'une assemblée tumultueuse des États de Bohême avait récemment couronné roi au détriment du chef de la maison d'Autriche. Pendant toute la durée de cette campagne, principalement conduite par le duc Maximilien, Charles ne quitta pas un instant cet habile chef d'armée. Ravi de trouver enfin l'occasion d'apprendre à bonne école le métier de la guerre, il suivait cu-

1. Guillemin, *Histoire manuscrite de Charles IV*.

rieusement son général, non pas seulement aux délibérations du conseil, aux revues et aux inspections de toutes sortes, mais à la tête des troupes, aux reconnaissances d'avant-postes, aux tranchées, et partout à son aise, leste et avisé comme si de sa vie il n'eût fait autre chose. A la fameuse journée de Prague, qui décida du sort de l'électeur palatin, et rendit la Bohême à l'empereur d'Allemagne, l'attitude de Charles fixa tous les regards. A considérer, au moment solennel des préparatifs du combat, l'air intrépide de ce soldat de quinze ans, à voir, nous ne dirons pas son entrain, mais sa joie quand, à la tête de sa petite troupe, il s'élança sur les ennemis, toujours maître de lui, sans folle ardeur et sans vain emportement au plus chaud de la mêlée, sans forfanterie après l'action, Ferdinand, Maximilien, et tous les généraux présents, comprirent qu'ils avaient assisté au début d'un grand capitaine. Nul doute que l'éclat de cette victoire si fièrement disputée, mais si complète, à laquelle il prit une part proportionnée à son âge et toutefois fort remarquée, fut la première amorce qui décida à jamais de la vocation de Charles IV. L'enivrement de ce premier succès lui donna pour toute sa vie cette soif immodérée des batailles, cet amour de la guerre pour la guerre, qui a été un des traits saillants de son caractère, qui a fait sa gloire, causé tous ses malheurs, et amené la ruine de son pays.

Aussitôt les hostilités finies, Charles, dont le séjour à la cour de Nancy n'avait point avancé les affaires, passa en Italie; il se rendit d'abord à Venise, puis alla à Florence visiter sa tante Christine, femme du grand-duc de Toscane. De Florence, la curiosité le fit pousser jusqu'à Rome. Il assista à la mort de Paul V et à l'élection du cardinal Ludovico, Grégoire V. Il était encore auprès du saint Père quand survint, en Lorraine, un événement tragique qui mit le comble aux divisions de la famille ducale. Le duc Henri, craignant que l'empereur et le duc de Bavière, charmés de la conduite de son neveu à la bataille de Prague, ne s'employassent en sa faveur d'une façon qui aurait rendu un refus incommode, envoya à Munich le baron de Lutzelbourg, avec ordre de surveiller, et au besoin de contrecarrer, les démarches du comte de Vaudemont. Celui-ci s'offensa de cette hardiesse, et qu'une créature du baron d'Ancerville, et l'ennemi de sa maison, osât venir en concerter l'abaissement jusque dans le lieu de son asile. Ayant donc juré sa perte, il donna commission au Piémontais de Riguet, commandant de ses gardes, de suivre le baron à sa sortie des États de Bavière, et de le tuer partout où il pourrait le joindre. De Riguet rattrapa l'ambassadeur lorrain non loin de Nancy, et pour couvrir la noirceur de son action, lui proposa, dit-on, de se battre avec lui. Lutzelbourg, qui : « étant déjà d'âge et de grosse taille ¹, » voyageait en carrosse, refusa de mettre pied à terre, et se contenta de dire à son adversaire qu'il lui ferait raison quand il aurait rendu compte de sa mission à son maître. Deux coups de pistolet tirés par le Piémontais, ou par les gens de sa suite, étendirent le vieillard mort dans sa voiture. Le coup fait, les assassins, prenant la fuite, se réfugièrent en Bavière.

La mort d'un de ses favoris tué à la porte de sa capitale, presque à sa vue, excita un transport d'indignation chez le duc Henri. Il déclara qu'il ne reverrait plus jamais son frère ni son neveu. Il parla de marier sur-le-champ sa fille au baron d'Ancerville; il fit courir après Riguet, et menaça de le faire pendre sur-le-champ, lui et tous les agents du crime. Des troupes et des canons furent mandés pour aller s'assurer de la comtesse de Vaudemont, et la tirer de force du château où elle s'était réfugiée. Mais « que l'homme est souvent différent de soy-même et que sa volonté est sujette au changement! » s'écrie l'auteur de la vie de Charles IV ², « ce meurtre, qui paraissait avoir aliéné pour toujours les esprits du duc et du comte, qui semblait avoir détruit la dernière espérance qui pouvait rester de l'union du prince Charles et de Nicole, ce fut ce même meurtre qui poussa le duc à rappeler son frère et à consentir

1. *Mémoires de Beauvau.*
2. Guillemin, *Histoire manuscrite de la vie de Charles IV.*

au mariage. Il comprit que cette mort n'était que le prélude des maux qu'amènerait un plus long refus, et les envisageant de plus près, il en eut tant d'horreur, qu'il revint à son vrai naturel pour accorder enfin ce qu'il avait si longtemps repoussé[1]. » Les soumissions du comte de Vaudemont, les bons offices du duc de Bavière, ceux du Saint-Père, et surtout l'intervention singulière d'un carme espagnol déchaussé, nommé le père Dominique, achevèrent de triompher de sa résistance. Ce moine s'était fait, en Allemagne, une réputation de sainteté, et passait même pour une façon de prophète. La voix publique proclamait qu'on lui devait le succès de la bataille de Prague, parce qu'il avait obligé le duc de Bavière à attaquer le prince d'Anhalt sur la Montagne Blanche, nonobstant la force de ses retranchements; il était très-considéré des principaux personnages de cette époque, et le peuple de Nancy lui déchirait ses vêtements quand il passait dans les rues, afin de s'en faire des reliques. Ce religieux, très-porté pour le prince Charles, qu'il avait vu en Allemagne et à Rome, avait reçu du pape lui-même une sorte de délégation officielle pour agir sur l'esprit du duc Henri, « déjà affaibli par l'âge et par la crainte de la mort[2]. » Il lui parla donc du ton d'un homme

---

1. *Vie manuscrite de Charles IV*, par l'abbé Hugo. — *Mémoires de Beauvau*, p. 15 et suiv.
2. *Mémoires de Beauvau.*

inspiré ; il l'étourdit d'un discours pathétique, par lequel il lui dépeignit les malheurs qu'il allait attirer sur la Lorraine, et le menaça finalement de la damnation éternelle [1]. C'étaient là des menaces contre lesquelles le souverain timoré de la Lorraine était sans force. Poussé ainsi dans ses derniers retranchements, il ne se rendit pas cependant sans stipuler formellement deux conditions qui faillirent, encore une fois, tout remettre en question.

1. Le père Dominique ne fut pas toujours aussi heureux dans ses prédictions qu'il l'avait été à Prague. En 1621, retournant en Espagne, il se trouva au siège de Montauban dont la résistance prolongée embarrassait beaucoup le connétable de Luynes, qui y avait assez étourdiment mené le roi de France. On eut tout naturellement recours aux lumières prophétiques du carme espagnol. Il se défendit d'abord quelque peu de donner son avis, et finit par assurer que la ville ne tiendrait pas après qu'on lui aurait tiré quatre cents coups de canon. La messe ouïe, et le moine en oraison, Louis XIII et le connétable firent tirer les quatre cents coups de canon. Mais ils en furent pour leur poudre brûlée, « et la ville, » dit Bassompierre, « ne se rendit pas pour cela. » A Nancy même, le père Dominique éprouva un autre échec raconté par le marquis de Beauvau. « Il s'agissait d'exorciser une demoiselle qui était possédée depuis plusieurs années. Elle était sujette à de terribles convulsions, le diable l'élevant quelquefois au milieu de l'église, la tête en bas, sans que ses jupes se renversassent. L'évêque de Toul et les plus célèbres ecclésiastiques avaient perdu leur temps à cet exorcisme : le carme espagnol demanda la permission de l'entreprendre, et annonça qu'au moment où il forcerait le diable à sortir du corps de cette fille, on entendrait comme un coup de tonnerre. Le tonnerre éclata comme il avait prédit, mais le diable ne sortit pas ; la demoiselle demeura possédée, et ce bon père en fut pour sa courte honte. » Le marquis de Beauvau ajoute que cette demoiselle, toujours possédée, mourut plus tard supérieure des religieuses de Nancy, en réputation de sainteté ; que le carme emporta la même réputation à Vienne, où il décéda avant elle. Il assure également avoir vu dans les mains de l'impératrice Éléonore l'habit du carme, qu'elle garda toute sa vie comme une relique et dans lequel elle a voulu mourir. *Histoire de Levassor*, p 395. — *Vie manuscrite de Charles IV.* — *Mémoires de Beauvau.*

La première de ces clauses avait pour but de maintenir intacts les droits de la princesse Nicole, et, au besoin, ceux de Claude, sa sœur. Le duc Henri exigeait que Charles reconnût, par son contrat de mariage, qu'il tenait la couronne de sa femme. Les conséquences de cette clause n'échappaient pas au comte de Vaudemont ; il ne craignit pas cependant de passer outre, décidé qu'il était à protester secrètement, comme il le fit en effet, contre tout ce qui serait inséré dans un contrat qu'à l'avance il regardait comme nul. La seconde avait été inspirée au duc par son excessive affection pour le baron d'Ancerville ; elle était bien plus difficile à faire agréer au comte de Vaudemont. Le favori de Henri II n'avait recherché la princesse Nicole que par ambition. Au dire de tous les contemporains, les charmes de Henriette de Lorraine, sœur de Charles IV, avaient fait sur son cœur une profonde impression. Aussitôt qu'il se fut aperçu qu'il lui fallait renoncer au mariage qui le devait faire duc de Lorraine, il supplia ardemment son souverain et son bienfaiteur, au nom de cette même tendresse dont le principal effet était désormais perdu pour lui, de lui obtenir au moins la main de celle qu'il aimait, cette alliance étant la seule qui lui pût être dans l'avenir un refuge assuré contre ses ennemis. Au premier mot prononcé dans ce sens par son frère, le comte de Vaudemont, frémissant d'indignation, s'écria qu'il ne prêterait jamais les mains à la monstrueuse union du plus pur sang de la Lorraine avec le bâtard d'un Guise. « Si vous ne voulez pas lui donner votre fille, alors je lui donnerai la mienne, » répliqua froidement Henri. « Qu'il l'épouse donc, s'il l'ose, » telles furent les seules paroles de consentement qui sortirent de la bouche du comte. Il n'en donna jamais d'autres. Peu de temps après, les dispenses nécessaires au mariage de Charles avec sa cousine étant arrivées de Rome, et les terres de Phalsbourg et de Lixin ayant été érigées en principautés par l'empereur d'Allemagne, en faveur du baron d'Ancerville, afin de relever sa condition, rien ne s'opposa plus à la conclusion des deux mariages.

Ainsi se termina, par un compromis inattendu, la querelle qui avait si violemment divisé les deux frères, et si fort agité les esprits en Lorraine. A entendre les éclats de joie qui accueillirent partout la nouvelle de cette double union, à contempler la magnificence des fêtes préparées par les bonnes villes du duché, et surtout par sa capitale, on aurait pu s'imaginer que toute cause de troubles avait à jamais disparu, et qu'un avenir paisible était désormais assuré à la Lorraine [1]. Le gros du public, qui fait volontiers aux princes l'honneur de les croire sur parole, et de ne point soupçonner leurs arrière-pensées, est sujet à de pareilles illusions : on s'en

---

1. Le Moleur, docteur en droit, fit à l'occasion du mariage de Charles et de Nicole un épithalame selon le goût du temps, qui leur prédisait

défend mieux dans les cours. Les grands du pays admis à l'intimité des membres de la famille ducale, et les personnes douées de quelque perspicacité, surent bientôt à quoi s'en tenir. Les parties conciliées en apparence, avaient évidemment gardé au fond leurs prétentions tout entières. Peu de jours avant de se lier par la signature des clauses insérées au contrat de la princesse Nicole, le comte de Vaudemont et son fils s'étaient secrètement transportés devant Porcelets de Maillane, évêque de Toul, et Jean Midot, notaire apostolique, pour déposer entre leurs mains une solennelle protestation contre les engagements qu'ils allaient souscrire [1]. Après ce singulier

---

les plus heureuses destinées. *Vivez doncques, vivez heureux*, disait-il aux fiancés,

> Et dans ces deduicts amoureux
> Votre aage lentement s'escoule
> Donnant à la terre des roys
> Qui ja docile soubs leurs lois
> Semble abaisser sa ronde boule.

C'était en 1621. En 1640, le même Le Moleur, laissant la poésie de côté, composa, à la veille de devenir chancelier de Charles IV, un long traité de droit pour démontrer que le mariage qu'il avait si bien chanté était nul, et que son maître pouvait épouser la princesse de Cantecroix. Voy. M. Beaupré, p. 350, et D. Calmet, *Biblioth. lorraine.*

1. Par cette protestation, qu'ils ont plus tard rendue publique, le comte de Vaudemont et son fils déclaraient « que comme heritiers présomptifs, en ligne masculine, des duchés de Lorraine et de Bar, ils venoient de leur chef à la succession, en vertu des loys, coutumes et usages de l'etat, que neanmoins considerant que s'ils venoient à faire quelque difficulté d'agreer les clauses du contrat, il en pourroit resulter de grands inconveniens et la ruine tant de leurs droits et pretensions que de l'Etat, et au trouble evident du repos et tranquillité de toute la chretienneté pour lesquels eviter ils auroient bien voulu n'en

préliminaire, les deux mariages furent célébrés presque simultanément, dans le courant du mois de mai 1621. L'aspect en fut froid et contraint. Comment en aurait-il été autrement d'une cérémonie où chacun des principaux intéressés apportait les préoccupations d'un orgueil froissé ou d'un cœur en souffrance? Charles prenait à peine soin de cacher son mépris pour sa fiancée. Soumise, et peu sûre d'elle-même, la fille de Henri II acceptait par obéissance un époux qu'elle redoutait, en regrettant celui qui le premier avait été désigné à son choix. Fière de sa naissance et de sa beauté, Henriette de Lorraine laissait assez voir qu'elle avait compté sur une tout autre alliance, et qu'elle se considérait comme une victime dévouée à l'ambition de ses proches. Quant au nouveau prince de Phalsbourg, plus que jamais comblé, à cette occasion, des fastueuses libéralités

---

faire autre instance pour le present, ny differer de passer les dits contrats et articles en la forme qu'ils se trouvoient couchés; protestant formellement et tres expressement en la meilleure forme et maniere que faire se peut et doit; que tant les dits articles et contrats que tous autres qui pourront cy apres se trouver par eux passés pour l'egard du dit mariage, et le consentement qu'ils y pourront avoir preté ou qu'ils y pretent ne pourra en aucune sorte et maniere que ce soit préjudicier à leurs dits droits et pretensions ny apporter alteration aux dittes loys, statuts, coutumes et usages des dits États, ou à la disposition testamentaire du duc René..... déclarant en outre que ce qu'ils ont fait ou feront en cet endroit est par crainte, procédé de crainte qui peut tomber en homme tres constant, et pour se tirer et l'État avec eux d'une ruine qu'ils pourroient autrement encourir. »

Voir cette protestation aux archives des affaires étrangères, Bibliothèque impériale, collection Dupuy, collection Lorraine, etc., etc.

de son protecteur, il épousait celle qu'il avait préférée, mais il en était dédaigné [1].

Henri II n'obtint pas même de la conclusion de ces mariages la tranquillité qu'il en avait espérée. Affligé de voir le peu d'accord qui régnait dans les unions qu'il avait formées, il prit de plus en plus ombrage de l'importance acquise au comte de Vaudemont et à son fils ; il trouva mauvais qu'ils prétendissent se mêler, plus que par le passé, des affaires de l'État. Sa douceur et sa dévotion excessive dans les dernières années de sa vie, ne l'empêchèrent point entièrement d'éprouver quelques atteintes de

---

[1]. Le jour où arrivèrent les dispenses pour le mariage de Charles et de Nicole, un gentilhomme courut les annoncer au prince, qui jouait aux cartes chez la comtesse de Vaudemont, sa mère, avec Mme de Remmnecourt. Charles regarda ce gentilhomme avec colère ; il lui dit qu'il voudrait que le courrier qui avait apporté la dispense fût au diable et lui gentilhomme à sa place ; et, rougissant de colère, jeta par dépit les cartes sur la table et son chapeau à terre, disant que les gens de sa condition étaient bien malheureux d'être contraints de se marier au gré d'autrui...

La comtesse de Vaudemont s'était refusée d'abord à assister au double mariage. La princesse Nicole alla la trouver au château de Pont-Saint-Vincent, où elle s'était retirée, et la supplia avec larmes de ne lui pas faire cet affront. La comtesse de Vaudemont, se mettant à genoux devant sa nièce, lui répondit : « Ma chère dame, n'étoit que ma misérable fille (Henriette) épousera quant et vous, je ne manquerois de vous aller rendre mes devoirs. » Elle vint toutefois aux épousailles.

Quant à la princesse Henriette de Lorraine, elle s'était la veille sauvée dans un couvent, d'où on eut beaucoup de peine à la tirer. Son mariage avec le prince de Phalsbourg eut lieu le lendemain de celui de sa cousine Nicole, et de très-grand matin. *Sans doute*, dit l'Histoire manuscrite du P. Vincent, à laquelle nous empruntons ces détails, *afin que le soleil ne fît point paraître la tristesse de leurs visages.*

la jalousie naturelle qu'inspirent d'ordinaire aux meilleurs souverains leurs successeurs désignés. Aux éloges que des malavisés lui faisaient quelquefois du prince son neveu, il ne manquait guère de répondre : « Vous verrez que cet étourdi perdra tout. » Quand on lui reprochait ses prodigalités accoutumées, il s'excusait en disant : « Il en viendra d'autres après moi qui ne me ressembleront pas, et l'on verra ceux qui auront mieux gouverné. » Henri II vécut encore quelques années. De moins en moins compté parmi les siens, mais toujours aimé de la multitude à cause de sa rare bonté, sa mémoire resta d'autant plus chère à ses peuples qu'ils ne devaient de longtemps retrouver sous un prince de la dynastie nationale un gouvernement aussi paternel. Le marquis de Beauvau exprimait les vrais sentiments de ses contemporains, lorsqu'il écrivait au commencement de ses mémoires : « Ceux qui restent en vie depuis la mort de Henri II, éprouvent encore tous les jours la peine de lui avoir survécu, et avouent que le plaisir qu'il y avoit de vivre sous sa domination est enterré avec ce bon prince dans un même tombeau. » Ces paroles, arrachées à la tristesse patriotique d'un grand seigneur lorrain, n'avaient rien que de fondé. La Lorraine, glorieuse et prospère pendant le règne de Charles III, était demeurée paisible et un peu oubliée sous Henri II; avec Charles IV, elle allait reparaître sur la scène de l'Europe, mais pour l'épouvanter par le nombre et la grandeur de ses désastres.

Henri II mourut à Nancy le 31 juillet 1624 [1].

---

[1]. Le R. P. F. Jean Sauvage, provincial de l'ordre des Minimes de Saint-François-de-Paul a fait imprimer sous le titre de *Zodiaque sacré du grand soleil d'Austrasie*, les trois oraisons funèbres qu'il avait prononcées à la collégiale de Nancy pendant les trois jours d'honneurs funèbres rendus au souverain de Lorraine. Le père Sauvage a partagé *la Vie et mort heureuse de Henri II, le Débonnaire, comme un riche et céleste zodiaque..., en douze stations et considérations... pour y loger les vertus et louanges principales de son héros.*

Cette production singulière, qui paraît avoir eu beaucoup de succès en son temps, surtout auprès de la veuve de Henri II, est sans valeur et sans intérêt historique.

CHAPITRE VII.

Avénement de Charles IV. — Il fait son entrée solennelle à Nancy, et confirme les priviléges des trois ordres. — Il gouverne pendant plus d'une année, conjointement avec la duchesse Nicole. — Le comte de Vaudemont se fait reconnaître duc de Lorraine par les États assemblés, en leur présentant un testament de René II, qui établit la succession masculine. — Après avoir régné quelques jours, il se démet en faveur de son fils, et Charles devient seul et unique souverain. — Le nouvel ordre de succession est reconnu par les trois ordres réunis, et par les cabinets étrangers. — La France seule ne se prononce pas. — Exécutions, pour crime de magie, de deux anciens serviteurs de Henri II. — Charles IV renouvelle son entrée solennelle à Nancy, et jure une seconde fois le maintien des priviléges des trois ordres. — Première atteinte qu'il porte aux droits de l'ancienne chevalerie. — Elle ne soulève aucune réclamation. — Popularité de Charles IV. — Son portrait et son caractère. — Richelieu entre dans le conseil du roi Louis XIII. — Il reprend l'œuvre politique de Henri IV. — Il envoie Guron à Nancy, afin de persuader au duc de Lorraine de se déclarer contre la maison d'Autriche. — Guron échoue dans sa mission. — Pourquoi. — Richelieu revendique, comme faisant partie du domaine de la couronne de France, plusieurs portions des États du duc de Lorraine. — Ressentiment de Charles IV. — Il est sollicité par les catholiques de France à prendre parti contre le cardinal. — Arrivée de Mme de Chevreuse à Nancy.

Charles IV, après avoir rendu les derniers devoirs à son prédécesseur, prit aussitôt possession de la souveraineté. L'ordre des cérémonies anciennement usitées en semblables occasions fut, cette fois encore, ponctuellement suivi. A son entrée solennelle à Nancy, les différents ordres de l'État n'oublièrent point, en complimentant leur nouveau duc, de lui demander le maintien de leurs priviléges [1]. Le corps

---

1. *Mémoires de Beauvau*, p. 9.

de la chevalerie lui fit jurer les siens sur les saints Évangiles, devant un autel dressé sous la porte Saint-Georges, et qu'entourait toute la noblesse de la Lorraine. Charles se prêta de bonne grâce à ces formalités. L'air dont il les accomplit, ses façons, sa jeunesse, charmèrent ses sujets. Ils applaudirent surtout en le voyant, au début de son règne, associer soigneusement sa femme, fille aînée de Henri II, aux actes les plus importants de la puissance publique. La justice était, en effet, rendue au nom de Charles et de Nicole. Leurs effigies apparaissaient réunies sur les monnaies du jour; on lisait leurs doubles signatures au bas des nouvelles ordonnances, notamment d'un décret qui punissait de peines plus sévères que par le passé les désordres de mœurs, les querelles et le blasphème.

Pendant plus d'une année, les Lorrains purent s'imaginer que Charles et le comte de Vaudemont, son père, avaient définitivement renoncé à leurs anciennes prétentions personnelles. Il n'en était rien cependant. La prudence seule leur avait commandé, pour un temps, cette apparente modération. Ce n'était point sans précautions, ni du jour au lendemain qu'ils jugeaient possible de revenir sur l'œuvre de Henri II; ce prince avait eu soin de bien pénétrer l'esprit de sa fille de la plénitude des droits qu'elle tenait de sa naissance. Par son testament, il lui avait formellement recommandé, tout en honorant son époux, de n'oublier jamais qu'elle était par elle-même duchesse de Lorraine. Peu de temps avant sa mort, il avait exigé des principaux officiers de sa maison et des magistrats, des chefs des troupes lorraines et des gouverneurs des places fortes, le serment de ne reconnaître le prince Charles pour souverain, qu'en sa qualité de mari de sa fille Nicole [1]. Le prince de Phalsbourg, riche des dons du défunt duc, demeuré puissant en Lorraine par ses grandes dignités et par l'affection persévérante d'un parti nombreux, veillait avec autorité à l'exécution des volontés de son bienfaiteur. Il était probable que les cours étrangères, la France en particulier, n'assisteraient pas avec indifférence au changement d'un ordre de succession qu'elles avaient reconnu. Tous ces obstacles furent cependant peu à peu surmontés ou doucement écartés. La faible Nicole, facilement intimidée, donna par contrainte un assentiment qu'elle désavoua plus tard en secret [2]. L'électeur de Bavière, le grand-duc de

---

1. Guillemin, *Histoire manuscrite de Charles IV*.

2. Par une protestation signée de sa main et qui se trouve aux archives du ministère des affaires étrangères (affaires de Lorraine, t. VIII, p. 36), la duchesse Nicole déclare nulle la renonciation qu'elle a faite par force et contrainte, aux droits résultants de sa naissance, comme héritière des États du duc son père. Ledit acte, en date du 26 février 1627, passé par-devant Petit-Jean, tabellion juré au duché de Lorraine, désigne le sieur Priandi, agent de monseigneur le duc de Mantoue en la cour de France, pour protester, répondre et agir au nom de la duchesse Nicole, contre tout ce qui se pourrait innover et attenter à son préjudice.

Signé Nicole, duchesse de Lorraine.
Buffeignicourt, Milani, témoins.   Petit-Jean.

Toscane et le cabinet de Madrid, consultés à l'avance, promirent leur appui. « M. de Guise et les autres princes de sa maison, établis en France, s'engagèrent par écrit d'appuyer cette affaire de leur sang et de leur puissance contre quiconque la voudrait quereller [1]. » Ce ne fut toutefois qu'après avoir retiré au prince de Phalsbourg le gouvernement des forteresses si considérables de Bitsche et de Marsal, après avoir mis dans toutes les places des commandans à leur dévotion, et lorsqu'ils se crurent assurés d'avoir gagné le cœur des peuples et des courtisans, que Charles et son père laissèrent un peu deviner leurs desseins [2]. Peut-être même en auraient-ils encore ajourné l'exécution, si une démarche imprudente de la duchesse douairière, Marguerite de Gonzague, ne les avait contraints à la précipiter. Mécontente de la nouvelle cour, confiante à l'excès dans la protection qu'elle attendait de la reine Marie de Médicis, sa tante, la veuve d'Henri II avait élevé, au nom de sa seconde fille, des prétentions sur le Barrois. Elle affirmait avoir en main des papiers qui établissaient la validité de cette réclamation ; elle parlait même de marier la princesse Claude à quelque prince puissant capable de faire valoir ses justes droits. Un coup d'éclat pouvait seul, aux yeux de

---

1. Dépêche (sans date), ministère des affaires étrangères (affaires de Lorraine), t. VII, p. 414. Voir cette dépêche en son entier aux pièces justificatives, n° 1.

2. Hugo, *Vie manuscrite de Charles IV*.

Charles et de son père, parer à ces menaces et couper court à toutes les difficultés. Restait à trouver une occasion, ou tout au moins un prétexte, qui permît de revenir tout à coup sur un compromis naguère solennellement accepté, et de méconnaître si tôt des engagements tant de fois jurés. Le prétexte ne manqua pas longtemps.

Le testament fait, dit-on, par René II en faveur des mâles de sa maison, et à l'exclusion perpétuelle des filles, avait été souvent cité du vivant de Henri II dans les discussions soulevées entre les deux frères au sujet de la succession à la couronne de Lorraine; mais la pièce originale n'avait jamais été produite. En vain avait-on feuilleté, depuis l'avénement de Charles IV, tous les anciens registres de la maison de Lorraine et compulsé toutes les archives du vieux trésor des chartes; en vain avait-on parcouru les études des anciens secrétaires et officiers du testateur, on n'avait rien trouvé. Mais « comme la piété fait habituellement demander au ciel » (remarque un historien lorrain, grand partisan de Charles IV et de l'hérédité masculine) « ce que la terre nous cache, le comte de Vaudemont, qui sentait les angoisses de son fils, fit vœu à Notre-Dame de Sion de bâtir un monastère pour les tiercelins. » Son fils s'engagea à doter richement les révérends Pères sur le domaine de l'État. Ils promirent enfin tous deux de riches récompenses à quiconque aiderait à la précieuse découverte. Une pièce si importante, si bien cherchée, et qui faisait si grand besoin, ne pouvait demeurer toujours perdue. Un sieur Vignolles la découvrit, dit-on, non pas en Lorraine, mais dans les titres de la maison de Guise, à Paris [1]. Il est vrai, dit le marquis de Beauvau, que plusieurs ont cru ce testament n'avoir jamais été fait par le duc René, « le parchemin en étant trop frais et le discours trop moderne [2]. »

Quoi qu'il en ait été, la pièce en question ne fut pas plus tôt arrivée à Nancy, que le comte de Vau-

1. D. Calmet, t. VI, p. 39. — *Mémoires du marquis de Beauvau.*
2. M. Noël, dans ses Mémoires sur l'histoire de Lorraine, nous paraît avoir démontré par des raisons fort plausibles que la pièce dont il est ici question ne fut jamais produite en original, et qu'on n'en a jamais vu que des copies qui n'auraient pas même toujours très-bien concordé ensemble. D'où il conclut que le testament de René était probablement une pièce apocryphe et simulée. Nous soumettrons, de notre côté, aux personnes qui ont autorité pour décider cette question, une remarque que nous avons faite en lisant les auteurs contemporains et les mémoires du temps, et en les comparant avec les pièces des archives du ministère des affaires étrangères. Au dire de toutes les personnes qui admettent l'authenticité dudit testament, il aurait été découvert dans les *titres de la maison de Guise à Paris.* C'est la version générale qui avait alors cours en Lorraine parmi tous les partisans de la succession masculine, et qui a été depuis suivie par tous ceux qui ont adopté cette opinion. Or, dans la lettre originale écrite de sa main le lendemain de la cérémonie de l'installation de son père comme duc souverain (pièce conservée aux archives du ministère des affaires étrangères), Charles IV mande à Louis XIII que la transmission de pouvoir s'est faite en vertu du testament de René trouvé dans le trésor des chartres de Lorraine. N'est-il pas un peu singulier qu'à Nancy cette pièce importante soit donnée pour avoir été trouvée à Paris, et qu'on dise à Paris l'avoir découverte à Nancy? Nous faisons part de nos hésitations; nous ne décidons pas.

demont et Charles IV se hâtèrent de convoquer les États. Alors se passa entre le père et le fils (novembre 1625) une scène qui, pour avoir été représentée sur un petit théâtre, n'en est pas moins une des plus singulières dont l'histoire fasse mention. Devant les députés des trois ordres réunis, le comte de Vaudemont, tenant en main le testament de René, prononça avec beaucoup de feu un long discours en faveur de la succession masculine. Il rappela les anciens motifs qu'il avait autrefois détaillés dans son manifeste, et les appuya de considérations nouvelles. Puis tout à coup jetant sur la table le testament déployé, et s'adressant à son fils, « il le somma de le reconnaître pour véritable duc de Lorraine, et de lui rendre justice en se la faisant à soy-même[1]. »

Charles, avec qui tout le détail de la cérémonie avait été réglé d'avance, confessa publiquement qu'il avait été mis en possession de la souveraineté « contre la loi fondamentale de l'État. » Il déclara que cette souveraineté appartenait de droit à son père, comme plus près d'un degré, « et ne pouvant, » dit-il, « usurper en conscience et en honneur un bien qui ne lui appartenait pas, il remettait de bon cœur à l'héritier légitime le sceptre qu'il ne devait recevoir que de ses mains[2]. » En même temps, il mit la couronne sur la tête de son

---

1. L'abbé Hugo, *Vie manuscrite de Charles IV.*
2. *Idem.*

père, et le reconnut seul et unique souverain des duchés de Lorraine et de Bar. Salué en cette qualité par les gentilshommes présents et par tous les membres de l'assemblée, le duc François (c'est le titre que depuis lors il porta toute sa vie) fut reconduit en grande pompe à l'église de Saint-Georges, puis au palais ducal, où il dîna sous le dais, et reçut tous les honneurs accoutumés. Le lendemain, il exerça avec un certain apparat les fonctions ordinaires de la souveraineté ; il amnistia des condamnés, institua des officiers, créa des nobles, et fit battre monnaie à son coin. Il prit soin surtout d'acquitter toutes ses dettes avec les deniers de l'État[1] ; puis, quittant le pouvoir aussi brusquement qu'il l'avait pris, il céda et transporta par acte public, de sa libre volonté, tous ses droits à son fils, afin qu'il en jouît, selon l'ordre de substitution masculine portée au testament de René[2].

La cession s'accomplit avec la même solennité qui avait présidé à l'entrée en possession devant les trois ordres assemblés. Elle eut pour témoins Charles-

1. On voit encore en Lorraine des jetons frappés à cette occasion et qui portent cette devise : *Bene numerat qui nihil debet.* — D. CALMET, livre VI. — GUILLEMIN. — HUGO, etc., etc.
2. Il lui fit cession et transport, le 26 novembre 1625, « de tous les droits, raisons et actions qui lui competoient et appartenoient, pouvoient competer et appartenir aux dits duchés de Lorraine et de Barrois, et terres unies et annexées à iceux, selon l'ordre de substitution graduelle portée au dit testament du duc René, leur prédécesseur, et à quel titre ce soit ou puisse être, pour en jouir par lui, et iceux posséder, et par ses descendans males en loyal mariage comme vrais et légi-

Emmanuel comte de Tornielle, Gaspard de Ligneville et Pierre de Stainville; le 27 novembre, avis fut donné à tous les officiers de justice de ce qui venait de se passer entre le duc Charles et le duc François, son père [1].

L'acte de transport fut, le lundi 1er décembre, « enregistré aux assises du bailliage de Nancy, par-devant le bailly et messieurs de l'ancienne chevalerie de Lorraine [2]. » Enfin, rien ne paraissant superflu en pareille matière, Charles IV, lorsqu'il réunit les États à Nancy, le 2 mars 1626, pour leur demander les subsides nécessaires au nouveau règne, les entretint derechef « du changement survenu en l'Estat, et de ce qui s'étoit passé entre monseigneur son père et lui, afin d'assurer, » disait-il, « l'union des deux duchés de Lorraine et de Bar, et en perpétuer la succession en ligne masculine, en sorte qu'ils ne puissent être jamais séparés de leurs noms et maisons, et ce, en suite du testament du roi René de Sicile, duc des duchés, fait en l'an 1506, lequel, bien qu'il eût été tôt après la mort d'icelui

---

times possesseurs d'iceux, et y observer droit de souveraineté, regale, féodalité et tous autres actes, tant de propriété que possession appartenant à la qualité de duc des dits duchés. L'aîné d'iceux le premier, à l'exclusion des puînés, et ainsi successivement, et au défaut des males, en ligne directe, ou collatérale, en préférant toujours les aînés, en donnant néanmoins toujours un appanage aux puînés et dots aux filles, selon la dignité de la maison. » Le P. Vincent, *Histoire de Lorraine*, pages 666, 667, 668. Manuscrit de la bibliothèque de M. Noël, à Nancy.

1. D. Calmet, t. VI, p. 40.
2. Archives des affaires étrangères (Lorraine), t. VIII, p. 393.

seigneur et roi publié et exécuté entre ses enfants au sçu, agrément et consentement des Estats des deux duchés, néanmoins auroit du depuis été ignoré et mis en oubli par l'espace de plus de quatre-vingts ans, et jusques tant qu'estant retourné à la connoissance de monseigneur le duc son père, il avoit volontairement cédé tous ses droits en faveur de son fils aisné, pour ne sortir de la succession par ledit testament et demeurant dedans l'intention dudit roi, assurera aussi longtemps la durée et conservation desdits Estats que leur maison même [1]. »

Les députés aux États ne voulurent pas clore leur session, qui finit le 22 du même mois, sans avoir « rendu grâce à Son Altesse Royale de la connoissance qu'il lui a plu leur donner du droit trop longtemps ignoré qu'avoient ses États de Lorraine et de Bar de debvoir être inséparablement possédés, régis et gouvernés par les mâles de sa sérénissime maison, à l'exclusion des filles, qui eussent pu transporter les successions aux sceptres et couronnes étrangères. Ils louèrent Son Altesse et monseigneur son père d'avoir postposé leurs intérêts particuliers pour ne priver le public des droits à lui acquis par la disposition faite par ledict feu roi René. » Et par forme de remerciement au nouveau duc, ils lui votèrent différents subsides sur les biens de roture,

---

1. Archives des affaires étrangères (Lorraine), t. VIII, p. 12.

redevances sur les blés, avoines, fauche de prés,
imposition sur les villes, bourgs et villages, pour
subvenir aux dépenses de l'État¹.

Ainsi furent complétement écartés les droits que
la princesse Nicole tenait de sa naissance, et son
nom cessa de paraître dans les actes officiels. Le
sentiment général en Lorraine, quand on y apprit
ce grand changement, fut d'abord celui de la surprise. Les familiers de Charles IV eurent peine à
comprendre que ce jeune prince eût consenti à quitter, fût-ce pour un instant, le pouvoir suprême.
Ceux qui connaissaient le comte de Vaudemont
s'étonnèrent encore plus en le voyant rendre si facilement la couronne à son fils. Les uns et les autres
s'attendirent également à voir bientôt naître entre
les deux ducs quelques sujets de jalousie. Des incidents sans importance faillirent même les brouiller
très-promptement ensemble. Peu de temps après son
abdication, le duc François ayant fait demander à
son fils par Rousselot, l'un de ses secrétaires, s'il
trouvait bon que l'on continuât à le traiter d'Altesse,
le duc Charles avait aussitôt répondu : « Dites à
mon père que, lorsqu'il m'a fait duc de Lorraine, il
ne m'a rien tant recommandé que d'être jaloux de
mon autorité, et comme elle ne peut souffrir qu'une
Altesse dans cet État, je le prie de me la laisser

---

1. Archives des affaires étrangères (affaires de Lorraine), t. VIII, p. 12.

tout entière et sans partage. Si cela lui déplaît, je préfère qu'il veuille bien reprendre ce qu'il m'a donné, et de très-bon cœur je le lui remettrai [1]. » On remarqua aussi que souvent Charles IV venait au conseil, à la tête duquel il avait placé le duc François, dans la seule intention de changer quelque chose aux arrêts que celui-ci avait prononcés en son absence, et pour s'opposer directement à ses sentiments. Un jour étant arrivé dans la salle des séances un peu tard, et ayant remarqué que son père avait fait placer son siége à la droite du fauteuil ducal, il le reporta de ses propres mains un peu plus bas au-dessous du sien, pour marquer à l'assemblée qu'il ne voulait pas, qu'en son absence même, il restât à son père la moindre marque de souveraineté. Cette action fit sourire le duc de Vaudemont. « Mais, » dit le marquis de Beauvau, « elle donna à penser aux plus considérables du conseil; ils augurèrent que si le duc se soulevait de la sorte contre son père, il en fallait attendre d'autres marques plus dangereuses à l'État. »

Malgré ces signes d'une ombrageuse susceptibilité, le père et le fils demeurèrent en de bons termes et dans une étroite alliance politique. Leur accord déconcertait les prévisions des agents des puissances étrangères beaucoup plus que ne l'eût

---

[1] D. Calmet, t. VI, p. 41.

fait leur mésintelligence. Le correspondant de la cour de France n'en pouvait croire ses yeux, en voyant avec quelle facilité cette grande révolution avait été généralement acceptée. Il ne pouvait s'expliquer surtout l'inaction des anciens amis et des partisans du duc Henri. Il s'exprimait sur leur compte en termes méprisants. « Le prince de Phalsbourg et le maréchal de Lorraine se sont plaints d'abord, » écrivait-il à Paris, « le premier à cause de ce qu'il doit au défunt duc père des princesses, et le second à cause du mépris dont il prétend qu'on a usé envers la France; mais l'un et l'autre se sont tus depuis, et maintenant, comme tout le reste, ne disent mot. On tient ledit prince de Phalsbourg ensorcelé, et lui-même en a grande opinion. » Il y avait cependant un motif à l'accord inattendu de ces deux princes ambitieux et à l'attitude tranquille et de plus en plus satisfaite du public lorrain.

Ce motif pouvait mécontenter, mais il ne devait guère surprendre l'agent de la France. Princes et sujets cédaient à un instinct patriotique dont les appréhensions n'étaient pas sans fondement. Le patriotisme d'un pays ne se mesure pas forcément à la grandeur de ses frontières. Autant que les grands empires, les petits États se sont souvent montrés capables d'éprouver ces nobles sentiments de fierté et d'indépendance qui sont l'honneur des races humaines. Aux jours dont nous nous occupons, on n'avait pas encore essayé d'apprendre aux populations qu'il fait également bon vivre sous tous les gouvernements. Alors, plus qu'aujourd'hui peut-être, elles étaient portées à obéir, mais non point à obéir à n'importe quels maîtres. En Lorraine, plus qu'ailleurs, le sentiment national était singulièrement vivace, et comme partout, à cette époque, il se manifestait principalement par un profond attachement à la dynastie. Le mariage de Charles et de Nicole avait été très-populaire, parce qu'il avait donné aux Lorrains l'espérance de voir la couronne ducale demeurer dans la même famille. La crainte que cette même couronne n'en sortît, si, comme il était trop à prévoir, Nicole n'avait point d'enfants, leur faisait maintenant approuver l'établissement du nouvel ordre de succession. Beaucoup plaignirent en secret les princesses dépossédées, mais personne n'osa faire écho à leurs doléances, et surtout appuyer leurs réclamations. Dans le premier moment, la duchesse douairière chercha inutilement en Lorraine quelqu'un qui voulût recevoir la protestation de sa fille cadette [1]; elle fut obligée d'avoir recours à la France ; elle supplia la reine Marie de Médicis de lui envoyer M. de Marillac, commandant des armées du roi en Champagne, pour la conseiller en

1. Archives des affaires étrangères (affaires de Lorraine). — *Histoire du P. Vincent.*

cette occurrence [1]. Elle envoya à Paris un homme de sa confiance pour y exposer ses griefs et les droits de sa fille [2]. Le gouvernement français, occupé à guerroyer contre les protestants et à contenir les cabales des grands du royaume, n'avait en ce moment ni le loisir ni la volonté de prêter beaucoup d'attention aux affaires de la Lorraine. Un agent des plus déliés avait été d'ailleurs, presque en même temps, dépêché par Charles IV et son père vers le roi Louis XIII, pour lui exposer les justes motifs de la conduite tenue à Nancy. Marie de Médicis fit l'accueil le plus gracieux à l'envoyé de Marguerite de Gonzague ; mais elle fut d'avis que « sa niepce et bonne amie se devoit accorder au temps et à la volonté de ceux au pouvoir desquels elle se trouvoit [3]. » Louis XIII renvoya l'affaire à son conseil, et chargea son chancelier d'ouïr les députés des ducs de Lorraine. M. d'Aligre souleva quelques objections, quant au Barrois, « dont la qualité de fief servant ne pouvoit, » dit-il, « être altérée sans le consentement préalable du seigneur dominant. » Le parlement fut plusieurs fois réuni pour décider cette question ; le procureur général opina même pour que le

1. Archives du ministère des affaires étrangères (affaires de Lorraine).
2. Elle envoya des Rogers porter là ses plaintes et y exagérer les griefs qu'elle prétendait que ses deux filles recevaient en cette nouvelle forme de succession. P. VINCENT, *Histoire manuscrite*. Bibliothèque de M. Noël.
3. Archives des affaires étrangères.

fief fût saisi, *faute*, disait-il, *de respect et devoir envers le seigneur*. Cependant, après un peu d'hésitation, Louis XIII répondit à la lettre du duc Charles ; il lui manda « qu'il seroit toujours aise que les affaires de Son Altesse prospérassent ; mais qu'en ce qui regardoit le fait particulier dont il lui avoit été donné part, il ne pouvoit l'approuver ni ne le vouloit improuver, pour ne faire préjudice à ladite Altesse, ni à autres qui y prétendoient intérêt [1]. » Ces termes contenaient toute l'approbation que Charles pouvait espérer obtenir de la cour de France. « Par cette réponse doucement évasive, les puissants ressorts du conseil et du parlement furent accoisés, » dit le père Vincent, « et d'Ailly (l'agent lorrain) rapporta de France à Nancy d'agréables nouvelles qui y firent cesser toutes appréhensions [2]. »

Déjà le marquis d'Haraucourt, bailli de Nancy, connu en Italie pour y avoir été camérier de Paul V, avait rapporté de Rome une réponse satisfaisante. Urbain VIII, qui jetait les yeux sur Charles IV pour le mettre à la tête de la sainte expédition qu'il méditait contre les Turcs, avait donné sa formelle adhésion. L'empereur, qui se considérait comme juge naturel du différend, quoiqu'il se fût moins clairement exprimé, n'avait pas moins bien reçu les expli-

---

1. *Histoire manuscrite du P. Vincent.*
2. D. Calmet donne au même agent le nom de baron d'Ailix. Voir t. VI, p. 52.

cations que le sieur Florinville de Cousance avait été chargé de lui présenter de la part des ducs lorrains. Les autres cabinets suivirent cet exemple. Ainsi en Allemagne, comme en Italie, comme en France, les sieurs Des Rogers et Buffeignicourt, agents de la duchesse douairière, échouèrent dans leur mission; partout ils recueillirent des témoignages d'intérêt en faveur des princesses dépossédées, mais de nulle part ils n'apportèrent un seul mot qui pût encourager leur résistance [1].

La joie d'un succès si complet, qui avait été si peu contesté soit au dedans, soit au dehors, aurait dû rendre Charles IV facile et généreux : il n'en fut rien cependant. Les historiens ne sont que trop accoutumés à enregistrer, après le triomphe des pouvoirs nouveaux, la liste des sanglantes satisfactions données à leurs vieilles rancunes; ils ne sont pas même toujours fort sévères pour ces tristes représailles, quand elles tombent sur d'anciens adversaires restés debout, menaçants encore, et capables de nuire. Malheureusement pour Charles IV, sa colère n'accabla que des infortunés déjà ruinés et sans crédit.

Abraham Ravinot (ou Racinot), Italien d'origine, ordinairement appelé André Desbordes, avait été de bonne heure l'un des familiers du prince de Phalsbourg; plus tard, Henri II l'ayant pris en

---

[1]. L'abbé Hugo, *Vie manuscrite de Charles IV*, p. 54 et suiv.

goût, l'avait créé seigneur de Gibaumé, gouverneur de Sierk, et attaché à sa personne en qualité de premier valet de chambre. Son compagnon, Melchior de la Vallée, chantre de la collégiale de Saint-Georges, avait baptisé la fille aînée du feu duc, et partagé avec Desbordes les bonnes grâces de ce prince. Tous les deux, grands partisans de la princesse Nicole et de la succession féminine, passaient pour avoir les premiers conseillé à Henri II de marier l'héritière de Lorraine avec le prince de Phalsbourg, et pour s'être, autant qu'ils l'avaient pu, opposés à son mariage avec Charles IV. Depuis, leur influence sur Nicole avait été employée, disait-on, à entretenir chez cette princesse une fâcheuse confiance dans ses droits personnels à la couronne. De tels crimes n'étant guère punissables du dernier supplice, on préféra les accuser de sortilége et de magie [1].
« Le sieur Sarazin, échevin en la justice de Nancy, assez crédule et rigoureux sur cette matière, » dit le

---

1. André Desbordes fut particulièrement soupçonné « d'avoir ensorcellé le duc Charles la première nuit de ses noces. » On dit qu'on avait trouvé des sorts dans le lit de la princesse, ce qui l'obligea de changer souvent de demeure et de lit. Le P. Fayot, jésuite, ayant été envoyé vers elle pour la délivrer de ces maléfices, il lui fut impossible d'en détourner l'effet, et personne ne put reconnaître de quoi ils étaient composés. *Peut-être n'y en avait-il pas du tout*, ajoute avec assez d'apparence de raison D. Calmet, auquel nous empruntons ces détails. Quelques lignes plus bas, il est vrai, le même auteur rapportant d'autres faits soit-disant surnaturels imputés également à Desbordes, s'écrie : « C'était, si l'on veut, une illusion et une hallucination qu'il causait aux yeux des spectateurs, mais tout cela ne se pouvait faire sans magie. » D. Calmet, t. VI, p. 42.

marquis de Beauvau, « leur fut donné pour commissaire. » Leurs anciens ennemis, les partisans zélés de la succession, masculine ne manquèrent pas de déposer contre eux. Desbordes, habile à tous les exercices du corps [1], était d'une agilité surprenante. Des témoins racontèrent qu'ils lui avaient vu faire des tours de force et de souplesse qui auraient été impossibles sans l'assistance du démon. Il fut chargé d'avoir jeté des sorts à plusieurs personnages considérables pour s'en faire bien venir, entre autres au feu duc Henri. Les faits rapportés en preuve de son pouvoir surnaturel étaient fort étranges : les uns prétendaient qu'en leur présence, il avait commandé à des figures de tapisserie de faire la révérence et qu'elles lui avaient aussitôt obéi ; les autres se rappelaient qu'il avait une fois tiré un dîner à plusieurs services, d'une toute petite cassette à compartiments qu'il portait sous le bras. Il se trouva des gens pour raconter qu'un jour, à une partie de chasse, le duc son maître, prenant son repas en plein champ, non loin d'un lieu où il y avait trois cadavres de pendus

1. André Desbordes est l'auteur d'un traité sur l'escrime intitulé : *Discours de la théorie, de la pratique et de l'excellence des armes*, par le sieur Desbordes ; Nancy, 1610.—Ce petit livre est, dit-on, très-rare ; il contient, entre autres pièces, deux épîtres dédicatoires ; l'une au duc Henri, et l'autre au baron d'Ancerville (prince de Phalsbourg). Dans l'exemplaire que possède M. Noël, ancien notaire à Nancy, et qu'il a eu l'obligeance de me montrer, il y a un portrait de l'auteur dont la physionomie n'est point heureuse. — Voir, pour plus de détails, M. Baupré, *Recherches historiques et bibliographiques sur les commencements de l'imprimerie en Lorraine*, p. 273.

attachés à des potences, sur un signe de Desbordes, les pendus étaient venus servir le duc à table; après quoi, le repas fini, ils avaient été se remettre la corde au cou. Ce fut sur de telles dépositions que le malheureux serviteur de Henri II fut condamné à être brûlé vif. Appliqué à la torture, il donna à ceux qui l'avaient accusé de magie la satisfaction de l'entendre s'avouer coupable de ce crime imaginaire; il n'en fut pas moins exécuté. Melchior de la Vallée, qui appartenait à une famille noble et considérable, en Lorraine, se reconnut aussi coupable de plusieurs infractions aux règles ecclésiastiques; il nia toutefois toujours avoir eu commerce avec le diable. Il mourut en protestant constamment de son innocence. Nous voudrions pouvoir dire que l'opinion s'émut en Lorraine de ces vengeances insensées, mais rien ne le prouve : elles étaient trop conformes aux mœurs du temps pour choquer alors personne. Les écrivains contemporains, et ceux même du dernier siècle, en parlent avec une égale indifférence. « Un certain chantre, » dit le père Vincent en mentionnant le supplice de Desbordes, « fut aussi par après chargé de pareilles ordures; mais il fut lavé dans un cent de fagots, et c'est assez dire de lui [1]. »

---

[1]. Le père Vincent aurait pu ajouter que les biens de Melchior de la Vallée, confisqués après sa mort, furent plus tard donnés par Charles IV à la communauté des chartreux de Bosserville. Voir Derival, *Description de la Lorraine*, et une notice de M. H. Lepage sur les chartreux de Sainte-Anne et de Bosserville, Nancy, 1851.

Après la cession à lui faite par son père de la pleine et souveraine autorité en Lorraine, Charles IV avait (1ᵉʳ mars 1626) renouvelé son entrée solennelle à Nancy. Comme la première fois, il jura de maintenir les gens d'église, la noblesse et le tiers état en leurs droits, priviléges et usages. Emmanuel de Ligneville, grand prévôt de Remiremont et de Saint-Georges de Nancy, reçut son serment à la porte de la ville ; après quoi, le baron d'Ésure, maréchal du Barrois, s'avançant à son tour, lui demanda s'il aurait pour agréable de jurer un semblable serment lors de son entrée dans le duché de Bar, et le jeune duc avait aussitôt répondu qu'il en serait content. Cependant, encouragé par l'assentiment général qui s'était tout d'abord attaché aux premiers actes de son pouvoir, Charles IV ne tarda pas à battre en brèche quelques-uns de ces mêmes priviléges qu'il s'était par deux fois engagé à respecter.

Ainsi que nous avons essayé de l'expliquer au commencement de cette histoire, les gentilshommes qu'on appelait de l'ancienne chevalerie jugeaient souverainement en Lorraine, non-seulement les procès qu'ils pouvaient avoir entre eux, mais dans certains cas ceux même des particuliers [1]. Chose assez singulière, et qui fait honneur à l'ancienne chevalerie, cette juridiction toute féodale n'a point laissé même

---

1. Voir aux appendices la note sur l'ancienne chevalerie et les assises de Lorraine.

de nos jours les fâcheux souvenirs qu'on pourrait croire. Soit, en effet, que justement fiers d'un pareil droit, les chevaliers aient eu le plus souvent l'habileté et le bon sens d'en éviter les trop faciles abus et d'en rendre l'exercice supportable, soit que supprimée à chaque conquête de la France, toujours patiemment combattue ou sourdement entravée par ceux de leurs ducs qui avaient visé à l'absolu pouvoir, cette institution ait été considérée par les populations comme une partie intégrante de leurs libertés, le tribunal des assises est demeuré ou devenu après coup assez populaire en Lorraine. Les historiens du pays, tant anciens que modernes, en ont presque tous parlé avec éloge.

On n'en risquerait pas moins de se tromper beaucoup si l'on s'imaginait, qu'au temps de l'avénement de Charles IV, cette immense attribution laissée à la haute noblesse, à une époque où partout ailleurs elle en avait été à peu près dépouillée, n'avait pas excité quelque jalousie et donné prise à beaucoup de critiques. Ces critiques venaient surtout des hommes de la profession. Ceux-ci trouvaient que la procédure de ces magistrats d'épée était trop expéditive; qu'ils n'exigeaient pas la production d'assez de papiers, et qu'ils ne discutaient pas assez longuement ni assez pertinemment les affaires. « C'était un abus épouvantable, » dit Guillemin dans sa *Vie de Charles IV*, « de voir des gentilshommes de la première noblesse

d'Europe qui se seraient crus deshonorés si on les avait ouïs dire un mot de ce qu'au palais on appele pratique ou chicane, se mêler de prononcer des jugements, tandis que les gens lettrés demeuraient inutiles et sans emploi. » Ce qui était un peu plus fâcheux que l'inaction des gens lettrés, c'étaient les inconvénients qui résultaient de la composition exclusive de ce tribunal souverain. Ces inconvénients, Guillemin les relève impitoyablement, et, nous le craignons, avec assez d'apparence de raison, lorsqu'il ajoute un peu plus loin : « Il arrivoit de là qu'on ne pouvoit avoir justice contre eux, leurs fermiers ou leurs domestiques, et qu'ils s'établissoient des droits presque souverains sur ceux qui habitoient leurs terres, se disant l'un l'autre : « Il s'agit aujourd'hui de mon inté-
« rêt, et tu es mon juge; demain il s'agira du tien, et
« j'y prononcerai. » De sorte qu'ils s'étoient rendus par là si puissants que la Lorraine ressembloit presque autant à un état aristocratique que monarchique. »

Sans doute, en portant une première atteinte aux priviléges de l'ancienne chevalerie, Charles IV ne cédait pas moins aux préoccupations naturelles chez un souverain jaloux de sa puissance qu'à l'envie de réformer une institution, sinon absolument mauvaise, du moins un peu trop soupçonnée d'être partiale. Quoi qu'il en fût de ces motifs, la nomination de plusieurs conseillers chargés d'assister MM. les baillis généraux des quatre grands bailliages de Nancy,

Vosges, Allemagne et Saint-Mihiel, et de siéger avec eux aux assises d'Épinal, de Châtel et du comté de Vaudemont, passa sans aucune contradiction. Le public ne s'y méprit pas. Il vit dans cette mesure un acheminement à l'érection d'une cour souveraine souhaitée de beaucoup, et destinée, dans la pensée de Charles IV, à remplacer plus tard le tribunal des gentilshommes. Son but, dit un autre de ses historiens, était de faire juger plus équitablement ses sujets, « et de ne plus laisser le camelot à la discrétion du velours et de la soye [1]. » L'ancienne chevalerie sentit bien la portée du coup dirigé contre elle, mais elle ne crut pas qu'il fût à propos de paraître le ressentir. Elle n'aurait pu associer le gros de la nation à ses griefs. Ses membres les plus considérables et les plus persuadés de leurs droits, ceux-là même qui opposèrent plus tard aux empiétements croissants de Charles IV la résistance la plus courageuse et la plus désespérée, pensèrent alors qu'il valait mieux céder aux temps et aux circonstances. Toute opposition eût été mal venue et sans chances possibles de succès. Charles possédait l'affection générale. Par sa jeunesse, par la hardiesse de ses entreprises et le bonheur qui les avait couronnées, il avait parlé à l'imagination de ses peuples, qui croyaient à sa sagesse non moins qu'à sa fortune, et

---

1. *Histoire manuscrite du P. Vincent*, p. 715.

rêvaient le retour des glorieux jours de René II et du règne prospère de Charles III. Il y a pour les pouvoirs récents une période heureuse où tout leur réussit, où leurs fautes même ne comptent point. Cette période fut si courte pour Charles IV, elle a été suivie de si épouvantables désastres, qu'il nous faut nous y arrêter un peu, et dépeindre avec quelques détails ce prince sur qui reposaient en ce moment tant d'amour, tant d'espérances et aussi tant d'illusions.

En 1626, Charles IV avait vingt-deux ans. Les portraits et les gravures du temps nous le représentent grand, bien proportionné dans sa taille, mince et élancé. Ses traits étaient assez réguliers et très-nobles, ses yeux grands et pleins de feu, son air hardi, sa physionomie mobile, mais le plus souvent tournée à la moquerie. Avant ses malheurs, à l'époque où il ne mettait pas encore à sa toilette une sorte d'insouciance affectée, il portait les cheveux longs et pendants. Quand il avait l'habit de guerre, qui était son costume préféré, le contraste de ses tresses blondes et bouclées tombant sur l'acier de sa cuirasse, relevait sa grâce martiale et frappait d'abord tous les yeux. Il excellait dans les exercices du corps, portion alors si importante de l'éducation d'un prince accompli [1]. Son agilité était prodigieuse. C'était un jeu pour lui de sauter, à pleine course, d'un cheval

---

1. D. Calmet. — L'abbé Hugo.

sur un autre; il jetait par divertissement un mouchoir à terre, et le ramassait au galop : quelquefois il en faisait autant d'un écu ¹. C'était surtout devant les dames qu'il se plaisait à faire ces tours de souplesse, et plusieurs fois, dans les allées du parc de Dampierre, il en donna le spectacle à la reine de France et à sa cour ². Personne mieux que lui ne faisait de son corps ce qu'il voulait : il l'avait habitué au travail et rompu à la fatigue. Ni le froid ni le chaud ne lui importait, ni la faim ni la soif ³. Il n'était point atteint par les maladies. « Son courage couchoit avec ses douleurs, » dit un de ses biographes; quand ses médecins le voulaient tenir au lit ou à la chambre, il leur montrait ses bottes, et leur disait qu'elles guérissaient de tous les maux. En effet, il les mettait, montait à cheval, « et voilà comme il guérissoit son mal ⁴. »

« Il n'avoit pas beaucoup étudié aux lettres, et n'étoit pas trop chargé de grec et de latin, » sans mépriser toutefois les plaisirs de l'esprit. Il était profondément sagace et prompt à apprendre ce qu'il avait intérêt à connaître. Chez lui, le don et une sorte de divination naturelle suffisaient si bien à tout, qu'il semblait ne rien ignorer. Paul V l'avait à

---

1 Vincent, *Histoire manuscrite de Charles IV*, p. 688.
2. *Idem.*
3. *Idem*, p. 689.
4. *Idem.*

Rome jugé de bonne heure capable de grandes choses [1]. Les cardinaux romains et les habiles de cette cour, si entendue en politique, avaient remarqué, dit le père Vincent, « que le nez de ce jeune homme flairoit déjà aussi loin que le leur [2]. » Dans les occasions, Charles parlait avec une éloquence simple, dégagée et de bon goût. Il pénétrait alors de ses regards jusqu'à l'âme de celui auquel il s'adressait, et ne perdait pas une seule des impressions de son interlocuteur. Son commerce ordinaire était d'ailleurs assez inégal et fécond en saillies inattendues. Le ton de sa conversation, le plus souvent enjoué, était parfois un peu bouffon, et presque toujours semé de raillerie, « en lesquelles, » dit le cardinal de Retz, « il étoit inépuisable [3]. » Il avait le cœur haut et l'esprit fier. Son courage était sans égal : il recherchait les hasards, paraissait s'y complaire, et sa gaieté n'était jamais si grande que dans le danger.

Cependant les traits du visage de Charles étaient un peu forts et trop heurtés ; son extrême vivacité et l'incessante agitation de son corps lui ôtaient quelque chose de sa bonne grâce : il manquait d'harmonie dans toute sa personne. Ses façons d'être étaient très-fantasques et fort disparates. On avait peine à discerner dans ses propos le plaisant du sérieux,

1. *Histoire du P. Vincent*, p. 695.
2. *Idem.*
3. *Mémoires du cardinal de Retz*, t. II, p.

tant ils étaient bizarrement mélangés ensemble, et
comme à dessein confondus. La franchise, qui ne
fut pas le défaut des hommes politiques de son
temps, n'était pas le sien non plus : ses protestations,
dont il était prodigue, ne rassuraient qu'à moitié,
tant on y apercevait de retours possibles, de portes
de derrière et d'échappatoires de toutes sortes. Avec
cet ensemble de qualités et de défauts, Charles IV
n'en était pas moins assez séduisant, parce qu'il
était très-original. Il inspirait généralement à tous
ceux qui l'approchaient beaucoup de curiosité, assez
d'attrait, mais aussi un peu d'appréhension et une
trop juste méfiance.

Charles IV était, pour ainsi dire, né ambitieux.
Dès son bas âge, pendant sa jeunesse, toute sa vie,
il tendit à jouer un rôle considérable : il fut toujours
tourmenté de l'envie d'étonner et de paraître. Mais
l'amour le plus ardent de la gloire et les plus signalés talents ne font pas à eux seuls le vrai grand
homme, il y faut aussi la rare et merveilleuse coïn-
cidence d'une tâche spéciale à remplir dans les affaires
de son temps et de la réunion en un même individu
de certaines qualités appropriées aux circonstances.
Rien n'équivaut à cet à-propos nécessaire, et la vocation intérieure ne supplée point à la mission pro-
videntielle. Cet à-propos manquait complétement à
Charles IV, et jamais prince ne comprit moins son
rôle. Placé entre les maisons de France et d'Au-

triche, qui reprenaient le cours un instant interrompu de leurs vieilles rivalités, la Lorraine avait surtout besoin alors d'un souverain pacifique, modéré et prudent, satisfait de garder dans la querelle une attitude conciliante et modeste. Charles ne l'entendit jamais ainsi. Amoureux de la guerre, il souhaitait bien plus qu'il ne redoutait un conflit d'où il espérait tirer à la fois renommée et puissance. Les exploits d'un Walstein, les lauriers d'un Gustave-Adolphe lui agréaient mieux que la paisible sagesse d'un Charles III. Il nous faut maintenant raconter comment, bercé par ses chimères, Charles IV compromit l'existence même de son pays, perdit une fois la liberté, deux fois sa couronne, et n'obtint en retour qu'une gloire imparfaite.

Malheureusement pour les sujets de Charles IV, l'instant où ce prince aventureux ceignait la couronne était à peu près celui où Richelieu, à force d'art, d'habileté et de patience, venait de conquérir (29 mars 1624) son admission dans les conseils de Louis XIII. Avec Richelieu, rentrait en scène la politique de Henri IV, politique si conforme aux intérêts généraux de l'Europe, si avantageuse à la France, mais en même temps si redoutable aux petits États voisins de ce royaume et de l'empire, et en particulier à la Lorraine. A peine en possession du pouvoir, le nouveau ministre de Louis XIII avait compris combien il était urgent de reprendre, après une fâcheuse interruption, l'œuvre nationale du grand roi. En effet, la maison d'Autriche avait su mettre à profit les quinze années pendant lesquelles la France avait laissé le champ libre à son ambition, gouvernée qu'elle était alors par une régente timorée ou par des favoris sans mérite. Partout cette ennemie naturelle de la maison de Bourbon était en progrès. Maître du Portugal, dont la couronne était jointe à celle de ses États héréditaires, le roi d'Espagne Philippe IV, possesseur de la Sardaigne et de la Sicile, tenant depuis longtemps en ses mains l'Italie, par ses provinces de Naples et du Milanais, avait, grâce à la connivence du pape, réussi à s'assurer un constant passage à travers les Alpes, par l'occupation des forts de la Valteline. Là, il rencontrait son parent l'empereur Ferdinand, dont la puissance, un instant compromise, s'était, comme la sienne, démesurément accrue, et qui après avoir, par la force de ses armes, ruiné la ligue protestante et dépouillé l'électeur palatin de ses États, venait de les donner au chef de l'union catholique et à son intime allié le duc de Bavière. Au moyen du Palatinat s'ouvrait la voie de communication avec les Pays-Bas espagnols. Ainsi entre les extrémités des vastes possessions de l'Espagne et de l'empire, il n'y avait plus, à vrai dire, de séparation. Les cabinets de Vienne et de Madrid pouvaient, d'un bout de l'Europe à l'autre, se prêter un mutuel secours, et, se donnant la main à travers l'Allemagne ou par-dessus les Alpes, opprimer partout qui bon leur semblerait. C'était là le réseau formidable qu'il s'agissait de rompre.

Pour y parvenir, sans tirer toutefois ouvertement l'épée, car il ne lui convenait pas alors de commencer la guerre, Richelieu a recours aux plus actives négociations. Il traite avec la Hollande, à laquelle il prête 2,200,000 livres, à la condition qu'elle agira sur les Pays-Bas [1]. Il s'entend sur les mêmes bases avec Ernest de Mansfeldt; il envoie le connétable de Lesdiguières, le maréchal de Créquy et Bullion vers le duc de Savoie, afin de lui venir en aide contre l'Autriche [2]. Le marquis de Cœuvre, parti pour la Suisse sous couleur diplomatique, y lève des troupes, et attaque les garnisons espagnoles de la Valteline à la tête de quelques officiers français et de dix mille soldats grisons, savoyards et italiens. Curieux surtout, au moment où il prêtait main-forte aux réformés d'Allemagne, de s'assurer le concours de la principale puissance protestante, il hâte de tous ses efforts la conclusion du mariage d'Henriette de France avec le prince de Galles, et tel est son empressement, qu'il en signe les articles avec le cardinal de La Rochefoucauld et le chancelier d'Aligre avant même d'avoir reçu de Rome les dispenses qui

1. *Mémoires de Richelieu.*
2. *Idem.*

tardaient trop à arriver. Jacques Ier mort, son impatience redouble, et il fait célébrer solennellement le mariage d'Henriette à Notre-Dame sans s'arrêter à certains scrupules du saint-siége, ne jugeant à propos de risquer une affaire « de si grande importance pour une simple formalité [1]. »

Celui qui mettait tant d'ardeur à aller chercher au loin des ennemis à l'empire, ne pouvait manquer de vouloir lui en susciter quelques-uns plus rapprochés, et partant plus dangereux. A cette fin, le sieur de Guron fut peu de temps après l'avénement de Charles IV, envoyé à Nancy, et n'y passa pas moins de trois mois consécutifs [2]. Guron était l'un des plus intimes serviteurs du cardinal, habituellement employé par lui dans les affaires de Lorraine, et qui, là comme ailleurs, servit toujours avec ardeur, et quelquefois avec passion, les desseins de son maître. Nous croyons toutefois que les biographes de Charles IV se trompent, lorsqu'ils affirment que, pour flatter l'ambition déjà connue de ce prince, Guron était chargé par Richelieu de lui faire entrevoir en perspective la couronne impériale. Ils ne s'abusent pas moins, quand ils prétendent que Guron avait ordre d'offrir au duc de Lorraine, de la part de Richelieu, la main de sa nièce, qui fut plus tard la duchesse d'Aiguillon, en lui donnant à com-

1. *Mémoires de Richelieu.*
2. L'abbé Hugo, *Vie manuscrite de Charles IV.*

prendre qu'au moyen de cette alliance il pouvait, si Louis XIII venait à mourir, aspirer lui-même à la couronne de France. En assignant pour cause première de la mésintelligence profonde qui divisa toujours Richelieu et Charles IV, la fierté dédaigneuse avec laquelle leur héros aurait repoussé ces étranges propositions, Guillemin et le père Hugo commettent une erreur commune à beaucoup d'écrivains lorrains. Ils donnent pour faits positifs des imputations exagérées, qui n'avaient pas même cours à l'époque où ils les veulent rapporter, mais qui furent inventés plus tard par les ennemis du cardinal, après l'éclat de sa prodigieuse fortune.

Il n'était pas besoin d'aller chercher si loin les raisons qui devaient empêcher Guron de réussir dans sa mission. Le jeune duc lorrain était tout naturellement porté à favoriser l'empire plutôt que la France. Les quelques années qu'il avait passées à la cour de Louis XIII ne lui avaient pas donné grande idée de ce monarque, ni beaucoup de considération pour sa puissance. C'était en Allemagne, comme champion de l'empereur, qu'il avait fait ses premières armes; son oncle, le duc de Bavière, y était chef de l'union des catholiques. Ce prince, que les confédérés nommaient entre eux, à cause de sa prudence, « le vieux serpent, » attirait naturellement son neveu vers la cause qu'il avait embrassée. Il était d'ailleurs lui-même un vivant exemple de ce qu'un petit souverain allemand pouvait acquérir de réputation et de puissance en épousant la cause impériale ; tandis que la ruine de l'électeur palatin montrait assez à tous les yeux combien il était dangereux de vouloir lutter contre l'ascendant si soutenu et si marqué de la maison d'Autriche. Charles avait peu à craindre et beaucoup à espérer du côté de l'empire. Il en était tout autrement du côté de la France, et déjà le jeune duc avait contre elle de sérieux griefs.

Dès 1625, le sieur Lebret, conseiller du roi en son conseil d'État, intendant de Metz, avait reçu commission de fouiller dans les archives des Trois Évêchés, et de rechercher les droits que la France pouvait avoir sur certaines terres du domaine de la Lorraine, par suite des échanges que les évêques de Metz, Toul et Verdun avaient jadis faits avec les ducs de Lorraine [1]. Soit qu'il obéît à des ordres supérieurs, soit qu'il n'écoutât que l'excès de son zèle, Lebret se mit à fulminer aussitôt arrêts sur arrêts qui déclaraient saisis, au nom du roi, et réunis au domaine de France, nombre de petites enclaves situées au milieu des États héréditaires de Charles IV. Ces territoires avaient été peu à peu, et de loin en loin, tantôt acquis par voie d'échange, tantôt payés à beaux deniers comptants par les ducs

---

1. D. Calmet, t. VI, p 57, *Histoire du P. Vincent.*

de Lorraine. D'un seul coup de plume, et du fond de son cabinet, qu'il était venu établir dans la citadelle de Metz, l'agent de Louis XIII détruisait l'œuvre patriotique de longue et patiente agglomération qu'avaient successivement accomplie Antoine le Bon, Charles III et Henri II. Qu'on se figure la colère de Charles IV, en voyant publier partout, et afficher jusque sur les murs de Nancy, des arrêts qui lui enlevaient des portions notables de ses États, en apprenant qu'il était question de revendiquer de la même façon la seigneurie de Nomeny, la ville et saline de Marsal, et jusqu'au village et abbaye de Bouxières-aux-Dames, situés à une lieue de sa capitale, et qu'il pouvait apercevoir des fenêtres de son palais [1].

Sans doute Richelieu, en suscitant à Charles IV une si mauvaise querelle, avait surtout pour but de lui faire sentir quels coups il pourrait au besoin lui porter, et l'entraîner ainsi, de gré ou de force, dans l'alliance française. Mais, si tel avait été le dessein

---

1. «Procès-verbal du sieur Lebret, conseiller du roi Louis XIII en son conseil d'État, et encore de trois autres commissaires députés avec lui de la part de Sa Majesté, de ce qu'ils ont ordonné en l'an 1625, pour obvier aux usurpations des ducs de Lorraine sur les évêchés et villes de Metz, Toul et Verdun. (Le sommaire dudit procès-verbal se trouve parmi les plaidoyers dudit sieur Lebret, qu'il a fait au parlement de Paris, où il a esté avocat-général.)

« Le procureur du roi en la ville de comté et gouvernement de Toul remonstre que le fauxbourgs de Saint-Mansuit et de Saint-Evre sont des appartenances de ladite ville, et de la garde et protection du roi, et non de la souveraineté de Lorraine.

« Et que le même se peut dire du village et abbaye de Bouxières-

du cardinal, il s'était singulièrement mépris sur le caractère du souverain de la Lorraine. Charles n'était pas assez prudent pour céder à cette menace déguisée; il était trop fier pour ne pas ressentir une aussi patente injure. D'autres motifs l'animaient encore. Le ministre de Louis XIII n'avait pas repris l'ancienne politique de Henri IV sans réveiller du même coup un vieux levain d'opposition, peu différent de celui qui avait mis, quinze ans auparavant, le poignard aux mains de Ravaillac. La faction ultra-catholique déclamait aigrement, dans de secrets libelles, contre les ménagements gardés vis-à-vis des protestants français par celui qu'elle appelait, par dérision, « le cardinal de La Rochelle. » Elle avait été grandement choquée de le voir secourir partout les hérétiques : « Assister les Hollandais contre l'Espagne, le Palatin contre la Bavière, la Savoie contre Gênes, Venise contre la Valteline, c'était, » disait-elle, « faire la guerre directement contre les catholiques, violant tout droit divin et humain [1]. » Elle

aux-Dames, à une lieue de la ville de Nancy, et du village de Bulligny qui sont du ressort du bailliage de Toul, et non de la souveraineté du duc de Lorraine.

« Le procureur du roi en la ville et gouvernement de Metz établit les droits de protection du roi sur l'évêché de Metz et l'abbaye de Gorze, en plus, sur la seigneurie de Nomeny, la ville et saline de Marsal »

Même réclamation pour Verdun, nommément en ce qui regarde Clermont et Beaulieu en Argonne, et le marquisat de Halton-Chatel, etc.

Extraits des archives des affaires étrangères (affaires de Lorraine), t. VII, p. 423 et suivantes.

1. *Mémoires du cardinal de Richelieu*, t. II, p. 531.

Voir : l'*Histoire de France sous Louis XIII*, par M. Bazin, liv. VII,

avait été surtout scandalisée du peu de déférence témoigné, lors de sa venue en France, au propre neveu du pape, le cardinal légat Barberini. Richelieu l'avait en effet accueilli avec toutes sortes d'égards et de magnificence, mais il avait éludé tous ses conseils, en leur opposant habilement l'autorité des notables, convoqués surtout dans ce but. Par un reste d'habitude qui remontait jusqu'au temps de la ligue, le parti des fervents catholiques ne remuait guère en France sans compter sur l'appui des Guise, ses anciens chefs, avec lesquels Richelieu était alors brouillé, et sans jeter aussi un coup d'œil vers la Lorraine, d'où ils avaient reçu naguère tant d'assistance. Leur activité était grande encore et leur haine dangereuse, si l'on en juge par la mauvaise humeur avec laquelle Richelieu dénonce en ses Mémoires l'outrecuidance de ces zélés du temps (1625), « qui, en levant les épaules et poussant des soupirs entrecoupés, faisaient plus de mal à la réputation des hommes, avec les grains de leur

---

chap. II et III; les pamphlets du temps, entre autres les *Mystères politiques*, et une autre publication plus étendue intitulée : « Admonestation, par laquelle brièvement et fortement on démontre que la France a vilainement et honteusement fait une ligue impie, et mû une guerre injuste en ce temps contre les catholiques, qu'elle ne sauroit poursuivre sans préjudice à la religion. » Cette satire, dont l'auteur n'a jamais été bien avoué, et qui paraît avoir fort excité l'indignation du cardinal, qu'on y appelait « le boutefeu de la guerre, le promoteur du mariage d'Angleterre et l'auteur de la dernière ligue avec les potentats et autres mauvais catholiques, » a été imputé par plusieurs à l'envoyé du saint-siége, le cardinal Barberini.

chapelet, que les plus puissants monarques du monde avec les boulets de leurs canons[1]. » Avec quelle ardeur tous ces mécontents n'appelaient-ils pas à leur tête le chef de la maison de Lorraine !

On le voit, les impressions de sa jeunesse, ses intérêts comme souverain, sa fierté, l'esprit de parti et les traditions mêmes de sa famille, tout portait Charles IV à la lutte contre le cardinal.

A coup sûr cette lutte était inégale, et Charles avait tort de la vouloir tenter. Cependant il ne faut rien exagérer. Si l'erreur principale du duc de Lorraine avait été de n'avoir pas deviné, le premier, le génie politique de Richelieu, semblable erreur aurait été fort excusable. Quand un homme est arrivé à un éclat de renommée prodigieux, quand il a conquis dans l'histoire un certain rang hors de pair, on s'imagine le plus souvent qu'il s'est tout d'abord montré à ses contemporains tel qu'il a plus tard apparu à la postérité, avec le prestige d'une supériorité incontestable. On a toujours ainsi malgré soi, devant les yeux, le Richelieu devenu si puissant vers la fin de sa vie, qui mourut si redouté, et plus maître dans le royaume que faible souverain. On oublie volontiers que ce même Richelieu, luttant péniblement, au début de son second ministère, contre les difficultés de la situation, obligé de recourir à mille

---

1. *Mémoires de Richelieu*, t. II, p. 519.

petits moyens pour se ménager la double faveur de Louis XIII et de sa mère, ne fut, pendant plusieurs années, pour les courtisans les plus avisés du Louvre, comme pour les ambassadeurs étrangers, qu'un personnage ordinaire, assez peu différent de ses prédécesseurs. Sa première apparition au pouvoir n'avait pas, en effet, laissé grand souvenir dans l'opinion publique [1]. Personne, avant le succès du siége de La Rochelle, avant l'heureuse réussite de l'expédition en Italie, n'avait pressenti que le prélat morose et presque valétudinaire, qui poussait alors sa fortune naissante par les voies tortueuses communes à tous les favoris, dût si vite relever la grandeur abaissée de la France, et se rendre, en si peu de temps, un aussi formidable ennemi. Si donc il s'était borné à repousser les offres de Richelieu en maintenant sa volonté de rester neutre; s'il avait même simplement resserré ses alliances avec les puissances catholiques de l'Allemagne, en se contentant d'armer par précaution et de se mettre sur la défensive, Charles IV n'aurait encouru vis-à-vis de ses sujets aucune responsabilité : la raison et le bon droit auraient été de son côté. Mais il n'était pas homme à garder

1. Dans son introduction au 1er volume des lettres du cardinal de Richelieu, récemment publiées par le gouvernement, M. Avenel, à qui nous devons une très-bonne biographie du principal ministre de Louis XIII, démontre avec autorité que jusqu'à la fin du premier quart du xviie siècle, Richelieu n'avait guère fixé l'attention de ses contemporains. « *Les historiens qui écrivaient auprès de lui le connaissaient à peine...* » Voir la page 53 et les notes au bas de la page.

longtemps cette sage attitude. Il en sortit bientôt ; pour prendre secrètement parti contre le cardinal et contre la France, et provoqua lui-même une rupture qui n'était pas encore inévitable.

Comment Charles fut-il entraîné à faire ce premier pas dans la voie funeste où depuis lors il s'est de plus en plus engagé? Quel fut son motif principal? Était-ce préoccupation dominante des intérêts de son petit État? Ses panégyristes l'affirment. Était-ce ambition, soif de gloire, besoin d'activité et goût irréfléchi du mouvement? On le peut croire. Peut-être était-ce un peu tout cela; mais plus que tout cela, c'était certainement l'envie de venger avec éclat et de servir en souverain une femme jeune et belle, séduisante par ses charmes autant que célèbre par ses intrigues, qui déjà avait troublé la concorde du royal ménage de France, bravé les colères de Richelieu, remué les cours de Londres et de Paris, et qui maintenant, exilée à Nancy, possédait tout entier le cœur du jeune duc de Lorraine : nous voulons parler de la duchesse de Chevreuse.

Marie de Rohan, fille d'Hercule de Rohan, duc de Montbazon, et de Madeleine de Lénoncourt, avait été mariée en septembre 1617, à l'âge de seize ans, à Charles d'Albert, connétable de Luynes; et plus tard, en 1621 (Saint-Simon dit 1622), très-peu de temps après la mort de son premier mari, elle avait épousé Charles-Claude de Lorraine, duc de Chevreuse, dernier fils de Guise le Balafré, assassiné à Blois. Lors de sa première disgrâce, quand elle arriva à la cour de Lorraine, fuyant devant les ressentiments du cardinal, Mme de Chevreuse avait tout au plus vingt-cinq ou vingt-six ans. Elle était dans tout le brillant de sa réputation et dans toute la fleur de sa beauté. Sa liaison avec le duc de Lorraine, l'influence qu'en maintes circonstances importantes elle continua d'exercer sur la conduite de son ancien amant, nous obligent à faire un peu connaître à nos lecteurs cette éblouissante et dangereuse personne.

L'histoire ne s'abaisse pas, selon nous, quand elle va chercher dans les mémoires du temps, les détails authentiques, les anecdotes avérées, tous les mille traits saillants ou fugitifs qui peuvent lui servir à donner une juste idée des faits qu'elle raconte et des personnages qu'elle met en scène. L'histoire n'est pas libre d'ailleurs de choisir des héros sans faiblesse, inaccessibles aux communes passions du cœur humain, ou des héroïnes pures de toute tache. S'il y a quelque chose de faux et de choquant à rechercher de préférence les petites causes des grands événements, il y aurait tout autant de puérilité, et à coup sûr beaucoup moins d'exactitude, à n'en présenter jamais au public que le côté majestueux et pour ainsi dire officiel. Toutes les époques ne se prêtent pas non plus à ce genre de narration un peu sévère et compassée. A être ainsi représenté, le commencement du xviie siècle perdrait beaucoup de son intérêt, un peu de sa grâce, et presque toute son originalité. La vérité elle-même en souffrirait.

Rappelons-nous aussi qu'à cette époque, par un assez singulier hasard, les souverains qui gouvernaient les monarchies les plus considérables de l'Europe, les rois de France, d'Espagne et d'Angleterre, étaient tous jeunes comme Charles de Lorraine. Louis XIII ne se piquait pas, il est vrai, de galanterie; mais il était une exception dans son royaume. Avant d'épouser Henriette de France, Charles Ier, alors prince de Galles, n'était-il pas, comme un paladin du moyen âge, parti incognito pour aller demander à Madrid la main de l'infante d'Espagne dont il se disait épris? Buckingham, son premier ministre et son favori, ne venait-il pas tout récemment encore de jouer sous les yeux de notre cour un peu ébahie, mais charmée surtout de son audace, le rôle étrange d'amoureux passionné de la jeune reine de France? A cet instant précis, ce même ministre qui armait des vaisseaux et menaçait d'envahir nos côtes, plus préoccupé de sa passion que des intérêts de sa situation, prenait soin de faire en même temps savoir au Louvre qu'il était prêt à pacifier toutes choses; que volontiers il risquerait de se brouiller avec tout le parlement d'Angleterre si l'on voulait seulement souffrir qu'il vînt à Paris revoir encore une fois la reine de France[1]. Le malheureux Chalais avait surtout conspiré pour complaire à sa maîtresse. Condamné à mort, que trouvait-il de plus fort à écrire au roi pour toucher son cœur et sauver sa tête menacée, sinon « que cela importait aux dames [2]. »

Malgré ses défauts, sa légèreté et ses caprices, Mme de Chevreuse était l'une de ces dames pour lesquelles on faisait alors ou la paix ou la guerre, pour lesquelles on risquait ses États, et l'on montait résolûment et de bonne grâce sur l'échafaud. Comment ne pas parler un peu de Mme de Chevreuse?

---

1. Les réformés de France n'ignoraient pas le peu de fonds qu'ils devaient faire sur les sympathies de Buckingham, et quel suprême mobile dirigeait avant tout sa conduite. Le duc de Rohan s'en exprime dans ses Mémoires avec un mépris peu couvert : « Le duc de Buckingham « agissant en toutes ces affaires ni par affection de la religion, ni pour « l'honneur de son maître, mais seulement pour satisfaire à passion de « quelques folles amours qu'il avait en France, prend ces deux sujets « pour y vouloir venir en ambassade. Voilà comme quoi ces petites « sottises de cour sont souvent cause de grands mouvemens dans le « rouyaume..... » *Mémoires du duc de Rohan*, t. I, p. 300.

Voir également Mme de Motteville, Richelieu, M. de La Rochefoucauld, etc., etc.

2. Lettre de Chalais au roi, dans les Mémoires de Richelieu.

CHAPITRE VIII.

Portrait de Mme de Chevreuse, son caractère, ses aventures antérieures.— Elle engage le duc de Lorraine dans ses intérêts.— Affaire de l'évêque de Verdun. — Arrivée de Montaigu à Nancy. — Charles promet au roi d'Angleterre de pénétrer en armes en Champagne. — Il va à Paris, assurer le roi de sa fidélité, et s'en retourne brusquement à Nancy, parce qu'on exige de lui l'hommage pour le Barrois, au nom de sa femme. — Montaigu est arrêté en Lorraine. — La saisie de ses papiers fait découvrir à Richelieu tout le plan des confédérés. — Charles réclame vivement la remise de Montaigu. — Il est refusé. — Déroute des Anglais à l'île de Ré.— Le duc de Lorraine et Mme de Chevreuse viennent à Paris demander au cardinal l'oubli du passé. — Prise de La Rochelle.

Toutes les histoires de la Fronde, tous les mémoires du temps, toutes les lettres des contemporains, parlent avec admiration de la beauté de Mme de Chevreuse. Les plus grands peintres ont fait souvent son portrait; les plus habiles graveurs d'une époque qui en comptait beaucoup d'excellents, nous ont reproduit ses traits. Mais, au moment de la Fronde, Mme de Chevreuse avait déjà quarante-cinq ans[1].

---

1. Daret, dans sa *Galerie de Portraits historiques*, qu'il a dédiée à Mme de Chevreuse, la fait naître en 1604. De la part de ce graveur, qui paraît avoir eu de grandes obligations personnelles à Mme de Chevreuse, c'était sans doute une manière délicate de lui témoigner sa reconnaissance que de lui ôter quatre années; mais nous devons dire que Daret, d'ordinaire fort exact dans les notices dont il accompagne ses portraits, s'est trompé cette fois volontairement ou involontairement. La date de 1600, donnée par le père Anselme, est la seule exacte. Dans la généalogie manuscrite de la famille de Rohan, aux archives nationales, on lit : *Marie de Rohan, née en décembre* 1600.

Elle avait mené une vie très-agitée. Plus que l'âge, la fatigue et les chagrins d'une existence pleine d'aventures avaient dû laisser leurs traces sur son visage. Quel ne devait pas être, aux jours de la jeunesse, du vif éclat et du premier épanouissement, l'attrait d'une femme dont la séduction demeura toujours si puissante. Malheureusement, autant les témoignages abondent sur l'effet produit par la première apparition de cette triomphante beauté, autant les détails manquent sur les grâces particulières qui donnaient alors tout le piquant à sa personne. Il n'y a pas, dans les collections publiques, de portraits authentiques de Mme de Chevreuse, quand elle était la connétable de Luynes. Nous ne croyons pas qu'il en existe d'elle lorsqu'elle était Mlle de Rohan.

Il faut donc s'aider un peu des portraits peints depuis son mariage avec le duc de Chevreuse, et surtout des indications semées çà et là chez les écrivains du temps, pour se représenter, d'une façon nécessairement fort vague encore et très-imparfaite, ce que devait être la fille d'Hercule de Rohan, duc de Montbazon, lorsqu'à l'âge de quinze à seize ans, elle fut introduite à la cour de Louis XIII. Au dire de ses contemporains, elle avait une taille admirable, d'une élégance et d'une souplesse sans pareille. Elle était blonde. Rien de charmant comme l'ovale de son visage. Peut-être l'expression en eût semblé un peu fière et hardie, si elle n'avait été merveilleusement tempérée par la douceur et la délicatesse des contours, par la finesse et la transparence de son teint. Ses yeux étaient très-beaux ; mais le charme particulier de son visage, qui en relevait encore tous les traits, c'était la gaieté, la vivacité, l'entrain ; c'était l'esprit. Non-seulement il se faisait jour par des regards pleins de feu, mais il animait aussi sa voix, ses gestes, jusqu'à ses moindres mouvements, et répandait sur toute sa personne une grâce irrésistible.

Les agréments de Mlle de Rohan n'avaient pas seuls décidé le choix du duc de Luynes. Mlle de Rohan appartenait à une maison aussi connue par sa propre illustration que fameuse par ses alliances magnifiques, et qui avait eu l'honneur de donner une grand'mère à Henri IV. A l'occasion de ce mariage, qui mettait le comble à la fortune de son favori, Louis XIII accorda de nouvelles grâces au jeune couple. Le duc de Luynes, déjà grand veneur, fut créé connétable ; sa fiancée, admise à s'asseoir, la veille de ses noces, devant Leurs Majestés (ce qu'on appelait le tabouret de grâce), fut nommée, à dix-sept ans, surintendante de la maison de la reine. « La duchesse de Luynes, qui était fort bien avec son mari, » dit Mme de Motteville, « ne fut pas longtemps sans être favorite d'Anne d'Autriche, qui véritablement eut de la peine à souffrir d'abord son amitié, à cause de l'aversion qu'elle avait pour le duc ¹. » Telle était, au bout de peu de temps, la familiarité de la reine avec sa jeune compagne, « qu'étant devenue grosse, ou croyant l'être, elle se blessa, » disent les mémoires du temps, « pour avoir trop couru après la connétable ²... » « D'où l'on peut juger que, si cette cour manquait de prudence, elle ne manquait pas de joie, puisque la jeunesse et la beauté y avaient la souveraine autorité...; » mais la reine-mère « ayant réussi à brouiller le mari avec la femme, » ajoute encore Mme de Motteville, « toute la consolation de la reine était la part que la duchesse de Luynes, qui était remariée avec le duc de Chevreuse, prenait à ses chagrins, qu'elle tâchait d'adoucir par tous les divertissements qu'elle lui proposait, lui communiquant autant qu'elle pouvait son humeur galante et enjouée, pour faire servir les choses les plus sérieuses et de la plus grande conséquence de matière à leur gaieté et à leur plaisanterie : *a giovine cuor tutto è giuoco* ³. »

Mme de Motteville ne paraît pas vouloir douter de la parfaite innocence des divertissements où la reine

---

1. *Mémoires de Mme de Motteville*, collection Petiton, t. I, p. 338.
2. *Mémoires de Mme de Motteville*, t. I, p. 339.

« Le connestable logeoit au Louvre, et sa femme aussy. Le roy estoit fort familier avec elle, et ils badinoient assez ensemble ; mais il n'eut jamais l'esprit de faire le connestable c.... Il eust pourtant fait grand plaisir à toute la cour, et elle en valoit bien la peine. Elle estoit jolie, friponne, éveillée, et qui ne demandoit pas mieux... » *Les Historiettes de Tallemant des Réaux*, édition de Techener, 1854, t. I, p. 400.

3. *Mémoires de Mme de Motteville*, t. I, p. 339.

se laissait entraîner par Mme de Chevreuse, afin de se distraire un peu de l'ennui que lui causait l'abandon du roi. Le témoignage de Mme de Motteville est toujours, sous ce rapport, favorable à la reine, qui « ne comprenait pas, » dit-elle, « que la belle conversation, qui s'appelle d'ordinaire l'honnête galanterie, où on ne prend aucun engagement particulier, pût jamais être blâmable [1]. » Cependant Mme de Motteville, toujours véridique, ne dissimule pas non plus ce qu'elle sait être la vérité. « Je dois dire néanmoins qu'elle (la reine) a été aimée, et que, malgré le respect que Sa Majesté inspire, sa beauté n'a pas manqué de toucher des cœurs qui ont fait paraître leurs passions [2]..... Le duc de Buckingham fut le seul qui eut l'audace d'attaquer son cœur [3]. »

En ce qui regarde Mme de Chevreuse, Mme de Motteville est un peu plus sévère et plus explicite. Avant de s'attaquer au cœur de la reine, le duc de Buckingham s'était complétement rendu maître de celui de la duchesse de Chevreuse, devenue plus libre dans ses allures depuis qu'elle avait épousé son second mari, dont l'humeur paraît n'avoir jamais cessé d'être fort accommodante en ces matières. Ainsi aimée de Buckingham, et demeurée toujours éprise de lui, jusqu'à s'être trouvée mal devant toute la cour quand elle

---

1. *Mémoires de Mme de Motteville*, t. I, p. 343-344.
2. *Idem*, t. I, p. 340.
3. *Idem*, t. I, p. 342.

apprit sa mort, Mme de Chevreuse n'en mit pas moins alors sa principale application à gagner à son amant les faveurs de la reine. Écoutons encore là-dessus Mme de Motteville : « Elle (la reine) avait, en la personne de la duchesse de Chevreuse, une favorite qui se laissait entièrement occuper de ces vains amusements ; et la reine, par ses conseils, n'avait pu éviter, malgré la pureté de son âme, de se plaire aux agréments de cette passion, dont elle recevait en elle-même quelque légère complaisance qui flattait sa gloire plus qu'elle ne choquait sa vertu [1]..... Mme de Chevreuse m'a dit, depuis, elle-même, me contant les égarements de sa jeunesse, qu'elle forçait la reine de penser à Buckingham, lui parlant toujours de lui, et lui ôtant le scrupule qu'elle en avait, par la raison du dépit qu'elle ferait au cardinal de Richelieu [2]. » On le voit, Mme de Chevreuse se souciait peu de prêter au bruit qui courait sur son

---

1. *Mémoires de Mme de Motteville*, t. I, p. 349.
2. *Idem*, t. I, p. 349.

Mme de Chevreuse paraît avoir toujours eu la vocation de donner des amants à la reine. Après avoir, dans sa jeunesse, tout essayé pour lui faire agréer le sien propre, le duc de Buckingham, elle concerta, au temps de la Fronde, avec plusieurs grandes dames de ses amies, de lui passer celui de sa fille, le coadjuteur de Retz.

« Essayons, » me dit-elle un soir que je me promenais avec elle dans le jardin de l'hôtel de Chevreuse, écrit le coadjuteur; « si vous voulez bien jouer votre personnage, je ne désespère de rien. Faites seulement le rêveur quand vous êtes auprès de la reine; regardez continuellement ses mains; pestez contre le cardinal; laissez-moi faire du reste... Nous concertâmes le détail, et nous le jouâmes juste comme nous l'avions concerté, etc., etc..... » *Mémoires du cardinal de Retz*, t. II, p. 72.

compte dans toutes les ruelles du temps, et d'après lequel, suivant le dire de Monsieur, frère du roi, « elle avait été mise auprès de la reine de France, afin de lui donner plus de moyens d'avoir des enfants [1]. »

Laissons maintenant parler le cardinal de Retz, sans oublier toutefois que ses Mémoires, fruit des loisirs de sa longue disgrâce, ont été écrits bien après la fin même de la Fronde. Le célèbre coadjuteur, amant de Mlle de Chevreuse, n'a personnellement connu sa mère que fort tard. Il était trop jeune

---

1. *Historiettes de Tallemant des Réaux.*
Quoiqu'il n'entre pas dans notre sujet d'éclaircir jusqu'à quel point les singulières obsessions de Mme la duchesse de Chevreuse auprès de la reine, ont obtenu le genre de succès qu'en attendait sa favorite, nous mettrons en regard des assurances peut-être un peu trop confiantes de Mme de Motteville, les assertions sans doute beaucoup plus hasardées, mais non moins formelles et toutes contraires de la duchesse de Chevreuse elle-même. La scène qui se passa dans le jardin du logis de la reine, à Amiens, entre elle et le duc de Buckingham, est ainsi racontée par Mme de Motteville : « Le duc de Buckingham, qui y fut, la voulant entretenir, Putange, écuyer de la reine, la quitta pour quelques moments, croyant que le respect l'obligeait de ne pas écouter ce que ce seigneur anglais lui voulait dire. Le hasard les ayant menés alors dans un détour d'allée où une palissade les pouvait cacher au public, la reine, dans cet instant surprise de se voir seule et apparemment importunée par quelque sentiment trop passionné du duc de Buckingham, s'écria, et appelant son écuyer, le blâma de l'avoir quittée .....
« ..... Par ce cri, » ajoute Mme de Motteville, « elle fit voir sa sagesse et sa vertu. »
M. de La Rochefoucauld raconte à peu près de la même manière cette scène du jardin d'Amiens :
« Lui (Buckingham), de son côté, retardait le plus qu'il lui était possible, et se servait de tous les avantages de sa qualité d'ambassadeur pour voir la reine, sans ménager les chagrins du roi; et même un soir que la cour était à Amiens, il y entra avec le comte de Holland,

pour l'avoir vue avant l'exil à Nancy, aux jours de sa grande faveur et dans tout l'éclat de sa suprême beauté.

Voici ce qu'il dit de Mᵐᵉ de Chevreuse, devenue l'une des conseillères de la Fronde :

« ..... Je n'ai jamais vu qu'elle, en qui la vivacité suppléât au jugement ; elle lui donnoit même assez souvent des ouvertures si brillantes, qu'elles paraissoient comme des éclairs ; et si sages, qu'elles n'eussent pas été désavouées par les plus grands hommes de tous les siècles. Ce mérite toutefois ne

dans le temps que la reine se reposait dans un cabinet. Ils se trouvèrent seuls. Le duc de Buckingham était hardi et entreprenant, l'occasion était favorable, et il essaya d'en profiter avec si peu de respect, que la reine fut contrainte d'appeler ses femmes, et de leur laisser voir une partie du trouble et du désordre où elle était. Le duc de Buckingham partit bientôt après, passionnément amoureux de la reine et tendrement aimé d'elle..... » *Mémoires de La Rochefoucauld.*

Le récit de M. de La Rochefoucauld, avec quelques variantes dans les circonstances accidentelles, est plutôt confirmatif de celui de Mᵐᵉ de Motteville. Nous croyons donc volontiers à la brusque conclusion de l'entrevue dans le jardin d'Amiens, ainsi qu'à l'innocence d'une autre visite également racontée par Mᵐᵉ de Motteville et par M. de La Rochefoucauld, surveillée par une respectable dame d'honneur (Mᵐᵉ la comtesse de Lannecy), visite pendant laquelle Buckingham se jeta à genoux devant la reine, lui prit les mains, fondit en larmes et baisa les draps de son lit avec tout le transport d'un amoureux hors de lui. Mais voici le récit d'une autre scène qui se serait passée, non plus dans le jardin d'Amiens, mais dans le petit jardin du Louvre. Dans ce récit, fait par Mᵐᵉ de Chevreuse au coadjuteur de Retz, et dont sans doute il faut se méfier un peu, il n'y a plus de cri, la reine n'appelle point, personne ne survient, sinon Mᵐᵉ de Chevreuse, et trop tard, comme on va le voir.

« Mᵐᵉ de Chevreuse m'a dit plusieurs fois que la reine n'était Espagnole ni d'esprit, ni de corps ; qu'elle n'avait ni le tempérament, ni la vivacité de sa nation ; qu'elle n'en tenait que la coquetterie, mais qu'elle l'avait au souverain degré ; que M. de Bellegarde, vieux mais

fut que d'occasion. Si elle fût venue dans un siècle où il n'y eût point eu d'affaires, elle n'eût pas seulement imaginé qu'il y en pût avoir. Si le prieur des Chartreux lui eût plu, elle eût été solitaire de bonne foi. M. de Lorraine, qui s'y attacha, la jeta dans les affaires ; le duc de Buckingham et le comte de Holland l'y entretinrent ; M. de Châteauneuf l'y amusa. Elle s'y abandonna parce qu'elle s'abandonnoit à tout ce qui plaisoit à celui qu'elle aimoit. Elle aimoit sans choix, et purement parce qu'il falloit qu'elle aimât quelqu'un. Il n'étoit pas difficile de lui donner de partie faite un amant ; mais dès qu'elle

---

poli et galant à la mode de Henri III, lui avait plu ; qu'elle s'en était dégoûtée, parce qu'en prenant congé d'elle, lorsqu'il alla commander l'armée à La Rochelle, et lui ayant demandé en général la permission d'espérer d'elle une grâce avant son départ, il s'était réduit à la supplier de vouloir bien mettre la main sur la garde de son épée ; qu'elle avait trouvé cette manière si sotte qu'elle n'en avait jamais pu revenir ; qu'elle avait agréé la galanterie de M. de Montmorency, beaucoup plus qu'elle n'avait aimé sa personne ; que l'aversion qu'elle avait pour les manières de M. le cardinal de Richelieu, qui était aussi pédant en amour qu'il était honnête pour les autres choses, avait fait qu'elle n'avait jamais pu souffrir la sienne ; que le seul homme qu'elle avait aimé avec passion, était le duc de Buckingham ; qu'elle lui avait donné rendez-vous, une nuit, dans le petit jardin du Louvre ; que Mme de Chevreuse, qui était seule avec elle, s'étant un peu éloignée, entendit du bruit comme de deux personnes qui se luttaient ; que, s'étant approchée de la reine, elle la trouva fort émue, et M. de Buckingham à genoux devant elle ; que la reine, qui s'était contentée, ce soir, de lui dire en remontant dans son appartement que tous les hommes étaient brutaux et insolents, lui avait commandé, le lendemain au matin, de demander à M. de Buckingham s'il était bien assuré qu'elle ne fût pas dans le danger d'être grosse..... Buckingham me disait autrefois qu'il avait aimé trois reines, qu'il avait été obligé de gourmer toutes trois.» *Mémoires du cardinal de Retz*, t. II, p. 73.

l'avoit pris, elle l'aimoit uniquement et fidèlement. Elle nous a avoué, à Mᵐᵉ de Rhodes et à moi, que, par un caprice, se disoit-elle, de la fortune, elle n'avoit jamais aimé le mieux ce qu'elle avoit estimé le plus, à la réserve, toutefois, ajoutoit-elle, du pauvre Buckingham. Son dévouement à sa passion, que l'on pouvoit dire éternelle, quoiqu'elle changeât d'objet, n'empêchoit pas qu'une mouche lui donnoit quelquefois des distractions; mais elle en revenoit toujours avec des emportements qui les faisoient trouver agréables. Jamais personne n'a fait moins d'attention sur les périls, et jamais femme n'a eu plus de mépris pour les scrupules et pour les devoirs : elle ne connoissoit que celui de plaire à son amant [1]. »

Rien de plus frappant de ressemblance, et au fond de plus exact que ce portrait de Mᵐᵉ de Chevreuse, tracé de main de maître par le cardinal de Retz. Il nous faut y relever néanmoins quelques légères erreurs. Sans prétendre donner ici la trop longue énumération des amants de Mᵐᵉ de Chevreuse, nous sommes tenus de faire observer que le cardinal de Retz, trompé sur des faits qu'il n'a sus que par ouï-dire, a tort de mettre M. de Lorraine en tête de sa liste. Charles IV n'a point occupé ce rang avantageux. La vérité veut que nous confes-

---

1. *Mémoires du cardinal de Retz*, t. 1, p. 145-146.

sions qu'il est venu après le duc de Buckingham, après lord Holland, après Chalais, et seulement un peu avant le président de Châteauneuf. Il n'est pas non plus parfaitement vrai de dire que le duc de Lorraine jeta Mme de Chevreuse dans les affaires. Ce fut elle qui engagea M. de Lorraine dans les affaires de France. M. de La Rochefoucauld, présenté à la cour de Louis XIII dès 1630, et qui a connu Mme de Chevreuse plusieurs années avant le coadjuteur, ne se trompe pas sur ce détail; le portrait qu'il trace de Mme de Chevreuse est plus court que celui que nous devons au cardinal, aussi frappant, et sans la plus petite nuance d'erreur : « Mme de Chevreuse étoit attachée à elle (à la reine) depuis longtemps par tout ce qui lie deux personnes du même âge et de mêmes sentiments...... Mme de Chevreuse avoit beaucoup d'esprit, d'ambition et de beauté; elle étoit galante, vive, hardie, entreprenante. Elle se servoit de tous ses charmes pour réussir dans ses desseins, et elle a presque toujours porté malheur aux personnes qu'elle y a engagées. Elle avoit été aimée du duc de Lorraine, et personne n'ignoroit qu'elle n'eût été la première cause des malheurs que ce prince et ses États ont éprouvés si longtemps. Mais si l'amitié de Mme de Chevreuse a été dangereuse à M. de Lorraine, elle ne le fut pas moins, etc..... [1]. »

---

1. *Mémoires de La Rochefoucauld*, collection Petitot, t. I, p. 338-339.

Mᵐᵉ de Chevreuse n'en était pas d'ailleurs à ses débuts dans les affaires. Richelieu, qui lui offrit, dit-on, des hommages trop ouvertement dédaignés, et qui la courtisa un peu avant de la beaucoup persécuter [1], Richelieu lui-même l'avait employée, non sans succès, à d'importantes et délicates négociations d'État. Au mois de juin 1625, il l'avait chargée d'aller avec son mari conduire jusqu'à Londres la princesse Henriette de France [2]. Vers la fin de cette même année, 1625, c'est le cardinal qui le raconte dans ses Mémoires, Bautru était parti pour l'Angleterre comme une sorte d'ambassadeur du duc et surtout de la duchesse de Chevreuse. Il devait employer « le crédit particulier qu'ils y avaient tous deux [3], » pour décider Buckingham à s'entendre avec la France, sans venir toutefois lui-même à la cour, où naturellement le roi ne se souciait plus de le recevoir. L'esprit de Bautru leva sans doute beaucoup de difficultés; mais les missives engageantes de Mᵐᵉ de Chevreuse n'y gâtèrent rien non plus. La preuve en fut que Bautru revint bientôt après en France ramenant avec lui deux ambassadeurs, Holland et Carleton, dont un au moins (Holland), était le serviteur

[1]. « Ce ministre (Richelieu), malgré la rigueur qu'il avait eue contre elle, ne l'avait jamais haïe. Sa beauté avait eu des charmes pour lui. » Mᵐᵉ DE MOTTEVILLE, t. I, p. 372.

[2]. « Elle (Mᵐᵉ de Chevreuse) accompagna la reyne en Angleterre. Milord Riche (depuis comte d'Holland) l'avoit cajollée ici, en traitant du mariage. » TALLEMANT DES RÉAUX, t. I, p. 402.

[3]. *Mémoires de Richelieu*, t. II, p. 512.

déclaré de Mme de Chevreuse [1] ; et ce fut grâce à la présence de ces deux ambassadeurs anglais à Paris que Richelieu put signer avec les protestants de la Rochelle le traité du 5 février 1626, traité éphémère, il est vrai, et violé peu après des deux parts, mais qui, pour le moment, remplissait suffisamment les vues du cardinal.

Après avoir servi par occasion les intérêts de son ennemi, Mme de Chevreuse s'était tout à coup, avec sa mobilité habituelle, ardemment retournée contre lui. Cette fois elle avait le plaisir de satisfaire en même temps son aversion contre Richelieu, son amitié pour la reine sa maîtresse, et sa passion récente pour le beau et galant Chalais. Monsieur était le chef secret de cette cabale. Pour la reine, qui n'avait pas eu d'enfant du roi, la principale affaire était d'empêcher le mariage de Monsieur avec Mlle de Montpensier. Monsieur était bien aise de continuer la vie dissipée qu'il menait, et s'imaginait en même temps qu'il forcerait à compter avec sa personne en se refusant à l'union qu'on lui proposait. Chalais, fier de sa familiarité avec Louis XIII, rêvait de jouer un plus grand rôle. Tous et chacun se vantaient de ruiner de ce coup la puissance de Richelieu, et par-

---

[1] « Le comte de Holland vint en France, ambassadeur extraordinaire, pour traiter le mariage de son maître avec Madame, sœur du roi...
« Il (le comte de Holland) était jeune et bien fait, et plut à Mme de Chevreuse. » LA ROCHEFOUCAULD, t. I, p. 339.

laient de se débarrasser au besoin de sa personne. Quelle était au vrai la portée de toutes ces menées? on ne l'a jamais parfaitement su. Une seule chose est certaine : tramé entre tant de jeunes gens et de belles dames, par forme d'intermède à leurs conversations d'amour, ce complot fut dénoncé par jalousie. Louvigny, soupirant éconduit de Mme de Chevreuse, découvrit à Richelieu les projets de Chalais, son rival préféré, avec lequel il avait eu récemment une querelle insignifiante. Sur cette première lueur, Monsieur avait tout avoué, et raconté sur ses complices plus de choses qu'on ne lui en avait demandé, plus même peut-être qu'il ne s'en était passé. Mme de Chevreuse avait toujours porté les paroles entre Monsieur, la reine et Chalais; c'était elle qui apparaissait principalement dans toutes les dépositions.

Mais encore une fois, qu'y avait-il au fond de tout cela? Entre le dire du cardinal de Richelieu, qui affirme en ses Mémoires « que c'était la plus effroyable conspiration dont jamais les histoires aient fait mention [1], » et l'aveu de Chalais, qui assure le roi que « cette faction, dont il n'a été que treize jours, était plutôt pour prendre le grand Seigneur à la barbe que pour troubler l'État du plus grand roi du monde [2], » nous penchons de préférence pour la version ingénue du conspirateur repentant et prêt à mourir. Mais il convenait à Richelieu d'imposer par

---

1. *Mémoires de Richelieu*, t. III, p. 64.
2 *Mémoires de Richelieu*, t. III, p. 122. (Lettre de Chalais au roi.)

la terreur à toute la jeunesse étourdie qui entourait le roi et la reine. Il avait hâte d'en finir avec ces mille intrigues frivoles qui embarrassaient sa voie, et l'empêchaient de consacrer exclusivement la puissance de son esprit aux desseins qu'il formait dès lors pour le développement de la grandeur de la France. Conseiller inflexible d'un prince naturellement méfiant, il insista, par politique autant que par vengeance, sur la nécessité d'un châtiment terrible; comme lui, son maître fut sans pitié. Les supplications de son ancien favori n'émurent point Louis XIII; il écouta impassible les éloquentes prières de la mère de Chalais, et la tête du noble représentant de la maison de Périgord roula toute meurtrie sous la hache du bourreau.

Chalais puni, « il restait, » dit Richelieu, « Mme de Chevreuse, qui, comme femme, faisait plus de mal qu'aucun. » Le duc d'Orléans, qui s'était décidé à faire sa paix avec le roi, en épousant Mlle de Montpensier, avait en effet beaucoup chargé Mme de Chevreuse. Il s'était imaginé sans doute qu'il ne pouvait mieux servir son ami Chalais, et démontrer la vanité du complot qu'en lui donnant une femme pour principal auteur [1]. » Chalais lui-même, se croyant à tort abandonné par Mme de Chevreuse, avait rapporté quelques conversations, réelles ou supposées, qu'il aurait eues avec la confidente de la reine, et

---

1. *Mémoires de Richelieu*, t. III, p. 105.

les encouragements qu'il aurait reçus de ces deux dames. Plus tard, il avait, il est vrai, rétracté solennellement ses révélations : elles n'en étaient pas moins restées gravées à jamais dans l'esprit du roi ¹. Richelieu, soit qu'il y crût lui-même, soit qu'il fût bien aise de se débarrasser d'une ennemie incommode, persuada au roi d'éloigner Mme de Chevreuse de Paris ². Voir ainsi son amant périr à cause d'elle, de la main du bourreau; perdre du même coup sa position à la cour, la société habituelle de la reine, et quitter le théâtre brillant qu'elle avait jusqu'alors rempli du bruit de ses succès, c'était plus qu'il n'en fallait pour exciter toutes les colères de Mme de Chevreuse. « Elle fut, » dit Richelieu, « transportée de fureur. » Son désespoir s'exhala en violentes menaces, et quelqu'un se trouva justement près d'elle pour recevoir la confidence de ses projets de ven-

1. Louis XIII est toujours demeuré persuadé jusqu'à sa mort que la reine Anne d'Autriche avait trempé dans la conspiration de Chalais. Mme de Motteville raconte qu'Anne d'Autriche, accusée par son mari d'avoir eu le projet d'épouser Monsieur, si lui-même fût venu à mourir, lui aurait fièrement répondu : « Je gagnerais trop peu au change. » Louis XIII ne doutait point que Mme de Chevreuse n'eût mis ces idées dans la tête de la reine. Il ne la pouvait souffrir. Une fois, malade dans son lit, la voyant entrer dans sa chambre, il s'écria : « Voilà le diable. » *Mémoires de Mme de Motteville, La Rochefoucauld.*

2. « ..... Le décret de prise de corps contre la duchesse de Chevreuse fut signé et mis en la main du roi, qu'il montra au duc de Chevreuse, dans un conseil qui fut tenu chez la reyne-mère; mais le roy se contenta de luy faire faire commandement de se retirer en Lorraine, et elle partit de Nantes le lundi dix-septième d'aoust..... » Relation de ce qui s'est passé au procès de Chalais, fait en la chambre de justice de Nantes, 1627 (manuscrits Dupuy, 480).

geance et les rapporter au cardinal : ce fut Bautru. Elle s'était écriée devant lui : « Que du même pied qu'on la traitoit en France, elle feroit traiter les Français en Angleterre ; qu'il étoit en sa puissance de faire venir des armées anglaises en France quand elle voudroit ; qu'on ne la connaissoit pas ; qu'on pensoit qu'elle n'avoit l'esprit qu'à des coquetteries ; qu'elle feroit bien voir avec le temps qu'elle étoit bonne à autre chose ; qu'il n'y avoit rien qu'elle ne fît pour se venger, et qu'elle s'abandonneroit plutôt à un soldat des gardes qu'elle ne tirât raison de ses ennemis [1] »

Telles étaient les dispositions avec lesquelles Mme de Chevreuse vint à Nancy, vers la fin de l'automne de 1626, demander asile à son parent le duc de Lorraine. Mieux qu'un soldat des gardes, Charles pouvait utilement aider aux vengeances de sa belle cousine ; l'accueil qu'il lui fit montra qu'il y était tout disposé, et qu'il n'avait point oublié l'heureuse intimité de leur première jeunesse. La duchesse de Chevreuse fut traitée en Lorraine moins en fugitive qu'en souveraine. Charmé de retenir près de lui la brillante personne qui avait fait les plus beaux jours de la cour de France, Charles IV s'épuisa en protestations chaleureuses, en soins empressés, en une foule d'attentions délicates. Il n'épargna surtout point les fêtes et tous les divertissements qui pou-

---

1. *Mémoires de Richelieu.*

vaient adoucir à Mme de Chevreuse l'ennui de l'exil, et chasser de son esprit la tristesse qu'y avait laissée la fin tragique de son dernier amant. Il lui offrit tour à tour, dans la Carrière de Nancy [1] et dans l'intérieur du palais ducal, le spectacle de plusieurs joutes d'armes, courses de bagues et autres exercices du même genre. Ces sortes de jeux chevaleresques n'étaient pas alors entièrement passés de mode en France. Ils étaient restés fort en vogue partout ailleurs, et la noblesse lorraine y excellait [2]. Charles se mêla lui-même aux jouteurs, remporta le prix de l'épée, et fit hommage à Mme de Chevreuse des prix gagnés par son adresse. Tant de galan-

[1]. La Carrière de Nancy était située non loin du palais ducal. Elle occupait l'emplacement et avait exactement la forme de la place actuelle qui fait face à la préfecture de Nancy, et qu'on appelle encore la Carrière.

[2]. Le célèbre graveur lorrain Callot a conservé, pour la postérité, le souvenir d'une de ces galantes fêtes offertes par le duc de Lorraine à Mme de Chevreuse. La collection de gravures connue en Europe sous le nom de *Combat à la barrière*, est la représentation très-fidèle de l'espèce de joute ou tournoi qui eut lieu aux flambeaux dans la salle neuve ou salle d'honneur du grand palais ducal, le 14 février 1627. « Le quatorzième febvrier, » dit un sieur Humbert, narrateur fort pompeux et ampoulé de cette fête, « les Altesses de Mme la duchesse douairière et de Madame, accompagnées de Mmes les princesses, sur les neuf heures du soir, se rendirent dans la grande salle de la cour, s'estant placées sur un théâtre, qui, à leur arrivée, sembla se transformer en un ciel lumineux. Car, outre que tant de diuines beautez d'elles-mesmes auoient assez d'esclat pour faire juger que leurs regards étoient autant de soleils, les brillans de leurs riches atours étoient suffisans pour faire croire en pleine nuict que le père du jour estoit au milieu de sa carrière..... »

Le *Combat à la barrière* a été dédié par Callot à Mme de Chevreuse. Il me semble qu'il y a, dans les termes de cette dédicace, comme un

terie fit tout d'abord soupçonner que le jeune duc de Lorraine n'aspirait pas seulement à bannir, mais aussi à remplacer le souvenir de Chalais dans le cœur de son ancienne maîtresse. Ses sujets ne doutèrent pas qu'il n'y eût promptement réussi : cela est assez probable, car la place ne pouvait demeurer longtemps inoccupée. En s'attachant à M. de Lorraine, Mme de Chevreuse se donnait, une fois de plus dans sa vie, le plaisir de mettre ensemble et du même côté son affection et ses haines, l'intérêt de son orgueil et tout l'entrain de la passion.

Le cardinal de Richelieu avait trop d'intérêt à connaître exactement ce qui se passait en Lorraine pour en vouloir ignorer rien. M. de Flavigny, com-

reflet du grand effet produit par la présence de la duchesse à Nancy, et une sorte d'allusion à sa liaison avec le duc

« ...... C'est vous, MADAME, que la France ayant recognue pour la lumiere des perfections, estes venue recevoir le même suffrage de nos yeux, de nos voix et de nos cœurs. Nous confessons, belle Princesse, que la Lorraine ne vit jamais tant de beautéz, en cela tant plus glorieuses qu'elles ne sont pas estrangères. MADAME, c'est icy le ciel où vostre soleil doit naturellement reluire, pour s'estre joinct à ce grand MARS qui releve de luy son origine. »

C'était fort l'habitude, presque l'usage, en Lorraine, de comparer Charles IV à Mars. Nous avons vu, au cabinet des Estampes, un joli petit portrait gravé de Charles IV, avec la date de 1628, au-dessous duquel on lit ce distique :

> C'est le puissant dieu de la guerre ;
> C'est son front, sa bouche et ses yeux :
> Ce grand prince est sur la terre
> Plus MARS que MARS est dans les cieux.

Voir, pour tout ce qui concerne Callot et le *Combat à la barrière*, les *Recherches sur la vie et les ouvrages de Jacques Callot*, par M. E. Meaume, membre de l'Académie de Stanislas.

mandant des troupes du roi à Metz, lui écrivait de cette ville, tout à la fois pour se plaindre de l'interprétation que M. de Lorraine donnait aux traités passés avec la France, et pour lui signaler l'accord du duc avec Mme de Chevreuse [1]. Il ne pouvait guère convenir au cardinal de voir Mme de Chevreuse, qu'il espérait dompter par les dégoûts d'une ennuyeuse retraite, trouver chez un petit souverain, voisin de la France, un compagnon pour ses plaisirs et un vengeur dans sa querelle. Sa mauvaise humeur s'en augmenta d'autant contre le duc de Lorraine. Si nous en croyons les biographes de Charles IV, dont nous ne citons toutefois en cette occasion le témoignage qu'avec un peu de méfiance, Richelieu, momentanément réconcilié avec Monsieur, et se faisant l'écho de bruits que nous avons déjà rapportés, aurait voulu tourner contre le prince lorrain les soupçons de son maître. Il aurait cherché à persuader à Louis XIII que «le duc d'Orléans

---

1. « Le duc et les siens se rendent moins bons voisins sitôt qu'ils jugent l'empereur avoir tant soit peu d'avantage sur les protestants, déférant beaucoup à l'empereur, à cause du duc de Bavière, spécialement M. le duc François, qui conduit tout selon son sens. » Dépêche de M. de Flavigny, 24 janvier 1627, t. VIII, p. 79.

« M. le duc François, qui conduit entièrement M. le duc son fils, est toujours semblable à lui-même, et ne diminue en rien des rigueurs de ses ordonnances contre ceux de Lorraine qui amènent du blé dans cette ville de Metz. » Idem, 26 juin 1627, t. VIII, p. 81.

« Pour nos nouvelles, il ne se parle ici que des galanteries qui se font à Nancy durant ce carnaval, esquelles Mme de Chevreuse doit avoir bonne part. » Idem; sans date, t. VIII, p. 85.

n'avoit été que la dupe de la conjuration de Châlais, et qu'un prétexte pour grossir le nombre des conjurés, dont la plupart n'avoient pas scu la fin, qui étoit d'élever le duc de Lorraine sur le trône de France; qu'ils s'aimoient eux deux la reine; qu'il n'en avoit que trop donné des marques pendant qu'il étoit à Paris; que la duchesse de Chevreuse avoit toujours été la confidente de leurs amours, dans le temps même qu'elle étoit femme du connétable de Luynes; que ce n'étoit que par là qu'elle s'étoit introduite si avant dans les bonnes grâces de la reine; que depuis que par son mariage elle étoit entrée dans la maison de Lorraine, rien ne lui avoit paru crime de ce qui la pouvoit rendre princesse du sang; que cette femme artificieuse n'avoit tâché de les désunir eux deux son frère que pour les faire périr l'un par l'autre. Après quoy elle prétendoit bien faire valoir les droits que les princes lorrains se persuadent avoir à la couronne; qu'il y avoit bien apparence que le duc avoit eu connoissance de cette trame; qu'il avoit quitté la cour de France le propre jour que Sa Majesté s'étoit déclaré vouloir consommer son mariage, par une saillie d'amants délicats qui ne veulent pas voir leur maîtresse entre les bras d'un autre, etc......[1]. »

Si ces dangereuses insinuations furent effective-

---

1. Guillemin, *Vie manuscrite de Charles IV*.

ment soufflées à l'oreille de Louis XIII par le ministre qui possédait alors toute sa confiance, tel était le caractère ombrageux de ce souverain, et si violente était alors sa mauvaise humeur contre la reine, qu'à coup sûr il ne dut pas laisser d'y croire un peu. Quoi qu'il en soit, des mesures significatives furent bientôt prises sur les frontières de la Lorraine, qui avaient surtout pour but de prouver à son duc que, du côté de la France, on avait les yeux ouverts sur ses démarches, et qu'on ne manquait ni de volonté ni d'occasions pour lui être désagréable. Les garnisons des Trois Évêchés reçurent de nouveaux renforts, et le cardinal de Richelieu fit résoudre à son maître d'achever la construction, à Verdun, d'une forte citadelle, commencée il y avait plus d'un siècle, mais abandonnée dès le temps de M. de Guise [1].

La construction de cette nouvelle place forte n'avait qu'un but, celui d'intimider de plus en plus le duc de Lorraine. Ce prince, qui n'était pas d'humeur à souffrir « cette bride à ces provinces [2], » résolut de s'y opposer, sinon encore de vive force, au moins par toutes les autres voies qu'il pourrait imaginer. L'évêque de Verdun, le prince François de Lorraine, était son proche parent ; souverain régalien de la ville, cet évêque prétendait comme tel relever de l'empire. A l'instigation du duc de Lorraine,

1. *Mémoires de Richelieu*, t. III, p. 249 et suiv.
2. Guillemin, *Vie manuscrite de Charles IV*.

chef de sa maison, il fulmina contre les ouvriers employés aux travaux de la citadelle une sentence d'excommunication, dont Charles IV passait pour avoir dicté lui-même les termes et rédigé le monitoire [1]. Le cardinal n'était pas homme à s'arrêter devant les menaces d'un évêque étranger. Par son ordre, le sieur Charpentier, président pour le roi aux Trois Évêchés « de Metz, Toul et Verdun, » se rendit aussitôt à Verdun : « Il déclara l'excommunication nulle, abusive, attentatoire aux droits de la couronne ; et, en réparation du crime de lèse-majesté, il fit brûler le monitoire et la sentence par la main du bourreau, traita l'évêque en criminel au premier chef, le condamna à dix mille francs d'amende ou à la prison [2]. » Mais l'évêque de Verdun n'avait pas attendu la venue du violent exécuteur des volontés de Richelieu. Il s'était sauvé à Nancy, puis à Cologne, d'où il sollicitait pour sa cause l'appui du chef de l'empire [3].

---

1. Hugo, *Vie manuscrite de Charles IV.*
2. Guillemin, *Vie manuscrite de Charles IV.* — D. Calmet, etc. etc. — *Mémoires du cardinal de Richelieu*, t. II, p. 249.
3. « On trouve, dans un bon Mémoire, que cet évêque s'étant retiré à Vienne, l'empereur entreprit aussitôt de le rétablir comme prieur de l'empire, et avoit déjà envoyé un corps d'armée de vingt mille hommes dans l'Alsace, sous l'évêque d'Arbellat ; mais le roy l'ayant fait prier de ne point troubler les progrès qu'il faisoit contre ses sujets huguenots, promettant de lui donner satisfaction aussitôt après la prise de La Rochelle, ce prince pieux ou trop crédule, différa son dessein, pendant quoy on lui suscita des atteintes qui le rendirent impossible. » Note de la *Vie manuscrite de Charles IV*, par Guillemin.

Mais ce n'était là qu'une première complication survenue dans les rapports entre la France et la Lorraine, il en survint bientôt de plus graves. Mᵐᵉ de Chevreuse n'avait en rien exagéré l'influence qu'elle s'était vantée d'exercer sur le principal ministre d'Angleterre. Aussitôt après la disgrâce de cette dame, le duc de Buckingham avait rompu avec le cardinal de Richelieu. Outré de ce qu'on ne voulait décidément pas le recevoir à la cour de France, menacé dans sa position de premier ministre par le mauvais vouloir du parlement anglais, il cherchait alors à regagner un peu de popularité en prêtant un appui ostensible aux protestants de France, et en provoquant une coalition européenne contre le ministre de Louis XIII. Il s'était facilement entendu avec MM. de Rohan et de Soubise, chefs des réformés, et proches parents de Mᵐᵉ de Chevreuse; il était entré en intelligence avec les bourgeois de La Rochelle.

Le duc de Savoie, blessé du traité que la France avait à son insu et brusquement passé avec l'Espagne, partageait ses ressentiments. L'empereur d'Allemagne, lui-même, ne paraissait pas éloigné d'arranger à l'amiable avec lui l'affaire du Palatinat, afin de lui laisser toute facilité d'agir contre la France. Restait à s'assurer le concours du duc de Lorraine. Plusieurs agents secondaires, expédiés en Piémont, lui avaient déjà, en traversant la Lorraine, porté des paroles de la part du roi d'Angleterre. Bientôt arriva à Nancy un personnage plus considérable chargé de mettre la dernière main à l'affaire : c'était Montaigu. Fort entendu en toutes sortes de négociations, cet étranger, dit l'abbé Hugo, était plus propre à celle-ci que tout autre, parce que lui aussi : « Il étoit éperdument amoureux de la duchesse de Chevreuse, et la duchesse, qui n'avoit pas le cœur ingrat, se piquoit de retour envers le milord..... Ainsy, amie et maîtresse du duc et du milord, » continue le même auteur [1], « et ennemie déclarée de la France, dont l'un et l'autre souhaitoient l'abaissement, elle pouvoit merveilleusement réussir à aider Montaigu à faire pencher l'esprit de Son Altesse du côté où elle feroit pencher le sien. Il alla donc s'aboucher avec cette dame à Bar-le-Duc, où elle faisoit sa résidence ordinaire, bien moins par principe de bienséance, que pour ôter l'ombrage que la France auroit pris de son séjour à Nancy [2]. »

Le roi d'Angleterre, assurait Montaigu, devait mettre trente mille hommes sur trois flottes différentes : l'une irait du côté de La Rochelle, l'autre en Guyenne, et la troisième en Normandie. On débarquerait dix mille hommes dans chacun de ces trois endroits, et l'on prétendait fermer les embouchures de la Seine, de la Loire et de la Garonne. Tandis

---

1. Hugo, *Vie manuscrite de Charles IV*.
2. *Idem.*

que le duc de Savoie promettait au comte de Soissons de faire irruption dans le Dauphiné, et d'attaquer encore la Provence [1], on demandait à Charles de joindre ses troupes à celles de l'empereur pour entrer en France, en même temps que le duc de Rohan, à la tête des réformés, soulèverait le Languedoc [2]. On espérait accabler ainsi la France à l'aide de tant de diversions et sous l'effort d'un si grand nombre d'ennemis. Peut-être était-il singulier de voir le duc de Lorraine, le héros favori du parti ultra-catholique, après avoir si fort reproché au cardinal de Richelieu sa tolérance envers les sujets réformés du roi Louis XIII, et sa connivence envers les protestants de l'Allemagne, s'allier lui-même à son tour avec une puissance protestante pour secourir les huguenots français. Nous n'en sommes plus à apprendre de nos jours, combien les partis excités se soucient peu de ces contradictions flagrantes de conduite, et à quel point ces écarts de la passion paraissent alors simples et justifiables à tous les yeux. Nous doutons que la duchesse de Chevreuse ait eu beaucoup de peine à vaincre dans cette circonstance les scrupules du prince lorrain. Ce fut apparemment sans trouble de conscience et sans grande hésitation, qu'il donna parole à Montaigu d'agir vigoureusement dès que

---

[1]. Paroles de Montaigu au duc de Lorraine. D. Calmet, t. VI, p. 55.
[2]. D. Calmet. — L'abbé Hugo. — Guillemin. — *Mémoires du duc de Rohan.*

les troupes d'Angleterre seraient débarquées en France [1].

Charles ne s'en tint pas là toutefois. Par un raffinement de politique qui excédait tant soit peu la mesure de dissimulation autorisée par les usages du temps, le duc de Lorraine n'eut pas plus tôt souscrit cet engagement formel avec le roi d'Angleterre, que : « Faisant, » dit Richelieu, « comme ces méchants juges qui exploitant mal écrivent bien, il prit la poste le 18 avril, et s'en alla trouver le roi de France pour l'assurer de sa fidélité [2]. »

Richelieu, qui n'avait pas encore en main les preuves positives de la trahison du duc de Lorraine, ne se souciait pas beaucoup de recevoir cette visite incommode. Il avait chargé Marillac, commandant de l'armée de Champagne, d'aller à Nancy pour en détourner le duc ; mais lorsque Marillac y arriva, Charles était la veille parti de cette ville avec M. de Chevreuse, qui était venu y chercher sa femme. Marillac courut après eux, et ne les rejoignit qu'à une journée de Paris. Charles voyageant incognito alla loger chez le duc de Chevreuse [3].

1. D. Calmet, t VI, p. 55.
« Le duc de Lorraine, ardent et jeune, vain et inexpérimenté, se proposant follement de grandes conquêtes, reçut cette ouverture avec affection, et promit d'y faire sa part plus que personne. »
« La duchesse de Chevreuse, qui n'avait pas peu de puissance sur lui, poussa dans le précipice ce jeune prince que déjà sa vanité y avait ébranlé. » *Mémoires du cardinal de Richelieu*, t. III, p. 312.
2. *Mémoires de Richelieu*, t III, p. 314.
3. D. Calmet, t. VI, p. 56.

Dans ses entrevues soit avec le roi, soit avec le cardinal, le duc de Lorraine pensa qu'il était habile et de bon jeu d'aller au-devant des reproches qu'on lui pourrait adresser, et de prendre le rôle de plaignant. Il parla avec indignation à Richelieu de l'injuste traitement dont il avait usé à l'égard de son parent l'évêque de Verdun; il s'emporta contre les façons de procéder des sieurs Lebret et Charpentier. Le cardinal s'émut peu des sorties de son interlocuteur; il lui fit comprendre qu'au lieu d'intercéder pour les autres et de se plaindre pour lui-même, il aurait dû se mettre en règle vis-à-vis du roi de France, et ne lui point donner de justes griefs. Et tout de suite, il lui demanda de quel droit et à quel titre il avait pris possession du duché de Bar sans attendre l'investiture de Louis XIII, et pourquoi il en avait changé la nature, en n'insérant point le nom de la princesse Nicole dans les actes publics [1]. Le duc répondit au cardinal qu'il n'était tenu envers le roi de France qu'au « baise-main, » pour la mouvance du Barrois; qu'il n'était point homme lige de la France; que Sa Majesté ne pouvait trancher dans les droits qu'il possédait de son propre chef; que mal à propos lui reprochait-on d'avoir altéré la nature du duché de Bar, en le déclarant masculin, puisqu'il n'avait fait que suivre en cela l'esprit de la

---

[1]. Chevrier, *Histoire de Lorraine*, t. V, p. 18.— Guillemin.— Hugo.

déclaration du roi René, « qui ne s'avisa jamais, » dit-il, « pour publier ladite déclaration, de demander le consentement de la France. » Étant sur les lieux, il ne ferait d'ailleurs pas difficulté d'accomplir en personne, et sans que cela tirât à conséquence, la cérémonie du baise-main [1]. Richelieu repoussa bien loin la prétention de s'en tenir à un simple baise-main. Il rappela au duc qu'il était tenu de prêter foi et hommage, découvert et à genoux devant le roi assis et couvert, et que cet hommage de vassal à seigneur devait être rendu, non point de son chef, mais au nom et comme représentant de la duchesse sa femme. On était loin de s'entendre.

Dans ses rencontres avec Louis XIII, Charles affecta un ton presque aussi absolu et non moins dégagé, reprochant au roi « qu'il avait envoyé sur ses frontières un bretteur qui avait fait bien des mauvais coups, et un autre qui avait charpenté de la pauvre besogne [2]. » A l'une de ses dernières audiences, après avoir assuré le roi du grand désir qu'il avait de garder ses bonnes grâces : « Sire, » lui dit-il d'un ton qui sentait autant la liberté que le respect, « trouvez-vous bon que je vous prie de me déclarer si vous voulez me regarder comme votre serviteur et votre bon voisin ; j'ai une si forte passion d'obtenir de vous cette grâce, que je suis venu vous la deman-

---

1. L'abbé Hugo, *Vie manuscrite de Charles IV*.
2. Allusion au sieur Lebret et au président Charpentier.

der moi-même. » Le roi, un peu gêné par ce ton assuré et cet air de si parfaite aisance, répondit, en termes généraux, qu'il voulait vivre avec lui en bon parent et en bon ami : « Et si nous avons quelque différend à terminer, » ajouta-t-il, « nous nommerons des commissaires de part et d'autre pour les ajuster [1]. »

Persuadé qu'il avait par cette visite donné le change au roi et à son ministre sur ses véritables intentions, et craignant, s'il prolongeait son séjour, qu'on ne le pressât davantage sur l'hommage à rendre pour le Bairois, Charles retourna assez précipitamment en Lorraine.

Ni le roi ni Richelieu ne s'étaient un instant trompés sur la valeur des protestations du duc de Lorraine. Pas une de ses démarches ne leur avait échappé. Le cardinal avait eu l'œil constamment ouvert, non-seulement sur les intelligences pratiquées de longue main avec l'Angleterre, mais aussi sur le concert étroit qui venait de s'établir entre lui et l'empereur d'Allemagne. Il ne se formait pas un régiment en Lorraine, il ne s'y remuait pas un bataillon, que le vigilant ministre de Louis XIII n'en fût informé [2]. Il avait jusque dans la cour de

1. D. Calmet, t. VI, p. 56.
2. « De présent on assure les levées de Lorraine s'accroître, et y avoir six mille lansquenets, ou hommes de pied allemands à Saint-Dié, terres des Vosges, que le sieur de Haraucourt, fils du gouverneur de Nancy, a amenés. Si cela est, il est infaillible que le duc du pays veut remuer

Nancy des correspondants qui le tenaient au fait des allées et venues et des moindres propos du duc [1]. Au reste, depuis son voyage à Paris, Charles prenait à peine le soin de dissimuler des projets qu'il espérait pouvoir mettre bientôt à exécution. A son retour à Nancy, il avait dépêché vers l'empereur, avec lequel il avait renouvelé les traités de ses prédécesseurs, afin de lui persuader d'envoyer un corps d'armée dans l'évêché de Metz, et de faire fortifier Vic et Moyenvic : « Ce pourquoy il s'offroit à payer une somme de deniers [2]. » Ces deux places mises en état de défense, il se faisait fort de pénétrer aussitôt en France.

soit pour l'intérêt de son allié l'évêque de Verdun, ou pour soy-même, qui nous a serré les bleds deux ou trois ans de suite, et ne peut oublier la distraction de l'évêché de Metz de son pays, encor qu'il en ait retenu Marsal et plusieurs autres bonnes villes, qu'on veut dire lui être répétées. Ou bien il y a quelque autre secrette menée qui ne paroit pas encore. » *Dépêche sans signature, probablement du maréchal* de Marillac *ou de* M. de Flavigny, *datée de Metz*, 20 *septembre* 1627...

« Les levées de Lorraine se continuent et accroissent jusqu'à huit mille hommes de pied et deux mille chevaux, et se tiennent en garnison dans ladite Lorraine, pour attendre (selon le bruit commun et vraisemblable) que les troupes de l'empereur les aient jointes, afin d'entreprendre contre cette ville ou celle de Verdun, selon qu'elles résoudront ci-après. » *Idem*, datée de Metz, 10 octobre 1627.

1. Le duc de Richelieu entretenait beaucoup d'agents secrets en Lorraine ; il y a, dans les volumes (Lorraine) des archives du ministère des affaires étrangères, beaucoup de lettres sans signature qui émanent de cette source. Quelques-unes de ces lettres paraissent avoir été écrites par des dames. Il y a une princesse de Croy établie à Buyon, près de Lunéville, qui ne manque guère, dans les circonstances importantes, de rendre compte au cardinal de ce qui se passe à la cour de Nancy. Nous aurons quelquefois occasion de la citer.

2. L'abbé Hugo, *Vie manuscrite de Charles IV.*

L'instant où le duc de Lorraine se proposait d'assaillir les États du roi Louis XIII n'était point mal choisi, car les affaires de ce royaume étaient en assez grande confusion, et Richelieu lui-même nous en trace dans ses Mémoires un lugubre tableau. « On avoit, » dit-il, « deux princes absents, M. le Prince et M. le Comte ; deux autres prisonniers, M. de Vendôme et le grand-prieur... Soubise, pour couvrir ses hontes passées et s'en préparer de nouvelles, sollicitoit en Angleterre... Le sieur de Rohan traitoit avec le duc de Savoie, par le canal du comte de Soissons... On ne recevoit qu'avis de factions et brouilleries au dedans, et d'entreprises du dehors, de concerts et d'accords de tous les entrepreneurs [1]. » Le roi avait été conduit à interdire toute espèce de commerce avec les Anglais. Il était en train de faire armer à grands frais vingt vaisseaux pour « empêcher ces pirates d'écumer les mers impunément [2]. » Par représailles, les Anglais avaient saisi les vaisseaux français relâchés dans leurs ports, ou qui s'étaient approchés trop près de leurs côtes. Enfin, le 20 juillet au matin, une flotte considérable, conduite par Buckingham lui-même, avait débarqué à Ré, et les troupes anglaises s'étaient emparées de l'île entière, à l'exception du fort Saint-Martin, défendu par Toiras. Ainsi s'accomplissait déjà en

---

1. *Mémoires de Richelieu*, t. III, p. 278-279, 314.
2. *Idem.*

partie le plan concerté par l'intermédiaire de Montaigu.

Cependant le cardinal de Richelieu ne se laissa prendre nulle part au dépourvu. Il dirigea des renforts vers l'armée de Champagne, commandée par Marillac. Il décida le roi, un instant retenu par la fièvre à Beaulieu, à se rapprocher de l'île de Ré, et lui-même l'y accompagna, afin de surveiller et presser l'expédition des approvisionnements et des renforts réclamés par Toiras. Tous ces soins ne l'empêchaient pas d'épier plus que jamais les allées et venues de l'agent anglais qui servait de lien entre tous les ennemis du royaume. En sortant de Lorraine, Montaigu s'était rendu à Vienne, et pour ne rien oublier, il s'était, en passant par les frontières, abouché avec les huguenots de France. A son retour, il avait revu une seconde fois le duc de Savoie en Piémont, et Charles à Nancy. Arrivé en Angleterre, il avait trouvé Buckingham déjà embarqué pour son expédition de Ré. Il s'était mis alors dans un petit vaisseau pour essayer de le rejoindre en mer; mais n'ayant pu trouver sa route, il avait été contraint de revenir à Londres, d'où le roi son maître l'avait incontinent fait « repartir pour le même voyage et pour le même dessein [1]. »

Il y avait longtemps que le cardinal jugeait bien

---

1. *Mémoires de Richelieu*, t. III, p. 422.

que, si le roi pouvait avoir Montaigu entre ses mains, « il découvriroit beaucoup de choses qu'on soupçonnoit, desquelles il étoit important d'avoir une plus grande connoissance. Mais, comme en tous ses voyages il se donnoit bien de garde de passer par la France, il étoit difficile de lui mettre la main sur le collet, et dangereux, pour ne pas offenser les princes sur les terres desquels il seroit pris [1]. » Entre les princes qu'il se fallait résoudre à offenser, afin d'opérer cette capture, Richelieu donna la préférence au duc de Lorraine, « et pour sa foiblesse, et pour son intention envers le roi, auquel, s'il ne rendoit point de services, ce n'étoit pas faute de mauvaise volonté, mais de pouvoir qui lui manquoit [2]. » Sur ce fondement, il choisit le sieur de Bourbonne, dont les terres étaient à deux pas de la Lorraine, qui avait grande connaissance du pays pour y avoir été nourri, et être fils d'un père qui était au service du duc. Bourbonne ayant accepté la commission, envoya plusieurs gens de sa confiance en Suisse, par où il savait que Montaigu devait passer. Ceux-ci avaient ordre d'accompagner l'agent anglais de journée en journée, et, quand il serait à portée, d'avertir leur maître. Le guet-apens ainsi dressé réussit parfaitement. Sur l'avis donné par ses hommes, le sieur de Bourbonne fit, avec une troupe de cavaliers légère-

1. *Mémoires de Richelieu*, t. III, p. 426.
2. *Idem.*

ment armés, une pointe de deux ou trois lieues sur les terres de Lorraine, se saisit de Montaigu, et le conduisit dans son château de Coiffy. Bullion et Fouquet furent aussitôt dépêchés de Paris pour regarder dans les papiers du prisonnier.

On s'imagine aisément quel désarroi la prise de Montaigu jeta dans le camp des confédérés. « L'ambassadeur de Venise ne put se tenir de dire qu'ils étoient tous ruinés, et qu'il s'étonnoit que la république s'intéressât à des princes qui se servoient de bêtes [1]. » Montaigu était porteur d'une instruction de Charles I*, en date du 3 juillet. La lecture de ses dépêches donna à Richelieu toutes les lumières qu'il pouvait souhaiter sur les projets de ses ennemis. Il y trouva tout le détail des secrètes intelligences de l'empereur et du duc de Savoie, de l'Angleterre et du duc de Lorraine; il y découvrit la preuve de la trahison de l'Espagne, qui, au moment même où elle venait, par son récent traité, de s'engager à assister la France contre les huguenots de La Rochelle, travaillait en même temps à faire surgir une dangereuse diversion du côté de l'Allemagne. Il connut surtout à quel point chacun des confédérés ligués contre lui comptait sur l'énergique concours de Charles IV.

L'alarme fut considérable à la petite cour de Lor-

---

1. *Mémoires de Richelieu*, t. III, p. 426.

raine. La duchesse douairière envoya le sieur de Saint-Belin à Paris vers la reine mère, à qui le roi avait, pendant son absence, remis la conduite de toutes les affaires de France en deçà de la Loire. Le duc Charles, qui avait jeté feu et flammes en apprenant l'arrestation de Montaigu sur son territoire, fit partir en même temps Henri de Livron, marquis de Ville-sur-Illon, premier gentilhomme de sa chambre, avec ordre de demander l'élargissement de l'agent anglais. Ce premier envoyé fut bientôt suivi du marquis de Lenoncourt, qui « répéta le prisonnier avec tant de hauteur, qu'il ne donna que vingt-quatre heures pour répondre à sa demande; protestant, au nom de son maître, après ce délai, et en cas de refus, de n'épargner aucune des voyes légitimes que la justice permet pour se faire raison de l'insulte faite à sa personne[1]. » La reine mère accueillit d'abord avec assez de douceur toutes ces plaintes. Cependant, sur l'avis donné par Bourbonne que le duc de Lorraine menaçait de reprendre Montaigu de vive force dans le château de Coiffy, à l'aide des troupes allemandes du colonel Cratz, elle envoya trois cents hommes chercher le seigneur anglais, et le fit, avec toute espèce de précautions, amener jusqu'à Paris. Montaigu mis sous bonne garde à la Bastille, elle répliqua un peu plus fière-

---

1. L'abbé Hugo, *Vie manuscrite de Charles IV*.

ment aux envoyés du prince lorrain. Bientôt arriva la nouvelle de la déroute des troupes anglaises dans l'île de Ré et de la retraite précipitée de Buckingham. Ce fut alors au duc de Lorraine à baisser singulièrement le ton de ses premières réclamations. Le prince de Phalsbourg fut le nouvel intermédiaire employé dans cette occasion délicate, à cause de ses liaisons connues avec la France. Il arriva comme de lui-même à Paris, et demanda avec instance qu'on ne donnât pas au duc de Lorraine la mortification de garder sous les verrous un agent étranger, arrêté dans ses États en violation flagrante des droits les plus évidents de sa souveraineté. Pour toute satisfaction, la reine mère répondit, par ordre du roi : « Qu'on auroit désiré que Montaigu eût été pris ailleurs; que (posé qu'il eût été pris en Lorraine), il n'y avoit point d'apparence de penser que le roi voulût rendre un homme qui tramoit et faisoit des menées, il y avoit quatre mois, contre son État [1]. » Montaigu, bien traité d'ailleurs, fut donc retenu à la Bastille jusqu'au temps du séjour que Louis XIII, quittant momentanément le siége de La Rochelle, vint faire à Paris du 24 février au 3 avril 1628.

Il demanda alors à voir le roi. Il entra de bonne foi avec lui dans le détail des négociations qu'il avait suivies pour le compte du roi son maître, et cher-

---

1. *Mémoires de Richelieu*, t. III, p. 423 et 425.

cha à persuader que la présente guerre était un malentendu, et provenait surtout du refus qu'on avait fait de recevoir le duc de Buckingham à Paris et du mauvais traitement dont on avait usé à l'égard de Mme de Chevreuse. Non moins soigneux des intérêts de cette dame que de ceux de son maître, il représenta : « que c'étoit une princesse aimée en Angleterre, à laquelle Charles Ier portoit une particulière affection, et qu'il la voudroit assurément comprendre en la paix, s'il n'y avoit honte de faire mention d'une femme ; mais qu'il se sentiroit très-obligé si Sa Majesté ne lui faisoit point ce déplaisir ; qu'elle avoit l'esprit fort, une beauté puissante dont elle savoit bien user, ne s'ammollissant par aucune disgrâce, et demeurant toujours en une même assiette d'esprit[1]. » Il ne demanda rien pour son compte, encore moins pour le duc de Lorraine, mais donna à entendre que, s'il était rendu à la liberté, il pourrait s'entremettre utilement pour ménager une bonne paix entre les deux couronnes.

Richelieu fut de loin consulté par Louis XIII sur les ouvertures de Montaigu. Il hésitait fort sur le retour de la duchesse de Chevreuse qui, « ayant fait beaucoup de mal dans le passé, en pouvoit encor faire à l'avenir, et par la même raison pouvoit faire du bien et apporter de l'avantage au service du

---

1. *Mémoires de Richelieu*, t. IV, p. 427.

roi ¹. » Cependant, ayant mûrement réfléchi, il écrivit au roi : « qu'il étoit difficile et hors d'espérance que cette dame pût jamais bien faire, étant si mal née ; néanmoins, comme les planètes malignes augmentoient leur malignité quand elles étoient en une maison ennemie, et, au contraire, leurs aspects s'adoucissoient quand elles étoient dans un lieu qui leur plaisoit, peut-être relâcheroit-elle quelque chose de la malignité de son esprit si on la retiroit de cet exil, joint qu'il étoit à propos de donner quelque chose aux instantes prières de son mari ². »

Quant à Montaigu, le cardinal conseilla au roi de le délivrer, « non sous les conditions qu'aucuns proposoient, mais sans condition aucune, lui donnant pleine liberté, et lui faisant la grâce entière ³. »

C'était le succès prochain de sa campagne contre les protestants de La Rochelle qui rendait le cardinal de Richelieu généreux envers des imprudents, accablés par la ruine de leurs folles entreprises, et contraints de reconnaître eux-mêmes l'impuissance de leur mauvais vouloir contre lui. Le duc de Lorraine et Mme de Chevreuse s'empressèrent de venir à Paris remercier le roi ; ils rivalisèrent entre eux de protestations et n'épargnèrent point les promesses de dévouement que ni l'un ni l'autre ne son-

---

1. *Mémoires de Richelieu*, t. IV, p. 76.
2. *Idem*, p. 78.
3. *Idem*, p. 81.

geaient à tenir. Quelques mois plus tard, Mme de Chevreuse, reléguée à Dampierre, et le duc de Lorraine, retourné à Nancy, apprenaient la reddition de La Rochelle. Cet éclatant triomphe, remporté par le puissant ministre de France sur tous ses ennemis du dedans et du dehors, était le dernier coup porté à leurs espérances.

Telle fut la conclusion de la première campagne tentée par Charles IV contre la France. Entamée avec légèreté, conduite sans jugement ni bonne foi, elle avait échoué misérablement. Heureux encore Charles IV si ce rude échec, fruit de ses fautes, fût devenu pour lui une profitable leçon.

CHAPITRE IX.

Effet considérable produit en Europe par la prise de La Rochelle. — Le caractère du roi changé par ce premier succès. — Son goût pour les entreprises militaires. — Il s'achemine vers la Savoie, et rencontre le duc de Lorraine à Châlons. — Entrevue des deux souverains. — Ce qui se passe en France pendant l'absence du roi. — Jalousie de Louis XIII envers Gaston. — Effets des méfiances réciproques des deux frères. — Caractère de Monsieur. — Grande passion qu'il affiche pour Marie de Mantoue. — Cette princesse est conduite au château de Vincennes. — Monsieur sort du royaume et se réfugie en Lorraine. — Accueil qu'il y reçoit. — Le duc Charles offre de se mêler de l'accommodement. — Il se conclut à Nancy par l'entremise de MM. de Marillac, Bellegarde et Bouthillier. — Séparation amicale de Charles et de Gaston, qui pendant son séjour en Lorraine s'était montré épris de Marguerite de Vaudemont, sœur du duc Charles.

La prise de La Rochelle (28 octobre 1628) causa une grande sensation en Europe. Rien n'avait, en effet, manqué de ce qui pouvait rehausser aux yeux des étrangers l'éclat de ce brillant succès. La ville avait été réduite à la merci du roi malgré la résistance désespérée de ses habitants, en dépit des efforts trois fois tentés par les Anglais, et sans qu'on eût eu besoin de recourir à la douteuse assistance des Espagnols. Les félicitations affluèrent de toutes parts; la cour de Lorraine ne demeura pas en arrière. Charles IV, qui s'était tant flatté de traverser l'entreprise, s'empressa d'envoyer complimenter Louis XIII et son ministre sur son heureuse réussite. L'évêque de Verdun ne s'en tint pas à de simples actes de courtoisie; renonçant à l'espoir de résister à la puissance du roi de France victorieux, peu satisfait du peu de secours qu'il avait tiré de l'empereur, des princes d'Allemagne et de son parent le duc de Lorraine, il supplia très-humblement Sa Majesté de le recevoir de nouveau en ses bonnes grâces. Le cardinal conseilla au roi de lui pardonner « à cause de sa qualité ecclésiastique [1]. »

Louis XIII accueillit d'autant mieux les soumissions de ses anciens adversaires, qu'à peine reposé de la guerre faite aux protestants du royaume, il méditait alors une autre expédition non moins considérable et beaucoup plus lointaine. Après avoir soumis La Rochelle malgré les Anglais, il se proposait d'aller par delà les monts secourir Casal contre les Espagnols. Richelieu ayant démontré dans le conseil, qu'avec beaucoup de diligence et un peu de fortune il ne serait pas impossible à une armée française d'arriver à temps pour délivrer cette place, Louis XIII avait témoigné une grande joie à l'idée de se montrer en armes hors de ses États. Il avait déclaré vouloir lui-même conduire ses troupes. Les seigneurs de sa cour n'avaient pas été peu surpris de l'entendre parler avec un entrain inaccoutumé de la gloire qu'il allait s'acquérir à leur tête [2].

---

1. *Mémoires de Richelieu*, t. IV, p. 303.
2. « Puis, quand je fus approché, il dit (le roi) : « Voici qui viendra « avec moi, et m'y servira bien. » Je lui demandai où. « En Italie, »

Le succès obtenu devant La Rochelle avait, en effet, profondément modifié le caractère du monarque français, demeuré jusqu'alors presque aussi défiant de lui-même qu'embarrassé avec les autres. Le rôle actif qu'il avait joué pendant les travaux du siége, la réussite de plusieurs opérations militaires qu'il avait suggérées ou dirigées lui-même, les éloges des courtisans, aussi empressés à vanter la sagesse de ses ordres qu'ardents à les exécuter, l'adresse de son ministre, toujours soigneux de s'effacer devant lui, cette entrée en vainqueur dans une ville qui avait bravé longtemps ses prédécesseurs, avaient enflé le cœur de Louis XIII d'une noble fierté. Sa timidité naturelle n'était pas entièrement surmontée, mais elle était devenue moins réelle qu'apparente : son triomphe lui avait donné dans ses talents comme capitaine, dans sa puissance comme souverain, une confiance toute nouvelle, qui avait relevé ses esprits, et répandu du même coup sur sa personne un air de majesté inattendue. Ce n'avait pas été la moindre habileté de Richelieu d'avoir démêlé ces instincts cachés d'un vrai courage, cet appétit secret de pouvoir et de renommée chez un prince d'assez chétif aspect, dont la première éducation avait été

---

me dit-il, « où je vais dans huit jours, pour faire lever le siége de Casal...
« Je prendrai avec nous le maréchal de Créqui, qui connait ce pays-là,
« et j'espère que nous ferons parler de nous. » *Mémoires de Bassompierre*, t. III, p. 187.

si négligée et l'enfance si prolongée; qui avait dépensé les ardeurs de sa jeunesse à de puérils amusements, et ne s'était affranchi de la tutelle de sa mère que pour s'offrir tout entier au joug de son favori. Les victoires sur les réformés avaient servi de premières amorces aux penchants belliqueux du roi. Maintenant, le cardinal de Richelieu s'appliquait à développer de plus en plus chez son maître un goût de domination et de gloire que, plus que personne, il se sentait capable de satisfaire; établissant ainsi avec un art infini les bases de son crédit désormais inébranlable, jusqu'au plus profond du cœur d'un souverain dépourvu de qualités extérieures, mais qui, par la hauteur de ses sentiments, s'est montré plus d'une fois en sa vie le digne fils d'Henri IV et le vrai père de Louis XIV.

Le voyage de Paris à la frontière de Savoie (janvier 1629), fournit à Louis XIII l'occasion de goûter quelques-unes de ces jouissances devenues si agréables à son orgueil. Il reçut à Bray la visite du prince de Condé, accouru du fond de sa province pour lui demander humblement la permission d'aller faire un tour à Paris : « Promettant de s'y gouverner ainsi que Sa Majesté lui feroit dire à l'oreille, sans disputer aucune chose, se soumettant à telle peine qu'il lui plairoit, s'il manquoit à la moindre de ses volontés [1]. » A Châlons, il rencontra le duc de Lor-

---

1. *Mémoires de Richelieu*, t. IV, p. 303.

raine, venu de Nancy pour le saluer à son passage. L'accueil fait par Louis XIII à son ancien compagnon d'enfance fut tel qu'il convenait à un roi victorieux s'acheminant vers de nouveaux triomphes. Charles IV, aussitôt son arrivée, ayant offert au roi une meute d'excellents chiens courants, celui-ci les refusa poliment, non sans faire observer « qu'ils étoient pour le moment hors de saison, parce qu'il n'employoit point le temps à la chasse que quand il n'avoit autre chose à faire [1]. » Les deux princes soupèrent toutefois amicalement ensemble. Ce ne fut qu'honnêtetés de part et d'autre et compliments réciproques, jusqu'au moment où le duc voulut entamer la question de l'hommage personnel pour le Barrois. Alors il rencontra chez Louis XIII « une roideur inflexible [2]. » Ni les raisons alléguées par le prince Lorrain, ni ses sollicitations respectueuses, ni ses protestations de dévouement, ne purent ébranler le roi. Il persista à exiger l'hommage dans toute son étendue, et voulut qu'il fût rendu au nom de la duchesse Nicole. A grand'peine accorda-t-il à Char-

---

1. *Mémoires de Richelieu*, t. IV, p. 306.

« Sur le soir, arriva le duc de Lorraine, que Sa Majesté entretint fort, et le fit souper avec elle. Ledit duc fit offre au roy de ses beaux chiens de chasse; mais Sa Majesté lui dit qu'elle auoit quitté la chasse, et qu'elle y passoit le temps lorsqu'elle n'auoit autre chose à faire; qu'alors elle ne songeoit qu'à faire voir avec combien de diligence, d'affection et d'utilité, elle assistoit ses amis quand ils en avoient besoing. » *Mercure françois*, 1629.

2. L'abbé Hugo, *Vie manuscrite de Charles IV*.

les IV un délai qui ne devait pas se prolonger au delà de son retour d'Italie.

Mais pendant que Louis XIII forçait le passage des Alpes, délivrait Casal, signait à Suse un traité de paix avec l'Angleterre, et recevait à Montauban la soumission du duc de Rohan, d'autres événements se préparaient en son absence, qui devaient influer bientôt sur les rapports de la Lorraine et de la France. Racontons brièvement l'origine de ces nouvelles complications.

Nous avons vu avec quelle facilité M{m}e de Chevreuse, exilée à Nancy, avait engagé le duc de Lorraine dans ses querelles avec le cardinal de Richelieu. Depuis que cette dame, momentanément réconciliée avec la cour, avait quitté la partie, c'était Gaston, frère du roi, qui s'était fait, avec une ostentation affectée, le chef des cabales dirigées contre le principal ministre de Louis XIII. Voulant servir les intérêts de M{m}e de Chevreuse, Charles s'était attiré la haine dangereuse du cardinal. Embrasser le parti du duc d'Orléans, c'était s'aliéner directement le roi lui-même, et l'offenser par son côté le plus sensible. Pour juger à quel point était grande l'imprudence nouvelle de Charles IV, il faut se rappeler combien les ombrages du roi contre Monsieur étaient excessifs. On risquerait, en effet, de mal comprendre l'histoire de France à cette époque, et l'on ne connaîtrait point toutes les causes des violences exercées plus tard contre la Lorraine, si l'on n'avait présentes à l'esprit les divisions fâcheuses survenues entre les deux frères.

Le duc d'Orléans, qui joua un si pauvre rôle dans les affaires de son temps, était né avec des qualités assez brillantes pour exciter de bonne heure la jalousie du roi. Après la mort du maréchal d'Ancre, Louis XIII n'avait rien eu de plus pressé que d'user de son autorité pour ôter à Gaston un gouverneur (M. de Breves), dont le seul tort, presque avéré, était d'avoir trop bien élevé son pupille. Il avait mis auprès de lui MM. du Lude et de Contades, chargés de lui faire oublier les leçons de son premier maître. Le comte du Lude étant venu à mourir, le colonel des bandes corses, le sieur d'Ornano avait été nommé à sa place. Ce nouveau gouverneur ayant réussi à prendre sur l'esprit de Monsieur une salutaire influence, dont les effets furent tout d'abord remarqués de la cour, la jalousie du roi recommença de plus belle. Elle éclata surtout au sujet du mariage de Gaston avec Mlle de Montpensier. Les mémoires du temps racontent que le père Suffren, son confesseur, « l'étant venu trouver un matin dans son cabinet, Sa Majesté ne faisant que sortir de son lit, elle se jeta à son cou tout éplorée, et lui dit qu'il connoissoit par effet que sa mère se souviendroit toute sa vie de ce qui s'étoit passé à la mort du maréchal d'Ancre, et que les avantages qu'elle procuroit à

Monsieur ne permettoient pas de douter qu'elle ne l'aimât plus que lui [1]. »

Gaston était, en effet, plus aimable que le roi. Il avait l'extérieur assez séduisant et le caractère très-facile; sa parole était aussi vive que celle du roi était lente et embarrassée : son commerce agréable faisait contraste avec la sauvagerie de son frère aîné. Il n'ignorait d'ailleurs aucun de ses avantages. Depuis son mariage surtout, il n'avait pas manqué de s'en prévaloir, rassemblant autour de lui, dans des réunions intimes où l'esprit et la gaieté ne faisaient point défaut, tout ce que la cour avait de plus brillant [2]. Les chagrins causés au roi par les succès de Gaston, s'augmentèrent encore lorsque Madame déclara sa grossesse. Il ressentit une peine mortelle quand il la vit peu de jours après « faire parade de son ventre dans le Louvre, croyant déjà d'avoir un fils, lequel dut tenir la place d'un dauphin, et chacun lui porter ses vœux et ses acclamations; et tout le monde aller

---

1. *Mémoires de Gaston, duc d'Orléans,* collection Petitot, t. I, p. 59. — Vittorio Siri, *Memorie recondite,* t. VI, p. 139.

2. « Monsieur avoit d'autres sortes de divertissements qui étoient d'un homme d'esprit, et qui demandoit d'être occupé. Il faisoit venir, une ou deux fois la semaine, quelques-uns de ses principaux officiers et gentilshommes dans son cabinet, où l'on mettoit sur le tapis quelque question morale ou politique, dont chacun devoit dire son avis à l'assemblée suivante; et c'étoit là que Son Altesse faisoit paraître la gentillesse de son esprit. Il n'y en avoit aucun qui sût mieux résoudre le problème, ni qui fût plus assuré de prendre le bon parti. Il y avoit une autre assemblée, à certains jours, où il se traitoit de choses plus libres, et pour cela on l'appeloit *Conseil de Vauriennerie*..... » *Mémoires de Gaston,* t. I, p. 63.

à Monsieur comme au soleil levant [1]. » En ce comble de fortune, Monsieur n'avait point su s'interdire le plaisir de la raillerie. Ayant rencontré la reine, une fois qu'elle venait de faire une neuvaine pour avoir des enfants, il s'était échappé à lui dire en plaisantant : « Madame, vous venez de solliciter vos juges contre moi ; je consens que vous gagniez votre procès si le roi a assez de crédit pour cela [2]. » Louis XIII était d'humeur trop sombre pour oublier jamais d'aussi pénibles impressions. Aussi, quelques mois plus tard Madame étant morte après être accouchée d'une fille [3], il s'était promis de ne point laisser remarier son frère aussi longtemps que la reine ne lui aurait pas donné d'héritiers.

L'inquiète susceptibilité du roi avait encore éclaté en plusieurs autres occasions : ce n'était qu'après beaucoup de résistance qu'il avait consenti à laisser Monsieur marcher au secours de l'île de Ré et contre les protestants de La Rochelle. Tombé malade pendant les travaux du siége, il avait eu hâte d'aller reprendre le commandement de son armée, de peur qu'en son absence son frère ne s'y acquît quelque gloire. Après le succès obtenu sur les Rochellois, succès dont Monsieur ne pouvait revendiquer

---

1. *Mémoires de Gaston*, t. I, p. 62.
2. *Idem*, p. 84.
3. Anne-Marie-Louise d'Orléans, connue sous le nom de Mademoiselle ou la grande Mademoiselle, mariée secrètement au duc de Lauzun, auteur des *Mémoires*, et morte en 1693.

la moindre part, le cardinal de Richelieu avait eu grand'peine à obtenir que ce prince fût désigné pour conduire les troupes qui devaient, les Alpes une fois franchies, porter secours à la ville de Casal. Le roi y avait un moment consenti ; mais deux jours après, il était venu confesser au cardinal que cette seule idée l'avait rendu extrêmement mélancolique : « Pensant que si Monsieur alloit à Casal, on lui donneroit tout l'honneur de ce secours ; que lui cependant demeureroit aux bagages ; qu'il se représentoit l'entrée de Monsieur dans Casal, où les acclamations publiques le publieroient libérateur de l'Italie, bien, qu'en effet, la gloire n'en fût due qu'à lui ; qu'il avoit été deux nuits sans dormir en cette considération ; qu'absolument il falloit trouver remède à son déplaisir ; autrement qu'il tomberoit en une grande maladie [1]. » Son ministre n'avait réussi à rendre un peu de repos à son esprit, qu'en l'assurant que toutes choses s'ajusteraient à son gré, « et que comme seul il méritoit la gloire du bon succès, il en auroit seul l'apparence [2]. « Ce fut le duc d'Orléans qui se chargea de lever l'embarras du cardinal ; car, après avoir vivement sollicité d'aller en Italie, il refusa tout à

---

1. *Mémoires de Richelieu,* t. V, p. 5.
2. *Idem,* p. 6.

« Il ne faut pas oublier de remarquer en passant, » ajoute Richelieu, « combien il est dangereux de lutter avec les souverains, entrer en proportion avec eux, et emporter l'avantage à leur préjudice, en quelque sujet que ce puisse être. Car il est vrai que cette grande jalousie

coup d'y accompagner Louis XIII. La susceptibilité était en effet pareille des deux côtés. Si le roi ne se souciait pas beaucoup de donner des troupes à commander à Monsieur, Monsieur ne trouvait pas non plus qu'il fût de sa dignité de servir sous les ordres du roi, là où Sa Majesté commandait en personne.

Telles étaient, au moment où les armées françaises s'acheminaient de l'autre côté des Alpes, les relations des deux frères; elles s'aigrirent même encore pendant l'expédition. Pressé par la reine douairière d'épouser une de ses nièces de la famille des Médicis, Monsieur avait jugé à propos de manifester ou peut-être de feindre une grande passion pour Marie de Gonzague, fille de Charles de Gonzague, duc de Nevers, récemment devenu seigneur souverain de Mantoue. Bien qu'il fût en ce moment occupé à défendre en Italie l'héritage du père contre les Espagnols, Louis XIII n'avait pas voulu entendre à ce mariage. Sur l'avis donné à tort ou à raison que son fils songeait à enlever sa maîtresse, Marie de Médicis avait fait amener cette jeune princesse au Louvre avec Mme de Longueville sa tante, puis conduire toutes deux au château de Vincennes. A ce coup d'autorité, Gaston avait

---

du roi fut émue par une chasse où les chiens de Monsieur chassèrent mieux que ceux du roi, et parurent si excellents qu'après que la meute de Sa Majesté eut un jour failli un cerf dans la forêt de Saint-Germain, les autres y en prirent un le lendemain, nonobstant tout l'art qu'on put honnêtement apporter pour le faire faillir, ce qui se pratique d'ordinaire entre chasseurs. » *Mémoires de Richelieu*, t. V, p. 6.

répondu en quittant brusquement la cour, et s'était retiré à Montargis. Il y était encore, se plaignant hautement à tout le monde de sa mère, du cardinal de Richelieu, et surtout du roi son frère, lorsque celui-ci, revenant d'Italie, passa dans les environs. Alors Gaston, jouant l'effroi, se transporta à Orléans, puis à Joinville, en Champagne, dans une terre de la famille des Guise; de là, il alla se loger à Saint-Dizier, et tout aussitôt le bruit se répandit que Monsieur allait se réfugier en Allemagne.

C'était chose de grande conséquence, pour un fils de Henri IV, frère du roi, héritier présomptif de la couronne, d'aller mettre sa personne aux mains des ennemis du royaume. Quelle que fût l'extravagance du sieur de Puylaurens, ou la légèreté du président Le Coigneux, confidents actuels du duc d'Orléans, aucun d'eux n'eût osé, à cette époque, le pousser dans cette voie funeste [1]. Pendant que les principaux conseillers de cette petite cour, assez embarrassée d'elle-même, délibéraient entre eux sur ce qu'ils avaient à faire, un message du duc de Lorraine vint

---

1. Antoine de l'Age, seigneur de Puylaurens, avait été nourri près de Son Altesse comme enfant d'honneur. Il possédait la confiance intime de Monsieur, qu'il fit servir d'instrument à son ambition, et le trahit presque toujours. Il épousa plus tard Mlle de Pont-Château, nièce du cardinal de Richelieu; créé, à cette occasion, duc et pair en 1634, il fut, peu après, arrêté et mis à Vincennes, où il mourut misérablement.

Le Coigneux était déjà chancelier de Monsieur. Il fut, plus tard, président à la chambre des comptes à Paris, et joua un rôle subalterne dans les troubles de la Fronde.

à point les tirer de peine, et leur rappeler qu'ils avaient à leur porte un petit pays qui n'était pas la France, qui n'était pas non plus ni l'Empire, ni l'Espagne, et qui, mieux que l'Espagne ou l'Empire, pouvait servir à leurs présents desseins. En proposant à Monsieur de venir séjourner dans ses États, Charles IV lui offrait l'occasion tant souhaitée par lui de se rendre important sans devenir encore criminel[1]. La réception faite à Monsieur dut flatter son orgueil. Le duc François alla à sa rencontre jusque auprès de Gondreville, accompagné de soixante gentilshommes. Avec ce cortége, Gaston arriva à Nancy, où la garnison, rangée en armes sur son passage, le salua de plusieurs décharges, tandis que l'artillerie des bastions annonçait son entrée au bruit de soixante volées de canon. Les princesses de la famille ducale le reçurent au haut de l'escalier rond[2]. De là, il alla voir le duc de Lorraine, qui était malade. « Cependant, en même temps qu'il s'efforçoit de combler son nouvel hôte d'amitiés

---

[1]. « Monsieur, se trouvant si proche de Nancy, envoya le sieur de Mouy-Mailleraye complimenter le duc de Lorraine, qui lui rendit, quelques jours après, les civilités par une ambassade magnifique du marquis d'Ermanville, qui l'assura que, s'il daignait l'honorer de sa venue, il serait le maître de la maison. » *Mémoires de Gaston*, t. I, p. 89.

[2]. Hugo, *Vie manuscrite de Charles IV*. On appelait l'escalier rond, un grand escalier pratiqué dans une tour située à l'un des coins du palais ducal. Cet escalier était si large et d'une pente si douce que les voitures de la cour pouvaient monter jusqu'au sommet.

Voir le *Palais ducal de Nancy*, par M. Henri Lepage; Nancy, 1852.

et d'honneurs [1], » Charles envoyait M. de Connonges à Louis XIII pour lui annoncer l'arrivée inattendue de Monsieur dans ses États [2], et lui représenter les hommages rendus à son frère comme autant de preuves du respect infini qu'il portait à Sa Majesté [3].

Il offrit en même temps au cardinal de faire expliquer Monsieur sur ses prétentions. En se proposant lui-même pour arranger la querelle survenue entre les deux frères, il prenait soin toutefois de faire remarquer que la difficulté n'était pas petite, et qu'il faudrait lui savoir gré du succès. Car, » mandait-il à Richelieu, « si les affaires du monde n'étoient pas contrepesées, il y auroit moins de peine à s'en mêler et moins de gloire aussy, et souvent celles des grands trouvent les plus fâcheuses rencontres. » Richelieu ne refusa point les bons offices du duc de Lorraine, mais il préféra se servir d'intermédiaires dont il fût plus assuré.

L'accommodement fut long et pénible à ménager. Monsieur prétendait s'être retiré de la cour parce qu'on voulait l'y traiter en enfant [4]. Il mettait pour condition à sa rentrée qu'on lui créât, en France,

---

1. L'abbé Hugo, *Vie manuscrite de Charles IV.*

2. Lettres du duc Charles à Louis XIII, du 12 septembre 1629, portées par le sieur de Connonges, son conseiller d'État, bailli et gouverneur de Bar (Archives des affaires étrangères).

3. *Mémoires de Richelieu*, t. V, p. 53.

4. « Il suo pretesto era che vedendo d'essere trattato in Francia da

une position digne de sa naissance. Ses confidents publiaient que leur maître n'entendrait à rien, si on ne lui donnait des garanties pour sa sûreté et une augmentation d'apanage. Le duc de Bellegarde, envoyé à Nancy, rapporta bientôt à Paris le sens précis de ces paroles. Il était chargé d'expliquer au cardinal que Monsieur exigeait le gouvernement d'une place frontière, la Champagne ou la Bourgogne. Pour son compte, Bellegarde n'y voyait pas d'inconvénient, particulièrement pour la Bourgogne, « parce que demeurant lieutenant du roi dans cette province, il étoit si assuré à Sa Majesté, qu'il ne consentiroit à aucune chose qui fût contre son service. » Mais c'était là une condition que le cardinal ne se souciait pas de transmettre au roi, et que celui-ci n'aurait jamais agréée; car, plusieurs fois déjà, il avait déclaré qu'il ne lui fallait point parler de gouvernement de places fortes, ni d'augmentation d'apanage à donner à son frère.

Le duc d'Orléans n'était pas non plus pressé de conclure. La Lorraine lui était un lieu d'asile commode, d'où il pouvait entretenir de faciles intelligences avec les étrangers, et faire pénétrer en France les écrits par lesquels, en décriant la politique de Richelieu, il le dénonçait comme un nou-

---

fanciullo, la sua reputazione havesse richiesto l'andarsene egli fuori per mostrare di non acconsentire vilmente à simili strapazzi. » Vittorio Siri, *Memorie recondite*, t. VI, p. 712.

veau maire du palais[1]. Il avait trouvé aussi à Nancy une cour leste et galante, charmée de le posséder, et tout occupée à lui plaire. Parmi les princesses de la famille ducale, il avait paru distinguer d'une façon particulière la sœur cadette de Charles IV. Agée seulement de quinze ans, Marguerite de Vaudemont, fille du duc François, que les portraits des grands maîtres du xviie siècle nous ont plus tard représentée si charmante, avait paru faire quelque impression sur son cœur par l'irrésistible attrait de sa jeunesse, de sa beauté et de son innocence. Douée d'un esprit aimable et de toutes sortes de grâces naturelles et insinuantes, « sa sagesse, » dit un biographe de Charles IV, « ne la rendoit pas farouche. La modestie de son sexe n'avoit rien de cette sévérité qui rebute ; et, sans sortir des bornes de la bienséance, elle s'étudioit de plaire au grand prince qu'avoient piqué ses charmes ; ne faisant pas difficulté de lui témoigner une amitié qui devoit être un jour resserrée par les liens du sacrement[2]. » Quant au

1. « Enfin, Gaston déclara, dans une lettre écrite de Nancy au roi, qu'il ne pouvait plus souffrir un nouveau maire du palais qui usurpait toute l'autorité souveraine. » Lettre de Gaston à Louis XIII. — Levassor, t. IV.

2. Les galeries historiques de Versailles contiennent deux portraits, grandeur naturelle, de Marguerite de Lorraine, femme de Gaston, frère du roi. Ils sont tous deux copiés d'après les portraits originaux qui étaient dans la galerie du château d'Eu. L'un de ces portraits représente Marguerite en habit de veuve, tenant dans sa main une miniature de son mari. Dans l'autre, elle est reproduite beaucoup plus jeune e dans tout l'éclat de sa fraîcheur et de sa beauté. L'administration des

marquis de Puylaurens, il avait patemment adressé à Mme de Phalsbourg des hommages qui n'avaient pas été mal reçus de cette princesse.

La cour de France eut bientôt occasion de connaître à quel point les intérêts de Charles et de Gaston tendaient à se confondre. Monsieur prétendait, en effet, faire intervenir le duc de Lorraine dans son traité, et s'y disait en honneur obligé par devoir d'hospitalité [1]. Charles IV demandait, en récompense de ses bons offices, que le roi se relâchât de son opposition à l'établissement d'un évêché à Nancy; qu'il donnât le titre de duc à son père (ce qui aurait entraîné la reconnaissance de la succession masculine en Lorraine), et principalement qu'il fît révoquer tous les jugements du sieur Le Bret [2]. Monsieur appuyait toutes ces demandes de M. de Lorraine.

Une si étroite intelligence ne pouvait que beau-

---

musées n'a pas voulu mettre le nom de Marguerite à ce dernier portrait, et hésite à le reconnaître pour authentique, parce que la couleur du manteau est bleue et non point orange, qui était la couleur des duchesses d'Orléans; mais à l'époque où fut fait ce portrait, Marguerite, quoique mariée à Gaston, n'était pas encore reconnue par la cour de France comme duchesse d'Orléans. La circonstance de la couleur du manteau, loin d'être une preuve contre l'authenticité du portrait, en est au contraire la confirmation assez frappante. M. Noël possède, dans sa collection lorraine, les portraits du temps de Marguerite de Lorraine, de la duchesse Nicole et de Mme de Phalsbourg. Le portrait de Marguerite, fort semblable aux gravures qui sont dans toutes les collections, donne l'idée d'une très-charmante personne.

1. *Mémoires de Richelieu*, t. V, p. 100.
2. *Idem.*

coup déplaire à Paris. Il était à craindre, si Monsieur prolongeait son séjour en Lorraine, qu'il ne prît des engagements formels avec la princesse Marguerite. Le cardinal se servit de cette inquiétude pour arracher au roi des concessions auxquelles il se serait sans cela refusé. M. de Marillac, commandant des troupes du roi en Champagne, et le duc de Bellegarde, gouverneur de la Bourgogne, furent envoyés à Nancy, avec pouvoir « d'assurer Monsieur du duché de Valois pour augmentation d'apanage, du gouvernement d'Amboise et de quelque argent. » Le duc de Bellegarde ayant précédemment laissé voir sa partialité, et le maréchal de Marillac étant déjà un peu suspect au cardinal, il leur adjoignit M. de Bouthellier, secrétaire d'État, et homme de sa confiance. Les dépêches de M. de Bouthellier et de ses collègues, des mois de décembre 1629 et janvier 1630, témoignent qu'ils ne triomphèrent pas sans peine des hésitations du duc d'Orléans; elles attestent également que le duc de Lorraine, loin d'entraver leur mission, s'était joint à eux pour mener à bien l'accommodement [1]. Cependant ils avaient eu ordre de ne point souffrir que Charles mêlât ses prétentions à celles de Monsieur, et de ne lui donner que des paroles fort générales. Assuré de s'être acquis des droits sur un personnage aussi

---

1. Voir aux appendices, pièces justificatives, les dépêches de MM. de Marillac et de Bouthellier.

considérable que Monsieur l'était alors en France, Charles n'insista pas et se donna pour satisfait.

L'accord avait été signé le 2 janvier 1630 ; peu de jours après, Monsieur quitta Nancy. Le duc, suivi du cardinal son frère, du marquis de Mouy et des premiers gentilshommes de sa cour, le reconduisit pendant plusieurs lieues sur le chemin de Toul. Là, ils se séparèrent, non sans avoir échangé les plus tendres adieux, les plus chaleureuses protestations d'amitié, et probablement aussi avec le secret projet de se bientôt retrouver [1].

Le prince de Phalsbourg s'était joint au cortège qui accompagna le prince français. De plus en plus mécontent de sa position en Lorraine, triste de l'accueil trop favorable que sa femme avait fait aux galanteries de Puylaurens, l'ancien favori de Henri II sollicitait alors, sans pouvoir l'obtenir, quelque charge ou emploi à la cour de France [2].

---

1. « Son Altesse, accompagnée de l'Altesse, de M. le cardinal, de M. le marquis (le marquis de Mouy), de M. le prince de Phalzebourg, et tous les principaux de la noblesse, le conduisit, à une grande lieue de Nancy, sur le chemin de Toul. Ils ne se pouuoient remercier, ny séparer aux adieux et remerciements de la cour, moins à la séparation de la campagne ; ils descendirent plusieurs fois de carrosse pour se donner les derniers adieux ; les embrassements et baisers furent témoins des regrets de leur séparation, et des remerciements de sa réception en ce lieu. » *Mercure françois*, 1630.

2. Lettre du maréchal de Marillac au cardinal de Richelieu, 19 décembre 1629 (Archives du ministère des affaires étrangères).

CHAPITRE X.

Situation des affaires extérieures de la France après le retour de Monsieur en France. — Leur gravité, tant en Allemagne qu'en Italie. — État des relations du duc de Lorraine avec Louis XIII à cette époque. — Nouvelle incartade de Monsieur au moment du départ du roi pour l'Italie. — Entrevue entre les deux frères et réconciliation. — Brouilleries entre la reine-mère et le cardinal, peu de temps après la maladie du roi. — Monsieur se laisse entraîner à y prendre part. — Menaces qu'il adresse au cardinal. — Il se retire à Orléans. — Fuit en Bourgogne, et en Franche-Comté. — Il est poursuivi par le roi et demande asile au duc de Lorraine. — Le duc de Lorraine fait ses conditions. — Monsieur s'engage à épouser Marguerite de Vaudemont. — Accueil empressé qu'il reçoit en Lorraine. — Intrigues qu'il y noue. — Le roi s'avance en Champagne pour surveiller les démarches de Monsieur et du duc de Lorraine. — Relations de la France avec le roi de Suède, qui s'avance en Allemagne et défait les Impériaux. — Armements du duc de Lorraine, faits d'accord avec Monsieur et l'empereur d'Allemagne. — Le roi en prend jalousie et somme le duc de Lorraine de passer le Rhin avec ses troupes. — Campagne du duc de Lorraine en Allemagne. — Il ne peut joindre Gustave-Adolphe. — Ses troupes sont épuisées par les fatigues et les maladies. — Mort du prince de Phalsbourg. — Charles généralissime des armées de Bavière. — Il est rappelé dans ses États par les menaces du roi Louis XIII, qui fait mine de vouloir envahir la Lorraine. — Traité de Vic entre Louis XIII et Charles IV. — Gaston épouse secrètement la sœur du duc.

Au moment où il traitait à Nancy de son accommodement avec la cour, Monsieur n'ignorait pas que Louis XIII et son ministre avaient alors sur les bras plusieurs affaires considérables qui réclamaient la libre disposition, au dehors, de toutes les forces du royaume.

Les années qui venaient de s'écouler avaient été très-favorables aux armes autrichiennes. L'empereur d'Allemagne n'avait pas, comme Louis XIII, conduit lui-même ses soldats au combat, mais les habiles généraux qu'il avait placés à leur tête, Pappenheim, Bucquoi, Tilly, et surtout Wallenstein, grand homme de guerre autant que profond politique, avaient, par une suite de succès non interrompus, assuré l'ascendant exclusif de la maison d'Autriche en Allemagne. Rien n'avait pu résister à leurs efforts réunis : partout la ligue protestante avait été battue. Entré en ligne après les désastres de l'électeur palatin, après la mort de l'aventureux Ernest de Mansfeldt, le roi Christian de Danemark n'avait, pas mieux que ses devanciers, réussi à soutenir le choc des vieilles bandes impériales. Refoulé jusque sur les bords de la Baltique, il avait dû (mai 1629) abandonner ses alliés pour obtenir de son vainqueur la restitution de ses possessions continentales.

Au début de l'année 1630, rien n'empêchait donc plus l'empereur, débarrassé de tous ses adversaires du nord de l'Europe, de tourner son principal effort contre la France. Deux voies s'ouvraient devant lui qui lui permettaient, sans déclarer encore la guerre, de jeter le cabinet français en d'assez graves embarras. Redevenu maître depuis peu des passages de la Valteline, il était libre de faire descendre ses troupes en Italie, et, sous prétexte qu'il ne lui avait pas accordé l'investiture de son duché, saisir au duc de

Mantoue la portion de ses États dont l'expédition de Louis XIII l'avait récemment mis en possession. S'il prenait ce parti, il pouvait compter sur l'assistance des Espagnols qui, mécontents du rôle que Gonzalès leur avait fait jouer pendant la campagne précédente, venaient d'envoyer leur plus habile général, le marquis de Spinola, pour le remplacer à Milan. Il n'était pas moins assuré de rencontrer dans le duc de Savoie un auxiliaire secret, enchanté de se venger de la rude contrainte qui lui avait été imposée lorsque les armées françaises avaient de vive force traversé ses provinces, et qui n'attendait que l'occasion de s'affranchir des conditions humiliantes du traité de Suse. S'il préférait attaquer la France par sa frontière de l'est, l'empereur n'ignorait pas qu'il la trouverait également vulnérable de ce côté. Là aussi il ne dépendait que de lui de s'adjoindre un autre souverain depuis longtemps irrité contre le roi et contre le cardinal. Non moins que le duc de Savoie, le duc de Lorraine avait une revanche à prendre et d'anciens ressentiments à satisfaire, et, plus qu'Amédée de Savoie, Charles IV pouvait devenir alors un adversaire redoutable. Grâce aux intelligences qu'il avait gardées avec Monsieur et les mécontents de la cour, il était mieux que personne en état de susciter au sein même du royaume quelques-unes de ces diversions qui, par le passé, avaient déjà si souvent aidé aux succès des armes étrangères. Les lettres que le maréchal de Créquy écrivait d'Italie étaient de nature à donner de grands doutes sur les desseins du duc de Savoie ; mais les dépêches du maréchal de Marillac, commandant de l'armée du roi en Champagne, étaient beaucoup plus alarmantes encore, et ne permettaient pas d'entretenir la moindre illusion sur les dispositions actuelles du duc de Lorraine.

Par les courriers fréquents qu'il expédiait tantôt au roi demeuré en France, tantôt au cardinal déjà parti pour l'Italie, le maréchal de Marillac ne cessait de dénoncer la présence de troupes allemandes dans l'évêché de Metz et la continuation des levées de M. de Lorraine ; il signalait surtout la peine que se donnait ce prince pour obtenir de l'empereur la garde des places de Vic et de Moyen-Vic, dont il offrait d'ouvrir les portes à la première réquisition venue d'Allemagne. Le sieur de Marsheville avait même été expédié de Nancy au commandant de l'armée de Champagne, pour le persuader de consentir, au nom du roi, à cet arrangement singulier, ce que celui-ci avait rejeté bien loin [1].

C'était pour surveiller ces mouvements concertés de l'empereur et du duc de Lorraine, et se tenir en même temps à portée de son armée d'Italie, que

---

[1]. Dépêche de M. de Marillac, du 25 février 1630 (Archives du ministère des affaires étrangères). — Voir aux Pièces justificatives. — *Mémoires de Richelieu*, t. V, p. 418.

Louis XIII s'était dirigé sur Troyes, d'où il devait plus tard, suivant l'avis du cardinal, gagner Châlons. A Châlons il pouvait, d'un côté, recevoir promptement par la Bourgogne les nouvelles de Lorraine, tandis que de l'autre, par la Franche-Comté, il menaçait, au besoin, la Savoie. De Troyes, Louis XIII écrivit à Charles IV une lettre que M. de la Saludie fut chargé de porter à Nancy. Après avoir expliqué au duc que la présence des troupes allemandes en Alsace et aux environs l'avait seule obligé à renforcer son armée de Champagne, Louis XIII témoignait quelque étonnement et quelque ombrage au sujet des levées récemment faites en Lorraine. Il terminait sa lettre en « s'assurant que Charles ne feroit aucune difficulté de dire les choses au vrai à son messager, et seroit bien aise de lever tous les justes soupçons que pouvoient donner de telles levées en l'état présent des affaires du dehors [1]. »

Monsieur, qui n'avait cessé de s'entendre par messages secrets avec le duc de Lorraine [2], jugea le moment opportun pour entrer de nouveau en scène. Pendant la durée des négociations qui avaient eu lieu à Nancy pour son accommodement, Gaston n'avait jamais voulu s'engager à aller voir le roi à

---

1. Lettre de Louis XIII à Charles IV. Voir aux Pièces justificatives cette lettre, dont la minute, gardée aux archives des affaires étrangères, paraît être de la main de M. Bouthellier.

2. Voir les dépêches de M. de Marillac, aux Pièces justificatives.

son retour en France : « Il ne disoit point qu'il y iroit, ni qu'il n'y iroit pas, mais qu'il aviseroit à ce qu'il auroit à faire : il pensoit qu'il le verroit; toutefois il n'en assuroit pas [1]. » Effectivement il s'en était absolument dispensé, ce qui n'avait pas laissé de blesser le roi. « Il n'avoit pas voulu non plus témoigner être satisfait du cardinal de Richelieu. » Il avait répondu à Bouthellier qui lui avait porté les civilités de Son Éminence, et demandé pour elle l'honneur de ses bonnes grâces, que, « selon que le cardinal lui en donneroit sujet, il croiroit qu'il le voudroit aimer ou non, et ne dit rien davantage [2]. »

Le roi ne se fut pas plus tôt mis en route pour la Champagne, que Monsieur, demeuré jusqu'alors dans son apanage d'Orléans, arriva dans la capitale. Sa brusque apparition au Louvre (26 février) troubla d'autant plus la reine douairière que, soudainement pris d'un retour de tendresse pour Marie de Mantoue, son fils lui déclara être venu à Paris afin de s'opposer au départ de la jeune princesse qu'on se proposait alors d'envoyer au couvent d'Avenay. En sortant d'auprès de sa mère, il avait, en effet, couru à l'hôtel de Saint-Paul faire visite à son ancienne maîtresse. Dès qu'il avait appris l'apparition de son frère à Paris, Louis XIII n'avait pas hésité à rebrousser chemin; de Nogent où il était déjà, il se rendit

---

1. *Mémoires de Richelieu*, t. V, p. 105.
2. *Idem*, p. 106.

en toute hâte à Fontainebleau. Ce fut alors au tour de Monsieur à revenir sur ses pas. Il gagna sa maison de campagne de Limours, puis rentra à Orléans [1]. »

Le bruit du nouveau malentendu survenu entre le roi et Gaston causa une joie extraordinaire en Flandre aux Espagnols, et au duc de Lorraine à Nancy. Ils ne doutèrent pas que ce mouvement intérieur ne suffît à « arrêter une partie des forces de Sa Majesté, et qu'il ne se terminât enfin en un mauvais effet pour son État [2]. » Selon sa coutume, Louis XIII consulta le cardinal au sujet de ce qu'il appelait lui-même « la boutade » de son frère. Le cardinal répondit que le lieu où il était le devait empêcher d'avoir un avis, mais que bien librement il dirait : « Ou qu'il falloit faire une vraie et solide réconciliation de Monsieur avec le roi, et gagner les siens, en sorte qu'il ne restât aucun soupçon de part ni d'autre, ou faire la paix [3]. » Décidé à n'abandonner à aucun prix ses grands projets du dehors, Louis XIII résolut de suivre les conseils de son ministre « et de consentir les sacrifices nécessaires au contentement de Monsieur et des siens. » Le père Gondren, confesseur du duc d'Orléans, eut ordre de lui parler de la part du roi, et

---

1. Dépêche de Gondi au grand-duc de Toscane. — Vittorio Siri, *Memorie recondite*, t. VII, p. 61.
2. *Mémoires de Richelieu*, t. V, p. 345.
3. *Idem*, t. VI, p. 39.

Bullion dut s'aboucher avec Puylaurens et le président Le Coigneux. Cette dernière négociation n'était pas la moins importante; car, ainsi que l'avait indiqué Richelieu, on ne pouvait rien sur Monsieur qu'en gagnant ses favoris. Ces messieurs ayant réglé avec Bullion le tarif de leurs bons offices, ne tardèrent pas à amener à Troyes leur maître satisfait lui-même, et animé des plus conciliantes intentions. Par commandement du roi, le comte de Soissons alla au-devant de Monsieur jusqu'à quatre lieues de Troyes. Arrivé dans cette ville (17 avril 1630), Monsieur y fut reçu « avec grande joie et grand accueil du roi et de la reine sa mère [1]. » Ses confidents y avaient également rencontré si bon visage « qu'il n'y avoit pas apparence de se ressouvenir du passé. Tous les siens témoignant, » ajoute Richelieu, « une disposition entièrement soumise avec amitié et respect, dont on espéroit voir la suite et les effets au bien de la France, honneur du roi et confusion de ses ennemis [2]. »

Au sortir de cette entrevue, le roi se mit en route pour Dijon. De Lyon, où il arriva le 2 mai, il fit expédier à Monsieur les lettres par lesquelles il lui donnait la charge de commander son armée de Champagne, et le nommait son lieutenant général pour représenter sa personne en la ville de Paris et

---

1. *Mémoires de Richelieu*, t. VI, p. 72.
2. *Idem.*

provinces voisines pendant tout le temps de son absence [1].

Telle était la liaison secrète mais étroite de Charles et de Gaston, que la satisfaction donnée à Monsieur parut arrêter soudainement les effets du mauvais vouloir du duc de Lorraine. Pendant les mois de février, de mars et d'avril, M. de Marillac n'avait cessé d'entretenir le roi et le cardinal des inquiétudes que lui causaient la contenance de M. de Lorraine, ses levées de troupes et ses fâcheux déportements. Par une dépêche des premiers jours de mai, il avait même annoncé l'intention de loger l'armée du roi à Dulouart, afin, disait-il, « d'assurer la communication entre Metz et Toul, pouvoir prendre son temps à l'occasion, et donner à penser à M. de Lorraine [2]. » D'autres correspondances venues de Lorraine, confirmaient les assertions du maréchal. Une lettre adressée de Bayon, par la princesse de Croy à la reine mère, donnait même des détails précis sur les négociations que M. de Lorraine avait entamées avec les Allemands pour faire une levée de boucliers dans les trois évêchés [3]. Cependant, l'accord de Monsieur n'est pas plus tôt conclu, que tout change en Lorraine. Depuis surtout l'apparition momentanée de Gaston

1. *Mémoires de Richelieu*, t. VI, p. 77. — *Mémoires de Gaston*, t. I, p. 90.
2. Dépêches de M. de Marillac au roi, en date du 13 mai. — Archives du ministère des affaires étrangères. Voir aux Pièces justificatives.
3. Lettre de la duchesse de Croy à la reine mère, du 7 avril 1630. Voir aux Pièces justificatives.

à l'armée de Champagne, M. de Marillac ne fait plus que se louer de Charles IV. Il assure le cardinal de Richelieu que Charles IV est dans les meilleures dispositions, « et qu'il y a lieu pour le roi de se relâcher à son égard [1]. — Il sent, » écrit-il dans une autre dépêche, « qu'il est bien éloigné de l'empereur pour en recevoir assistance, tandis qu'il est bien près de Sa Majesté pour en être maltraité. Aussi proteste-t-il de ses bonnes dispositions, si on lui donne satisfaction sur certaines réclamations justes et fondées, dont le succès lui donnera droit de se dire, envers et contre tous, passionné serviteur de Sa Majesté..... Mais, » prend soin d'ajouter prudemment le maréchal, « il faut bien y regarder, car il est bien dissimulé et trompeur [2]. »

Rien ne prouve que les protestations de Charles, aussi bien que les soumissions de Gaston, ne fussent

1. Dépêche de M. de Marillac du 10 juin 1630 (Archives du ministère des affaires étrangères). Voir aux Pièces justificatives.
2. Dépêche du maréchal de Marillac du 16 juin 1630 (Archives du ministère des affaires étrangères). Voir aux Pièces justificatives.
On peut présumer que le cardinal de Richelieu, qui avait d'abord trouvé excessives (voir ses Mémoires) les appréhensions que le maréchal témoignait au sujet des desseins de Monsieur de Lorraine, ne remarqua pas sans défiance le changement survenu dans le langage du commandant de l'armée de Champagne. L'ombrageux ministre de Louis XIII, jaloux déjà de la confiance accordée par la reine mère au garde des sceaux, frère du maréchal, devait être facilement porté à soupçonner quelque coupable intrigue tramée contre lui, entre Monsieur, le duc de Lorraine et le maréchal. Tel est probablement le crime dont il a plus tard voulu tirer, par la mort de M. de Marillac, une si terrible vengeance. Les exactions qu'il reprocha à sa victime étaient, à cette époque, communes à tous les gens de guerre. Les chefs d'armée

pas alors parfaitement sincères. La vérité veut toutefois que nous convenions que la sage attitude des deux princes provenait en partie des plus étranges et des plus vains motifs. La santé toujours assez délicate de Louis XIII paraissait décliner sensiblement. Le bruit était alors généralement accrédité, tant au dedans qu'au dehors du royaume, et principalement parmi la faction opposée au cardinal, que le roi n'avait plus longtemps à vivre. Chose singulière! sa propre mère avait, plus que personne, contribué à faire naître et à répandre cette conviction. Marie de Médicis croyait à l'astrologie : elle passait une partie de son temps à se faire tirer des horoscopes. L'astrologue de confiance qu'elle entretenait près de sa personne, ceux qu'elle avait envoyé consulter en pays étrangers, lui avaient annoncé la mort prochaine de son fils aîné [1]. Elle n'en doutait nullement.

---

les pratiquaient seulement sur une plus grande échelle; et jamais Richelieu ne songea à les en punir sévèrement. Quoi qu'il en soit, le maréchal de Marillac fut bientôt appelé à se rendre à l'armée d'Italie, où deux autres maréchaux lui furent adjoints, et le commandement des troupes de Champagne fut remis en des mains plus assurées.

1. « Godeva appresso la regina madre Luca Fabroni un buonissimo posto di reputazione, e di grazia, ed una piena ed intima confidenza delle cose astrologiche nelle quali ella haveva gran fede e diletto. » *Memorie recondite*, Vittorio Siri, t. VI, p. 496.

« Al Gondi riferì Luca Fabroni il giorno 27 de dicembre che la regina madre l'haveva chiamato per mostrarli un discorso astrologico stato dato a lei per un avvertimento sopra la natività del re, e concludendo anche egli che non potesse scappare di quell' anno a sentire il mal influsso già pronosticato da detto Fabroni. » Dépêches de Gondi au grand-duc de Toscane. — *Memorie recondite*, Vittorio Siri, t. VI, p. 793.

C'était en prévision de ce malheur, qu'elle s'était si fort opposée à la seconde expédition d'Italie; qu'elle avait si vivement désiré la rentrée de Monsieur en France et sa complète réconciliation avec le roi. Marie de Médicis n'était pas seule, parmi les personnes de son temps, à demander conseil aux astres pour se diriger dans les affaires de la politique, et à professer sa créance aux prédictions des devins. La cour entière avait appris avec effroi qu'on avait trouvé dans le cabinet d'un certain Duval, fameux dans sa profession, un papier où se lisait, écrit de sa main : « *Sol cancrum non peragrabit, quin valedicat* [1]. » Quoi d'étonnant si Monsieur, satisfait de sa position de lieutenant général, attendait paisible et confiant la catastrophe si assurément prédite, et qui devait le mettre en possession de la souveraine autorité? A la cour de Lorraine, on se tenait si persuadé du futur avénement de Gaston au trône de France, que le prince Nicolas-François lui écrivit, à cette époque, une lettre qui n'avait pas d'autre but que de lui « témoigner les sentiments d'un ami qui prenoit part à son élévation prochaine, qui l'exhortoit à se conserver pour rece-

---

1. *Mémoires de Gaston*, t. I, p. 102.
Le sieur Duval, médecin, fut plus tard mis à la Bastille, et ensuite condamné aux galères, avec un nommé Senelle, comme atteints du crime de lèse-majesté, pour avoir fait des jugements, pronostics et nativités sur la vie du roi et avoir apporté de Lorraine quelques paquets de lettres préjudiciables au service de Sa Majesté. *Mémoires du cardinal de Richelieu*, t. VI, p. 515.

voir la couronne qui lui alloit échoir, et qui lui recommandoit, sur toutes choses, d'arrêter le cardinal aussitôt que le roi auroit les yeux fermés. Malheureusement, » ajoute avec tristesse le biographe de Charles IV auquel nous empruntons ce détail, « la lettre fut interceptée et remise à Richelieu [1]. »

Nous n'avons pas besoin de rappeler comment le roi étant tombé malade à Lyon, les prédictions des astrologues faillirent se vérifier exactement. Il n'entre pas davantage dans notre sujet de raconter la convalescence du roi, l'influence un instant reconquise sur lui par la reine mère, l'usage qu'elle en voulut faire pour perdre son ennemi, l'échec momentané et le triomphe définitif du cardinal. Le récit des scènes qui se passèrent à Lyon, et qui se renouvelèrent ensuite au palais du Luxembourg est partout. Les Mémoires du temps sont remplis d'anecdotes plus ou moins avérées sur la journée des dupes [2]. Ni le duc

---

1. L'abbé Hugo, *Vie manuscrite de Charles IV*.
2. Les différents épisodes de cette journée, ainsi que le détail de ce qui s'était passé à Lyon, nous paraissent avoir été rapportés avec exactitude par Vittorio Siri. Cet auteur, né en 1608, que nous avons eu plusieurs fois occasion de citer, manquait plutôt de critique que de renseignements sur les faits de son temps. Pensionné par la cour de France et patroné par le grand-duc de Toscane, il paraît avoir eu connaissance des dépêches que le sieur de Gondi, agent de ce prince, lui adressait journellement de Paris. C'est à cette source qu'il puise habituellement les détails curieux qu'il donne sur l'intérieur de la famille royale de France. Plusieurs historiens ont reproduit une partie de ses récits et quelques-unes de ses anecdotes, sans l'avoir jamais nommé. Il assure

de Lorraine ni Monsieur n'y jouèrent de rôle actif. Lorsque la brouille fut complète et ouvertement déclarée entre le cardinal, soutenu par le roi, et la reine douairière, Gaston ne se déclara pas d'abord pour sa mère.

En apprenant ce qui s'était passé entre le roi et la reine mère, à l'hôtel du Luxembourg, Monsieur s'était, de premier mouvement, rendu auprès de sa mère pour l'assurer de son service. Mais, plus tard, voyant que le roi prenait en main la cause du cardinal comme la sienne propre, il changea soudain de pensée. Il alla trouver son frère, désapprouva le procédé de la reine mère, « et protesta de ne se départir jamais des intérêts et des volontés de Sa Majesté, qui seroient toujours la règle des siennes. Il promit aussi au cardinal de l'aimer et de le défendre contre tous ceux qui, au préjudice de l'autorité royale, voudroient l'offenser [1]. » Comprenant ce que sa situation aurait toujours d'incommode et de violent, aussi longtemps que la famille royale demeu-

---

avoir tenu de M. de Saint-Simon, le favori du roi, la narration détaillée de ce qui s'était passé tant à Lyon qu'à Paris, pendant la disgrâce momentanée du cardinal, et cela à une époque, ajoute-t-il, où les principaux acteurs de ce drame domestique étant disparus de la scène, l'ancien grand écuyer de Louis XIII n'avait aucune raison de rien taire ni altérer des scènes dont il avait été le seul témoin. La version de Vittorio Siri confirme d'ailleurs pleinement, avec plus d'étendue, ce que le duc de Saint-Simon, auteur des Mémoires, rapporte du rôle joué par son père en cette circonstance. — Voir Vittorio Siri, *Memorie recondite*, t. VII, p. 282.

1. *Mémoires de Richelieu*, t. VI, p. 43.

rerait tout entière réunie contre lui, le cardinal s'était hâté de s'assurer l'appui des favoris de Monsieur. Il lui avait suffi pour cela de leur jeter en pâture quelques nouvelles faveurs. Le Coigneux reçut une charge de président à mortier évaluée à cinq cent mille livres, et Puylaurens une somme de deniers comptant à peu près égale. Convaincu en même temps que l'espoir de plus hautes récompenses pouvait, mieux que le souvenir des bienfaits reçus, entretenir la bonne volonté de ses nouveaux alliés, Richelieu avait promis à l'homme de cour un titre de duc et pair, et au magistrat la pourpre romaine. Tel avait été le prix auquel ces deux messieurs avaient offert, et le cardinal acheté, l'inconstante amitié de leur maître [1].

Nous ne savons pas si M. de Lorraine fut, pour son compte, compris nominalement dans le marché. Nous voyons toutefois, à cette époque (17 décembre 1630), le roi, qui avait précédemment, par un

---

1. Sa Majesté donna au premier une somme notable pour acheter le duché d'Anville, et au second une charge de président à mortier, avec promesse de le faire promouvoir au cardinalat. *Mémoires de Richelieu*, t. VI, p. 431.

« Le Cogneux eut une charge de président à mortier, avec parole qu'on lui ferait avoir un chapeau de cardinal pour sa récompense ; et l'on donna trois cent mille livres à Puylaurens pour mettre en une terre qui devait être érigée en duché, outre cent mille francs que Le Cogneux suppléa de son argent, afin que la récompense fût égale de part et d'autre, sur le pied de cinq cent mille livres que la charge du président fut évaluée. Ce qui fit dire, par grande merveille, qu'un homme avait été vendu huit cent mille livres. » *Mémoires de Gaston*, t. I, p. 94.

décret en date du 5 juin, nommé M. Molé son commissaire en la conférence avec le duc de Lorraine; écrire à ce magistrat, ainsi qu'à ses collègues, pour leur recommander de rabattre quelque chose sur les prétentions qu'ils avaient charge de faire valoir contre les domaines de Charles IV [1].

On le voit, l'année 1630 finissait comme elle avait commencé; c'est-à-dire par la réconciliation des deux frères; réconciliation ménagée aux dépens de l'autorité royale, et soldée sur les fonds du trésor. Ne soyons pas trop surpris toutefois si le ministre principal de Louis XIII, ennemi ordinaire de lâches concessions, avait, cette fois encore, consenti à payer cher le répit accordé par des adversaires qu'il méprisait. En ce moment, plus que jamais, la paix intérieure était nécessaire au succès de la politique extérieure. S'il n'eût à tout prix obtenu un peu de tranquillité pour le royaume et quelque repos d'esprit pour lui-même, le cardinal n'aurait pu suivre le développement des vastes combinaisons que, de longue main, il avait préparées pour ruiner la pré-

---

1. « Suivant ce qui a esté ci-devant promis audit duc par la reyne, madame ma mère, pendant que j'étois absent, mon intention est que vous ne traitiez point en ladite conférence des fiefs possédés par ledit duc mouvans nuement de l'empire, et que vous ne preniez connoissance que des choses postérieures à l'entrée du roy Henri II dans Metz. » Lettre du roi, en date du 17 décembre 1630, à MM. de Boissy, de Buillion, de Bisseau et Molé, ses commissaires en la conférence avec le duc de Lorraine (archives du ministère des affaires étrangères).

pondérance de la maison d'Autriche, et dont l'exécution allait enfin commencer.

Le traité conclu à Ratisbonne (13 octobre 1630) avec l'empire n'avait pas, même en apparence, suspendu la lutte ouverte entre les deux couronnes. Pendant qu'il faisait signer par ses deux négociateurs, Léon Brulart et le père Joseph, l'arrangement éphémère qui réglait les différends d'Italie, le cardinal s'occupait, avec une ardeur fort peu dissimulée, de chercher à la ligue protestante un chef assez considérable pour lui rendre confiance, assez hardi pour oser se mesurer avec les vieilles bandes impériales. Il avait été assez heureux pour rencontrer à propos un prince jeune et victorieux, qui déjà fixait les regards de toute l'Allemagne. Monté, à dix-sept ans, sur le trône de Suède; justement fier de succès qu'il avait, à la tête de ses troupes, remportés sur les États voisins de la Baltique, Gustave-Adolphe ne demandait pas mieux que d'essayer sa fortune sur un plus grand théâtre [1]. Mais il avait fallu d'abord, pour assurer à ce futur adversaire de l'Autriche, toute la liberté de ses mouvements, lui ménager une trêve de six années

---

[1]. « Davantage Sa Majesté avoit avis certain que Walstein, homme superbe, comme venu de peu à la grande fortune où il étoit élevé, et plein de haine et de mépris de toutes les puissances étrangères, ce qui est naturel à tous les Allemands, promettoit à l'empereur de nous attaquer puissamment dans les Trois-Évêchés. Elle savoit aussi que Tilly levoit huit régiments en la haute Allemagne, mais qu'il en avoit choisi

avec son ancien adversaire le roi de Pologne. M. de Charnacé, l'habile agent du cardinal, y avait réussi, mais non sans quelque peine. Il n'avait pas été facile non plus de persuader à ce monarque défiant, et qui traitait pour la première fois avec la vieille Europe, que Louis XIII eût sérieusement l'intention de l'assister contre ce même empereur d'Allemagne avec lequel il venait de traiter si récemment à Ratisbonne. L'orgueil du roi de Suède était aussi blessé de ce qu'on ne voulait point avouer publiquement les engagements qu'on allait prendre avec lui. Ses objections cessèrent toutefois à la vue des traites sur les marchands hollandais dont M. de Charnacé était porteur. Moyennant un subside annuel de quatre cent mille écus, somme à peine supérieure à ce qu'avaient reçu Puylaurens et Le Coigneux, Gustave-Adolphe s'engageait à conduire en Allemagne une armée de trente mille hommes. Il promettait de maintenir la religion existante dans tous les lieux qu'il pourrait conquérir, comme aussi de ne commettre aucun acte d'hostilité contre le duc de Bavière et la ligue des princes catholiques, pourvu qu'ils gardassent une exacte neutralité.

cinquante (les meilleurs hommes de chaque compagnie) qu'il envoyoit vers Strasbourg.

« Sa Majesté, pour essayer de détourner et employer autre part une bonne partie de ces grandes forces qu'elle voyoit se préparer contre son État, crut devoir cultiver promptement l'occasion du roi de Suède, qui étoit en volonté de descendre en Allemagne..... » *Mémoires de Richelieu*, t. VI, p. 396.

Ce traité, presque conclu vers la fin de 1630, n'avait pas été plus tôt signé (23 janvier 1631), que le roi de Suède s'était mis en mouvement. Aussi prompt et impétueux dans ses opérations de guerre, qu'il avait été lent et mesuré dans ses transactions diplomatiques, il s'était, dès le mois de juin précédent, emparé de l'île et de la principauté de Rugen. Il avait employé l'automne à s'assurer de fortes positions dans la Poméranie; il avait fait sa jonction avec l'électeur de Brandebourg, et s'était acheminé vers la Saxe. Déjà à son approche, les électeurs protestants reprenant courage, avaient refusé les subsides à l'empereur. Les événements les plus considérables et les plus intéressants pour la France s'allaient donc accomplir en Allemagne, lorsqu'une nouvelle équipée de Monsieur vint encore une fois distraire tout à coup l'attention du cardinal. Telle avait été jusqu'à présent la condition déplorable du ministre de Louis XIII, que jamais il n'avait pu donner une direction un peu haute à la politique extérieure du royaume, qu'aussitôt il n'eût rencontré, comme obstacles à ses desseins, les résistances obstinées de la mère de son maître ou les coups de tête de son frère. Ils étaient cette fois ligués ensemble contre lui. Marie de Médicis, quels que fussent l'emportement de son caractère et la vanité de ses motifs, avait au moins le mérite de mettre une certaine logique dans son opposition. Les mêmes raisons qui avaient poussé cette princesse toute Italienne et catholique, à rechercher un mariage espagnol pour son fils, à s'opposer, autant qu'elle l'avait pu, à la première entrée des troupes françaises en Italie, à entraver par les éclats intempestifs de sa sollicitude maternelle la seconde expédition du roi en Savoie, la portaient actuellement à blâmer l'alliance compromettante ménagée avec le chef hérétique de la ligue antiautrichienne. Elle était conséquente avec elle-même, lorsqu'elle reprochait à Richelieu un système de politique trop hardi, qu'elle avait combattu du vivant de son mari, et qu'elle avait eu si grande hâte de changer après sa mort. Il y avait bien autrement d'incohérence dans la conduite de Gaston : c'étaient toujours ses favoris qui le faisaient, à leur gré, ou rester sous la tente, ou entrer en campagne. Cette fois, l'histoire éprouve quelque peine à démêler leurs motifs et un certain embarras à les expliquer. Il paraît qu'un peu de méfiance s'était glissée entre eux. Les Mémoires du temps rapportent qu'une femme avait intenté une action criminelle contre Le Coigneux, accusant le futur cardinal « d'avoir fait mourir sa fille, avec laquelle elle prétendoit qu'il avoit contracté mariage et en avoit eu des enfants [1]. » A tort ou à raison, celui-ci soupçonnait Richelieu de lui avoir suscité ce procès, afin de reculer indé-

---

1. *Mémoires de Richelieu*, t. VI, p. 440.

finiment sa promotion, et n'avoir plus à compter qu'avec Puylaurens. Quant à Puylaurens, non moins jaloux de Le Coigneux, il s'en prenait avec assez de justice, au roi et à son ministre, des difficultés qu'il rencontrait à l'acquisition du duché d'Anville ; il était surtout pressé d'aller revoir Mme la princesse de Phalsbourg.

Persuadés, après de mutuelles explications, que le cardinal avait voulu les brouiller l'un avec l'autre et se jouer de tous deux, les conseillers de Monsieur se réconcilièrent entre eux, firent leur paix avec la reine mère, et ne songèrent plus qu'à livrer un dernier et vigoureux assaut à l'ennemi commun. D'après leur avis, Gaston entama la rupture par une scène d'apparat et de violence. Le 31 janvier au soir, prenant avec lui douze ou quinze des jeunes gentilshommes de son entourage, il vint surprendre le cardinal dans son hôtel ; là, sans autre préambule, il lui dit « qu'il venoit rétracter la parole qu'il lui avoit donnée peu de jours auparavant d'être son ami ; lui déclarer, au contraire, qu'il n'étoit pas pour demeurer sans ressentiment qu'un homme de sa sorte se fût tant oublié que de mettre toute la famille royale en combustion ; que, devant sa fortune et toute son élévation à la reine, sa bienfaitrice, au lieu de lui témoigner sa gratitude, ce qu'un homme sage et un fidèle serviteur eût fait, il fût devenu, au contraire, son plus grand persécuteur, continuant par ses artifices ordinaires à la noircir dans l'esprit du roi ; et comme à son égard, tant s'en faut qu'il lui eût non plus gardé le respect, qu'il en eût usé encore avec plus d'insolence, qu'aussi n'auroit-il pas tant attendu de l'en réprimer s'il n'en eût été retenu par la qualité de prêtre, mais qui ne le garantira pas à l'avenir d'un traitement tout extraordinaire, et tel que la grièveté des injures et offenses faites à des personnes de cette qualité le requerra [1]. »

Ce discours, prononcé avec menaces, accompagné de force « gestes des mains et mouvements des yeux [2], » laissa d'abord le cardinal sans réplique ; lorsqu'il s'aventura à demander en quoi il avait manqué à Son Altesse. Monsieur, empressé, comme à son ordinaire, de mêler les griefs de Charles IV avec les siens, répondit qu'il n'avait rien fait pour M. de Lorraine [3], et là-dessus, toujours pestant, toujours menaçant, et respectueusement suivi jusqu'à la rue par son interlocuteur, quelque peu gêné de composer sa contenance et son visage, il monta dans son carrosse, et se rendit en toute hâte à Orléans. Gaston avait à peine franchi les portes de Paris, heureux d'avoir fait peur à Richelieu, que le roi, averti, accourait à toute bride au logis de son ministre, pour lui dire « qu'il seroit son second, et le

---

1. *Mémoires de Gaston*, t. I, p. 97.
2. *Idem.*
3. *Mémoires de Richelieu*, t. VI, p. 443.

protégeroit hautement envers et contre tous, fût-ce contre son propre frère. »

Probablement cette intervention personnelle et chaleureuse de Louis XIII déconcerta un peu Monsieur. En tous cas, ses démarches ultérieures ne répondirent pas à la fierté de son début. Un instant, il est vrai, on put croire qu'il se proposait de se fortifier dans sa ville d'Orléans, dont les habitants lui étaient assez affectionnés. Le duc de Roannez, le comte de Moret et quelques autres seigneurs, peu satisfaits du gouvernement, s'étaient, en effet, rendus auprès de lui; des ordres avaient même été donnés pour faire des levées en Poitou et dans le Limousin, où Puylaurens avait des intelligences particulières. Mais cette velléité, si elle traversa l'esprit de Monsieur, ne fut pas de longue durée. Les premiers essais qu'il avait tentés pour rallier à sa cause les personnages considérables du royaume, n'avaient rien eu d'encourageant. Le maréchal de Toiras avait envoyé au roi, sans la lire, la lettre qu'il avait reçue de Gaston. Le duc de Bellegarde avait décacheté celle qui lui était destinée, il avait même répondu au duc d'Orléans qu'il était prêt à le recevoir dans son gouvernement de Bourgogne; mais il avait, par précaution, fait passer en même temps au roi toute cette correspondance. Bientôt, on apprit que Monsieur, qui dépêchait chaque jour des courriers à Nancy, à Dijon et à Besançon, allait partir pour la Bourgogne, et se rendre ensuite en Lorraine. C'était, il faut l'avouer, un singulier détour pour arriver à se poser en maître dans le royaume, que de commencer par le quitter en fugitif. Mais Le Coigneux avait besoin que Monsieur sortît de France, afin de pouvoir trafiquer de son retour. « Un fils de France est toujours assez puissant quand il est en état de faire pitié, » avait plusieurs fois répété ce principal des conseillers de Monsieur, et sa belle maxime avait eu le plus grand succès dans tout le parti.

Cependant, tandis que Monsieur s'occupait à réunir avant son départ l'argent nécessaire aux dépenses d'une absence qu'il prévoyait plus longue que la précédente, le cardinal de La Valette vint de la part du roi faire une dernière tentative de rapprochement. Louis XIII, assuré que la passion de Gaston pour Marie de Mantoue, si elle avait jamais été bien vive, était maintenant tout à fait éteinte, lui offrit de ne plus s'opposer au choix qu'il avait fait de cette princesse. Décidé de son côté à ne pas demeurer en reste de beaux sentiments avec son frère, Monsieur répliqua : qu'il avait promis à leur mère de ne plus songer à ce mariage, et que, dans l'état où elle était, pour rien au monde, il ne lui voudrait manquer de parole. Peu de jours après la réception de cette réponse (11 mars), le roi s'approcha d'Orléans avec ses troupes dans une attitude menaçante. Alors Monsieur prit la route de Bourgogne, emmenant avec lui les quelques gentilshommes que nous avons déjà nommés, et poursuivi, d'assez loin toutefois, par son frère.

Arrivé en Bourgogne, Monsieur s'arrêta quelque temps dans une terre du duc de Bellegarde qui, après beaucoup d'hésitation, avait fini par se rallier à lui. Là, il rencontra le comte et la comtesse du Fargis, anciens serviteurs de la reine mère actuellement exilés du royaume. Il y fut aussi rejoint par le duc d'Elbeuf, accouru de Normandie pour embrasser sa cause et lui offrir ses services [1]. Toute cette petite cour réunie autour de Monsieur, fut d'avis qu'il ne devait pas tarder plus longtemps à publier hautement ses griefs, et à dénoncer à l'indignation de la France les persécutions et les violences que sa mère et lui avaient eu à souffrir de la part du cardinal. Les lettres adressées par Monsieur à son frère, les manifestes rédigés par Le Coigneux, qui était à la fois le directeur principal et la plume du parti, causèrent beaucoup d'irritation au roi, et émurent un peu le parlement de Paris, où le président comptait des amis, mais ne produisirent pas d'autres effets. Aucun gouverneur de province ou de place forte ne se prononça ; pas une ville ne bougea. Non content de répondre par ses déclarations royales aux manifestes de son frère, qu'avec assez de dédain il laissait vendre jusque dans les carrefours de sa

---

1. *Mémoires de Gaston.* — Le père Griffet. — Levassor.

capitale[1], Louis XIII avait suivi d'étapes en étapes la troupe des mécontents, et pris soin de maintenir en leur devoir les pays qu'ils avaient traversés. A Dijon, il fit enregistrer par le parlement de Bourgogne (30 mars 1631) un édit qui déclarait le comte de Moret, les ducs de Bellegarde, d'Elbeuf et de Roannez ; les sieurs Le Coigneux, Puylaurens, Montsigot et le père de Chanteloube, criminels de lèse-majesté. Monsieur n'attendit pas l'arrivée de son frère pour passer en Franche-Comté. Les bourgeois de Besançon le reçurent d'assez mauvaise grâce et pour quelques jours seulement dans leur ville, « crainte de fâcher le roi, ayant tenu rigueur à toute sa cour,

1. C'était le président Le Coigneux qui écrivait les lettres de Gaston, et le cardinal Richelieu qui répondait pour Louis XIII. Cette correspondance, échangée pendant le séjour de Monsieur à Orléans et pendant tout son voyage à travers la France, commença par des récriminations qui avaient, à leur début, l'apparence de griefs publics : « Le tiers de vos sujets, » disait le duc d'Orléans au roi, « ne mange pas du pain ordinaire à la campagne ; les uns vivent d'avoine, et les autres, réduits à la dernière pauvreté, meurent de faim, ou soutiennent leur vie languissante avec du gland, des herbes destinées à la nourriture des bêtes. Les moins à plaindre de ceux-ci se repaissent de son et du sang qu'ils ramassent dans les ruisseaux des boucheries. J'ai vu ces misères de mes propres yeux en plusieurs endroits. » En d'autres passages de ses lettres, Monsieur prétend s'être retiré de la cour pour ne point laisser croire au public qu'il eût jamais consenti à la captivité de sa mère. Mais le président Le Coigneux ne resta pas longtemps sur ce terrain ; il se hâta de faire dénoncer au roi, par la main de son frère, ceux qui sont les vrais auteurs de tant de violents desseins et ceux qui s'efforcent, par mille inventions malicieuses, de mettre une division irréconciliable entre les membres de la famille royale !
Louis XIII, dont Richelieu guidait la plume, répond à ces reproches en faisant l'éloge de son ministre, et en rejetant toute la responsabilité des événements sur les conseillers de Monsieur : « Je ne réponds point

tant pour les logements que pour les vivres qu'ils mirent à un prix excessif ¹. »

Ainsi Gaston avait compté s'établir en maître dans le gouvernement du duc de Bellegarde, premier officier de sa maison, et il en était presque aussitôt chassé par la seule approche du cortége royal ; il avait imaginé rassembler autour de lui la première noblesse du royaume, et il n'était suivi que de quelques gentilshommes et serviteurs obscurs déjà brouillés et compromis avec la cour. Il avait espéré traiter avec le duc de Lorraine, non pas seulement sur le pied d'égalité, mais en fils de France, héritier présomptif de la couronne, qui voulait bien lier partie avec un petit prince son voisin, et il était obligé de lui demander comme une grâce l'asile que lui refusaient grossièrement les autorités d'une cité espagnole.

aux calomnies insérées dans votre lettre contre ceux dont je me sers. Leurs actions les détruisent assez..... Ce n'est pas d'aujourd'hui que ceux qui veulent attaquer l'autorité des rois se plaignent de leurs ministres. Les miens ne craignent pas la censure de la justice (allusion à la poursuite criminelle dirigée contre Le Coigneux)... » Ailleurs : « Je suis fort content de mes ministres. Je saurai les maintenir, et faire voir au monde que le choix des gens de mon conseil dépend uniquement de ma volonté. Il n'appartient pas à ces nouveaux censeurs de m'apprendre ce que je dois à la reine ma mère et à mon frère..... Quand vous serez mieux instruit de ces choses, vous ouvrirez les yeux et vous reconnaîtrez que la cour d'un aussi bon frère que moi est le plus sûr, le plus doux et le plus avantageux séjour que vous puissiez trouver. Quand l'envie vous prendra d'y revenir et de vivre paisiblement dans l'ordre de mon État, sans haïr ce que j'aime et sans condamner ce que j'approuve, je vous recevrai à bras ouverts. » Lettres du roi à Monsieur, et de Monsieur au roi, publiées en 1631. — *Histoire de Levassor*, t. III, p. 626 et suiv.

1. *Mémoires de Gaston*, t. I, p. 111.

Charles sentit son avantage, et résolut d'en profiter.

Aux ouvertures de Montsigot, qui était venu le trouver de la part de Son Altesse, il répondit être très-humble serviteur de Monsieur, et tenir à grand honneur qu'il plût à ce prince de venir en ses États ; mais il lui fit observer en même temps « qu'il avoit à craindre que le roi n'en prît ombrage, et ne lui vînt fondre sur les bras, attendu qu'il lui avoit su mauvais gré du premier voyage de Monsieur à Nancy [1]. » Il laissa aussi échapper quelques paroles sur ce que des gentilshommes de la suite du duc d'Orléans s'étoient donné de grandes libertés pendant le premier séjour de Gaston en Lorraine, » et que ces petits maîtres y avoient tenu des discours impertinens [2]. » Il accueillit la proposition d'alliance avec grande politesse et cérémonie, mais assez d'indifférence. Il témoigna craindre que ce ne fût une ruse de Le Coigneux qui gouvernait Monsieur, « lequel n'étant pas d'humeur ni de profession à vouloir la guerre, se contenteroit d'obliger le cardinal à en venir à un traité avec Monsieur, lequel, y trouvant son compte, seroit conseillé à l'heure même d'abandonner le duc, et, ce faisant, qu'il demeureroit chargé seul de toute la haine du roi [3]. » Il n'avait donc rien à dire quant à présent, sinon qu'il aviserait.

1. *Mémoires de Gaston*, t. I, p. 113.
2. D. Calmet, t. VI, p. 62.
3. *Mémoires de Gaston*, t. I, p. 114.

Monsieur ayant reçu la réponse faite à Montsigot, comprit aux paroles du duc qu'il ne fallait pas songer à entrer en Lorraine, si d'avance il ne s'était irrévocablement engagé avec la princesse Marguerite. Le même messager repartit donc aussitôt, portant l'assurance que Monsieur entendait accomplir ses promesses sans délai ni tergiversation. Alors tout changea. Charles n'opposa plus aucune objection à l'arrivée de Monsieur : il le fit assurer qu'il serait le bienvenu dans ses États, dont il pouvait disposer ainsi que de sa personne. Monsieur partit aussitôt de Besançon, et, passant par Vesoul et Luxeuil, arriva le troisième jour à Remiremont, et le lendemain à Épinal. Le duc n'ayant pu s'y rendre que quelques heures après, Monsieur alla deux ou trois cents pas au-devant de lui. Le duc mit alors pied à terre le premier, d'aussi loin qu'il aperçut Monsieur, lui disant en plaisantant « qu'il savoit bien être le maître de la maison, et qu'apparemment il en avoit voulu faire lui-même les honneurs [1]. » On allait entrer dans la semaine sainte, si bien qu'il fallut passer les fêtes de Pâques à Épinal. Mais « les dévotions, » ajoute l'auteur des Mémoires de Gaston, « n'empêchèrent pas que l'on ne parlât bien fort de guerre et de mariage. » A la fin d'avril, Monsieur, faisant cortége à la duchesse Nicole, à Claude sa sœur, à la princesse de

---

1. *Mémoires de Gaston*, t. I, p. 115.

Phalsbourg et à sa belle fiancée, se rendit avec toute sa suite à Nancy, où le mois de mai se passa gaiement en toutes sortes de divertissements et de galanteries. Mais la contagion qui régnait dans cette ville obligea peu après toute cette brillante cour à retourner encore une fois à Épinal.

A cette même époque, la reine Marie de Médicis, ennuyée d'être retenue dans une demi-captivité, s'enfuyait de Compiègne (18 juillet), et se réfugiait en Flandre. En passant à Avesnes, elle avait dépêché Le Mazure à Monsieur pour lui faire part de son évasion [1]; et comme elle n'ignorait pas les termes où il en était pour son mariage avec la princesse Marguerite, elle lui manda que non-seulement elle y donnait son approbation, mais qu'elle était d'avis que l'on en dépêchât la conclusion le plus tôt qu'il se pourrait. Peu de jours après, elle envoyait au sieur Chanteloup[2] les pouvoirs nécessaires pour consentir, en son nom, à l'union de son fils avec la princesse Marguerite de Vaudemont [3]. On fut aussitôt d'accord des articles; mais il y avait quelques formalités préalables à remplir vis-à-vis de la cour de Rome, et M. d'Aubazine y fut expédié par Son Altesse. La cérémonie en fut donc remise après la campagne,

---

1. *Vie de Marie de Médicis*, t. III, p. 357.
2. Chanteloup ou Chanteloube.
3. *Mémoires de Gaston*, t I, p. 116. — *Vie de Marie de Médicis*, t. III, p. 357.

durant laquelle Monsieur devait entrer en France avec une puissante armée « qui nécessiteroit le roi de donner son consentement [1]. »

On peut aisément s'imaginer l'impression produite sur Louis XIII et sur son ministre par les nouvelles qu'ils recevaient de Lorraine. Elles semblaient, en effet, calculées pour atteindre chacun d'eux par le côté le plus sensible de sa plus vive passion. Qu'avait gagné Louis XIII en s'opposant obstinément, par voie directe ou détournée, à tous les projets d'établissement pour son frère, si celui-ci devait finir par épouser une princesse considérable par sa naissance, faite pour plaire et gagner tous les cœurs? Quel triomphe que cette alliance pour la maison de Lorraine, ancienne rivale de la maison de Bourbon, dont les cadets n'étaient, depuis la Ligue, qu'impatiemment soufferts à la cour de France? Que servait à Richelieu d'avoir réduit La Rochelle, cette capitale du protestantisme français, d'avoir contraint les princes du sang, Condé et Soissons, à ne plus se considérer sinon comme les premiers sujets du roi, d'avoir abattu l'orgueil des plus grands seigneurs, remis dans l'obéissance les villes les plus considérables, nommé partout des gouverneurs dévoués, si, au moindre mécontentement réel ou simulé, Monsieur pouvait toujours trouver dans

---

1. *Mémoires de Gaston.*

le duc Charles un auxiliaire plus puissant qu'aucun prince français, en Lorraine un asile plus assuré que dans aucune province du royaume, et dans Nancy une place plus forte que toutes les citadelles de nos frontières? Qu'allait devenir l'entreprise commencée contre la maison d'Autriche, si Gaston, assisté du duc de Lorraine, s'alliait aux Impériaux en Allemagne, et aux Espagnols dans les Pays-Bas? Les biographes de Charles IV s'abusent donc, quand ils prétendent que le cardinal de Richelieu se servit de cette seconde retraite de Gaston en Lorraine pour animer plus que jamais son maître contre le prince lorrain. Autant que Richelieu, le roi se sentait profondément blessé par la conduite de Charles IV. Louis XIII lui en voulait du mariage projeté de son frère avec la princesse Marguerite; Richelieu, des entraves apportées à l'exécution de ses grands desseins. Tous deux jurèrent donc en même temps sa perte : le premier, pour venger une injure toute personnelle; le second, afin d'atteindre son but patriotique. Tous deux s'y acharnèrent, l'un avec toute sa hauteur sombre et jalouse, l'autre avec une certaine énergie froide et déliée qui ne s'interdisait pas la ruse, et ne reculait pas au besoin devant la perfidie.

Nous aimerions à pouvoir dire que la victime de ces fiers ressentiments fut seulement imprudente et malheureuse ; mais il nous faut convenir que Charles n'avait pas, de son côté, renoncé aux tristes manéges qui lui avaient déjà, une première fois, si mal réussi. A peine avait-il reçu Monsieur à sa cour, qu'il s'était empressé d'en donner avis au roi par M. de Connonges [1]. Couvrant ses desseins, dit l'abbé Hugo, des dehors du désintéressement et de l'amitié, il fit représenter à la cour de France « qu'il y auroit eu de l'inhumanité de sa part à refuser l'asile à un prince fugitif qui cherchoit, non à se soustraire à la dépendance qu'il faisoit profession de reconnoître envers Sa Majesté, mais à se préserver des insultes de ses ministres; qu'il avoit d'autant plus été porté à luy donner retraite, qu'en luy accordant cet office d'amitié, il étoit plus en état de le ramener à des sentiments de paix, et qu'un prince moins attaché que luy aux véritables intérêts de la France auroit pu se prévaloir contre elle de la possession de l'héritier présomptif de la couronne; mais que, pour lui, il n'auroit d'autre but que le bien du royaume et le repos de Sa Majesté [2]. » Pendant que Charles faisait parvenir à Paris ces étranges protes-

---

[1] « Dépêchant au roy le sieur de Connonges, mon bailly de Bar, pour donner advis à Sa Majesté de la demande que Monsieur m'a faite avec diverses instances, d'un lieu de retraite dans mes pays, j'ai chargé le dit sieur de Connonges de vous informer de ce qui s'est passé de ma part, sur ce sujet, et comme je n'ai faict résolution que sur les assurances que mon dit sieur m'a donné de n'avoir aucun desseing de déplaire à Votre Majesté. » Lettre de Charles IV au cardinal de Richelieu, en date du 4 avril 1631. Archives du ministère des affaires étrangères (affaires de Lorraine).

[2] *Vie manuscrite de Charles IV*, de l'abbé Hugo.

tations, il se faisait donner commission par l'empereur pour lever dans ses États un corps de troupes fort d'à peu près dix mille hommes de pied et mille chevaux[1]. De Nancy, comme d'un centre d'opérations, Monsieur s'entendait, par l'intermédiaire de sa mère, avec les Espagnols, qui lui faisaient passer en diverses fois, jusqu'à cinq cent vingt mille florins[2]. Il pratiquait des intelligences avec les gouverneurs des places frontières; il excitait les mécontents de France, principalement ceux de Provence et de

[1]. « Cependant il est vrai que l'empereur lui a envoyé (à Monsieur de Lorraine) des commissions pour lever dix mille hommes de pied et mille chevaux de la levée de M. le prince de Phalsbourg, et le faire servir de maréchal de camp en cette armée, jusques là que les commissions qui ont été données à quelques particuliers portent qu'ils serviront sous mon dit sieur prince de Phalsbourg..... J'ai vu aussi Monsieur à Épinal, le même jour qu'un courrier lui apporta la nouvelle de la fuite de la reyne mère. Toute sa cour fut en allégresse et ne parla plus que de guerres et de batailles, sur ce que le commandeur de Valençay (qui est à Bruxelles) écrivit par le même courrier qu'il tireroit hommes et argent d'Espagne, et donneroit bien des affaires du côté de la Picardie. » *Mémoires de Gaston*, t. I, p. 119.

[2]. « M. de Pilorens est de retour de son ambassade depuis trois jours. Il a dit, et cela très-confidemment, que la reyne lui a mis entre les mains son consentement sur le mariage de son maistre.... D'ailleurs je ne puis croire que Monsieur de Lorraine se laisse jamais aller aux persuasions de personne sans le consentement du roy, quoique l'on dise que les robes de nopce se font et qu'un de ces jours le mariage se consommera sans bruit..... Tous les flatteurs de Monsieur lui persuadent que là où le roy ne sera pas en personne, toutes les troupes de Sa Majesté, au lieu de le combattre, le viendront trouver et prendront son parti, et que quantité de gouverneurs lui ouvriront les portes de leurs places; que les provinces entières se révolteront, et pour comble de leurs folies, que le roy n'a point d'argent ni moyen d'en trouver. Voilà, Monseigneur, les chimères dont ils s'amusent. » Lettre de M. de Chamblay au cardinal, en date du 28 août 1631. Archives des affaires étrangères (affaires de Lorraine).

Languedoc [1]. Enfin il inondait le royaume et la capitale d'écrits dirigés contre le cardinal, que celui-ci ne manque pas d'appeler en ses Mémoires autant de libelles diffamatoires [2]. Ces écrits, imprimés en Lorraine, arrivaient par ballots à Paris ; ils étaient distribués par les émissaires de Gaston : ils les jetaient dans les salles du palais, dans les boutiques, dans les places publiques, et jusque dans les appartements du Louvre. Le cardinal, voyant qu'il était impossible d'en arrêter le cours, avait pris le parti de les faire imprimer avec des notes qui démontraient la fausseté de leurs allégations [3]. Quand il n'avait pas le loisir de répondre lui-même à ses accusateurs, il s'en remettait du soin de le défendre, et au besoin de le louer, aux plumes de ses serviteurs le père Joseph, Harlay de Sancy, évêque de Saint-Malo, et l'académicien Balzac [4].

1. « Ils envoyèrent aussi en Languedoc solliciter les peuples de prendre leur parti, et principalement les huguenots, qu'on croyoit avoir promis à Monsieur que s'il entroit en France avec armée considérable, ils se saisiroient de quelques places, et, entre autres, de Nismes, Castres, Anduze et Montauban. » *Mémoires de Richelieu*, t. VI, p. 508.

2. « Les conseillers de Monsieur, qui, comme Antée, plus ils étoient terrassés, plus reprenoient-ils de force en leur malignité et en leurs calomnies, firent écrire par Monsieur à Sa Majesté un libelle diffamatoire, de la ville de Nancy, où, de Besançon, Monsieur s'étoit retiré, le duc de Lorraine l'y ayant reçu sous ombre d'hospitalité, mais en effet pour nuire à ce royaume. » *Mémoires de Richelieu*, t. VI, p. 485.

3. *Histoire du P. Griffet*, t. II, p. 155.

4. Balzac publia à cette époque un livre intitulé : *le Prince*, à l'imitation de celui de Machiavel. Cet ouvrage causa beaucoup de bruit et fut très-vivement réfuté par le jésuite Morgues de Saint-Germain, qui soutenait chaudement, de son côté, la cause de Marie de Médicis.

Richelieu n'était pas libre, en effet, de dédaigner absolument les critiques de ses adversaires. Elles se produisaient dans un moment où la souffrance générale, sans être excessive, disposait cependant les populations à penser assez volontiers du mal de leur gouvernement. Il n'avait pas été possible de faire la guerre aux protestants du royaume, de pourvoir aux frais des deux expéditions d'Italie, et aux subventions accordées aux puissances étrangères, alliées de la France, sans augmenter les impôts, et sans créer quelques-unes de ces charges nouvelles, toujours si mal venues de ceux qui les doivent acquitter. Les magistrats du parlement de Paris, mêlant, comme à leur ordinaire, dans une mesure dont ils n'avaient pas eux-mêmes une parfaite connaissance, le ressentiment de leurs griefs personnels, causés par l'abolition de la paulette [1] et par la condamna-

---

Balzac y avait prodigué à Louis XIII et à son ministre les éloges les plus outrés. On lisait dans cet opuscule « que le feu roi étoit grand, mais que ce n'étoit par lui que Dieu avoit voulu faire de grandes choses... Louis, » disait-il, « ne pouvoit, humainement parlant, s'accuser en confession d'avoir fait quelque chose de mal, sans se calomnier lui-même. Il avoit conservé pure et entière l'innocence de son baptême. »

Balzac était aussi l'auteur d'un petit écrit ayant pour titre : *Discours d'un vieux courtisan désintéressé sur la lettre que la reine mère du r. i a écrite à Sa Majesté, après être sortie du royaume.*

1. On appelait la paulette un léger droit payé annuellement par les officiers de justice ou de finance, afin de disposer librement de leurs charges, et que le prix en demeurât à leurs héritiers, s'ils mouraient pendant le cours de l'année. La paulette tirait son nom de Paulet, qui en avait donné l'idée.

tion de leur collègue Le Coigneux, avec un véritable amour du bien public et un honnête respect pour les anciennes franchises du royaume, donnaient en ce moment à la cour de véritables embarras. Ils s'étaient partagés par moitié, à propos de l'enregistrement de l'édit qui déclarait criminelles de lèse-majesté toutes les personnes sorties du royaume avec Monsieur. Ils avaient réclamé vivement contre une notable augmentation de pouvoir que, au détriment des priviléges de leur corps et au grand dommage de la liberté individuelle des sujets du roi, Richelieu avait fait attribuer aux chevaliers du guet [1]. Ce ministre se sentait fort; il savait avoir raison sur l'ensemble de la politique qu'il avait inspirée à son maître : mais il n'avait pas la superbe folie de mépriser l'opinion publique, même égarée. Il eut grand soin d'expliquer, par la bouche de Sa Majesté elle-même, les motifs de la conduite tenue à l'égard de la reine mère et de Monsieur, et de rejeter ainsi sur la fâcheuse influence de leurs coupables conseillers toute la responsabilité des divisions de la famille royale.

Mais là ne se bornèrent pas les précautions du cardinal. Par ses conseils, le roi, qui avait déjà placé des troupes à Dijon, à Auxonne et à Saint-Jean-de-Losne, en fit avancer de plus nombreuses en Champagne et dans les Trois-Évêchés. Le 18 oc-

---

1. *Mémoires d'Omer Talon.*

tobre, la cour se transporta tout entière à Château-Thierry. Il s'agissait surtout de s'éclairer sur le but des armements du duc de Lorraine. Le roi expédia, à cet effet, à Nancy, l'abbé Du Dorat, ancien serviteur de la maison de Guise. L'abbé était chargé de remontrer au duc Charles « que le roi avoit jalousie des troupes qu'il avoit mises sur pied, lesquelles il avoit avis qu'il tenoit à mauvaise intention; qu'il le prioit de les licentier, et prendre garde que les licentiant, elles ne s'allassent pas joindre à celles de Monsieur, son frère, comme il étoit averti qu'elles vouloient faire, et afin que Sa Majesté fût entièrement assurée de lui, il lui sembloit à propos qu'il lui passât une promesse par écrit de favoriser le bien de son service à son possible, etc., etc. En récompense de quoi, Sa Majesté lui promettoit aussi par écrit de le défendre envers et contre tous [1]. » Aux instructions de l'agent français était joint un modèle de promesses, que devait souscrire Charles IV.

1. *Mémoires de Richelieu*, t. VI, p. 564.
« Copie des instructions remises à M. l'abbé Du Dorat, envoyé auprès du duc de Lorraine pour le faire s'expliquer sur les présentes occurrences :
« Il dira au duc qu'il est envoyé pour entendre plus particulièrement que par des lettres, ce que le roy peut assurément se promettre de lui, s'il étoit attaqué dans ses Estats par des forces étrangères, s'il ne veut pas en ce cas joindre ses troupes à celles du roy, les favoriser et l'assister de ce qui dépendra de lui et de son pays, et refuser toute retraite, support et assistances aux troupes ennemies de Sa Majesté.
« Si monsieur de Lorraine s'en excuse, l'abbé Du Dorat doit lui dire que l'on a donné advis au roy qu'il licentie partie des troupes qu'il avoit levées en Lorraine, affin qu'elles aillent servir Monsieur; que si le

Naturellement fier et tout pénétré de la plénitude de ses droits comme souverain indépendant, le duc de Lorraine se borna à faire remarquer à l'abbé Du Dorat que la guerre déclarée par le roi de Suède aux catholiques justifiait suffisamment ses armements. Il ne se montra disposé ni à accepter ni à refuser positivement les offres d'alliance du monarque français [1]. Louis XIII n'entendait pas se contenter d'une réponse aussi évasive. Il ne l'eut pas plus tôt reçue, qu'il s'avança plus près des frontières de la Lorraine ; et l'abbé Du Dorat fut de nouveau dépêché à Nancy. Cette fois, il n'avait pas seulement mission d'exiger de plus claires explications, mais ordre de demander ce qu'il en était du bruit d'un prétendu mariage de Monsieur avec la princesse Marguerite. En outre, « il étoit chargé de sommer le duc de faire passer le Rhin à son armée ; qu'autrement le roi iroit à lui avec toutes ses forces pour être de la noce [2]. »

La menace était directe et péremptoire ; Louis XIII

licentiement est véritable, Sa Majesté ne peut doubter qu'il ne se fasse à mauvais desseing contre lui. De plus, que ses Estats ne demeureront pas pour cela sans quelques gens de guerre, et que le roy restera satisfait pourveu que monsieur son père (le comte de Vaudemont) effectue avec ce qui restera des forces, et fasse effectuer par le pays de Lorraine ce qui aura esté promis par le dit duc.

« L'abbé Du Dorat est invité à se faire donner les dites promesses par escrit signé du duc, ou du moins des assurances bien expresses par lettre. » Joint aux instructions un modèle de promesses. Archives des affaires étrangères (affaires de Lorraine), t. IX.

1. Hugo, *Vie manuscrite de Charles IV.*
2. *Mémoires de Gaston*, t. I, p. 120.

était aussi bien en humeur qu'en puissance de l'exécuter. Il fallut céder. D'ailleurs rien n'était prêt pour une guerre contre la France. Les intelligences de Monsieur et de ses adhérents avec les mécontents du royaume n'avaient produit aucun mouvement sérieux à l'intérieur. Les Espagnols étaient restés fort au-dessous de leurs promesses, et n'offraient que des secours d'hommes et d'argent très-insuffisants. Enfin l'empereur, qui devait être le chef naturel et redoutable de cette ligue, avait lui-même fort à faire pour se défendre contre le nouvel adversaire que lui avait suscité la politique française. « On eût dit que la descente du roi de Suède en Allemagne avait été comme un coup de foudre pour les Impériaux, tant on les vit incontinent effrayés, sans conduite, et changés entièrement de ce qu'ils étoient auparavant. « Ce prince, qui ne prenoit pas la guerre pour un passe-temps, » ajoute Richelieu, « mais qui la faisoit pour vaincre, » avait pris sans résistance toutes les villes qu'il avait attaquées. Il avait enfin (28 août) à peu près détruit l'armée impériale à la bataille de Leipzig, et s'avançait maintenant en vainqueur vers le Rhin. Tous les généraux que l'empire lui avait opposés fuyaient en désarroi devant lui. Il fut décidé, après un conseil tenu à Nancy, entre les ducs Charles et François, les membres de la famille ducale, Gaston et ses principaux conseillers, que le duc de Lorraine marcherait au secours de l'empereur. On donnait ainsi satisfaction aux exigences de Louis XIII ; on trouvait le moyen de maintenir sous les drapeaux et d'aguerrir une armée qui, si elle revenait victorieuse, pourrait, en se retournant contre la France, servir enfin à sa première et véritable destination.

Telle était la passion dominante de Charles pour la guerre, qu'à peine songea-t-il aux dangers auxquels il laissait ses États exposés. Plein du souvenir de ses brillants exploits à la journée de Prague ; fier d'aller défendre, à la tête de sa propre armée, une cause qu'il avait jadis servie en volontaire, il s'achemina vers l'Allemagne, rêvant déjà la défaite des Suédois. Apparemment sa confiance assurée en ses prochains triomphes l'avait déjà rendu de plus accommodante humeur, car à Sarrebourg, prêt à quitter ses États, il remit (28 septembre 1631) à l'abbé Du Dorat la promesse écrite que, jusqu'alors, il n'avait pas voulu signer [1]. Un autre membre de la

---

1. « Nous, Charles, duc de Lorraine, ayant plû au roy nous faire savoir ses intentions sur les occasions présentes par le sieur abbé Du Dorat, nous promettons à Sa Majesté de favoriser le bien de son service à notre possible, et de ne permettre ny souffrir que ceux qui voudroient entreprendre contre sa personne ou ses Estats reçoivent secours ny assistance dans nos pays, soit d'hommes, de vivres ou autres choses, au préjudice de Sa Majesté. Et qu'en notre absence, nous y donnerons tel ordre que notre volonté en cela sera entièrement effectuée. Nous promettons en outre à Sa dite Majesté que si elle est attaquée en quelque partie de ses Estats par qui que ce puisse être, soit prince étranger ou autre, sans exception quelconque, soit à main armée, soit par surprise, nous nous obligeons à envoyer à Sa Majesté quatre mil hommes

famille ducale quittait en même temps Nancy, sans partager toutefois aucune de ces vaines illusions, et recherchant plutôt encore le péril que la gloire, c'était le prince de Phalsbourg [1]. L'ancien favori de Henri II, de plus en plus piqué au vif par les galanteries de sa femme et de Puylaurens, trouva en ce voyage « ce qu'il avoit tant désiré en partant, qui étoit la mort, étant trop généreux, » disent les Mémoires du temps, « pour vouloir vivre davantage avec quelque sorte de déshonneur. » Mais la fortune, si prompte à exaucer ces tristes souhaits d'un prince désabusé, avait résolu de ne rien accorder à l'aventureux souverain qui s'était flatté de lui arracher la faveur d'un peu de réputation et de succès.

Charles ayant mis garnison à Saverne, sous le commandement du marquis de Ville, à Haguenau, sous les ordres du comte de Salm, deux villes que

---

de pied et cinq cent chevaux à nos dépens, et à le servir en personne, s'il juge en avoir besoing, et nous estant dans nos pays.

« A Sarbourg, ce 28 septembre 1631.

« *Signé* Charles, duc de Lorraine. »

La pièce originale est aux archives du ministère des affaires étrangères (affaires de Lorraine).

1. « Le prince de Phalsbourg y alla pour ne laisser passer aucune occasion d'acquérir de l'honneur; il étoit d'ailleurs piqué jusqu'au vif de voir tous les jours Puylaurens cajoler sa femme, et de n'oser faire ses plaintes, lui disant, pour les prévenir, qu'elle ne recevoit ses visites et ses soins qu'à dessein qu'il portât son maître à l'accomplissement du mariage avec Marguerite... Cette princesse s'imaginoit en effet que madame sa sœur étant mariée, dût être reine le lendemain, et elle de gouverner toutes les affaires du royaume par le moyen et sous la faveur de Puylaurens. » *Mémoires de Gaston*, t. 1, p. 121.

l'empereur lui avait données comme places de sûreté, s'avança vers Saarbruck, et passa le Rhin près de Worms. Pressé qu'il était de se mesurer avec le néros suédois, il songea d'abord à secourir la ville épiscopale de Marienbourg, assiégée par Gustave-Adolphe. Mais l'évêque, qui se confiait dans la vaillance du commandant de la place pour la défendre quelque temps, le supplia de ne point tenter une si hardie expédition avant d'avoir réuni sa petite armée de quatorze mille hommes de pied et de trois mille cinq cents chevaux aux débris des forces impériales et bavaroises que Tilly rassemblait à Fulde ; Charles prit alors sur la gauche, et rencontra le général autrichien près d'Aschaffenbourg [1]. Mais le temps perdu à opérer cette jonction avait permis à Gustave-Adolphe d'emporter d'assaut la forteresse de Marienbourg. Ni l'arrivée du renfort amené par le duc de Lorraine, ni les supplications de son jeune et vaillant capitaine, ne purent décider Tilly à entrer une seconde fois en ligne contre le vainqueur de Leipzig. A la vue des troupes impériales, fortes encore de soixante mille hommes, Wurtzbourg et Mayence tombent aux mains de l'armée suédoise, qui ne comptait pas plus de vingt mille combattants. Chagrin de voir ses alliés reculer devant une lutte qu'il ne jugeait point inégale, désolé de ne pouvoir attaquer

1. *Vie manuscrite de Charles IV*, par l'abbé Hugo.

seul dans ses retranchements un ennemi qui lui était si supérieur en nombre, Charles chercha du moins à l'attirer en rase campagne, en mettant le siége devant les places de Wihzhein et Rothenbourg : il les prit toutes deux. Mais Gustave-Adolphe ne bougea pas, soit qu'il lui déplût de s'engager contre un nouvel adversaire allié de la France, soit qu'il voulût laisser aux rigueurs de la mauvaise saison qui approchait le soin de combattre pour lui des troupes déjà épuisées par les maladies et par les fatigues [1].

Après avoir dispersé une portion de ses régiments dans leurs quartiers d'hiver, Charles se rendit à Munich [2]. Ce n'était ni le découragement ni la fatigue qui amenaient ce prince en Bavière. Le baron de Thou, de la maison du Châtelet, le chevalier de Lorraine, le prince de Phalsbourg, se mouraient autour de lui des suites de cette pénible campagne ; mais, pour lui, il n'éprouvait aucun besoin de repos. Il était venu trouver son oncle Maximilien, pour lui communiquer quelque chose de sa belliqueuse ardeur. Il y réussit un instant. Sur les instances de son neveu, le duc de Bavière rompit les négocia-

1. *Mémoires de Beauvau*, p. 1.
2. « Monsieur de Lorraine a commencé à mettre son armée en garnison, et est allé en Bavière, vers son oncle. Son infanterie est presque toute défaite de fuite et de maladie, après avoir inutilement tenté d'attirer le roy de Suède à une bataille, et sans avoir fait autre chose que de prendre quelques places escartées et de peu d'importance..... » M. de Chamblay au cardinal de Richelieu, 4 décembre 1631. Archives du ministère des affaires étrangères (affaires de Lorraine)..

tions entamées avec MM. de Saint-Estienne et de l'Isle, agents de Louis XIII à sa cour. Il convoqua les États du cercle de Bavière à Hanstal; il forma un corps de vingt mille hommes à Donawerth, dont il offrit le commandement à son neveu. Charles touchait au comble de ses vœux : il se voyait à la tête de la principale armée de l'Empire; il allait pouvoir se mesurer avec le héros Suédois dont il enviait depuis longtemps la gloire, lorsque des nouvelles arrivées de Nancy vinrent rompre tous ses desseins et détruire toutes ses espérances. Le duc François, son père, lui mandait en toute hâte que Louis XIII, brusquement arrivé à Metz, menaçait d'envahir la Lorraine.

Il y avait plus d'un motif à la résolution qu'avait prise le roi de s'avancer de sa personne jusque dans les Trois-Évêchés. Il se proposait de surveiller de plus près les démarches de son frère [1]; il se flattait que sa présence près de Nancy pourrait empêcher le mariage qui lui déplaisait si fort, et dont la conclusion paraissait imminente [2]; il voulait enfin se

---

1. « Il se faisoit déjà des levées pour Monsieur, sur les confins de la Champagne. Dans les premiers jours de novembre, le maréchal de la Force, ayant eu advis qu'un régiment de Liégeois, levés pour le service de Monsieur et de la reyne mère, muguettoit la frontière pour surprendre quelque place, l'avoit défait et poursuivi jusques sur les terres des Espagnols, « estant de la guerre comme de la chasse, qui « permet de poursuivre en tout lieu le gibier qu'on trouve sur ses « terres. » *Gazette de Renaudot* du 7 novembre 1631.

2. « Nous avons maintenant Monsieur en Lorraine, qui continue ses

rapprocher du théâtre des grands événements qui se passaient en Allemagne. L'attitude gardée jusqu'alors par Louis XIII et son ministre, tant vis-à-vis du roi de Suède que des électeurs de la ligue catholique, était assez singulière et pouvait difficilement se prolonger plus longtemps. Par ses relations officielles, la France n'était en querelle avec aucune puissance étrangère, pas même avec l'empereur. Elle était en alliance publique avec les électeurs de la ligue catholique, et en intelligence étroite, mais secrète, avec le roi de Suède, qui faisait une guerre acharnée à l'empereur, et par suite à la plupart des électeurs catholiques, nommément au duc de Bavière. Il était temps de mettre un peu plus d'accord entre l'apparence et la réalité, et difficile de ne pas avouer enfin un allié qui faisait, comme le roi de Suède, si bien honneur à ses engagements. Richelieu s'y décida en publiant le traité conclu avec lui, et prit soin toutefois de rappeler à Gustave-Adolphe sa promesse d'épargner les électeurs catholiques alliés de Sa Majesté. Ce fut alors le tour de ce roi du Nord, profondément sagace et avisé, de se plaindre de ce

---

amours avec la plus jeune sœur du duc, et se divertit par l'entretien de cette belle princesse. » M. de Chamblay au cardinal Richelieu, 7 novembre 1631.

« Monsieur est toujours en Lorraine, maintenant à Nancy, et toujours amoureux. Mme la princesse de Phalsbourg et la princesse Marguerite, sa sœur, sont sa compagnie ordinaire. » M. de Chamblay au cardinal Richelieu, 4 décembre 1631.

que Louis XIII eût permis à un duc de Lorraine, petit souverain son voisin et son allié, si fort placé sous sa dépendance, de se venir mêler d'un débat qui ne le regardait en aucune façon. Gustave-Adolphe voulait bien s'attaquer uniquement à l'empereur ; il était tout porté à respecter les électeurs catholiques alliés du roi, particulièrement le duc de Bavière, mais il demandait à être garanti contre les attaques de ceux qui se disaient serviteurs de Sa Majesté ; il lui demandait donc de mettre ordre à la conduite de Charles IV. Il était difficile de répondre à cette argumentation d'un roi victorieux, qui savait si bien se battre contre ses adversaires et si bien raisonner avec ses amis. C'est pourquoi Louis XIII, qui, trois mois auparavant, se disait prêt à entrer en Lorraine, si le duc ne passait le Rhin avec ses troupes pour aller au secours de l'Allemagne, menaçait de nouveau de l'envahir, si ce même souverain ne se hâtait d'abandonner aujourd'hui la cause de l'empire.

Aux premiers bruits de l'orage formidable amoncelé contre lui, Charles jeta la plus grande partie de ses troupes en garnison dans les places conquises ; il en expédia quelques-unes à Worms, et se mit en route pour ses États. Ce qui coûtait le plus à son orgueil, c'était de paraître, aux yeux des populations qu'il traversait, se retirer devant l'ennemi que, au fond de son cœur, il brûlait de combattre. Différents accidents attristèrent encore ce pénible voyage. Un colonel d'infanterie légère, établi en quartiers d'hiver à Lichtenau, refusa de laisser préparer le logement du prince dans la ville. Comme Charles IV voulait en forcer les portes, plusieurs mousquetades lui furent tirées à bout portant, ainsi qu'aux gentilshommes de sa suite [1]. Les bourgeois de Strasbourg, auxquels il avait fait demander passage pour ses troupes, ne le voulurent accorder que pour sa personne et pour son bagage. « Mais ce ne fut que pour le piller, » raconte le marquis de Beauvau. Enfin, pour surcroît d'injures, la populace, toujours ignorante et grossière, l'escorta en criant par les rues qu'il s'enfuyait devant le roi de Suède; un charretier poussa même l'insolence jusqu'à donner un coup de fouet sur la croupe de son cheval [2]. Arrivé à Nancy en ce triste équipage, le duc ne fit que traverser sa capitale, s'aboucha un instant avec son père, vit Monsieur en passant, et se rendit à Metz.

Le roi s'y trouvait déjà depuis plusieurs jours. Pour ne pas demeurer spectateur oisif des succès de son allié le roi de Suède, il avait mis le siége devant Moyenvic, place de l'évêché de Metz, dont l'empereur s'était emparé pendant que les armées françaises étaient occupées en Italie [3]. La ville était

---

1. *Mémoires de Beauvau*, p. 19.
2. *Vie manuscrite de Charles IV*. — *Mémoires de Beauvau*, p. 19.
3. *Mémoires de Richelieu*, t. VI, p. 569.

située au milieu de marais impraticables; elle était défendue par le colonel Mercy, celui-là même qui s'acquit plus tard une si grande réputation dans les guerres d'Allemagne. Mais elle n'avait qu'une faible garnison et presque point d'approvisionnements. Le maréchal de La Force n'eut pas plus tôt mis ses pièces en batterie, et tiré quelques volées de canons, que le fort dut se rendre. La ville capitula plus tard, à condition qu'elle avertirait le colonel Ossa, commissaire de l'empereur, qui n'était qu'à deux journées de là. Elle devait ouvrir ses portes au roi si, dans les six jours, il ne se présentait pas une armée assez forte pour la secourir [1]. Cette capitulation était signée mais point encore exécutée, lorsque Charles IV se présenta aux portes de Metz. Louis XIII s'empressa de l'accueillir avec de grands honneurs. Il envoya le prince de Joinville avec ses carrosses jusqu'à une demi-lieue de la ville : il le logea magnifiquement; il le défraya durant son séjour, et lui fit toutes sortes de caresses, éludant toutefois de parler d'affaires aussi longtemps que Moyenvic ne serait pas entre ses mains.

Pendant ce temps-là, le cardinal délibérait avec le roi comment il fallait se gouverner avec le duc de Lorraine [2]. « Il étoit certain qu'en l'état où le duc s'étoit mis, » disent les Mémoires de Richelieu, « il

---

1. *Mémoires de Richelieu*, t. VI, p. 569.
2. *Idem*, t. VII, p. 1.

n'y avoit que le roi qui, après Dieu, pût le protéger, et empêcher qu'il ne fût dépouillé de ses États [1]..... Principalement si l'on considéroit les prodigieux progrès du roi de Suède, le mal qu'il lui vouloit, les prospérités du roi, et que présentement il n'y avoit rien en terre qui pût résister à ces deux puissances jointes ensemble, en un même dessein, ni qui pût arrêter le cours de l'une que l'opposition de l'autre..... Il y avoit beaucoup à dire pour savoir si le roi devoit entreprendre la protection du duc de Lorraine..... ou prendre l'occasion qu'il avoit d'augmenter l'étendue de son royaume sans rien commettre à la fortune. » Mais le cardinal représenta au roi « que comme la générosité est le plus puissant aiguillon des grands rois, plus il y avoit de difficulté en cette affaire, et moins de raison en certain sens, plus sembloit-il que le roi la devoit entreprendre [2]. »

Partant, le cardinal était d'avis que le roi exigeât le dépôt de quelques places de sûreté que le duc ne pouvait refuser sans dessein de tromperie : « Étant clair que Sa Majesté ne sauroit desirer un tel dépôt pour s'agrandir, puisque, s'il avoit ce dessein, il ne devroit se contenter d'une petite portion, par dépôt, lorsqu'il pourroit avoir le tout [3]. »

1. *Mémoires de Richelieu*, t. VII, p. 2.
2. *Idem*, p. 2.
3. *Idem*, p. 3.

Lorsqu'il eut arrêté cette résolution avec son ministre, lorsque la ville et le fort de Moyenvic furent, peu de jours après, tombés en sa possession, Louis XIII fit venir le duc de Lorraine. Les succès considérables qu'il avait depuis peu remportés avaient de plus en plus raffermi la timidité naturelle du roi de France. Ce fut donc avec une réelle assurance et une sévère majesté, qu'abordant son ancien compagnon d'enfance, il lui fit la récapitulation détaillée de ses griefs. Il lui dit qu'il ne pouvait nier « que dès le siége de La Rochelle, il s'étoit lié avec les Anglois et le duc de Savoie pour traverser ses desseins, puisque Montaigu, pris dans ses propres États, fut trouvé chargé de papiers qui contenoient les négociations faites sur ce sujet[1]. » Il se plaignit de l'asile offert par deux fois à Monsieur, et des levées commandées pour ce prince en ses États; il lui reprocha d'avoir traité pour sa sœur d'un mariage qu'il savait déplaire. Enfin, il se montra lui grandement offensé qu'il eût souffert dans sa capitale l'impression de libelles diffamatoires dirigés contre lui et contre le cardinal.

M. de Lorraine, après avoir écouté tous ces reproches sans aucun trouble dans sa contenance, les repoussa avec vigueur et fermeté. Il persista à nier le mariage; il justifia l'attachement qu'il avait pour

---

1. *Mémoires de Richelieu*, t. VI, p. 570.

la maison d'Autriche par le peu d'affection que celle de la France lui avait toujours témoignée [1]. Il se plaignit à son tour des injustes procédés du sieur Lebret, qui avait réuni au domaine de l'évêché de Metz des terres échangées deux siècles auparavant entre ses prédécesseurs et les évêques titulaires de cette ville. Il prétendit qu'il n'avait jamais reçu le duc d'Orléans en ses États, sans en avoir préalablement averti Sa Majesté et obtenu son consentement [2]. Il rappela qu'il n'avait tourné ses armes contre un ennemi commun (le roi de Suède), qu'après avoir pressenti si sa démarche serait du goût de la France ; que le roi l'avait approuvé, et l'avait en quelque sorte chassé à cette expédition [3]. Il termina en disant que n'ayant réglé ses pas que sur les volontés du roi, il était surpris qu'on songeât à lui en faire un crime.

Il était assez difficile de détruire entièrement cette dernière allégation du duc. Richelieu l'avait bien prévu, mais il avait armé le roi contre elle : « Si l'on disoit que, quand on s'étoit avancé pour l'entreprise de Moyenvic, on avoit mandé à M. de Lorraine qu'on n'avoit aucun dessein contre lui, et partant, qu'on ne devoit pas entreprendre contre ses États, la réponse étoit aussi aisée que raisonnable. En effet, on n'avoit nul dessein contre lui, pourvu

---

1. *Vie manuscrite de Charles IV*, par l'abbé Hugo.
2. *Idem.*
3. *Idem.*

qu'il voulût se désister d'offenser le roi, se séparer des liaisons contraires, et en donner assurance. Mais quatre choses fesoient voir qu'il n'étoit pas en ces termes [1]. 1° Le secours que le gouverneur de Marsal avoit donné en ce qu'il avoit pu à Moyenvic; 2° une lettre interceptée du commissaire de l'empereur qui faisoit connaître au gouverneur de Moyenvic que c'étoit à M. de Lorraine qu'il fallait s'adresser pour le secours; 3° la jonction de ses troupes avec celles des Espagnols; 4° le refus qu'il faisoit de se brouiller ouvertement avec les ennemis du roi [2]. »

A coup sûr, Charles IV pouvait trouver étrange que Louis XIII et le cardinal voulussent considérer comme actes d'hostilité les secours déguisés prêtés à la garnison de Moyenvic, et l'attitude indécise gardée entre la France et l'empire, au moment précis où ils venaient de s'emparer de cette même place, en prétendant observer la paix jurée à l'empereur. C'était effectivement au nom de l'évêque titulaire de Metz, frère naturel de Louis XIII, que Moyenvic avait été assiégé et pris par l'armée française. Mais le fond du débat était tout autre.

Le roi ne pouvait et surtout ne voulait pas souffrir que le duc de Lorraine prît fait et cause pour l'empereur, adversaire véritable quoique non déclaré de la France, et contre le roi de Suède son allié

1. *Mémoires de Richelieu*, t. VII, p. 5.
2. *Idem*.

avoué. Afin d'obtenir de ce roi victorieux qu'il respectât la neutralité des électeurs catholiques, il avait besoin de lui pouvoir garantir celle du duc de Lorraine. Telle était la condition misérable de Charles IV, qu'il n'avait alors de recours contre l'inimitié d'un prince bravé au plus fort du cours de ses prodigieux triomphes, que la douteuse protection d'un autre souverain non moins puissant et non moins irrité contre lui : « Il reconnut ingénument, » dit Richelieu, « et la facilité avec laquelle le roi le pouvoit perdre, et la générosité qu'il y auroit à le sauver. Il témoigna ensuite au roi, qu'outre qu'il n'auroit aucun moyen de se défendre, il en avoit encore moins la volonté [1]. »

Nous doutons fort que tels fussent les vrais sentiments du prince lorrain.

Quoi qu'il en soit, il promit au roi, par les articles du traité signé à Vic, de se départir dès lors de toutes intelligences, ligues, associations et pratiques qu'il aurait eues ou pourrait avoir avec quelque prince ou État que ce pût être, au préjudice du roi. Dans un article secret, il déclarait renoncer par cette clause à toute alliance et confédération, soit avec l'Empereur, le roi d'Espagne, ou tout autre prince de la maison d'Autriche. Il s'engageait aussi à faire retirer hors de ses États tous les ennemis de Sa Majesté, et tous

---

[1]. *Mémoires de Richelieu*, t. VI, p. 573.

ses sujets qui étaient sortis du royaume contre son gré, et, par un autre article également secret, il reconnaissait s'obliger, par cette stipulation, à ne donner aucune retraite à Monsieur, à la reine mère, ni à aucun des leurs. En retour, Sa Majesté promettait au duc de protéger et de défendre ses États envers et contre tous, comme les siens propres. Mais, *parce qu'il avait souvent manqué de parole à Sa Majesté, et qu'elle ne se voulait pas fier à lui*, il s'engageait à lui remettre en dépôt pour trois ans la ville de Marsal.

Ces conditions étaient dures; elles étaient énoncées en termes blessants, et sans doute il en dut coûter beaucoup à Charles IV de les souscrire. Mais Mme de Chevreuse, qui était pour le moment en assez bons termes avec Richelieu, avait été invitée à venir à Metz. Le cardinal nous dit en ses Mémoires qu'elle s'employa heureusement dans les négociations avec M. de Lorraine. Il faut croire que l'esprit et la bonne grâce de cette belle personne réussirent à déguiser, ou du moins à adoucir, les cruelles blessures portées à l'orgueil de son ancien amant. Peut-être aussi Charles IV souscrivit-il à des engagements obtenus par contrainte, et qu'il comptait bien ne pas remplir.

Pendant toute la durée des négociations, le duc de Lorraine ne cessa jamais de nier absolument le prétendu mariage de sa sœur avec Gaston. Les premières bases du traité avaient été jetées à Metz à la fin de décembre 1631 ; il fut définitivement signé le 6 janvier 1632. Cependant, le 3 janvier au soir, dans une chapelle intérieure du prieuré de Saint-Romain, le frère Albin Tellier, religieux de l'ordre de saint Benoît, mariait Marguerite de Vaudemont avec Gaston, frère du roi [1]. Le cardinal Nicolas-Fran-

---

1. La date du mariage de Monsieur, frère du roi, avec Marguerite de Lorraine, est diversement rapportée par les auteurs anciens. D. Calmet donne la date du 13 janvier 1632 ; l'*Histoire manuscrite* de l'abbé Hugo, celle du 31. Cette dernière date n'est pas possible, car Monsieur était déjà réfugié à Bruxelles le 27 janvier 1632. Nous croyons que la date préférée par D. Calmet n'est pas plus exacte, et nous avons adopté celle du 3 janvier, que le P. Griffet dit avoir empruntée aux *Mémoires d'Omer Talon*, édition de La Haye, 1732, et qui a été également suivie par M. Bazin, *Histoire de Louis XIII*. Aux pièces justificatives des *Mémoires d'Omer Talon*, on trouve effectivement : 1° la dispense de bans (en latin) donnée pour le mariage de Gaston et de Marguerite, par le cardinal Nicolas-François de Lorraine (Nancy, *tertio januario anno Domini* 1632) ; 2° la copie de l'acte de mariage dressé par Albin Tellier. Cette copie est datée du prieuré de Saint-Romain, le 7 janvier 1632. Elle constate que ce religieux a célébré ce mariage à Nancy, le 3 janvier, dans l'établissement d'une congrégation de l'étroite observance de la règle de saint Benoît.

La date du mariage de Monsieur ne se trouve consignée ni dans l'acte du parlement qui a cassé le mariage en 1634, ni dans la déclaration royale qui l'a plus tard reconnu en 1643. Un carton des archives nationales, qui renferme la suite des papiers de famille relatifs à Gaston, frère de Louis XIII, ne contient pas son contrat de mariage, et quoiqu'il soit inscrit à l'inventaire, une note, qui paraît être du temps, affirme qu'il n'en a jamais fait partie.

Cette difficulté à rencontrer une pièce officielle constatant le jour précis du mariage de Monsieur, nous paraît confirmer indirectement la date du 3 janvier. On comprend effectivement que, par égard pour son beau-frère, dont les démêlés avec la cour de France n'étaient pas terminés, M. le duc d'Orléans ne se soit pas soucié de fournir à Louis XIV la preuve que le duc de Lorraine avait autorisé cette alliance, au moment même où, traitant avec le roi Louis XIII, il l'assurait qu'il n'y donnerait jamais son consentement.

çois de Lorraine, avait donné pouvoir spécial au frère Albin pour célébrer ce mariage. Il avait pour seuls témoins Catherine de Lorraine, abbesse de Remiremont, le duc d'Elbeuf, Puylaurens, et la dame Neuvelette, gouvernante de la princesse Marguerite.

CHAPITRE XI.

Querelles parmi les conseillers de Monsieur à l'occasion de son mariage. — La cour de France s'en doute, sans pouvoir en acquérir la certitude. — Nouvelles menées en Lorraine contre la France. — Elles n'échappent point au cardinal. — Il expose au roi en son conseil la situation des affaires extérieures du royaume, et décide le roi à faire une nouvelle expédition en Lorraine. — Le roi part pour se mettre à la tête de son armée de Champagne, et ordonne aux maréchaux de La Force et d'Effiat d'assaillir la Lorraine. — Monsieur entre en Lorraine et vient coucher à Nancy. — Les troupes qu'il mène avec lui mettent en déroute trois cornettes de cavalerie française à Malatour. — Le roi saisit le Barrois faute d'hommage, et entre en Lorraine. — Il envoie attaquer le régiment du marquis de Lenoncourt à Rouvroy. — Fait mettre le siége devant Nancy. — Son armée occupe la Lorraine pendant que le maréchal de La Force poursuit Gaston en France. — Triste situation du duc de Lorraine, abandonné à la merci du roi par les Espagnols et par les Impériaux. — Il offre deux de ses places fortes en dépôt. — Le roi exige la cession pure et simple du comté de Clarmont. — Charles est obligé d'y consentir. — Il met son espoir dans le succès de l'expédition de Monsieur en Languedoc. — Défaite de Monsieur à Castelnaudary. — Conditions humiliantes de son traité avec le roi. — Il nie son mariage avec la princesse Marguerite. — Mort du duc François de Vaudemont. — Tristesse et abattement du duc de Lorraine après la défaite de Gaston.

L'union de Gaston avec la jeune sœur du duc de Lorraine n'avait pas eu lieu sans soulever beaucoup de querelles parmi les confidents du prince. Le président Le Coigneux n'avait pas été d'avis qu'on passât outre au mariage sans le consentement du roi; il inclinait, comme à son ordinaire, aux accommodements, et conseillait à son maître d'attendre de nouvelles offres du cardinal de Richelieu. Le duc de Bellegarde, Monsigot et plusieurs officiers de Son

Altesse avaient partagé son opinion. C'était Puylaurens qui avait décidé Monsieur. Il lui avait représenté avec chaleur qu'il irait trop de son honneur, s'il retournait en France sans tirer raison des injures qu'il avait reçues du cardinal ; « qu'outre qu'il n'y auroit pas de sûreté pour Son Altesse à la cour, il seroit en mépris à toute la terre, et se ruineroit tellement de crédit, que personne ne voudroit jamais plus le suivre ni s'attacher à sa fortune..... ; qu'il étoit mal séant à un grand prince qui étoit dans la vigueur de son âge de faire à tous moments le fâché, et ne jamais tirer l'épée. » Il avait surtout insisté sur ce que « la réputation et la conscience ne permettoient pas de rétracter la parole si saintement donnée pour son mariage avec une princesse de vertu et de naissance comme étoit la princesse Marguerite [1]. »

Ces sentiments généreux étaient fort au goût de la princesse de Phalsbourg. La sœur de Charles IV s'appliquait surtout à piquer d'honneur ce jeune seigneur, le plus hardi des conseillers de Monsieur, qui, depuis la mort du prince de Phalsbourg, aspirait à devenir un jour le beau-frère de son maître [2].

1. *Mémoires de Gaston*, t. I, p. 122.
2. Plusieurs crurent que Puylaurens épouserait la princesse de Phalsbourg, ayant l'exemple du duc de Joyeuse, qui fut marié à la sœur de la reine Louise, femme de Henri III, son maître; mais le temps fit bientôt naître d'autres pensées à l'un et à l'autre. *Mémoires de Gaston*, t. I, p. 121.

Mais les charmes attrayants de Marguerite avaient été sans doute les plus puissants complices des desseins de Puylaurens. Depuis la fin de novembre, Gaston avait continuellement demeuré à Remiremont. Les grilles de la noble abbaye qui renfermait dans ses bâtiments somptueux l'élite des demoiselles du pays, s'étaient facilement ouvertes devant le frère du roi de France. Il n'avait point cessé d'y jouir de la société de la gracieuse jeune fille qu'il allait bientôt prendre pour épouse [1]. Cependant, peu de jours après la mystérieuse célébration du mariage, le roi ayant témoigné au duc Charles, en signant le traité de Vic, qu'il trouverait mauvais un plus long séjour de Monsieur en Lorraine, les nouveaux mariés avaient dû se séparer le même soir aux flambeaux, « et tenant leurs amours secrettes, remettre à une autre saison pour les déclarer [2]. » Cette alliance, contractée au milieu de circonstances si agitées, n'avait pas seulement encouru la désapprobation de Bellegarde, de Le Coigneux, de Monsigot, et de plusieurs autres adhérents de Monsieur ;

1. « Monsieur est party il y a huit jours pour s'en retourner à Remiremont. C'est un des beaux séjours de la Lorraine, sur la frontière de France, qui, entre ses singularités, a une abbaye où cinquante-deux des plus nobles et gentilles damoiselles du pays (entre lesquelles est la sœur de Son Altesse de Lorraine) sont vestues à l'ordinaire, sinon qu'elles portent sur la teste une petite enseigne qu'on appelle un mary, parce qu'elles ne manquent point là de serviteurs, et que se vouloir marier est la dévotion particulière de cette abbaye. » *Gazette de Renaudot* du 14 novembre 1631.

2. *Mémoires de Gaston*, t. I, p. 124.

le comte de Vaudemont lui-même ne l'avait pas vu, dit-on, conclure sans un peu d'inquiétude. On l'avait entendu s'écrier : « Si ma fille n'est pas pour devenir un jour reine de France, elle sera du moins toujours bonne à être abbesse de Remiremont [1]. » Si l'on en croit Mademoiselle, qui rapporte, dans ses Mémoires, le récit que son père lui a fait des particularités de son mariage : « Monsieur de Lorraine ne le sut pas plutôt, qu'il en fut au désespoir ; ce qui est assez digne d'étonnement, » ajoute fièrement la fille de Gaston, « vu la qualité du parti [2]. »

Quel qu'ait été le rôle du duc de Lorraine en cette affaire, soit qu'il ait eu connaissance de l'instant précis du mariage, soit qu'il lui eût été caché, soit plutôt qu'ayant donné son assentiment, il se fût volontairement éloigné de Nancy à la veille de la cérémonie, afin de pouvoir nier décemment ce qu'il lui plaisait d'ignorer, ce fut lui qui porta tout le poids du ressentiment de Louis XIII. Non content d'avoir fourni à la cour de France un si sérieux grief, il y ajouta bientôt de nouvelles provocations. Le roi n'eut pas plus tôt quitté la Champagne pour retourner à Paris (février 1632), que Charles renoua ses intelligences avec tous les ennemis du royaume. Au moment de la signature du traité de Vic, Gustave-Adolphe lui avait écrit une lettre de reproches,

---

1. Levassor, t. IV, p. 14.
2. *Mémoires de M demoiselle*, édit. Poujoulat, t. I, p. 9 et 10.

conçue en termes courtois mais assez vifs. Il avait adressé à ce prince une réponse non moins fière. Les paroles menaçantes du roi de Suède, et la présence de quelques troupes suédoises sur la frontière de ses États furent avidement saisies par le duc de Lorraine comme un prétexte suffisant pour justifier, vis-à-vis de Louis XIII, le maintien sous les drapeaux des régiments qu'il avait rappelés d'Allemagne, la levée de quelques nouveaux corps, et la mise en défense de ses places fortes. En réalité, Charles n'avait ni changé ses anciennes sympathies, ni abandonné ses projets. Montecuculli était venu à la cour du duc de Lorraine réchauffer son zèle pour les intérêts de l'empereur Ferdinand. Sa Majesté Impériale s'engageait, aussitôt qu'elle aurait repoussé le roi de Suède, à envoyer en Lorraine une puissante armée, qui devait aider son duc à se venger de la France, et à reprendre Marsal. Bientôt après, était arrivé à Nancy le baron de Leyde, porteur des paroles de Philippe IV. Le roi d'Espagne mettait à la disposition du duc de Lorraine ses trésors et ses armées [1]. Il n'en fallait pas tant pour raviver toutes les espérances de Charles IV. Placée entre l'Allemagne, qui regorgeait de soldats, les Pays-Bas, où Monsieur avait été reçu avec magnificence par l'infante Isabelle, et les provinces du

---

1. *Vie manuscrite de Charles IV*, par Guillemin. — *Vie manuscrite de Charles IV*, par l'abbé Hugo. — *Mémoires de Richelieu*, etc., etc.

royaume que les exilés croyaient favorables à leur cause, la Lorraine était redevenue un foyer d'hostilités contre la France. C'était à Nancy que s'élaboraient les projets d'invasion en Champagne, en Languedoc et dans la Picardie, ainsi que les tentatives d'embauchage dirigées contre la fidélité des commandants des places frontières. Cependant aucune de ces démarches n'échappait à Richelieu. Il avait partout, et jusque dans les plus intimes conseils de Gaston, des espions qu'il payait largement, auxquels il gardait un inviolable secret, et qui l'instruisaient avec exactitude de tout ce qu'il avait intérêt à connaître[1]. Le Coigneux, maintenant disgracié, lui avait révélé les espérances fondées par ses anciens compagnons sur la trahison du gouverneur de Calais. M. de Vaubecourt avait intercepté plusieurs lettres écrites par Monsieur, par le duc François de Vaudemont, par Puylaurens, et par Mme de Fargis[2]. La plupart de ces correspondances, écrites en chiffres, parlaient surtout des prédictions des astrologues, qui s'accordaient tous à annoncer la mort de Sa Majesté

---

1. *Histoire du P. Griffet.*
2. Ces lettres sont aux archives du ministère des affaires étrangères. Nous ne les donnons point aux pièces justificatives, parce qu'elles sont assez difficiles à comprendre, sans le déchiffrement que nous n'avons pu entièrement rétablir. Une lettre adressée par Monsieur à la princesse Marguerite porte pour suscription : *A la petite Angélique.* En tête d'une lettre écrite à une dame, on lit d'une main qui paraît être celle du cardinal : « Faut savoir si la dite dame est en aage et en humeur de faire l'amour, comme la lettre le suppose. »

pour les fêtes prochaines de la Pentecôte. M. de Vaudemont s'en tenait pour si assuré, qu'il recommandait fortement à Monsieur *de se bien ménager et tenir en garde pour recueillir la succession qui alloit bientôt lui tomber en main* [1]. Ce qui avait plus d'importance que les pronostics des tireurs d'horoscopes, c'était le détail des entreprises arrêtées entre les confédérés. Non-seulement le duc de Lorraine apparaissait comme leur principal instigateur, mais on voyait qu'il se proposait de s'en faire bientôt le chef avoué et le héros. Ainsi le cardinal connaissait les desseins de tous ses ennemis, et personne ne savait les siens.

Avant de prendre toutefois une dernière résolution, il dépêcha le sieur de Guron à Nancy. Celui-ci avait pour mission ostensible « de se plaindre civilement au duc de tous les mécontentements que le roi avoit de lui [2]; » mais il était aussi chargé d'observer avec soin ses mouvements, et de savoir au juste ce qui en était du mariage de Monsieur avec la princesse Marguerite.

Les premières dépêches que Guron écrivit de Nancy ne permirent pas à Louis XIII de douter que cette union qu'il avait tant redoutée ne fût actuellement accomplie; et le cardinal apprit, par la même voie, ce qu'il lui fallait attendre des

---

1. *Mémoires de Richelieu*, t. VII, p. 61-62.
2. *Idem*, p. 70.

dispositions de l'ancien et irréconciliable ennemi de la France [1]. A la réception de ces dépêches, le roi assembla son conseil. Richelieu y parla avec détail de l'état des affaires au dehors. Son avis fut, comme de coutume, présenté avec un peu d'apparat, beaucoup d'autorité et de nombreux développements. Cette fois, il était plus que jamais calculé pour satisfaire dans une habile mesure les passions personnelles de son maître, les grands et véritables intérêts du royaume et ses propres ressentiments.

Après avoir rapidement esquissé la situation générale de l'Europe, il exposa à Sa Majesté « que l'empire, l'Espagne, la Lorraine, la reine mère et Monsieur, étoient ceux qui vouloient troubler la France; que les moyens qu'ils vouloient tenir étoient une étroite union entre eux, et y attirer le plus de princes qu'ils pourroient..... ; la surprise de quelque place importante, la corruption de quelques gouverneurs, ou l'assassinat de ceux qu'ils pensoient le plus assurés au roi..... ; à l'événement de l'un desquels desseins ils étoient résolus d'entrer en France avec une armée qu'ils tenoient prête à cet effet [2]. »

---

1. Voir aux Pièces justificatives la relation faite par M. de Guron de sa mission en Lorraine, en 1632. Dans cette relation, Guron rapporte avec beaucoup de détails la conversation qu'il a eue avec chacun des membres de la famille ducale de Lorraine, au sujet du mariage de la princesse Marguerite avec Monsieur.
2. *Mémoires de Richelieu*, t. VII, p. 83.

Après avoir démontré, par des preuves accumulées, les mauvaises intentions de chacun des ennemis du roi, il lui représenta « que, pour ce qui étoit de Monsieur et de la reine, il n'y avoit rien à faire que de les laisser souffrir le mal qu'ils se faisoient à eux-mêmes...; que l'Empereur n'avoit présentement que trop d'occupation...; que l'Espagne en auroit assez, puisque les Hollandais alloient se mettre à la campagne...; que la jalousie naturelle des Anglois contre nous seroit toujours retenue si nos affaires étoient en bon état...; que M. de Savoie ne se déclareroit pas qu'il n'y vît beau jeu : qu'il ne restoit donc rien à faire qu'à pourvoir au duc de Lorraine[1]. »

Énumérant alors un à un, avec les plus grands détails, tous les manquements vrais ou supposés que M. de Lorraine avait faits au traité de Vic; rappelant les lettres interceptées et leurs sinistres prévisions, les dépêches de Guron qui « avoit découvert par divers moyens l'union d'entre l'Espagne, la Lorraine et Monsieur, » il remarque « qu'il faudroit avoir les yeux crevés, pour ne pas voir que tous ensemble n'attendoient que la surprise de quelqu'une des places du roi, ou la déclaration de quelque gouverneur pour se mettre en campagne [2]. » On ne pouvait donc se fier à Charles IV, « puisqu'il ne sauroit parler plus expressément que par le passé, ni signer un

1. *Mémoires de Richelieu*, t. VII, p. 85.
2. *Idem*, p. 88.

traité qui l'obligeât plus que celui auquel il avoit manqué ouvertement. C'étoit un prince sans parole, sans foi, sans prudence, fourbe, déloyal et peu sage, animé contre le roi, lié particulièrement à ceux qui en vouloient à Sa Majesté, duquel, par conséquent, il falloit tout craindre sans pouvoir s'en promettre aucun bien, que celui auquel on pourroit le contraindre par la force [1].

« Restoit donc à savoir si, ne pouvant le gagner, il le falloit perdre, ou si on vouloit lui mettre un caveçon outre la bride de Marsal [2]? »

Au yeux du cardinal, le droit qu'avait le roi d'attaquer le duc de Lorraine ne faisait point de doute. Quant à l'opportunité, elle était grande, « car l'Espagne et l'empire étant occupés comme ils l'étoient alors, M. de Lorraine n'en pouvoit être secouru que foiblement sous le nom de Monsieur.....; que si toutes ses forces et celles de Monsieur se mettoient à la campagne, on les déferoit assurément, et par après on ne trouveroit pas grande difficulté.....; que si elles s'enfermoient dans des places, on les bloqueroit.....; et cependant on prendroit d'emblée toute la Lorraine, hormis trois places, et tout le Barrois pour jamais. Et quand même on ne perdroit pas tout à fait le duc, on le ruineroit de telle sorte qu'il

---

1. *Mémoires de Richelieu*, t. VII, p. 89.
2. *Idem*, p. 89.
3. *Idem*, p. 90.

ne sauroit revoler une autre fois. » Cependant, si on pouvait obtenir, « par une voie douce et facile, le même effet qu'on prétendoit par la guerre, » le cardinal le préférerait beaucoup; « vu qu'on mettroit M. de Lorraine en état de ne pouvoir nuire, et qu'ensuite, avec ses armes et les nôtres, nous tiendrions nos ennemis en grande considération, et serions en état de recevoir ce que la bonne fortune nous offriroit, peut-être lorsque nous y penserions le moins.

« La question étoit de savoir quelle sûreté ce prince pouvoit donner qui fût estimée raisonnable. Il y en avoit trois : 1° livrer des places de nouveau; 2° offenser les ennemis du roi contre lesquels il étoit déjà lié avec Sa Majesté ; 3° désarmer. »

Le cardinal estimait « qu'il n'y auroit pas raison de demander ces trois choses ensemble, parce qu'un prince s'exposeroit trop par ce moyen à être dépouillé à la première volonté qu'il en prendroit au roi, joint qu'il n'étoit ni de la bienséance, ni de la condition des souverains de dépendre absolument des volontés d'autrui, et partant, il croyoit qu'il se faudroit contenter des deux premières, et laisser M. de Lorraine armé. Cette proposition sembleroit peut-être étrange, mais il la croyoit utile par deux raisons principales : la première, qu'en lui conseillant de demeurer armé, il se porteroit plus aisément à donner des places, parce qu'il verroit par là qu'on lui laissoit le moyen de conserver les autres, et croiroit qu'on auroit dessein d'entreprendre quelque chose où il pourroit profiter; la seconde, que l'armement qu'il tiendroit sur pied étoit le moien dont il falloit se servir pour lui faire offenser les ennemis du roi, s'il en étoit besoin, et que Sa Majesté eût lieu de s'y porter elle-même [1]. »

Comment une politique si résolue à la fois et si avisée, qui disposait de la force et s'aidait de la ruse, n'aurait-elle pas facilement déjoué toutes les incohérentes combinaisons de ses imprudents adversaires? Dans cette lutte qui s'allait engager entre la France et la Lorraine, la mauvaise foi était à peu près égale de part et d'autre; mais, malheureusement, le côté le plus faible se trouvait aussi le moins habile.

Louis XIII approuva sans balancer les plans développés par son ministre, et se mit en mesure de les exécuter. A l'issue du conseil, il donna l'ordre aux juges du maréchal de Marillac de hâter la conclusion de son procès. Le supplice de ce grand personnage, coupable d'avoir favorisé le parti de la reine mère et de Monsieur, soupçonné d'avoir trop ménagé le duc de Lorraine, parut un utile préambule à la campagne qui s'allait rouvrir contre les mêmes adversaires. Les maréchaux de La Force et d'Effiat, déjà dirigés vers l'Allemagne, eurent ordre de rebrousser

---

1. *Mémoires de Richelieu*, t. VII, p. 95.

chemin et de se rapprocher de la Lorraine. Le roi lui-même, quittant Paris, se rendit à Calais, dont il remplaça le gouverneur (le sieur de Valençay) par M. de Saint-Chamont, qui jouissait de toute la confiance du cardinal. Après cet acte d'autorité, toujours actif et plein d'ardeur quand il s'agissait de tenir tête à son frère, il se remit en route pour aller prendre le commandement de son armée de Champagne. Il avait depuis son départ de sa capitale, rencontré deux fois, d'abord à Amiens, puis à Calais (mai 1632), le sieur de Ville, que lui avait dépêché Charles IV. Les assurances de fidélité et les protestations de toutes sortes dont l'agent lorrain était porteur, ne réussirent point à balancer l'effet des renseignements tout opposés envoyés chaque jour de Nancy par Guron. Rien ne devait plus retarder d'ailleurs la marche de Louis XIII : son parti était pris.

Suivant la version généralement adoptée par les auteurs lorrains, Gustave-Adolphe, inquiet des armements de Charles IV, aurait le premier sommé le roi de France d'occuper les forces de ce prince pendant qu'il s'avancerait lui-même contre le duc de Bavière. Ces historiens, d'ordinaire peu portés à atténuer en quoi que ce soit la violence des procédés du monarque français envers leur souverain, se sont trompés. Nous voyons, par les Mémoires de Richelieu, que ce prudent ministre n'avait pas engagé son maître dans l'expédition de Lorraine, sans s'être préalablement assuré que le roi de Suède, son allié, ferait en même temps en Allemagne une diversion assez puissante pour attirer et retenir de son côté la majeure partie des troupes impériales. Pendant que le roi s'avançait en Champagne, il avait reçu, il est vrai, par le canal des maréchaux de La Force et d'Effiat, les plaintes élevées par Oxenstiern contre les mouvements hostiles du duc de Lorraine. Ces plaintes, « arrivées si bien à propos [1], » suivant l'expression de Richelieu lui-même, ne motivèrent point l'invasion française, elles servirent uniquement à lui donner une apparence de droit qui lui manquait encore; elles furent mises en avant comme prétexte vis-à-vis du duc Charles et du public européen; elles ne furent en aucune façon l'origine d'un projet depuis longtemps arrêté; elles n'en hâtèrent même pas l'exécution. Voyons maintenant comment M. le duc d'Orléans, premier auteur des malheurs de Charles IV, précipita lui-même la catastrophe où son beau-frère devait perdre une portion de ses États.

Guron sortait à peine de prendre congé de M. de Lorraine (30 mai), sans avoir réussi à lui faire prêter quelque attention aux derniers avertissements de Richelieu [2]; le roi était déjà proche de Sainte-Mene-

1. *Mémoires de Richelieu*, t. VII, p. 96.
2. « Monsieur, vous êtes trop clairvoyant en vos affaires pour avoir besoing de conseil, et vivant comme vous le faites, je vous dois estre

hould à la tête d'une forte division de son armée; les maréchaux de La Force et d'Effiat garnissaient de leurs troupes les places allemandes voisines de Lorraine (Coblentz et la forteresse d'Hermenstein [1], livrés au roi par l'électeur de Trèves), lorsque Monsieur, tout habillé à l'espagnole, et suivi seulement de deux cavaliers, arriva à Nancy. Au moment où Gaston venait dans la capitale de Charles IV passer vingt-quatre heures avec sa nouvelle épouse (8 juin), la petite armée que lui avaient fournie les Espagnols, quittant Trèves, et passant au-dessous de la ville de Metz, à Thionville, traversait une autre partie de la Lorraine pour gagner la frontière française [2]. Un détachement de deux mille chevaux, commandés par les sieurs Metternich et des Granges, ayant même rencontré à Malatour, terre du duc, une compagnie de carabins, que le maréchal d'Effiat envoyait vers l'Allemagne, les avait attaqués et taillés en pièces.

---

trop suspect pour que vous le preniez de moy. Cela n'empesche pas que je ne vous conjure de bien penser s'il vous est utile d'estre mal avec Sa Majesté, et au cas que vous ne l'estimiez pas, comme, à mon avis, Votre Altesse ne le peut croire, de rechercher tous les moyens que vous estimerez propres à la satisfaire de tout ce qui s'est passé depuis le traité de Vic. Je vous en supplie d'autant plus volontiers qu'il y va de votre service que j'affectionnerai toujours sincèrement, quand vous rendrez au roy ce qu'il doit attendre en vertu de vos paroles et de vos traités. Vous le croirez s'il vous plaît; et que je suis, etc. » Lettre du cardinal de Richelieu au duc de Lorraine, 15 mars 1632.

1. Hermenstein, aujourd'hui Ehrenbreitstein, situé sur un rocher en face de Coblentz, de l'autre côté du Rhin.

2. *Mémoires du duc de La Force*, publiés par M. le marquis de La Grange, t. III, p. 32.

Devançant les prévisions de ses adversaires, Monsieur avait réussi à se faire jour entre eux. Cet événement ne prit toutefois au dépourvu ni le cardinal, ni les maréchaux, qui déjà avaient reçu pour instructions de réduire « M. de Lorraine à la raison [1]. » En vain Charles écrivit à MM. de La Force et d'Effiat pour les assurer qu'il avait été aussi peu averti du passage des troupes de Monsieur à travers ses États, que surpris de sa propre venue à Nancy [2], en vain il fit porter les mêmes assurances au roi ; ses paroles ne rencontraient plus de créance. Les maréchaux ne se contentèrent pas de témoigner au duc quelque étonnement de ce qu'une pareille armée était venue

---

1. Aussitôt que La Saludie sera entré dans Erberstein (Ehrenbreitstein), MM. les maréchaux de la Force et d'Effiat ont à suivre leurs instructions pour réduire Monsieur de Lorraine à la raison, avec lequel le roy sera bien aise de s'accommoder, s'il veut donner sûreté de luy pour l'avenir, ainsi qu'on l'a proposé à M. de Ville, et que vous luy avez mandé par une dépêche qui vous a esté portée par le père de Persuède.

« Pour faciliter ce desseing, le roy partira mercredi pour se rendre à Sainte-Menehould, vers le 12 du mois. Outre l'armée que vous avez et les quelques régiments qui doivent être à Verdun, il mène onze mil hommes de pied composés de gardes suisses, Piedmont, Navarre, Rambure et le plessis de Juigné, et mil chevaux... » Lettre du cardinal de Richelieu du 30 mai 1632, pour répondre à la dépêche du maréchal d'Effiat du 25. Archives du ministère des affaires étrangères.

2. « Messieurs, j'estois sur le point de vous faire sçavoir l'advis que Monsieur m'a donné de son passage par mes pays, quand j'ay été surpris de sa propre venue en ce lieu, de quoy je n'ai voulu manquer de vous donner part et vous assurer que j'eusse bien désiré qu'il eût fait tout autre desseing que d'entrer dans mes Estats pendant ces rencontres, dont n'ayant pu dissimuler mes sentiments par mes lettres, je n'ai pu éviter qu'il ne soit encore venu pour m'en faire quelqu'excuse..... » Lettres de Charles IV à MM. de La Force et d'Effiat, Nancy, 8 juin 1632. Archives du ministère des affaires étrangères.

à l'improviste, et sans son aveu, fondre sur ses provinces, ils lui mandèrent que, quittant leurs desseins et l'ordre qu'ils avaient eu de s'acheminer vers le Rhin, ils allaient tourner la tête droit à lui, ajoutant avec quelque ironie, « qu'ils étoient assurés de ne manquer de rien dans ses terres, et que dans ces villes, qui étoient bien fournies, le pain ne leur défaudroit pas [1]. » Joignant de près les effets aux menaces, ils étaient quatre jours après à Nomeny, et le lendemain à Pont-à-Mousson qui leur ouvrit ses portes [2]. A Pont-à-Mousson, ils trouvèrent des ordres qui leur prescrivaient d'exécuter le mouvement qu'ils venaient précisément d'accomplir [3]. Les lettres de Richelieu aux deux maréchaux étaient pleines d'entrain ; elles mettaient en relief l'ardeur dont le roi faisait montre en cette occasion. « On ne voit pas que D. Gonzales se veuille joindre à la partie, » leur mandait le cardinal, « mais quand il le feroit, Sa Majesté a, grâce à Dieu, de quoi l'en faire repentir.

---

1. Réponse des maréchaux de La Force et d'Effiat à la lettre de Charles IV. Voir aux Pièces justificatives.
2. *Mémoires de Richelieu*, t. VII, p. 107.
3. « Le roi sera mardi à Sainte-Menehould, où ayant demeuré deux jours, il s'en ira pour aller prendre Bar et Saint-Michel. Il désire qu'au même temps vous preniez le Pont-à-Mousson, afin de joindre ses deux armées pour les employer comme elle jugera à propos. » Lettre du cardinal aux maréchaux de La Force et d'Effiat, 13 juin 1632.

« Faites aussitôt partir mes armées pour vous approcher de Nancy, en donnant advis du temps où vous pourrez en approcher. Je vous manderai ce que vous avez à faire. » Lettre de Louis XIII aux maréchaux de La Force et d'Effiat. Archives des affaires étrangères.

Tant s'en faut que ce secours refroidisse le roi au dessein qu'il a été forcé de prendre de tirer raison de M. de Lorraine, qu'au contraire, cela l'anime de telle sorte, qu'il n'est pas possible de l'exprimer. Il n'est donc plus question que de mettre la main à l'œuvre, nous d'un côté vous de l'autre [1]. » Empressés de seconder l'impatience de leur maître, MM. de La Force et d'Effiat étaient, le 24 juin, devant la capitale du duc de Lorraine, avec leur arrière-garde à Frouard, la bataille et l'avant-garde à Champignolles, « qui est si proche de Nancy, » mandait le maréchal d'Effiat au cardinal, « que nos vedettes sont à la Justice, où nous nous sommes promenés pour voir la contenance de la ville, mais personne n'a bougé, quoiqu'ils aient battu l'alarme [2]. »

Le roi n'avait pas non plus perdu de temps de son côté. Il était parti le 18 juin de Sainte-Menehould pour aller coucher à Vaubecourt, non sans avoir écrit le matin même de son départ à tous les gouverneurs de ses provinces, afin de leur donner avis « de la nécessité qui lui étoit imposée par le duc de Lorraine de lui faire la guerre. Il espéroit que Dieu béniroit ses armes, comme étant justes, et ne les prenant que pour sa défense, le bien de la

---

[1]. Lettre du cardinal aux maréchaux de la Force et d'Effiat, 13 juin 1632. Archives des affaires étrangères.

[2]. Dépêche du maréchal d'Effiat au cardinal de Richelieu, 24 juin 1632. Archives des affaires étrangères.

chrétienneté et celui de son État [1]. » A Vaubecourt, ayant appris qu'il y avait à six lieues de là, de l'autre côté de la Meuse, aux environs de Banoncourt et de Rouvroy, un régiment de cavalerie lorraine commandé par le marquis de Lénoncourt, il ordonna au comte d'Alais de prendre six cents chevaux de sa garde, ses mousquetaires, trente des gardes du cardinal et deux cent cinquante des mousquetaires, et de charger les Lorrains [2]. L'entreprise n'était pas difficile. Le régiment du marquis de Lénoncourt, placé en quartier, loin de l'armée royale, dans une ville presque ouverte, à peine garantie par un faible rempart, était sans défiance. Les troupes françaises parties de nuit s'approchent en silence, s'emparent des portes sans résistance, et grimpent à petit bruit sur les murailles. « De là, tirant à bout portant contre des cavaliers qui ne pouvoient les atteindre, ils jouèrent si bien leur jeu, » dit Richelieu, « que cinq cents cavaliers qui étoient dans la ville, tous armés et à cheval, ne sachant quel parti prendre, voulurent par deux fois sortir à la campagne. » Mais ils y rencontrèrent le duc d'Halluyn et le comte d'Alais qui, à la tête de leurs chevaux, les repoussèrent dans leur quartier. Exposés de nouveau au feu des mousquetaires postés sur les murailles, ils furent impitoyablement massa-

---

1. *Mémoires de Richelieu*, t. VII, p. 110.
2. Hugo, *Vie manuscrite de Charles IV*.

crés les uns sur les autres. Très-peu d'hommes échappèrent, avec leur capitaine, le jeune marquis de Blainville, pour porter à Nancy la nouvelle de ce désastre. Les troupes royales n'avaient perdu que sept ou huit cavaliers; elles comptaient peu de blessés, parmi lesquels M. le duc d'Halluyn et M. de Bouchavanne étaient les seuls hommes de qualité [1].

Cette attaque si brusque, contre un prince qui n'avait pas encore pris les armes et ne refusait pas de traiter, n'était pas très-conforme aux usages de la guerre; pour toute explication, le roi fit dire au duc de Lorraine qu'il ne souffrait point de troupes étrangères logées près de lui quand elles n'étaient pas à son service. Après cet exploit, il se rendit à Saint-Mihiel. Sur sa route, il rencontra M. de Couvonges [2], gouverneur du Barrois, qui venait de la part de M. de Lorraine, « lui offrir l'obéissance de cette province. » Le roi se contenta de répondre « que cette obéissance étoit déjà rendue, ayant reçu les otages de Bar, et quand elle ne le seroit pas, il n'étoit plus en état de vouloir rien par courtoisie du duc de Lorraine [3]. » Le même soir, il trouva à Saint-Mihiel le sieur de Ville. Cet autre envoyé de Charles IV, arrivé avec le maréchal d'Effiat, était

1. *Mémoires de Richelieu*, t. VII, p. 111.
2. Dans les manuscrits du temps et chez les historiens contemporains, on lit tantôt Connonges et tantôt Couvonges; nous croyons que ces deux noms se rapportent au même personnage.
3. *Mémoires de Richelieu*, t. VII, p. 112.

chargé de s'informer si Sa Majesté ne serait pas disposée à recevoir par échange la place de Clermont, dont on croyait que le roi avait envie. Louis XIII repartit « que pareilles propositions eussent été bonnes devant qu'il fût entré dans les États du duc; il ne vouloit aucun mal à M. de Lorraine, mais seulement lui faire connoître qu'on n'offensoit pas des rois de son cœur et de sa puissance sans en payer les dépens [1]. »

« Le duc ne savoit où il en étoit, « continue le cardinal de Richelieu, « d'autant que Monsieur ayant pénétré en armes dans les provinces de France, il ne se fût jamais imaginé que le roi n'eût pas incontinent tourné tête devers lui, mais, au contraire, se fût arrêté à faire la guerre à un prince étranger pour en tirer la raison qu'il pouvoit remettre à un temps plus opportun...... Cette épouvante faisoit que tous les jours il envoyoit diverses personnes au maréchal d'Effiat et ensuite au roi [2]. » Ces allées et venues ne devaient rien produire. Il fallait que Charles IV en vînt à solliciter lui-même comme une grâce les conditions qu'on avait résolu de lui imposer « Pour ce qui est des propositions de M. Lorraine, » écrivait le cardinal au maréchal d'Effiat, « Sa Majesté y ajoute peu de foy, à cause du passé. Je vous avoue cependant, que je commence à croire qu'il se repent

---

[1]. *Mémoires de Richelieu*, t. VII, p. 112.
[2]. *Idem*, p. 113.

des labyrinthes où il s'est mis. Sa Majesté a vu la proposition qu'on vous a faite du dépôt de Jametz et Clermont, laquelle elle n'a pas approuvée, disant qu'elle ne désiroit pas que M. de Lorraine se tirast d'affaire à meilleur marché que M. de Savoie, qui lui avoit laissé Pignerolle et La Pérouse en propre, et sans échange, mais pour le prix de la guerre, quoique, par courtoisie, Sa Majesté lui avoit baillé 500,000 écus. — *M. de Lorraine n'est pas beau-frère de Sa Majesté;* on tient autant de ses Estats qu'on faisoit de ceux de M. de Savoie, et la conservation en sera plus agréée. »

C'était la cession du comté de Clermont, en Argonne, qui faisait tout le nœud de l'affaire. Louis XIII la voulait sans échange, et comme châtiment imposé au prince dont il avait à se plaindre, *et qui n'était pas son beau-frère.* Charles IV répugnait extrêmement à ce premier et dangereux démembrement des États que lui avaient légués ses ancêtres; mais telle était sa position, qu'il ne pouvait résister plus longtemps. Louis XIII, quoiqu'il eût lancé la portion de son armée, commandée par le maréchal de La Force, à la poursuite de Gaston, avait gardé sous ses ordres immédiats des troupes fort supérieures à celles de son adversaire. Elles étaient déjà campées au cœur même de la Lorraine, et menaçaient sa capitale. La ville de Nancy, malgré l'excellence de ses remparts, n'était pas en état d'opposer une longue résistance : elle était mal fournie de munitions et de vivres. Le duc, qui n'avait pas prévu la pointe hardie de Louis XIII, avait fortifié de préférence les places les plus rapprochées de la France. Tous ses alliés, après l'avoir poussé dans les périls d'une guerre si inégale, l'y abandonnaient sans secours. Gonzalès et le comte de Mérode, un instant apparus sur les frontières de Lorraine à la tête des bandes espagnoles, s'étaient retirés pour faire tête aux Hollandais qui menaçaient la Flandre. Les Impériaux fuyaient le long du Rhin poursuivis par le roi de Suède. Aucun recours aux armes n'était possible : il ne restait plus qu'à céder. Le duc envoya le sieur de Ville, et Jeannin, son secrétaire d'État, vers le roi, qui était à Liverdun, à environ deux lieues de Nancy : ils avaient ordre de consentir à tout.

Aux termes du traité signé (26 juin) par les fondés de pouvoir de Charles IV, les deux villes, châteaux et citadelles de Stenay et de Jametz, devaient être livrés au roi de France dans le délai de neuf jours, savoir : Stenay dans six jours, et Jametz trois jours après. Quant à la ville et forteresse de Clermont, M. de Lorraine s'engageait à la remettre également dans trois jours, « avec cette différence que, comme Sa Majesté prétendoit que ledit comté de Clermont lui appartenoit et relevoit de sa couronne, dont il y avoit procès pendant en sa cour du parlement de Paris, il étoit convenu que ladite ville et comté de Clermont, et tout ce qui en dépend, demeureroient en pleine propriété et souveraineté au roi, moyennant le prix qui en seroit payé par Sa Majesté audit duc, à raison du denier cinquante sur le pied du revenu de ladite terre [1]. » Le duc promettait que, dans l'année, il rendrait la foi et hommage qu'il devait au roi à cause du Barrois. Il renouvelait enfin tous les engagements du traité de Vic, qu'il jurait de nouveau d'observer religieusement. « A ces conditions, Sa Majesté protégeroit et défendroit la personne dudit duc et tous ses États contre qui que ce pût être sans exception quelconque [2]. »

Tel fut le traité de Liverdun, ratifié dès le lendemain par Charles IV. Le cardinal Nicolas-François de Lorraine dut se rendre à Pont-à-Mousson, et demeurer en otage auprès du roi, jusqu'à ce que les places promises par son frère fussent livrées aux commissaires de Sa Majesté, et occupées par les garnisons royales [3]. « Ainsi, en six jours, ce qui est presque incroyable, le roi fut maître de tout l'État du duc de Lorraine, fors de six places fortes, dont il le contraignit de lui en bailler trois, de peur qu'il ne prît la meilleure, et la capitale, qu'il alloit assiéger. Ce qui apprend aux petits princes, » remarque Richelieu, « à n'offenser jamais les grands, s'ils ne

---

1. *Mémoires de Richelieu*, t. VII, p. 114.
2. *Idem*, p. 115.
3. Voir le traité de Liverdun, aux Pièces justificatives.

se veulent perdre ; et aux ducs de Lorraine, que Charles-Quint avoit grand' raison de dire à son fils qu'il n'avoit rien à espérer d'eux, parce que, en effet, ils ne pouvoient conserver leurs États sans la France...

« Ce n'est pas que cela ne lui fût une mortification extraordinaire d'être forcé d'en venir là, non-seulement parce que la chose étoit rude en soi-même ; mais, en outre, parce qu'auparavant que le roi s'approchât de ses États, étant comme beaucoup qui ne connoissent ou n'appréhendent les périls que quand ils sont proches, il disoit à tout le monde : qu'il se gouverneroit comme un homme qui pensoit n'avoir rien à perdre. Qu'étant malsain comme il étoit, il ne lui falloit qu'un tombeau ; sa femme et ses sœurs n'avoient besoin que d'un couvent ; son père, que d'un lit pour sa vieillesse ; son frère, que d'un bréviaire, étant ecclésiastique. Et qu'ainsi, quand il perdroit tous ses États, il resteroit à chacun ce dont il avoit besoin, et à lui beaucoup de gloire, pour avoir fait une signalée résistance. Il avoit donc non-seulement protesté à tous les siens qu'il feroit des merveilles ; mais, qui plus est, l'avoit mandé aux personnes qui lui étoient plus confidentes de dans la cour [1], et particulièrement aux dames auxquelles, » ajoute Richelieu, « on ne peut dire beaucoup

---

1. Probablement Mme de Chevreuse.

pour faire peu, sans confusion et sans honte [1]. »

Les places promises ayant été ponctuellement livrées, le roi partit, le 7 juillet, de Pont-à-Mousson pour retourner en France. Le lendemain, il rencontra à Sèchepré le duc de Lorraine, venu pour le saluer à son passage. Charles avait, disent ses biographes, l'âme accablée de tristesse et toute pleine de fiers ressentiments. « Il ne s'en gouverna pas moins fort civilement avec le roi, confessant qu'il avoit failli par mauvais conseil, et suppliant Sa Majesté de lui pardonner [2]. » Louis XIII, s'il trouva quelque douceur à l'humiliation de son ennemi, eut du moins la bonne grâce de n'en point abuser. Il répondit simplement à Charles IV « qu'il ne lui falloit plus parler du passé ni s'en souvenir, sinon pour l'amender par sa bonne conduite [3]. » Le cardinal, qui rapporte ces paroles du roi, nous laisse ignorer s'il profita de l'occasion pour renouveler au duc en personne des recommandations semblables à celles qu'il avait déjà adressées à ses commissaires, aussitôt après le traité de Liverdun. Il avait effectivement prié MM. de Ville et Jeannin de bien dire à leur maître « que si, en donnant ces places au roi (Stenay et Jametz), il lui donnoit aussi son cœur, il faisoit un bon marché, parce que l'un

[1]. *Mémoires Richelieu*, t. VII, p. 120.
[2]. *Idem*, p. 123.
[3]. *Idem*, p. 124.

retireroit les autres assurément; mais que s'il ne le faisoit pas, il feroit la plus grande folie du monde, parce que faute de l'un, il perdroit les autres; d'autant que si le cœur ne marchoit, apparemment il feroit des contraventions au traité qui déchargeroient le roi de la restitution du dépôt [1]. »

Au sortir de l'entrevue de Sèchepré, le roi s'achemina à petites journées vers Paris. Assuré que le « feu allumé par Monsieur en son royaume ne seroit qu'un feu de paille [2], » il s'arrêta quelque temps à Monceaux pour se livrer au plaisir de la chasse. La gazette du docteur Renaudot avait déjà appris au public l'heureuse issue de la campagne de Lorraine. Richelieu, qui ne dédaignait pas d'envoyer parfois au journaliste son compatriote des articles rédigés tout entiers sous ses yeux, et souvent corrigés de sa main, lui avait communiqué les conditions imposées à M. de Lorraine [3]. Bautru avait aussi précédé

---

1. *Mémoires de Richelieu*, t. VII, p. 117.
2. *Idem*, p. 166.
3. Théophraste Renaudot, né à Loudun en 1584, reçu médecin à la faculté de Montpellier, vint à Paris en 1612. Il ne manquait ni d'activité, ni d'esprit. Richelieu, protecteur zélé de tous ceux de ses compatriotes qui faisaient preuve de quelque talent, lui donna l'office de commissaire général des pauvres valides et invalides du royaume, et enfin, en 1631, le privilège pour l'établissement de la *Gazette de France*. On dit que l'envie de distraire ses malades par une lecture récréative, fournit à Renaudot la première idée de son recueil. En tous cas, le docteur ne s'était dissimulé aucune des difficultés grandes ou petites de son entreprise. « Les capitaines, « dit-il en tête de la collection des feuilles de l'année 1631, » y voudront rencontrer tous les jours, des batailles, des sièges levés et des villes prises; les plaideurs, des arrêts; les per-

le roi, porteur d'une lettre adressée par Sa Majesté au comte de Soissons. Louis XIII l'avait écrite le soir même du jour où il avait traité avec M. de Lorraine, afin de ne pas tarder un instant à informer son cousin, lieutenant général du royaume en son absence, de l'heureuse acquisition du comté et de la ville de Clermont, « place si nécessaire à son État. » Il lui recommandait en même temps de faire part de cette « bonne nouvelle à tous ses fidèles

sonnes dévotieuses, des prédicateurs et des confesseurs de remarque. Tel, s'il a porté un paquet en cour, ou mené une compagnie d'un village à l'autre sans perte d'hommes, se fasche si le roy ne voit son nom dans la *Gazette*. » Renaudot débuta toutefois avec beaucoup de réserve et de circonspection; il ne donna d'abord que les nouvelles du dehors. Les affaires de Turquie et de la Perse, de l'Italie et de l'Allemagne, remplissent entièrement les premiers numéros de sa *Gazette*. Il n'y est pas du tout question de ce qui se passe en France. Ce n'est que dans sa cinquième feuille que Renaudot se hasarde à dire un mot de Paris et de la cour; encore en parle-t-il plutôt en médecin qu'en journaliste, et pour faire remarquer qu'on fait grandement usage des eaux de Forges à Saint-Germain-en-Laye, à cause des grandes chaleurs, et qu'il règne beaucoup de fièvres continues dans la capitale. Un peu plus tard (juillet 1631), il se moque assez agréablement d'un ambassadeur d'Espagne, venu exprès à Paris pour féliciter le roi sur sa guérison et qui fait son compliment à Sa Majesté lorsque, depuis dix mois déjà, elle était parfaitement rétablie. Malgré ses modestes allures, la *Gazette* devint très-vite à la mode. Prompt à découvrir le secours qu'il en pouvait tirer, Richelieu l'utilisa pour ses desseins. Non-seulement il lui envoyait de temps à autre les nouvelles qu'il était bien aise de porter à la connaissance du public, mais il rédigeait pour elle des articles à l'insertion desquels il tenait fort la main. Renaudot accepta bientôt un plus auguste collaborateur : ce fut le roi lui-même. Il existe, dans différents recueils du temps, plusieurs échantillons assez curieux des articles que Louis XIII envoyait à la *Gazette*. Les manuscrits de Béthune, n° 9334, contiennent entre autres un brouillon imprimé dans la feuille de septembre 1633, avec ce titre : *Relation de ce qui s'est passé depuis que le cardinal duc est à Charmes pour traiter avec le*

sujets, à sa cour du parlement et à sa bonne ville de Paris [1]. »

Les grandes chaleurs de la saison ne permirent pas alors à la cour de venir habiter le Louvre. Cependant, avant de quitter Saint-Germain pour se remettre en route vers le Midi, Sa Majesté voulut se faire voir à sa capitale. Accompagné du prince de Condé, du comte de Soissons, et des principaux officiers de sa couronne, il vint faire enregistrer au parlement (12 août) une nouvelle déclaration contre les serviteurs et les adhérents de son frère. Le cortége était nombreux et magnifique; le roi, à cheval et en habit de guerre. Paris entier se pressa avidement sur son passage. Toujours charmée par la

---

duc de Lorraine, jusqu'à présent. Ce brouillon, écrit de la main de Louis XIII, est couvert de corrections et de ratures qui n'en sont pas la portion la moins intéressante. Quelques numéros de la *Gazette*, principalement pendant l'année 1633, paraissent manquer absolument dans toutes les collections. On peut supposer que Richelieu en défendit le tirage. D'autres fois, il se contenta d'en faire s spendre l'impression pour y insérer quelques articles de sa façon. C'est ainsi qu'il y a deux éditions différentes du numéro LIV de l'année 1633, tirées l'une avant, l'autre après l'insertion exigée par le cardinal. Nous n'avons pas cru ennuyer nos lecteurs en leur racontant brièvement ces premiers rapports de la presse et du pouvoir. Depuis, leurs relations se sont beaucoup multipliées ; on ne saurait dire que le fonds même en soit beaucoup changé.

Les curieux pourront trouver d'autres détails sur la *Gazette*, dans une lettre de l'abbé de Saint-Léger au comte de Mirabeau (15 mars 1788), insérée dans le 1er volume de la collection de la bibliothèque Mazarine. Ils y verront, entre autres singularités historiques, pourquoi la première lettre du numéro de la *Gazette* du 31 décembre 1685 a été imprimée en encre rouge.

1. Lettre de Louis XIII au comte de Soissons (Liverdun du 26 juin).

pompe des spectacles, toujours gagnée par l'éclat des succès militaires, la foule le salua de ses acclamations. Ses hommages n'étaient que justes, adressés au monarque qui avait si bien secondé les grands desseins de son ministre, dont la santé chancelante n'arrêtait jamais l'activité, et qui, déjà plusieurs fois victorieux, venait d'ajouter un nouveau territoire à l'ancien patrimoine de la France.

Charles ne rencontra pas le même accueil, lorsqu'il revint à Nancy. La portion de ses États qu'il lui fallait précisément traverser pour regagner sa capitale venait à peine d'être évacuée par l'armée française; les maladies et la misère commençaient à sévir dans les campagnes. Le découragement régnait dans les villes, parmi les commerçants et les bourgeois; toute la portion un peu éclairée de la nation ne se faisait plus d'illusion sur les conséquences trop probables de la conduite de son souverain : elle prévoyait parfaitement que le traité signé à Liverdun serait vain et précaire comme tous ceux qui l'avaient précédé. Le duc n'en recueillit pas moins sur sa route les témoignages accoutumés de soumission et de respect; nulle parole de mécontentement ne blessa ses oreilles; seulement l'enthousiasme avait cessé. Le duc, s'il s'en fût soucié, aurait même pu lire sur les visages l'étonnement que sa politique causait à ses sujets; politique singulière qui n'était ni la paix ni la guerre, mais qui n'avait pas tardé à porter, pour son pays comme pour lui, les fruits les plus amers [1]. » Charles demeura sourd à ces avertissements; il ne prêta non plus qu'une attention distraite aux conseils du duc François. Vainement son père, inquiet du sort futur de la Lorraine, le supplia de renoncer aux alliances contraires à la France et de s'attacher sincèrement aux intérêts de cette cour. Aux yeux de Charles, rien n'était encore désespéré, aussi longtemps que Gaston garderait pied dans les États du roi son frère. Cette faible chance ne dura pas elle-même longtemps. Les nouvelles arrivées coup sur coup à Nancy étaient de nature à vaincre son opiniâtre confiance. Rien n'avait en effet réussi à la petite troupe de mécontents qui, partis de Flandre et de Lorraine, à la tête de quelques soldats ramassés parmi les rebuts de l'armée espagnole, s'étaient à tout hasard lancés dans le Languedoc, s'imaginant follement soulever tout le royaume en leur faveur. L'adhésion inattendue du maréchal duc de Montmorency avait jeté sur la cause de Monsieur un lustre momentané, mais elle n'avait rien ajouté à sa puissance. La plupart des villes de France avaient refusé de lui ouvrir leurs portes. Les paysans s'étaient presque partout enfuis à son approche.

1. « Cela fit voir à chacun que la paix n'étoit pas faite, ce qui excita plusieurs murmures parmi le peuple contre le prince, blasmé de ne savoir faire ni la paix, ni la guerre. » Relation par M. de Guron des voyages faits par Sa Majesté en Lorraine pendant l'année 1632. Archives des affaires étrangères.

Monsieur n'était pas de ces princes qui savent subjuguer le cœur des masses et s'attacher de nombreux partisans. Il avait toutes les prétentions, mais aucune des qualités d'un chef de parti. L'ascendant de son vaillant compagnon avait un instant fixé ses irrésolutions, mais n'avait pu échauffer son courage. Lorsque, à la malheureuse échauffourée de Castelnaudary, le duc de Montmorency fut tombé meurtri de dix blessures, à la tête d'un faible détachement de ses troupes, Monsieur, abandonné à lui-même, ne songea plus qu'à traiter avec le roi.

Il paraît qu'au début des négociations, Gaston entretenait encore de singulières illusions, car il chargea son agent, M. de Chaudebonne, de réclamer la remise des places livrées par M. de Lorraine [1]. Le roi et le cardinal n'avaient nulle envie de s'en dessaisir. Leurs commissaires, les sieurs de Bullion et marquis des Fossés, n'eurent point de peine à faire comprendre à Gaston qu'il n'était pas en état de stipuler pour autrui, et qu'il se devait contenter des conditions que Sa Majesté voudrait bien lui accorder. Ces conditions furent rigoureuses. Entre autres engagements pénibles à souscrire et dont quelques-uns touchaient même à son honneur, Monsieur dut promettre « de renoncer à toute intelligence avec l'Espagne, la *Lorraine* et la reine mère;

---

1. L'abbé Hugo, *Vie manuscrite de Charles IV.*

de demeurer en tel lieu que le roi auroit agréable ; de ne point s'intéresser au châtiment que le roi feroit de ceux qui l'auroient suivi [1]. » Les précautions humiliantes allèrent plus loin encore. Il était convenu « que le sieur de Puylaurens avertiroit le roi de tout ce qui avoit été traité avec les étrangers contre son service, le bien de l'État, et contre les personnes principales qui servoient Sa Majesté en ses affaires, à peine d'être déchu de sa grâce. » Monsieur devait enfin commander à tous les siens « d'avertir le roi de tout ce qu'ils connaîtroient se passer de contraire à ses volontés, et ceux que Sa Majesté désireroit, devoient en prêter le serment [2]. » Pendant la durée des négociations, les sieurs de Bullion et marquis des Fossés « sondèrent plusieurs fois Monsieur sur le fait de son mariage. A quoi il fut répondu par Son Altesse, qu'il y avoit eu des paroles données, mais que l'exécution en avoit été remise au retour de ce voyage [3]. » On fit semblant de le croire.

« Le duc, qui s'étoit, » dit Guillemin, « dépouillé de ses forteresses pour résister à la tempête, avoit compté sur le succès de l'expédition du Languedoc comme sur la planche qui devoit le sauver du naufrage. » Les mésaventures de son beau-frère Gaston, qui

---

1. *Mémoires de Gaston*, t. I, p. 145.
2. *Ibidem*.
3. *Idem*, p. 146.

venaient couronner toutes les siennes, et ruinaient ses dernières espérances, causèrent à Charles IV le plus violent chagrin. Cette défaite, la mort du duc François, survenue peu de temps après (14 octobre 1632), la nouvelle de la fin tragique du duc de Montmorency, décapité à Toulouse le 31 octobre 1632, plongèrent la cour de Lorraine dans un deuil profond et dans un morne abattement. Pendant plusieurs mois, Charles parut avoir changé de caractère. Froid aux plaisirs comme aux affaires, indifférent même à la guerre, il ne daigna pas davantage s'émouvoir au bruit des armes suédoises, qui agitaient toute l'Allemagne et retentissaient jusque sur ses frontières.

CHAPITRE XII.

Mort de Gustave-Adolphe. — Monsieur se sauve de nouveau en Belgique. — Desseins du roi et du cardinal à l'égard du duc de Lorraine. — Négociations entamées avec la plupart des cours de l'Europe. — Le sieur de Miré envoyé vers le maréchal comte de Horn. — Objet de sa mission. — Le roi s'avance vers la Lorraine, après s'être entendu avec les généraux suédois. — Défaite du corps de l'armée lorraine par les Suédois. — Le maréchal de La Force pénètre en Lorraine, pendant que le roi s'empare du Barrois. — Négociations du cardinal François de Lorraine avec le cardinal de Richelieu.—Elles n'arrêtent pas la marche de l'armée de Louis XIII. — Il envahit Nancy. — Fuite de la princesse Marguerite.—Traité conclu par le cardinal François pour rendre Nancy. — Ce traité n'est pas ratifié par Charles IV. — Le maréchal de La Force marche contre le duc de Lorraine. — Celui-ci demande une entrevue.— Il espère, à la faveur du traité de Charmes, se jeter dans Nancy. — Comment son dessein est prévenu. — Reddition de Nancy. — Retour du roi à Paris. — Le duc Charles fait cession de ses États à son frère le cardinal. — Cette cession est mal accueillie en France. — Le cardinal de Richelieu veut s'emparer des princesses Nicole et Claude. — Il fait envahir Nancy pour les surprendre. — Mariage du cardinal François et de sa cousine Claude. — Ils sont conduits prisonniers à Nancy. — Richelieu veut les séparer. — Fuite de la princesse de Phalsbourg. — Évasion du duc Nicolas-François et de Claude. — Prise de Bitche et de la Mothe par les Français, après une vigoureuse résistance. — La duchesse Nicole à la cour de France.

« La vie de l'homme, et principalement celle d'un souverain qui a une grande monarchie à gouverner, » dit Richelieu en passant en revue les événements de l'année 1632, « est proprement comparée à un jeu de dés, auquel, pour être heureux, il faut que le jeu en die, et que le joueur sache bien user de sa chance. Or, de ces deux choses, la première n'est pas en notre puissance ; elle dépend de la fortune, c'est-à-dire de la Providence divine, dont la raison nous est inconnue; mais la seconde, qui est de bien recevoir ce qui nous est envoyé, et de bien disposer toutes choses par prévoyance, en sorte que, si elles sont bonnes, elles nous soient beaucoup avantageuses, ou nous apportent peu de dommage, si elles sont mauvaises : cela est au pouvoir et du devoir du prince. » C'était en pratiquant cette règle de conduite, plusieurs fois reproduite et toujours complaisamment développée dans ses Mémoires, que l'habile ministre de Louis XIII avait aidé son maître à triompher au dehors des entreprises du duc de Lorraine, et à comprimer au dedans du royaume les mouvements factieux suscités par le duc d'Orléans. Les tentatives hostiles de Charles IV, quoique sourdement encouragées par l'empereur Ferdinand et presque ouvertement appuyées par les Espagnols, n'avaient abouti qu'à le priver d'une portion de ses États, et à resserrer plus étroitement les liens du joug qu'il avait voulu secouer. La cession provisoire des forteresses de Marsal, de Jametz et de Stenay, et la perte définitive du comté de Clermont, avaient été la conséquence de ses fausses démarches. L'occupation de ces postes avancés ne donnait pas seulement pied à Louis XIII au centre même des États du duc de Lorraine, dont il pouvait ainsi mieux surveiller les mouvements, mais elle fortifiait notablement sa frontière de l'est, mal défendue du côté du Luxembourg et des Pays-Bas espagnols. Jametz et Stenay avaient un autre avantage : ils tenaient en respect la ville de Sedan, cette place forte des Bouillon, dont la fidélité n'était jamais si bien assurée qu'il ne fût bon de se précautionner contre eux. C'étaient là des résultats dont la valeur n'avait échappé à personne. L'habileté avec laquelle toutes les menées de Gaston avaient été découvertes et déjouées, la promptitude avec laquelle sa petite armée avait été poursuivie, et, malgré le secours du plus vaillant, du plus considérable et du plus populaire des grands seigneurs français, dispersée et vaincue, n'avait pas moins frappé tous les esprits. Le supplice du duc de Montmorency, l'exécution de quelques-uns de ses obscurs adhérents, avaient en même temps produit partout une profonde impression. Les principaux de la noblesse, comme les moindres sujets du roi, n'avaient pas assisté sans beaucoup d'étonnement et sans un peu d'effroi à cet imposant déploiement de la puissance et de l'autorité royales. Le prestige en était si bien établi alors dans les provinces du royaume et parmi les nations étrangères, qu'il fut à peine ébranlé par deux accidents imprévus qui marquèrent les derniers mois de cette même année 1632 : nous voulons parler de la mort du roi de Suède et d'une nouvelle retraite de Monsieur chez les Espagnols.

Si la France perdait en la personne de Gustave-

Adolphe un utile auxiliaire, elle se trouvait du même coup affranchie des exigences parfois importunes de cet impérieux allié. Assuré par avance de la bonne volonté des plus fameux lieutenants du héros suédois, Richelieu comptait tirer les mêmes profits de leurs services et ne les point payer aussi cher.

Quant à Monsieur, il était tellement discrédité au sein même de son propre parti, que son retour à Bruxelles n'était plus un danger, et pas même un embarras. En vain, par une sorte de manifeste, daté de Montereau (13 novembre), il avait voulu expliquer sa sortie du royaume par le juste courroux que lui avait inspiré la punition infligée au duc de Montmorency ; en vain il avait prétendu que la vie de l'illustre prisonnier avait été une condition secrète, mais bien entendue entre lui et le surintendant Bullion, du traité signé à Béziers. Chacun savait, ainsi que Louis XIII ne manqua pas de l'en faire cruellement souvenir dans sa réponse, qu'il n'était pas, après le désastre de Castelnaudary, en position d'exiger un pareil engagement [1]. Les courtisans les moins bien informés n'ignoraient pas les vrais motifs de son

---

1. Non-seulement le texte même de son traité détruisait la prétention de Monsieur, mais les lettres écrites par lui au roi et au cardinal (à la date du 30 octobre 1632), pendant la durée du procès, prouvent jusqu'à l'évidence qu'il ne sollicita alors la grâce du duc de Montmorency qu'à titre de grande faveur et sans énoncer en aucune façon qu'il lui eût été fait la moindre promesse ni donné la moindre espérance. Ces lettres, citées dans l'*Histoire du P. Griffet*, sont conservées en original à la Bibliothèque impériale. *Manuscrit de Béthune*, n° 9327.

départ. L'ennui d'habiter une ville de province où, depuis la mort du maréchal, il n'était plus même à l'abri des témoignages de la défaveur publique, n'avait pas tardé à lui rendre le séjour de France insupportable [1]. Son plus intime conseiller, le sieur de Puylaurens, qui s'était solennellement engagé à révéler de bonne foi au cardinal tout ce qui s'était passé au dehors pendant le voyage de Monsieur, et qui avait cependant effrontément nié le mariage de son maître avec la princesse Marguerite, ne se croyait plus en sûreté depuis que le mystère de cette union avait été à peu près divulgué par les confidences intéressées du duc d'Elbeuf, et par les derniers aveux du duc de Montmorency [2]. Il n'avait pas eu de peine à communiquer ses inquiétudes à son maître; et, cédant à de communes appréhensions, peut-être assez bien fondées, tous deux avaient repris la route de la

---

[1]. « Colla morte di Memoransi si vide el duca d'Orleans finito di credito et di reputazione come anco di liberta, e le genti ne levavano pezze. Queste voci li causarono una gran malinconia, e co suoi favoriti commincio a cognoscere ogni di più lo suo stato che era di vivere en una esatta obbedienza del cardinale, ed en ludibrio della corte. » Vittorio Siri, *Memorie recondite*, t. VII, p. 578.

[2]. « Ils tombèrent en discours sur le mariage de Monsieur, qui dit au sieur de Bullion, que le cardinal lui avoit donné, de la part du roi, pleine liberté de le contracter avec qui bon lui sembleroit, voire avec une bergère s'il vouloit. A quoi le sieur de Bullion répondit qu'il étoit certain, qu'il lui seroit libre de choisir celle qui lui seroit agréable, pourvu qu'il n'en prît pas quelqu'une qui pût porter préjudice à l'État. Lors, entre autres, il nomme la princesse Marguerite. A quoi lui étant répondu que Sa Majesté lui avoit témoigné qu'elle l'auroit désagréable, et lui avoit défendu d'y penser et au duc de Lorraine aussi : « Et s'il

Lorraine et de la Flandre, sans que la cour eût paru s'en soucier beaucoup.

Le royaume de France jouissait donc d'une complète tranquillité, lorsque, le 1ᵉʳ janvier 1633, le cardinal de Richelieu demanda au roi la permission de l'entretenir avec détail de ses affaires extérieures. Méthodique autant qu'actif et laborieux, le ministre de Louis XIII saisissait volontiers l'occasion de quelque date importante, par exemple le renouvellement de l'année, pour soumettre à son maître, sur les points les plus saillants de la politique actuelle, l'ensemble complet de ses vues, et l'aperçu général de ses desseins. Lorsque ces plans avaient reçu l'approbation du conseil présidé par Sa Majesté, ils devenaient comme une sorte de programme officiel qu'il ne s'agissait plus que de pratiquer et de suivre. Cette fois, les combinaisons offertes à l'as-

---

« étoit fait, » dit-il, « que feroit le roi? — Il le feroit casser, » répliqua Bullion..... M. d'Elbeuf les tirant à part, leur dit qu'il y avoit contrat passé et qu'il les avoit vus couchés ensemble. » *Mémoires de Richelieu*, t. VII, p. 203.

« M. de Montmorency savoit certainement le mariage de Monsieur avec la princesse Marguerite de Lorraine, et il crut devoir en avertir le roi, soit qu'il espérât obtenir sa grâce, soit qu'il se crut obligé en conscience de le révéler. M. de Brienne assure qu'il l'envoya dire au roi par le sieur de Launay. Cet officier, qui étoit parent de Puylaurens, dit au sieur de La-Vaupot, qu'il rencontra chez le roi, que le mystère du mariage de Monsieur étoit découvert; et il lui fit sentir le péril où se trouvoient tous ceux qui avoient employé le mensonge pour cacher ce mariage même, après les engagements qu'ils avoient pris par le traité de Béziers. La-Vaupot ayant aussitôt pris congé du roi, alla donner l'alarme à la cour de Monsieur. » *Histoire du P. Griffet*.

sentiment royal semblaient, par la grandeur du but, aussi bien que par l'infinie variété des moyens d'exécution, se ressentir heureusement du loisir que le calme public avait laissé au génie de leur auteur, et de la juste confiance qu'il avait puisée dans ses récents succès. Loin de déguiser la hardiesse de ses projets ou de dissimuler en rien la gravité de leurs conséquences, le cardinal appelait particulièrement sur elles l'attention du roi. Il lui fit remarquer qu'il avait pu jusqu'alors lutter contre l'empereur d'Autriche, tant en Allemagne qu'en Hollande, « sans avoir été obligé de se mettre ouvertement de la partie ; » il ne voulait pas renoncer à cet avantage et pensait encore que la première chose à laquelle le roi devait tendre « étoit de faire par argent, et quoi qu'il en pût coûter, continuer la guerre en Allemagne et en Hollande [1]. » Mais cela serait-il toujours possible ? Ne devait-on pas prévoir le moment où « la lassitude des électeurs protestants, les intérêts divers d'Oxenstiern et des Suédois, l'inclination du prince d'Orange pour le repos » porteraient tous ces alliés de la France à s'accommoder ensemble ou séparément avec la maison d'Autriche ? Il fallait donc délibérer quel parti convenait le mieux, « soit d'entrer en rupture ouverte avec l'empereur, conjointement avec les protestants d'Allemagne, soit de s'exposer à

---

1. *Mémoires de Richelieu*, t. VII, p. 271.

laisser faire la paix ou trêve sans y être compris !... D'une part, si la paix se faisoit en Allemagne et la trêve en Hollande, ou l'une des deux seulement, la France auroit à supporter seule une guerre défensive que l'on apporteroit jusque dans ses entrailles, guerre en laquelle le parti de Monsieur et de la reine se rendroient aussi puissants, qu'ils étoient lors de nulle considération... » D'autre part, si l'on entrait en rupture, il semblerait peut être « que l'on eût cherché de gaieté de cœur la guerre, que l'on n'auroit que par nécessité ; et beaucoup de gens, qui avoient autant d'imprudence que de zèle pour la religion, ne manqueroient pas de crier comme si on la vouloit perdre. Partant, il plairoit au roi de bien penser à la résolution qu'il devoit prendre en cette occasion [1]. »

Le cardinal n'avait pas coutume de laisser le roi hésiter longtemps. Après avoir longuement résumé comme à son ordinaire les raisons pour et contre, il opina que Sa Majesté se devait allier avec tous les ennemis de l'empereur. Suivant lui, « les avantages étoient grands en ce parti, et le péril petit; les avantages grands, parce que d'un côté, il étendroit son royaume jusqu'au Rhin sans coup frapper, n'ayant qu'à recevoir des places qu'il n'auroit pas conquises, et que, tenant les gages en main, il seroit

---

[1]. *Mémoires de Richelieu*, t. VII, p. 272.

arbitre de la guerre ou de la paix; le péril petit, parce que la guerre étant conjointement avec les Allemands et les Hollandais, les ennemis ne pouvoient en façon quelconque la porter en France, ni favoriser Monsieur pour l'y faire [1]. »

Le conseil ayant approuvé cet avis, il fut convenu que le roi ne déclarerait pas encore la guerre ni à l'Espagne ni à l'Autriche, mais qu'il se lierait étroitement, par traité, par promesses de secours et par subsides, avec tous les adversaires de ces deux monarchies, principalement avec la cour de Suède, le chancelier suédois Oxenstiern, et les autres généraux de Gustave-Adolphe, avec toutes les puissances protestantes de l'Allemagne, les états-généraux de Hollande et les mécontents de Flandre. Il fut entendu qu'on encouragerait les électeurs catholiques d'au-delà et d'en deçà du Rhin à mettre enfin quelques limites au pouvoir de l'empereur. Richelieu se chargea de conduire toutes ces négociations. Il envoya, avec des instructions précises et détaillées, le sieur de Feuquières trouver les princes protestants de l'Allemagne et les chefs suédois; il était chargé de traiter avec Oxenstiern et l'électeur de Brandebourg, avec l'électeur de Saxe, et le landgrave de Hesse-Cassel, avec le duc de Weimar et le duc de Lunebourg. Mais là ne s'arrêtait pas sa mission; il devait

---

[1]. *Mémoires de Richelieu*, t. VII, p. 274.

visiter et tâcher de rattacher à la cause commune les villes impériales de Nuremberg, Ulm, Strasbourg, Francfort et le Hainaut; et plus loin Erfurt, Hambourg, Lubeck, Rostock, Wismar et Stralsund. Le sieur de Lisle fut expédié vers le duc de Wurtemberg, et le duc des Deux-Ponts, MM. les bourgeois de Strasbourg et le duc de Montbéliard. Le sieur de Saint-Estienne fut accrédité auprès des princes catholiques des bords du Rhin, spécialement du duc de Bavière et des cinq électeurs ecclésiastiques. Il alla même trouver l'empereur, et suivant l'usage d'une époque qui admettait facilement l'emploi simultané des protestations les plus pacifiques et des procédés les plus hostiles, il lui confirma, de la part de Louis XIII, les bonnes paroles précédemment données au baron de Schwarzenberg, envoyé de Ferdinand à la cour de France. Le sieur de Charnacé fut choisi pour traiter avec les Hollandais, leur promettre assistance d'hommes et d'argent, et leur persuader de ne point faire trêve avec les Espagnols. Enfin le sieur de Miré eut ordre de s'aboucher avec Gustave de Horn, et d'établir pour quelque temps sa résidence auprès du maréchal suédois.

Il n'entre pas dans notre sujet de raconter le détail de ces négociations si nombreuses et si compliquées, quoique tendant toutes vers un même but. La dernière seule nous occupera un instant, parce qu'elle avait surtout rapport à la Lorraine.

Plusieurs fois déjà nous avons eu occasion d'indiquer quel était, au dehors, le système politique de Richelieu. Il n'en fut pas, il est vrai, l'inventeur; il ne fut pas même seul à le pratiquer. Avant lui, Henri IV en avait tracé le plan à ses plus intimes confidents, Jeannin et Sully, et, après lui, Mazarin le continua encore quoique un peu timidement. Aux débuts de son règne, Louis XIV jeta sur cette œuvre nationale un éclat prodigieux, mais il faillit plus tard la compromettre en l'exagérant. A Richelieu appartient l'honneur d'avoir ouvert la voie : il s'y engagea d'un pas hardi, mais mesuré. Il n'eut jamais besoin de reculer, et le succès couronna toutes ses entreprises. Précisons donc un peu cette politique inaugurée par le cardinal, maintenue par ses successeurs, qui fut, pendant la durée du XVIIe siècle et le commencement du siècle suivant, celle de tous les hommes d'État vraiment soucieux de la grandeur extérieure de la France. A l'époque qui nous occupe, comme depuis, cette politique poursuivait à la fois deux objets parfaitement distincts, quoique inséparables par la force des choses, et à dessein même confondues ensemble : nous voulons dire l'abaissement continu de la maison d'Autriche, et l'agrandissement successif de notre territoire.

L'abaissement de la maison d'Autriche n'était pas seulement un intérêt français, mais européen. Il importait à tous les cabinets du continent de restreindre la puissance démesurée des descendants de Charles-Quint. La séparation des couronnes entre les deux branches régnantes d'Espagne et d'Autriche, n'avait qu'à demi rassuré les politiques de cette époque. L'union persistante des cours de Vienne et de Madrid tenait toujours comme suspendue sur l'imagination des souverains et des peuples la menace du retour d'une monarchie universelle. La cour de Saint-James, et surtout la nation anglaise, n'avait pas oublié que Philippe II avait un jour dirigé contre ses côtes la flotte la plus formidable qui eût encore couvert les flots de la Manche, et médité contre l'Angleterre protestante une sorte de croisade politique et religieuse. Les Hollandais redoutaient pour eux-mêmes le joug imposé aux Pays-Bas espagnols. Les princes protestants et quelques-uns des électeurs catholiques de l'Allemagne n'avaient pas vu non plus sans ombrage la couronne impériale échoir toujours aux souverains de l'Autriche, et les empereurs sortis de cette maison s'efforcer de changer insensiblement la dignité électorale libre et indépendante en une sorte de vasselage politique dont la suzeraineté aurait été transportée à Vienne. Le duc de Savoie se sentait singulièrement compromis dans son indépendance, placé qu'il était entre les bandes impériales du nord de l'Italie et les armées espagnoles qui en occupaient tout le Midi. Richelieu était donc favorablement écouté des cours étrangères, quand il dénonçait l'ambition de ces deux puissances rivales de la France. Il rencontrait faveur et reconnaissance lorsqu'il proposait aux petits États qu'elles opprimaient, sinon de se mettre ouvertement à leur tête, du moins de les aider dans leurs tentatives de résistance. Tel était le but des missions confiées à MM. de Feuquières, de Saint-Estienne et de Charnacé. Leurs instructions leur prescrivaient de soutenir le zèle des ennemis déjà déclarés de l'Autriche et de l'Espagne, d'exciter les incertains, d'encourager les timides, de montrer partout la France dès à présent décidée à intervenir dans la lutte par des traités, par des subsides, par des secours plus effectifs, quoique encore déguisés. Ils étaient même autorisés à laisser entrevoir que Louis XIII ne demeurerait peut-être pas longtemps sans se mêler aux combattants. La mission du sieur de Miré était d'une autre espèce et plus délicate.

Au moment où il méditait de se mêler des affaires de l'Allemagne, Richelieu songeait aussi à reculer un peu de ce côté les frontières de la France. Il ne le pouvait faire qu'en mettant la main sur la Lorraine. Comment l'idée ne lui en serait-elle pas venue? Reprenant vingt ans après la mort du grand roi l'ensemble complet de ses projets, son habile continuateur n'avait garde d'oublier quelle revanche le vainqueur de la Ligue et de la maison de Lorraine s'était autrefois préparée. Henri IV avait convoité pour son fils les États de son ancien compétiteur Henri II de Lorraine. Il lui en avait ménagé l'héritage par la voie détournée des traités et d'une alliance de famille ; Richelieu résolut de les acquérir à Louis XIII par tous les moyens, et, s'il le fallait, par la conquête. Pareil dessein n'était pas de nature à être indifféremment communiqué à tous les alliés de la France. Il était difficile toutefois de l'accomplir sans avoir pressenti les dispositions de quelques-uns d'entre eux ; peut-être espérait-il calmer leurs ombrages, s'il réussissait à leur présenter cette poursuite d'un avantage tout particulier à la France, comme faisant partie intégrante et nécessaire du plan concerté contre l'ennemi commun. Enfin, s'il devait recourir aux armes pour s'emparer de la Lorraine, il jugeait bon d'être à l'avance assuré qu'on n'aurait affaire qu'aux seules forces de son faible souverain, et que les armées de l'Espagne et de l'empire ne nous viendraient pas alors assaillir, mais seraient pendant ce temps-là sérieusement occupées ailleurs. Il était naturel de s'adresser de préférence aux généraux de la couronne de Suède. Cette puissance, placée si loin de nos frontières, et conquérante elle-même en Allemagne, n'avait point de raison de redouter l'agrandissement territorial de la France. Ses armées, plus fortes que celles de tous les autres confédérés, se trouvaient déjà toutes portées sur le théâtre de l'action. Par un simple changement de front, elles étaient en mesure soit de s'opposer aux Espagnols du côté de la Flandre, soit de faire tête aux Allemands sur le Rhin, soit d'aider à l'expédition française contre la Lorraine. C'est pourquoi le sieur de Miré avait été envoyé auprès du maréchal comte de Horn.

En signant le traité de Liverdun, Louis XIII s'était, pour son compte, engagé à protéger le duc de Lorraine envers et contre tous, et particulièrement contre la Suède. Cependant, le sieur de Miré n'était en aucune façon chargé de s'employer en sa faveur auprès du chef des armées suédoises. Sa mission était bien différente. Charles IV ayant reçu de l'empereur, en paiement d'une somme de 200,000 rixdales, Saverne et Dachstein, avait obtenu du maréchal comte de Horn que ces deux villes seraient comprises dans la neutralité dont jouissaient ses États. Richelieu avait eu soupçon que le général suédois n'avait pas consenti à cet accord sans avoir touché quelque argent du duc [1]. Entre autre choses, Miré avait donc mission de s'informer « si c'étoit, en effet, du consentement du maréchal que le duc de Lorraine avoit mis des troupes dans Saverne et Dachstein ; que Sa Majesté vouloit bien croire que ce qu'il en avoit fait étoit à sa considération, et ensuite

---

1. *Mémoires de Richelieu*, t. VII, p. 376.

de ce qu'elle avoit pris ledit duc en sa protection ; que toutefois il y avoit bien de l'apparence que le comte de Salm n'auroit point reçu le duc de Lorraine sans ordre de l'empereur, et que cette ancienne dette de 200,000 rixdales n'étoit qu'un prétexte dont il s'étoit servi pour faire ce plaisir à l'empereur de mettre ces places à couvert, et de se rendre lui-même plus considérable, étendant ses limites...... Sa Majesté vouloit d'ailleurs user d'une telle confiance avec le maréchal, qu'elle ne faisoit pas difficulté de lui déclarer qu'il étoit à propos pour le bien commun d'ouvrir les yeux sur les actions dudit duc, et de le tenir en état qu'il demeurât dans son devoir [1]. »

Il était fortement recommandé au sieur de Miré d'énumérer au comte de Horn les preuves du mauvais vouloir du duc de Lorraine, tant contre la France que contre les Suédois eux-mêmes, et ensuite « de bien remarquer quelle pensée ce discours produiroit sur l'esprit du maréchal. S'il se portoit à dire que si ledit duc donnoit sujet d'offenses au roi ou à lui, il ne l'épargneroit pas, et qu'en cela il suivroit les intentions de Sa Majesté, alors le sieur de Miré, sans témoigner que Sa Majesté vouloit faire la guerre au duc de Lorraine, l'assureroit qu'elle auroit fort agréable de savoir qu'il fût en cette bonne disposition de prendre part à ses intérêts. » En outre, il

---

1. *Mémoires de Richelieu*, t. VII, p. 293.

devait savoir de lui « pour combien de temps il auroit accordé la susdite neutralité, ou si elle ne se pourroit point révoquer, si le bien des affaires communes le requéroit, comme n'étant pas ratifiée par la reine régente ou le comte de Oxenstiern. » Le même agent avait enfin pour mission de reconnaître « si ledit maréchal avoit dessein d'attaquer la Franche-Comté en revanche de ce que l'infante envoyoit ses gens contre Baudissen, et quel ordre il mettroit pour conserver les places de l'Alsace ou celles qu'il avoit sur le Rhin. »

Richelieu, qui rapporte fort au long dans ses Mémoires les détails des négociations de MM. de Feuquières, Charnacé et Saint-Estienne, et qui constate le résultat de chacune de ces missions, ne parle point des réponses que le sieur de Miré reçut du comte de Horn. Mais nous savons d'ailleurs qu'elles satisfirent pleinement le ministre de Louis XIII. Le général suédois, qui avait vendu sa neutralité au duc de Lorraine, trouva fort simple et probablement aussi beaucoup plus avantageux de s'engager maintenant contre lui. Le cardinal n'eut pas plus tôt reçu, par les dépêches de M. de Miré, l'avis qu'il pouvait compter sur le concours des armées suédoises, que nous le voyons s'appliquer de son mieux à aigrir l'esprit du roi contre Charles IV. Après lui avoir rappelé toutes les fautes passées, toutes les anciennes trahisons de M. de Lorraine, il lui remit sous les yeux la longue liste de manquements qu'il avait faits aux stipulations du traité de Liverdun. Cette liste, reproduite jusqu'à trois fois dans les Mémoires du cardinal de Richelieu, contenait une foule d'allégations futiles [1] à côté d'autres griefs trop bien fondés. Charles ne s'était pas plus soucié d'exécuter les clauses de son dernier traité, qu'il n'avait précédemment respecté celles qu'il avait souscrites à Vic. Malheureusement pour ce prince, il semblait qu'assailli avec violence et perfidie, il prît plaisir à détruire lui-même par ses allures singulières l'intérêt qui s'attache si naturellement à la cause du plus faible. Rien n'égalait l'imprudence de ses procédés, sinon leur mauvaise foi. A peine ses régiments avaient-ils pris rang dans l'armée française, qu'il leur fit sous main passer l'ordre de se débander, et d'aller prendre service en Allemagne. La plupart de ces corps furent pendant le trajet défaits par les Suédois [2]. Il n'avait pas cessé ses intel-

---

1. On avait remarqué que le duc de Lorraine avait, à peu près à cette époque, fait changer la marche de ses troupes, dont les tambours battaient auparavant à la française; il les fit battre à l'espagnole. Sur quoi de beaux esprits du temps firent les vers suivants. Louis XIII disait au duc :

> Tu fais à tes tambours une étrange leçon;
> Mes ayeux et les tiens battoient d'autre façon,
> Et vivoient bons amis, sans querelle ni noise;
> Ce change te fait mal, mais à qui t'en prends-tu ?
> Battant comme tu fais tu demeures battu.

2. « Dans le régiment Chamblay, qui est presque tout lorrain, il y a des capitaines (entre autres M. de Stainville) qui sont fort affectionnés

ligences avec M. le duc d'Orléans [1] ; il faisait dans ses États des levées, qu'il licenciait ensuite sur les frontières pour qu'elles y fussent recueillies par les recruteurs allemands. Enfin, au mépris des termes les plus formels du traité de Liverdun, non-seulement il était entré en négociation avec l'empereur pour la cession des villes de Bensfield, de Dachstein et de Saverne, mais ayant encore acquis Haguenau

au duc. On peut craindre que ces régiments ne se débandent, il vaudroit mieux les employer ailleurs. » M. de Saint-Chamont au cardinal Richelieu. Metz, 7 mai 1633.

« Le dernier maréchal d'Effiat devant s'en retourner en Allemagne, il voulut prendre à la solde du roy les troupes d'infanterie qu'avoit levées le duc de Lorraine, lesquelles il lui promit, et firent mine de s'acheminer; mais ayant eu le mot à l'oreille, elles se dispersèrent toutes, excepté le régiment de Querquoy, auquel on s'étoit oublié de parler. Tout aussitôt que les troupes furent dissipées, elles furent recueillies par Monballon, Lorrain, et menées au secours de l'empereur, mais de malheur pour estant rencontrées en Alsace par les Rheingraves, elles furent toutes taillées en pièces et Monballon tué sur la place.

« Après la mort du maréchal d'Effiat, Querquoy estant de retour en Lorraine, son régiment fut licencié; puis le duc le donna sur le champ à La Varenne, officier de fortune lorrain, qui le mena en Alsace et se jeta dans Massenat, près de Chan, où il a été pris et défait par les Suédois. » *Mémoire* (sans date) *sur les contraventions notables et infinies faites par le duc de Lorraine au traité de Vic et de Liverdun.*

On lit dans ce Mémoire, à propos du mariage du duc d'Orléans avec la princesse Marguerite : « Je ne parle point du mariage de sa sœur, qui seroit un grand attentat, s'il l'avoit osé faire contre le gré du roy. Le temps ne porte pas qu'il l'avoue. Néanmoins il est fait, et n'y a point de doute. » Archives du ministère des affaires étrangères.

1. « Un agent du roi à Nancy vint trouver le cardinal à Briare pour l'avertir des mauvais desseings de Monsieur de Lorraine, qui a écrit et expédié, par un sieur de la Porte, exempt de ses gardes (petit homme entre le blond et le roux), une lettre sans dessus et sans Monsieur au dedans, à monseigneur le duc d'Orléans. » Archives des affaires étrangères.

au même titre, il venait d'envoyer un corps de troupes pour en faire lever le siége aux soldats de l'armée suédoise.

Ces contraventions manifestes à des engagements positifs auraient peut-être suffi pour décider Louis XIII à envahir la Lorraine; mais le cardinal y joignit d'autres considérations non moins puissantes sur l'esprit de son maître. Il rappela le mariage célébré l'année précédente en cachette, à Nancy, presque sous les yeux et malgré la défense du roi. Il ne manqua pas de remarquer que rien n'empêchait plus Gaston, réfugié de nouveau à Bruxelles, d'appeler sa jeune femme auprès de lui. Si des enfants venaient à naître de cette union, combien la position de Monsieur n'en serait-elle pas fortifiée et celle du roi affaiblie, la Providence ne lui ayant pas encore accordé d'héritiers? En entrant brusquement en Lorraine, en assiégeant promptement Nancy, on avait la chance de se pouvoir emparer de la personne de la princesse Marguerite; alors la nullité de l'union contractée en dépit de l'autorité royale donnerait le droit de tenir la sœur du duc de Lorraine séparée de Gaston; ainsi ce mariage cesserait d'être un danger, et deviendrait même avantageux, demeurant toujours assez bon pour en empêcher un autre [1]. Après avoir entendu ces raisons, Louis XIII cessa d'hésiter. Plein d'activité et

---

1. L'abbé Hugo, *Vie manuscrite de Charles IV.*

d'ardeur quand il s'agissait de ruiner les desseins de son frère, il ne songea plus, comme le cardinal, qu'à faire main-basse sur la Lorraine, et, s'il était possible, sur la famille ducale elle-même.

Déjà, en signe de mécontentement, le roi avait refusé de laisser passer au cardinal Nicolas-François, frère du duc, le gouvernement nominal de Toul et de Verdun qu'avait eu son père. Ce qui était plus grave, il avait institué un parlement à Metz, auquel il avait même donné juridiction sur Marsal, Jametz et Sedan, villes lorraines, quoique momentanément remises en dépôt à la France. Cependant, afin de mettre les apparences de la modération de son côté, le roi envoya Guron en mission à Nancy (8 ou 10 juin).

Guron était officiellement chargé de rappeler au duc qu'il était sous la protection du roi de France, « et qu'il n'avoit pas besoin, par conséquent, de faire aucune levée pour s'opposer aux Suédois, contre lesquels Sa Majesté le sauroit bien défendre s'ils l'attaquoient, ce qu'il ne pensoit pas [1]. » En réalité, il avait pour instructions de découvrir autant qu'il pourrait l'état de la place de Nancy, au moyen des intelligences qu'il y avait déjà, et d'en pratiquer sous main de nouvelles [2].

---

1. *Mémoires de Richelieu*, t. VII, p. 379.
2. « L'effet pour lequel le roi lui mande de retourner à Nancy est affin qu'il descouvre autant qu'il pourra l'estat de la place par le moyen

La présence de Guron n'était jamais agréable à la cour de Lorraine ; il y avait toujours rempli les plus désagréables commissions, que ses façons altières n'avaient en rien adoucies. Charles se déroba de sa capitale pour ne point avoir affaire à cet agent trop zélé du cardinal ; il se montra même blessé du choix qu'on avait fait d'un intermédiaire si prévenu contre lui [1]. Guron, choqué de l'accueil qu'il avait rencontré à Nancy, s'était même retiré à Metz, après avoir vainement cherché le duc ; celui-ci avait été obligé de lui envoyer faire des excuses, et finalement de s'aboucher avec lui.

Il ne pouvait rien sortir, et il ne sortit rien, en effet, de cette entrevue. En retour des reproches que lui adressa Guron, M. de Lorraine se plaignit, et non sans quelque raison, au dire même de quelques-uns des correspondants du roi, moins passionnés que Guron, des mauvais traitements auxquels il

---

des intelligences qu'il y a déjà et qu'il y en acquerre de nouvelles avec dextérité et soubs main, et pour voir s'il ne s'y pourroit mesnager quelque desseing prompt et utile. Il s'enquerrera des vivres, munitions, fortifications et troupes qui sont dans la ville et celles qui s'y pourroient jetter, etc..... » Extrait du Mémoire envoyé à M. de Guron, 26 juin 1633. Archives du ministère des affaires étrangères. — Voir le Mémoire aux Pièces justificatives, ainsi que les dépêches de M. de Guron.

1. « Si le roy m'avoit fait l'honneur de m'envoyer quelqu'autre moins préoccupé, je crois que la commission seroit mieux entre ses mains qu'aux siennes, qui avec justes raisons me sont suspectes, et qui feront croire mes actions toujours désavantageusement pour moi. » Extrait d'une lettre de Charles IV au cardinal de Richelieu, 24 juin 1633. Archives du ministère des affaires étrangères.

était en butte de la part des Suédois [1]. Il témoigna un étonnement assez fondé de ce que le roi, qui ne se souciait pas de le protéger, trouvait mauvais qu'il se voulût protéger lui-même. Les récriminations un peu vives de Charles IV furent prises par Guron pour une sorte de déclaration de guerre déguisée, et représentées comme telles au cardinal. Ses dépêches, ainsi que celles de M. de Saint-Chamont, dénonçaient les armements chaque jour plus considérables de M. de Lorraine [2].

A la réception de ces nouvelles, Louis XIII, qui était à Forges, où il prenait les eaux, résolut (1ᵉʳ août) de marcher droit sur la Lorraine. Le cardinal lui développa le plan de campagne qu'il avait arrêté par avance, et qui était aussi simple qu'efficace. « Il n'étoit question, » dit-il au roi, « que de battre M. de Lorraine et défaire ses troupes bien à

---

1. « Monsieur de Lorraine a bien de l'allarme des Suédois, et avec raison, car M. Oxenstiern témoigne à M. de Bussy de le vouloir attaquer, et en effet il a commencé à faire ravager son pays.» M. de Saint-Chamont au cardinal, 24 juin 1633. Archives des affaires étrangères.

« Certains hommes, qui font des levées vers Worms et Spire, ont fait mettre dans leur drapeau un homme qui en pend un autre par la moitié, et force gens avec des flambeaux à la main qui mettent le feu partout, *avec ce beau mot lothaiengicœ.* » Extrait d'un Mémoire touchant Monsieur de Lorra'ne. BALUZE, lettre, p. 4, n° 55.

2. « Monsieur de Lorraine continue et multiplie ses levées, qui doivent passer huit mille hommes de pied et deux mille cinq cents chevaux, avec des dragons jusqu'à mille..... Force gens croyent que Monsieur a part dans ce mouvement; qu'une des principales communications se fait par le moyen de la princesse de Ligne, sœur de l'évêque de Verdun, où plusieurs allées et venues se font, dit-on, et qui est un pas-

point; que pour le faire avec facilité, il le falloit entreprendre promptement, devant qu'il se fortifiât davantage. » Il était donc d'avis de faire sommer les Français qui se trouvaient en Lorraine de rejoindre aussitôt l'armée du roi. Il fallait écrire à Saint-Chamont de quitter l'expédition de Trèves et de se diriger en toute hâte sur Nancy, par Saint-Nicolas, de façon à séparer de cette capitale les troupes lorraines qui étaient du côté des montagnes des Vosges. Il était surtout important d'avertir Birkenfeld de la pointe que l'on ferait en Lorraine, dans l'intérêt des Suédois, afin que Birkenfeld, aussitôt que les troupes lorraines feraient volte-face pour venir au secours de Nancy, leur pût tomber sur les derrières[1]. « Que si quelques-uns pensoient qu'il y allât aucunement de l'honneur du roy de ne surprendre pas M. de Lorraine, le cardinal n'en croyoit rien,

---

sionné ennemi du roy et de Monseigneur. » Dépêche de Guron au cardinal Richelieu, 7 juillet 1633.

« Le grand armement que fait Monsieur de Lorraine, et qu'il prétend debvoir arriver jusqu'à huit mille hommes de pied et trois mille chevaux, m'a fait vous dépêcher M. de La Haye pour vous en informer, n'estimant, quoi qu'il die, que ce soit pour se deffendre contre les Suédois..... On m'assure qu'il feroit lever cinq cents chevaux en Liége, et que si la trêve se fait, comme il la tient infaillible, Monsieur amènera la plus part des troupes de Flandres et se joindra aux siennes, pour avec cela chasser les Suédois de l'Alsace et s'en rendre maître, et puis assembler là une grande armée contre la France, et voir à son ayse la princesse Marguerite pour essayer d'en avoir des enfants. » Lettre de M. de Saint-Chamont au cardinal, 9 juillet 1633. Archives des affaires étrangères.

1. *Mémoires de Richelieu*, t. VII, p. 386 et suiv.

vu *que les offenses ouvertes qu'ils commettoient contre le roi l'avertissoient assez.* » Des instructions dans ce sens furent incontinent expédiées à M. de Saint-Chamont. A ces prescriptions toutes militaires, le cardinal en joignit d'autres plus secrètes, dont il ne parle pas dans ses Mémoires. « Si, par hasard, » écrivait-il au général chargé de cette expédition, « vous apprenez que M. de Lorraine fît sortir les princesses de Nancy, et que vous puissiez les faire arrêter et conduire avec tout respect et honneur à Metz, Sa Majesté en seroit bien aise. Si mesme il arrivoit que M. de Lorraine, se voulant retirer en Bourgogne ou à Luxembourg, comme on dit, vous puissiez l'arrêter en chemin, *le roy seroit bien ayse, l'ayant en ses mains, de luy faire courtoisie par après*[1]. »

Hors l'arrestation du duc et des princesses, dont il ne s'était pas avisé, M. de Saint-Chamont avait accompli par avance tous les ordres du cardinal. Une malencontreuse démarche de son adversaire en avait d'ailleurs rendu l'exécution plus facile. Soit, en effet, qu'il eût pensé calmer les ombrages que ses levées avaient causés, en tournant effectivement ses armes contre les Suédois, soit, comme le dit un de ses biographes, qu'il ait voulu se garnir les mains de quelques gages, afin de traiter ensuite plus avan-

---

1. Lettre du cardinal de Richelieu à M. de Saint-Chamont, de Châlons, le 22 août 1633.

tageusement avec le roi de France, Charles avait tout à coup pris le parti d'envoyer sa petite armée contre les Suédois pour leur faire lever le siége de Haguenau. « Il espéroit, » dit le marquis de Beauvau, qui faisait partie de cette expédition, « en tirer trois mille Impériaux, les joindre à ses troupes, et tenter avec eux le secours de Brisach... Mais ce fut cette entreprise qui prépara un nouveau chemin à sa dernière ruine [1]. »

Les Suédois n'attendirent pas les troupes lorraines dans leurs lignes : elles allèrent au-devant d'elles jusqu'à la ville de Phaffenhofen, à deux lieues de Haguenau. Le petit corps lorrain que commandaient MM. de Gatinois et de Florainville soutint d'abord cette rencontre avec vigueur. Malgré le désavantage du nombre et de la position, la cavalerie du duc fit des prodiges de valeur. Les mousquetaires de sa garde, conduits par le sieur de Richarmenil, de la maison de Ludres, chargèrent avec tant de résolution, qu'ils mirent tout le camp ennemi en désordre ; mais privés du commandement de leur vaillant chef, qu'un coup de mousquet dans les reins avait mis hors de combat, ils s'emportèrent à la poursuite des fuyards, entraînant à leur suite le reste de la noblesse lorraine, et criant toujours

---

1. *Mémoires du marquis de Beauvau.*

bataille gagnée. Pendant ce temps, l'infanterie, nouvellement levée, et qui avait été fort maltraitée par le canon des Suédois, au lieu de faire ferme, prit le temps que la cavalerie s'éloignait d'elle pour s'enfuir, et ses officiers, quelques efforts qu'ils fissent, ne purent la ramener au combat. « Pour comble de malheur, » ajoute le marquis de Beauvau, « trois cents cavaliers allemands, amenés par le comte de Hanau, se jetèrent sur le bagage de leurs alliés les Lorrains, afin de s'éviter la peine d'aller chercher celui des ennemis. » Alors le colonel de Rantzau, sergent de bataille des Suédois, auquel sa valeur acquit depuis le bâton de maréchal de France, s'étant, d'une hauteur voisine, aperçu de toute cette grande confusion, rallia une partie de son monde, reprit non-seulement ses canons, mais ceux que l'infanterie lorraine avait abandonnés, et accueillit par de vives décharges d'artillerie la cavalerie lorraine, qui regagnait le champ de bataille avec la négligence trop ordinaire à des troupes qui s'imaginent avoir remporté une complète victoire. Ce fut alors le tour de la cavalerie lorraine, dépourvue de canons et lâchée par son infanterie, d'éprouver la terreur qu'elle avait tout à l'heure inspirée aux Suédois. On dit qu'au début de l'action, le duc de Birkenfeld lui-même avait, pour se sauver, passé trois rivières à la nage. A la fin de cette même journée, les cavaliers lorrains, saisis d'une semblable panique, s'enfuirent jusque sous les murs des places fortes les plus voisines [1].

La consternation fut extrême en Lorraine, et gagna jusqu'à la capitale. L'approche des Suédois jeta dans les esprits une épouvante générale [2]. Le duc se hâta de faire quitter Lunéville à sa femme et de l'emmener à Nancy. Qu'on juge de son étonnement, lorsqu'il vit les troupes de M. de Saint-Chamont pénétrer mèches allumées dans ses États, occuper les environs de Nancy, et en commencer les approches [3]. Son trouble redoubla, quand il apprit que le roi, après avoir déclaré, par arrêt du parlement, le Barrois confisqué, faute d'hommage (30 juillet), s'avançait lui-même en Lorraine, à la tête d'une seconde armée [4]. Dans cette extrémité,

---

1. *Mémoires de Beauvau,* p. 28 et suiv.
2. «L'épouvante est telle dans toute la Lorrayne que tout fuit. Le duc est à Nancy dans ung étonnement extraordinaire.» Lettre de M. de Saint-Chamont au cardinal de Richelieu, 12 août 1633.
3. « Il est certain qu'à la première nouvelle qu'en eust Monsieur de Lorrayne, il alla dans la chambre de Madame de Lorrayne, et luy dist : « Tout est perdu, sauvez-vous vitement à Nancy. » Et de fait, ils partirent tout à l'heure mesme de Lunéville, et arrivèrent à Nancy dans le plus grand étonnement du monde. » Lettre de M. de Saint-Chamont au cardinal de Richelieu, 14 août 1633.
4. Par suite de l'arrêt du parlement, le sieur de la Nauve, conseiller de la grande chambre, se transporta à Bar, accompagné d'un substitut du procureur général. L'arrêt y fut publié et affiché. Les habitants prêtèrent serment de fidélité au roi, et le nom de Sa Majesté fut mis dans les prières publiques à la place de celui du duc. Tout cela eut lieu sans résistance. *Histoire du P. Griffet,* t. II, p. 427.—Voir, pour les détails de la prise de possession, le vol. CCCLXXXIII de la *Collection Dupuy,*

Charles, ayant pris conseil de sa famille et de ses principaux officiers, envoya le cardinal son frère au-devant de Louis XIII.

Sa Majesté avait couché le 16 août à Monceaux, se dirigeant vers la Lorraine. M. le cardinal François ayant envoyé de Dormans le sieur de Contrisson s'informer en quel lieu il pourrait saluer le roi, il lui fut froidement répondu qu'il ne prît pas la peine de venir plus avant, et que bientôt la cour serait près de Dormans [1]. Elle était effectivement le 18 à Château-Thierry. Le cardinal s'y présenta le même jour. M. de Guémené alla au-devant de lui avec les carrosses du roi, et le conduisit à l'audience. Le cardinal de Lorraine s'empressa de déclarer qu'il condamnait l'action de son frère, et qu'il n'y avait aucune part : « Monsieur, » repartit gravement le roi, « je saurai toujours distinguer vos actions de celles de votre frère; vous n'avez aucune part à ses dernières fautes, j'en suis convaincu. Dans toutes les occasions je vous donnerai des marques de ma bienveillance, autant que l'intérêt de ma couronne le permettra. Comptez sur ma protection [2]. » Cet accueil du roi n'avait rien de trop sévère. Le cardi-

---

à la Bibliothèque nationale. — *Histoire manuscrite de Charles IV*, par l'abbé Hugo. — Levassor, *Histoire de Louis XIII*, t. IV, p. 339. — Voir aussi l'*Histoire manuscrite du P. Vincent*.

1. *Histoire de Levassor*, t. IV. — *Histoire manuscrite* de l'abbé Hugo, etc.

2. Levassor, *Histoire de Louis XIII*, t. IV, p. 339.

nal en voulut profiter pour aborder le sujet de sa mission; le roi l'écouta, mais il le renvoya à son premier ministre, qui lui déclarerait ses intentions. On ne traita d'affaires que dans l'entrevue des deux cardinaux, qui eut lieu le lendemain.

Richelieu ouvrit cette conférence en mettant sous les yeux du cardinal François la liste accoutumée des offenses que le roi avait reçues du duc de Lorraine. Cette liste n'avait pas moins de trente-six articles, énumérés en autant d'alinéas qui tiennent près de six pages dans les Mémoires du ministre de Louis XIII. « En entendant cette grande énumération des contraventions que son frère avoit faites aux traités passés avec le roi, le cardinal de Lorraine fut étonné, » dit Richelieu, « et ne sut que répondre, sinon, en général, que les Suédois lui avoient donné sujet de mécontentement...... Il n'eut pas assez de front pour nier les fautes de son frère, » continue toujours Richelieu, « mais il en eut assez pour assurer qu'il n'y avoit point de part, et que si Sa Majesté vouloit porter l'affaire aux extrémités, il ne vouloit, en sa mauvaise fortune, d'autre refuge que la bonté du roi [1]. » Il avoua aussi, à son corps défendant, le mariage de Monsieur avec sa sœur, disant premièrement qu'il y avait seulement contrat; en second lieu, que le prêtre y avait passé, et qu'il en avait

---

[1]. *Mémoires de Richelieu*, t. VII, p. 399.

donné permission. Comme remède à ces maux, il offrit de demander pardon au roi, au nom de son frère, qui consentirait à la rupture du mariage; de prêter en son lieu et place l'hommage pour le Barrois, et de remettre entre les mains du roi Saverne et Dachstein. Toutes ces offres furent repoussées. Le cardinal de Richelieu répondit que la rupture du prétendu mariage n'était pas un remède au mal, attendu qu'il y fallait le consentement de Monsieur, dont il ne disposait pas; que l'hommage pour le Barrois devait être rendu par le duc en personne, non pas en son nom, mais au nom de sa femme; qu'il s'agissait d'ailleurs de donner satisfaction aux alliés de Sa Majesté, et de mettre M. de Lorraine hors d'état de pouvoir désormais manquer à ses paroles, auxquelles il ne voulait plus prendre aucune confiance. Et là-dessus, « on lui dit franchement que le dépôt de Nancy étoit le seul moyen qui pût assurer le roi, et lui donner moyen de garantir le duc contre ses ennemis [1]. »

« Cette proposition sembla rude d'abord, » ajoute Richelieu, « mais non pas tant qu'après l'avoir bien examinée, le cardinal n'avoua franchement que c'étoit quasi le mieux qu'il se pouvoit faire. » Quoi qu'en dise le ministre de Louis XIII, le cardinal de Lorraine ne se rendit pas si aisément à ses raisons. Il

---

1. *Mémoires de Richelieu*, t. VII, p. 400.

se récria sur le dépôt de Nancy, disant que la ruine entière de son frère, si elle était déjà accomplie, ne lui imposerait pas un plus pénible sacrifice; que ce serait un déshonneur pour lui de livrer sans résistance la place la plus forte de l'Europe; qu'il ne mettait pas en doute la bonne foi de Sa Majesté et la restitution du dépôt, mais que son frère, alors même qu'il voulait donner satisfaction à la France, avait aussi des ménagements à garder du côté de l'empire, et que Ferdinand, de qui relevait la couronne de Lorraine, pourrait considérer le dépôt de cette ville comme un acte de félonie. La question de la mouvance de la couronne de Lorraine souleva une longue discussion entre les deux cardinaux. Richelieu ne convint en aucune façon du prétendu droit de l'empire, et revendiqua même pour son maître la souveraineté de la Lorraine. On ne tomba d'accord sur rien, et le lendemain de cette conversation, le cardinal de Lorraine partit en toute hâte pour aller donner connaissance à son frère de ces rigoureuses conditions. Le 23 août, il était de retour à Saint-Dizier, où Sa Majesté s'était déjà acheminée. Le cardinal de Lorraine n'apportait pas l'acceptation de son frère, mais avoua, cette fois, « non-seulement qu'il y avoit eu mariage entre Monsieur et sa sœur, que le prêtre y avoit passé, et qu'il en avoit donné permission, mais il ajouta que le mariage avoit été consommé; ce qu'il avoit nié auparavant ¹. » Le but de son voyage était d'ailleurs de dire au cardinal de Richelieu que, s'il voulait lui donner sa nièce, Mme de Combalet, en mariage, le duc son frère et lui prendraient alors assurance en la restitution de Nancy ². Le cardinal se contenta de répondre qu'il communiquerait cette proposition au roi, « auquel il ne celoit chose quelconque qui le concernât ³. » Il fit toutefois observer au cardinal de Lorraine que, s'il acceptait l'honneur de ce mariage, beaucoup de gens ne manqueraient pas de dire qu'il aurait porté Sa Majesté à l'entreprise de Lorraine afin de se ménager une si haute alliance. Il n'avait pas oublié « que la réputation du cardinal d'Amboise n'étoit pas peu ternie dans l'histoire, par le rapport qu'elle faisoit qu'une des principales fins qu'il avoit eues dans la guerre d'Italie avoit été de se faire pape ⁴. » Il répéta donc au cardinal de Lorraine qu'il fallait, avant tout, contenter le roi. Si Sa Majesté était satisfaite, elle verrait elle-même si elle jugeait l'alliance proposée utile à son service. « Mais, qu'en façon du monde, il ne pouvoit s'y engager pour les considérations représentées ⁵. »

Assez mécontent de cette réponse, le cardinal de Lorraine repartit le 24, pour aller trouver une

---

1. *Mémoires de Richelieu*, t. VII, p. 415.
2. *Idem.*
3. *Idem.*
5. *Idem*, p. 416.
5. *Idem.*

seconde fois son frère, emportant avec lui un passeport, qu'il demanda à Sa Majesté pour entrer et sortir de Nancy, et en tirer son équipage. Le prince lorrain n'avait pas eu de si fréquentes entrevues avec Louis XIII et son ministre sans s'être aperçu de la colère que le mariage de sa sœur avait causé à la cour de France, et du danger qui menaçait cette jeune princesse. Rendre Marguerite à son époux et la tirer, n'importe comment, de Nancy, afin de la dérober aux rigueurs de Louis XIII, telle était la principale préoccupation de la petite cour de Lorraine, et surtout des princesses de la famille ducale. C'était afin d'aider à cette fuite, que le cardinal François s'était fait donner un laissez-passer qui lui permît d'aller et de venir, sous prétexte de négociation, entre la ville déjà assiégée et le quartier du roi. Mais, si du côté des Lorrains l'envie était grande de faire sauver la femme de Gaston, de l'autre, l'attention des Français était bien éveillée, et la surveillance continuelle. Le passe-port n'avait pas plus tôt été accordé au cardinal de Lorraine, que le roi, redoutant l'usage qu'il en pourrait faire, s'était mis à écrire de sa propre main à M. de Saint-Chamont, afin de lui recommander de redoubler de vigilance, et d'arrêter, s'il pouvait, la princesse Marguerite [1].

1. « Mons de Saint-Chamont, ayant mis entre les mains de mon cousin le cardinal de Lorraine, une lettre que je vous escris pour le

Mᵐᵉ de Phalsbourg, qui paraît avoir dirigé avec beaucoup d'adresse les apprêts de cette évasion, habilla sa sœur en homme, « ou plustot en ange, tant elle estoit belle, » dit le marquis de Beauvau. « Coiffée d'une perruque d'homme, vestue d'un hault-chausse et d'un pourpoint de drap d'Espagne noir, bottée et esperonnée, l'espée au costé et la plume au chapeau, » la figure toute barbouillée de suie, afin de ternir la blancheur de son teint, la princesse alla de nuit, dans le couvent où elle avait été mariée, dire adieu à sa tante l'abbesse de Remiremont. La terreur des religieuses, qui chantaient l'office, fut grande, quand elles virent un cavalier armé au milieu d'elles ; mais ayant reconnu la sœur de leur souverain, elles se mirent aussitôt à prier

laisser entrer dans la ville de Nancy, et en partir le lendemain avec son carrosse, je vous fais celle-ci pour vous dire que vous preniez garde aux personnes qui seront dans ledit carrosse, et que si la princesse Marguerite y est déguisée, ce qui pourroit bien être, si elle est encore dans Nancy, vous l'arrestiez, comme aussi si vous avez advis qu'elle passe en quelque lieu que ce soit où vous le puissiez faire, suivant ce que mon cousin le cardinal de Richelieu vous escrit par mon commandement, la présente n'estant à autre fin.   Louis.

« 23 août 1633. »

« J'ai reçu ce matin le commandement de Votre Majesté, par sa lettre d'hier, d'arrêter Mᵐᵉ la princesse Marguerite, et parce que j'ai bien jugé que le service de Sa Majesté le requéroit ainsi, je n'ai pas attendu son ordre pour me mettre en debvoir de l'exécuter, y ayant trois jours que je la guette jour et nuit, sur l'advis qu'on m'a donné qu'elle devoit sortir. J'y redoublerai de soings pour ne rien obmettre de tout ce qui sera advantageux à votre service. » Lettre de M. de Saint-Chamont au roi, camp de Sarville, 24 août 1633. Archives du ministère des affaires étrangères.

Dieu pour le succès de son évasion. Il était quatre heures du matin, lorsque le carrosse du cardinal, qui emmenait la fugitive, se présenta aux avant-postes de l'armée française. M. de Saint-Chamont était couché; il ne crut pas nécessaire de se lever pour visiter lui-même l'équipage du prince lorrain; et ses officiers lui ayant rapporté qu'il n'avait avec lui que sa suite accoutumée, il le laissa passer. Quelques-uns de ces messieurs regardèrent toutefois assez attentivement le jeune et beau cavalier assis à côté du cardinal; mais il se couvrait à demi du rideau du carrosse avec une négligence si bien affectée, qu'ils ne soupçonnèrent rien. Au détour du bois le plus voisin, Marguerite trouva des chevaux que deux gentilshommes du pays, les sieurs de La Visée et de La Butonnerie, y tenaient préparés. Après seize heures d'une course fatigante, et non sans avoir couru quelques dangers, la princesse arriva à Thionville, où le gouverneur espagnol la reçut avec distinction [1]. Elle écrivit aussitôt à Puy-

---

1. « Ils firent treize lieues cette journée-là. Ils rencontrèrent des troupes de Suédois qui les contraignirent de se jeter dans un bois taillis et fort espais d'où sortant la pauvre princesse s'est tout écorché les mains aux espines et ronces à l'endroit de la manchette.... J'ai ouy dire à ma dite dame qu'elle n'eut jamais creu à ce que les romans disent des princesses exilées, si elle-mesme n'en eut fait l'expérience. » Extrait de la relation manuscrite de la sortie de la princesse Marguerite, duchesse d'Orléans, de la ville de Nancy pour se rendre à Bruxelles, 4 septembre 1633.—*Collection Dupuy*, t. VII.—Voir la relation entière aux Pièces justificatives.

« Ils apperçurent de loin un parti qu'ils crurent de Suédois, et ne

laurens, pour qu'il avertît son mari; peu de jours après, elle était à Bruxelles.

Après qu'il eut remis sa sœur aux mains de ceux qui la devaient conduire jusqu'à Thionville, le cardinal se mit en route pour Saint-Mihiel, par Pont-à-Mousson, et rencontra le roi à une lieue de cette ville. « Sire, » dit-il en abordant Louis XIII, « depuis que j'ai quitté Votre Majesté à Saint-Dizier, j'ai si bien couru, que j'ai attrapé deux duchés. » A quoi le roi répondit « que si c'étoit tout de bon, il en étoit bien aise [1], » et le renvoya au cardinal de Richelieu. En effet, par un acte où la collusion était trop évidente pour échapper à la méfiance du pénétrant ministre de Louis XIII, le duc de Lorraine avait ostensiblement cédé ses États à son frère. Richelieu assura le cardinal François que le roi ne détournerait pas M. de Lorraine de céder ses États à une personne dont il connaissait les bonnes intentions; mais que, de toutes façons, il lui fallait Nancy. Alors le cardinal retourna encore une troisième fois auprès de son frère.

voulant se jeter à leur discrétion, ils se musèrent dans les broussailles, où la princesse eut les mains fort escorchées, et y estant embarrassée y laissa tomber son espée, dont s'appercevant dans la marche et voulant la ravoir, il fallut retourner. Elle disoit qu'elle vouloit vendre chèrement sa vie. » *Histoire manuscrite* du P. Vincent.

« Elle alla d'une seule traite à Thionville..... Accablée de fatigue, elle se coucha sur l'herbe, à la porte de la ville. « Voilà, » dit la sentinelle, « un jeune cadet qui n'est guère accoutumé à la fatigue. » Note des *Mémoires de Gaston*.

1. D. Calmet, t. VI, p. 96.

La nouvelle de l'évasion de la princesse Marguerite se répandit promptement. Elle causa par toute la Lorraine une grande joie, et au quartier du roi une extrême surprise. « On ne l'eût jamais cru, » dit le cardinal de Richelieu, « pour deux raisons : la première, que le prince lorrain faisoit profession d'une sincérité vierge et non entamée; qu'il blâmoit ouvertement son frère de son peu de franchise, et qu'il avoit déclaré avoir expressément laissé la princesse dans Nancy, pour contenter le roi sur ce sujet; la seconde, qu'il étoit étonnant que, le roi ayant écrit au sieur de Saint-Chamont qu'il prît garde de visiter les carrosses qui sortiroient de Nancy avec ledit cardinal, de crainte que la princesse ne s'y trouvât déguisée, ledit Saint-Chamont eût laissé sortir ledit sieur cardinal un matin, devant qu'être levé, sans faire visiter son carrosse, qu'il devoit bien visiter lui-même pour l'importance de l'affaire, et l'ordre exprès qu'il en avoit reçu[1]. »

Louis XIII éprouva une vive contrariété, en voyant cette proie lui échapper. C'était le beau-frère du duc d'Orléans qu'il poursuivait dans M. de Lorraine, autant que le secret ennemi de la France; et la passion de la vengeance l'animait peut-être plus que le goût des conquêtes. « Il y a parmi les autres une raison particulière qui ne nous permet pas, »

---

[1]. *Mémoires de Richelieu*, t. VII, p. 427.

avait-il écrit à son nouveau parlement de Metz, « de différer plus longtemps de témoigner notre juste ressentiment contre le duc de Lorraine, c'est le mariage de notre frère le duc d'Orléans avec la sœur de ce prince [1]. » « Ce mariage clandestin, » disait-il dans une autre lettre adressée au duc de Montbazon, gouverneur de Paris, « est véritablement un rapt commis contre ma personne et contre mon État [2]. » La colère du roi fut habilement mise à profit par le cardinal de Richelieu. Il représenta vivement à Sa Majesté « que, si on ne ruinoit présentement M. de Lorraine, le mariage de Monsieur subsisteroit infailliblement ; que si, au contraire, on dépouilloit ledit duc, il s'en iroit à vau-l'eau [3]. » Il lui répéta à plusieurs reprises « que, s'il ne le faisait, il décherroit de sa réputation, et seroit bien moins redouté de ses ennemis et moins considéré de ses amis ; que Nancy étoit un des meilleurs boulevards que nous puissions avoir contre l'Espagne et contre l'empereur ; que les princes n'étoient pas responsables des événements, mais obligés de ne rien faire qui ne fût digne d'eux. Quand même le résultat ne devroit pas être tel qu'on le pourroit désirer, le roi ne sauroit être blâmé de l'entreprendre. Ains, il le devroit être de ne le faire

---

[1]. Lettre adressée par Louis XIII, du camp de Saint-Nicolas (2 septembre 1633), à Butagne, ancien juge du maréchal de Marillac, président du parlement nouvellement institué à Metz.

[2]. Lettre de Louis XIII au duc de Montbazon, septembre 1633.

[3]. Lettre de Richelieu, t. VII, p. 422.

pas, puisque son honneur et les considérations du bien de son État l'y obligeoient. Enfin, que cette entreprise ne sauroit avoir aucune fin qui ne fût meilleure que de demeurer les bras croisés [1]. »

Le roi, adoptant les conseils de son ministre, imprima une nouvelle activité aux opérations de guerre. Il envoya, de Saint-Nicolas, le marquis de Sourdis avec cinq cents chevaux pour reconnaître Lunéville, qui ouvrit aussitôt ses portes. Le même jour, les châteaux de Condé, La Chaussée, Trognon, Malatour, Parquy et Bouconville, se rendirent aussi et reçurent garnison française. On fit rompre tous les quais et ponts de la Moselle, au-dessus de Pont-à-Mousson. Pendant qu'il dirigeait ainsi les préparatifs indispensables à l'investissement d'une place aussi forte que Nancy, le roi reçut dans son camp, et donna audience avec quelque apparat au résident de Suède. Celui-ci arrivait fort à propos pour demander raison des injures que cette couronne avait reçues du duc de Lorraine. Pour réponse, Louis XIII lui fit voir les jalons épars dans la campagne, et qui marquaient déjà la place que devaient occuper les lignes de circonvallation : il les avait lui-même tracées de sa main [2].

---

1. *Mémoires de Richelieu*, t. VII, p. 417 et suiv.
2. « J'eus l'honneur de l'accompagner partout, lorsqu'il se donnoit la peine d'aller lui-même tendre les cordeaux pour dresser les lignes des retranchements, ce qu'il faisoit avec une habileté particulière, excel-

L'emplacement de ces lignes avait été l'objet d'une assez longue discussion dans le conseil. Les uns proposaient de les faire très-étendues, afin d'y enceindre toutes les éminences qui avoisinent Nancy, « d'où un secours s'y logeant, pourroit, » disaient-ils, « incommoder l'armée de Sa Majesté occupée au siége. » Le cardinal de Richelieu fut d'avis de les faire beaucoup plus restreintes et rapprochées de la ville, afin d'épargner le temps, les hommes et la dépense. Il soutint, car il se piquait de s'entendre aux choses de la guerre, qu'il suffirait de bâtir des forts aux lieux où l'ennemi pouvait s'approcher du côté des montagnes. Le roi accueillit l'idée des forts, et adopta une ligne de circonvallation de son choix, qui se trouvait être à peu près à mi-chemin entre les collines qui dominent le plateau de Nancy et les derniers ouvrages de la place. L'emplacement des lignes une fois arrêté, il y donna lui-même le premier coup de pic. Il sortait tous les jours de son quartier, situé à la Neufville, pour aller à cinq heures du matin visiter les travaux. Souvent il n'était pas rentré à la nuit[1]. Outre les soldats de l'armée, des paysans amenés de Verdun étaient employés à remuer toute cette terre. Moins de cinq jours après, les retranchements

---

lant, comme je l'ai déjà remarqué, dans toutes les choses de la guerre. » *Mémoires de Pontis*, collection Petitot, t. II, p. 179.

1. « Hier, 3 septembre, Sa Majesté fut longtemps présente à faire travailler aux approches, et y prend le mesme plaisir que les autres à leurs plus grands délices. » *Gazette de France* du 10 septembre 1633.

étaient assez élevés pour mettre les assiégeants à couvert [1].

Du haut de leurs murailles, les assiégés regardaient commencer ces travaux sans les troubler [2]. Ils n'avaient point d'ordres de leur duc : ils ne savaient s'ils étaient en paix ou en guerre, car les négociations du cardinal François de Lorraine avec Louis XIII continuaient toujours [3].

La situation du duché de Lorraine était alors des plus tristes et des plus singulières. Après la déroute de Pfaffenhofen, la petite armée de Charles IV s'était à peu près débandée. Les hommes qu'il avait, suivant l'usage du temps, recrutés un peu partout à prix d'argent, Flamands, Espagnols ou Allemands, étaient retournés dans leur pays, ou s'étaient, aux

---

1. Mémoire écrit de la main de Louis XIII. *Manuscrit de Béthune*, 9534.

Louis XIII a fait graver, après la prise de Nancy, une planche représentant les travaux du siége. Nous avons eu occasion de voir une épreuve de cette planche dans la collection de gravures et portraits relatifs à l'histoire de Lorraine que possède M. de Saint-Florent. Grâce à son obligeance, nous en reproduisons la légende, rédigée par le sieur Doriette, qui avait dirigé la plus grande partie des opérations du siége. — Voir aux Pièces justificatives.

2. « Il y a quatre jours que nous sommes autour de Nancy. Ça esté jusqu'à ce jour la plus douce guerre du monde, n'ayant pas encore esté tiré un coup de mousquet de part ni d'autre. » Du camp devant Nancy, 26 août 1633. — *Gazette de France* du 3 septembre 1633.

« Nous allons tous les jours nous promener jusqu'à leurs barrières, sans qu'ils nous disent mot, ni nous à eux. » *Ibid.*

3. « Le cardinal de Lorraine y vint aussi le même soir, et retourna coucher à Nancy. C'est pour la quatrième fois. Dieu veuille que la quinte sonne quelque chose de plus agréable que par le passé. » *Ibid.*

mêmes conditions, enrôlés dans les régiments français. Rien n'était plus fréquent à cette époque que de voir, au lendemain d'une défaite, ces corps mercenaires disparaître entièrement. Les soldats lorrains étaient cependant restés presque tous sous les drapeaux, retenus par l'exemple de leurs officiers et des seigneurs lorrains qui, dans ce grand désastre de leur patrie, n'avaient pas encore désespéré de sauver au moins son indépendance; mais ils étaient tous demeurés sans direction. Les uns avaient essayé de traverser les lignes françaises pour se jeter dans Nancy; ils en avaient été repoussés. D'autres avaient été rejoindre le duc Charles dans les montagnes des Vosges; ils n'y étaient arrivés qu'en petit nombre, et dans le plus misérable état.

Sous le rapport militaire, la situation de Nancy était moins fâcheuse que celle du reste de la Lorraine. Elle était suffisamment approvisionnée en vivres et en munitions. Le duc Charles y avait mis « quelques trois mille hommes de guerre, sans la bourgeoisie, environ de deux à trois cents chevaux, et quarante gentilshommes volontaires dont je fus du nombre, » dit le marquis de Beauvau. M. le marquis de Mouy, premier prince du sang de Lorraine, commandait la place, ayant sous lui le baron d'Esne pour la défense de la vieille ville, et M. de La Serre, gentilhomme gascon, pour celle de la ville neuve [1].

---

1. *Mémoires du marquis de Beauvau.*

Ce n'était ni le patriotisme ni le courage qui manquaient soit à la garnison, soit aux habitants de Nancy. Peut-être s'étonnaient-ils, non sans raison, de la conduite de leur duc. Parmi ceux-là même qui faisaient alors leurs preuves de dévouement, plusieurs ne pouvaient s'empêcher de remarquer que, « par une fatalité étrange, ce prince n'avoit pu se tenir en repos quand il le falloit, ni prendre le parti d'une vigoureuse défense lorsqu'il n'y avoit plus d'autres ressources en ses affaires [1]. » En effet, le duc avait formellement prescrit de ne pas tirer le canon contre les Français par crainte de nuire aux négociations du cardinal son frère; au sein même de la famille ducale, on ne pouvait encore s'imaginer que toutes les démonstrations guerrières de Louis XIII fussent bien sérieuses. Au début du siége, la princesse de Phalsbourg avait demandé et obtenu de M. de Saint-Chamont un rendez-vous dans la chapelle de Bon-Secours [2], qui se trouvait à mi-route entre Saint-Nicolas et Nancy. Là, elle l'avait entretenu longuement de la possibilité de terminer ces fâcheuses dissensions par une sincère union des maisons de France et de Lorraine. M. de Saint-Chamont n'avait reçu ses ouvertures qu'avec beau-

---

1. *Mémoires du marquis de Beauvau*, p. 35.
2. Voir aux Pièces justificatives la lettre de M. de Saint-Chamont, rendant compte de cet entretien, et la lettre de la princesse de Phalsbourg.

coup de circonspection, et s'était contenté de les porter à la connaissance de Louis XIII. Cependant les approches de l'armée assiégeante se poursuivaient toujours. Ses avant-postes étaient venus se loger tout près du corps de la place; ils firent même pendant une nuit sauter les arches du pont de Marcheville, situé sur la rivière de la Meurthe, tout près de Nancy.

Alors la princesse de Phalsbourg reconnut la vanité de ses espérances. Parcourant les remparts, et animant chacun par sa présence, elle mit elle-même le feu aux pièces. Plusieurs volées de canons passèrent par-dessus la tête du roi, qui s'était avancé trop près pour examiner les défenses de la place. Elle insista pour qu'on retardât, par de vigoureuses sorties, les travaux déjà si avancés des assiégeants. Dans un conseil qu'elle avait provoqué afin de répondre aux remontrances du sieur de Chanvallon, qui s'était venu plaindre au nom du cardinal de Richelieu de la rupture de l'armistice, Mme de Phalsbourg, « dont le génie étoit tout mâle, » dit le marquis de Beauvau, « demanda avec feu qu'on commençât enfin une résistance désespérée. Elle soutint que les soumissions dont on avoit usé jusqu'alors n'avoient servi qu'à élever toujours plus le cœur du roi et à perdre leur maison [1]. » Elle s'attacha à prou-

---

[1]. *Mémoires du marquis de Beauvau*, p. 40.

ver que les choses étaient réduites à telles extrémités qu'il n'y avait plus apparence de se pouvoir sauver. Elle termina en disant « qu'en tous cas, si il falloit périr, il valoit mieux s'ensevelir glorieusement sous ses propres ruines que de perdre lâchement l'honneur, les biens et la liberté [1]. » Beaucoup d'officiers appuyèrent son avis. Le marquis de Mouy fut un instant ébranlé; mais ses instructions étaient précises, il avait l'autorité en main : il ordonna de cesser le feu, ajoutant toutefois qu'il le reprendrait si on s'approchait trop près des murailles [2].

Les choses en étaient là, lorsqu'on apprit qu'à force d'aller et de venir entre le camp de Charles IV et le quartier du roi, le cardinal de Lorraine, qui avait les pleins pouvoirs de son frère, avait (le 6 septembre) conclu un traité avec Sa Majesté [3]. Par ce traité, le duc de Lorraine s'engageait à livrer Nancy en dépôt au roi, dans les trois jours, et jusqu'à ce que le prétendu mariage de la princesse Marguerite avec Monsieur eût été déclaré nul par voie légitime et raisonnable. Cette princesse devait être remise dans quinze jours aux mains de Sa Majesté.

Il semblait que tout fût fini. Le cardinal de Lorraine ayant été soumettre ce traité à la ratification de

---

[1]. *Mémoires du marquis de Beauvau,* p. 40.
[2]. *Idem.*
[3]. Voir le traité du 6 septembre aux Pièces justificatives.

son frère, Charles ne fit aucune objection; il laissa le surlendemain son frère repartir pour la Neufville et ensuite pour Nancy, afin d'assister en personne au dépôt de la place. Il avait même fait accompagner son frère par Jeanin, son secrétaire d'État, qui était censé porter sur lui la ratification du traité; le cardinal François du moins le pensait ainsi, et en assura le roi. Cependant, le 13 septembre suivant, lorsque le cardinal de Lorraine parut à la porte de la ville prêt à y recevoir Louis XIII, les trompettes de l'escorte royale attendant sur le bord extérieur des fossés que l'on baissât le pont-levis, M. le marquis de Mouy, qui avait reçu la veille, par un nommé Giton, l'ordre de ne livrer point la place, refusa l'entrée au roi. Il fit, du haut des remparts, crier à Sa Majesté qu'elle ne trouverait pas d'autres portes ouvertes que celles qu'elle se ferait elle-même par la brèche [1].

On attribua généralement la détermination inattendue de Charles IV à l'ombrage qu'il avait commencé à prendre du cardinal son frère, et surtout aux espérances que lui donnait l'approche du corps d'armée du duc de Feria; ce général espagnol, ayant quitté le Milanais et traversé déjà la Valteline, avait annoncé qu'il arriverait prochainement en Alsace. Mais ses calculs et ceux du duc de Lorraine

1. Hugo, *Vie manuscrite de Charles IV.*

furent déjoués par l'activité des généraux suédois. Fidèles aux engagements qu'ils avaient pris avec Louis XIII, le comte de Horn et le duc de Birkenfeld se portèrent à sa rencontre, et lui fermèrent les passages qui lui auraient permis d'opérer sa jonction avec les débris de la petite armée du duc de Lorraine.

Le roi de France avait vivement ressenti l'affront reçu sous les murs de Nancy. Il avait ordonné au duc de La Force de prendre avec lui quinze cents chevaux, six mille hommes, six pièces de campagne, et de poursuivre à outrance le duc de Lorraine. La ville d'Épinal se rendit au maréchal aussitôt qu'elle vit le canon mis en batterie devant ses murailles [1]. Les habitants de Mirecourt, après s'être quelque temps défendus, furent aussi contraints de se rendre au sieur de Campremy, lieutenant de M. de La Force. La débandade acheva de se mettre parmi les troupes que Charles avait jusqu'alors conservées autour de sa personne. Ses officiers les plus dévoués et les plus braves, les sieurs de Gatinois, de Florainville et de Louzances, se vinrent rendre au roi ; et, persuadés sans doute que toute résistance était devenue impossible, ils assurèrent à Sa Majesté qu'ils voulaient demeurer en son obéissance [2].

Le duc de Lorraine comprit alors la faute qu'il

---

1. *Mémoires de Richelieu*, t. VII, p. 435.
2. *Idem*, p. 436.

avait commise en ne ratifiant pas le traité qu'avait signé son frère. Quelques-uns des biographes de Charles IV, et beaucoup d'historiens lorrains, abusés par la pitié bien naturelle que leur inspire ce prince infortuné, supposent qu'il fut, par une sorte de guet-apens, attiré en ce moment à Charmes par le cardinal de Richelieu. Les lettres de Charles et celles du cardinal prouvent que ce fut lui qui sollicita cette entrevue [1]. En réalité, il ne lui restait plus qu'à s'en remettre à la générosité du roi, ou à se jeter dans Nancy pour en conduire lui-même résolûment la défense. C'était là le parti désespéré auquel il

---

1. « Si monsieur votre frère veut, comme il témoigne le désirer, s'approcher d'ici pour l'accomplissement du traité que vous avez signé pour le dépôt de Nancy, j'ai commandement du roi de vous donner ma parole qu'après qu'il aura communiqué avec ceux que Sa Majesté aura agréable, elle le fera reconduire jusqu'au lieu d'où il sera parti. Ce n'est point du tout à sa personne qu'on en veut, mais seulement à sa conduite. » Camp de Nancy, 15 septembre.

« Vous vous souviendrez, s'il vous plaît, que cette négociation ne suspend point les actions de guerre jusqu'à ce que le traité soit exécuté; ce qui ne touche pas à la personne de monsieur votre frère, qui peut venir en toute seureté luy et vingt de ses domestiques. » Lettre du cardinal de Richelieu au cardinal François de Lorraine. Archives des affaires étrangères.

« Monsieur, ces trois mots sont pour vous tesmoigner que le roi ayant sceu le désir que vous aviez de conférer avec luy, Sa Majesté le trouve bon, et pour vous descharger d'une partie du chemin, je me rendrai demain à Charmes, afin que des le mesme jour nous voions ce qui se pourra faire pour la satisfaction de Sa Majesté et votre contentement. J'ai commandement de vous donner parole qu'après l'entrevue, vous aurez toute la seureté nécessaire pour vous en retourner au lieu où sont vos troupes. Cependant je puis vous assurer que dans le service du roy je suis bien ayse de vous tesmoigner que je suis..... » Lettre du cardinal de Richelieu au duc de Lorraine, 17 septembre 1633.

s'était arrêté. Il ne se souciait de traiter qu'afin de pouvoir, sans donner de soupçon, s'approcher de sa capitale [1]. Contrisson, son envoyé, avait eu commission de demander que la conférence eût lieu à Saint-Nicolas. Par une méfiance anticipée des projets de son adversaire, le cardinal offrit, sous prétexte de politesse, d'aller au-devant de lui jusqu'à Charmes [2].

La conférence n'aboutit pas d'abord. Elle fut plusieurs fois au moment de se rompre [3]. Tout d'un coup, et comme il était sur le point de prendre congé du cardinal, Charles parut se raviser. Non-seulement il accepta les clauses du traité signé par son frère, mais il y en ajouta deux autres. Par la première, outre les deux bastions qui séparaient la vieille ville de la nouvelle, il remettrait aussi au roi la porte Notre-Dame; en retour, il recevait l'assurance que, s'il remettait avant trois mois la princesse Marguerite entre les mains du roi, Sa Majesté resti-

---

1. *Vie manuscrite de Charles IV*, par Guillemin. — *Vie manuscrite de Charles IV*, par l'abbé Hugo. — *Mémoires du marquis de Beauvau*.

2. *Mémoires du cardinal de Richelieu*, t. VII, p. 438.

3. « Sire, les irrésolutions de Monsieur de Lorraine font que je ne puis, pour cette heure, mander aucune chose à Votre Majesté qui soit assurée. Il est tantôt d'une humeur et tantôt de l'autre. Je l'ai veu en six heures d'une conférence non interrompue, tantôt en disposition de tout accorder, puis tout à coup il propose une condition qui annulle tout.

« Je ne laisse pas de penser qu'il reviendra en quelque bon interval où les choses se concilieront à vostre contentement. Je n'y oublierai rien de ce qui dépendra de moy. » 19 septembre. Lettre du cardinal au roi, envoyée par Chavous.

tuerait la ville de Nancy sans attendre davantage, « rasant les fortifications d'icelles, si elle le jugeoit à propos ¹. — Ces conditions, » dit Richelieu, « étoient très-importantes et avantageuses à Sa Majesté, la dernière surtout, car le roi auroit tout ce qu'il pourroit desirer, savoir la princesse Marguerite entre les mains, ce qui pourroit éviter de grands maux, et qui plus est, Sa Majesté ne rendroit point Nancy, tant parce qu'il falloit procéder à la dissolution du mariage par voyes légitimes, ce qui dit un grand temps, que parce aussi qu'il falloit vider tous les différends du roi, *ce qui alloit à l'infini* ². »

En ajoutant à son traité primitif des conditions si étranges, et dont Richelieu prétendait de son côté tirer un parti si perfide, Charles n'avait eu pour but que de faire prendre confiance en sa personne, et de faciliter ainsi l'exécution de son projet ³. Le cardinal, déjà averti par les avis qu'il avait reçus, n'en douta plus quand il entendit le duc annoncer l'intention d'aller saluer le roi à son quartier de la Neufville. Le ministre de Louis XIII trouva le temps d'écrire tous ses soupçons au roi ; il ne négligea

---

1. *Mémoires de Richelieu*, t. VII, p. 439. — Voir le traité de Charmes aux Pièces justificatives.
2. *Mémoires de Richelieu*, t. VII, p. 440.
3. « Son Altesse se promettoit de faire mettre, la nuit suivante, le feu proche de la maison du roy, et pendant que l'on eust esté occupé à l'éteindre, de se sauver et de se jeter dans Nancy, ce qui ayant esté découvert aux ennemis par un de ceux auxquels Charles se confioit... » *Mémoires manuscrits* de Foyet, médecin de Charles IV.

aucune des précautions nécessaires, faisant préparer à l'avance chez sa créature, le duc de La Valette, un logement où le duc de Lorraine pourrait être reçu avec honneur et surveillé avec soin [1]. Charles et Richelieu se mirent en route ensemble. Peu de temps avant d'arriver au quartier de la Neufville, le cardinal hâta un peu sa marche, afin d'arriver le premier et de mieux prévenir Sa Majesté.

Les mémoires du temps nous fournissent les détails les plus circonstanciés sur les scènes de cette entrevue, où personne n'était de bonne foi, où chacun s'appliqua à jouer de son mieux son personnage. A Charmes et pendant le chemin, Charles avait affecté de parler au cardinal et aux gentilshommes de sa suite avec l'ouverture de quelqu'un qui n'a plus rien à cacher. Il raconta au cardinal de La Vallette qu'il avait fait signer par son frère le traité du

---

[1]. « M. Lejeune sçaura pour dire au roy que j'ai pensé qu'il estoit plus à propos de retenir demain Monsieur de Lorraine à coucher au quartier de Sa Majesté, que de le laisser aller à Nancy.

« Pour cet effet, j'estime qu'il faut le loger au logis de M. le duc de la Valette. Sy Sa Majesté a deux chambres, l'entrée de Nancy vaut bien la peine qu'elle ait agréable de lui donner un de ses licts et une tapisserie. Si Sa Majesté n'approuve pas cette ouverture, vous ferez détendre le lict qui est dans ma chambre et le ferez tendre au logis de M. de la Valette pour le dict sieur duc, et ferez commander au comte de Lannoy de lui préparer un bon souper. Il faudra que Sa Majesté témoigne de son propre mouvement qu'elle luy a fait préparer un logis, comme si je n'en savois rien, afin qu'il ne croye pas qu'on veut le retenir au quartier du roy, mais bien pour la bonne volonté que Sa Majesté lui veut témoigner de nouveau telle qu'elle a fait par le passé.

« Je vous advoue que, etc..... » De Charmes, 20 septembre. Lettre inédite du cardinal à M. de Bouthellier, communiquée par M. Avenel.

6 septembre sans avoir l'intention de l'exécuter [1]. M. le marquis de Mouy avait eu charge de n'obéir qu'aux ordres marqués du signe des trois premières lettres de son nom. « Il lui en avoit envoyé déjà deux, l'un sur l'*L*, l'autre sur l'*O*; restoit l'*R*, qui pouvoit être la marque de quelque chose de secret [2]. »

En abordant le roi, le duc de Lorraine s'inclina profondément, et lui faisant des excuses pleines de soumission, protesta qu'il voulait désormais obéir à Sa Majesté. « *Tout est oublié*, » lui répondit Louis XIII ; et l'embrassant d'un air gai et content, il le conduisit à son cabinet [3]. Richelieu et les principaux seigneurs de la cour y entrèrent après eux. Ces messieurs se mirent à louer le prince lorrain, et à lui faire compliment sur sa valeur et son inclination guerrière. Charles parut prendre quelque plaisir à leurs louanges. — « Mon cousin, » dit alors Sa Majesté, « il faut vous avouer de bonne foi, que j'ai eu mauvaise opinion de vous, lorsqu'après votre ratification, vous refusâtes d'exécuter le traité conclu par le cardinal votre frère ; je dis que vous n'aviez ni parole ni fidélité. Aujourd'hui je change de sentiments, assuré que je suis de l'accomplissement de vos promesses. — Sire, » dit le cardinal, « je serai volontiers la caution de monsieur le duc. — Je connais

---

1. *Mémoires de Richelieu*, t. VII, p. 442.
2. *Idem.*
3. Levassor, t. IV, p. 359.

son inclination pour votre service. — Il se conduira autrement à l'avenir. — Votre Majesté doit oublier tous les sujets de mécontentement qu'elle a eus; M. le duc combattra désormais sous vos enseignes [1]. » Là-dessus M. de Lorraine fit de nouveau de grands compliments au roi. La conversation devint générale. — Le duc parla de chasse au roi qui l'aimait passionnément. — « Je n'y pense plus guère, mon cousin, » repartit Sa Majesté, « depuis mes grandes affaires j'y ai presque renoncé. Quand je fais la guerre, je m'y applique uniquement. »

Cependant le temps se passait en ces politesses fort affectées de part et d'autre. « Le roi, dont la chambre étoit fort obscure, feignant de ne pouvoir lire des lettres qu'il avoit reçues, demanda des flambeaux afin que le duc ne s'aperçût pas quand la nuit viendroit : il étoit quatre heures de l'après midi [2]. » Le duc de Lorraine, qui avait une fort grande envie d'aller à Nancy, voyant que le roi se mettait à lire des lettres, voulut prendre congé. « Mon cousin, vous êtes bientôt las de nous voir, » répondit simplement le roi, « il n'est pas tard; il n'y a qu'une petite lieue d'ici à Nancy, et il ne vous faut pas une heure pour y aller [3]. » Et toujours lisant ses lettres, cares-

---

1. Levassor, t. IV, p. 300.
2. Pontis, t. II, p. 189.
3. *Idem*, p. 190.

sant le duc, il s'entretint de différentes choses avec lui, jusqu'à ce que la nuit vint insensiblement. Le duc commençant à s'ennuyer fort, et peut-être à soupçonner les intentions du roi, voulut une seconde fois s'en aller : « Cela est étrange, comme le temps passe vite, mon cousin, » dit alors le roi comme s'il eût été surpris, « mais il est trop tard pour que vous partiez présentement. » Charles assura qu'il connaissait bien les chemins et serait bientôt à Nancy. « Quelle heure est-il donc? » demanda le roi sans affectation. On lui répondit qu'il était sept heures. « Décidément, mon cousin, il est trop tard; la grande garde est posée et vous troubleriez tout : il vaut mieux que vous couchiez ici, et vous partirez demain de grand matin. »

Après beaucoup d'instances, le duc de Lorraine fut obligé de consentir aux volontés du roi, n'osant le choquer en l'état présent de ses affaires. On le mena coucher au logis du duc de La Valette : il n'y demeura pas seul un instant. Sous prétexte de lui faire honneur, M. de Saint-Simon, le comte de Nogent, et les seigneurs de la cour assistèrent à son souper. Ils l'entretinrent jusqu'à onze heures [1]. Des mousquetaires de la garde du roi avaient été placés de six pas en six pas autour de la maison. Le duc eut bientôt occasion de s'assurer que l'éveil était

---

1. *Mémoires de Pontis*. — *Mémoires du marquis de Beauvau*.

donné sur ses projets, que sa personne était bien gardée, et ses gardiens incorruptibles. Vers une heure du matin, ayant ouvert sa fenêtre, Charles chercha à lier conversation avec l'une des sentinelles; mais, au lieu du soldat, ce fut Pontis, lieutenant aux gardes qui lui répondit — « Sentinelle, j'entends beaucoup de bruit; qu'est-ce que cela? » demanda le duc. — « C'est un corps de cavalerie qui fait la ronde, répondit Pontis. — De combien est-il? — Deux mille chevaux. — Ho! quelque chose de moins. Vous faites la garde plus grande qu'elle n'est; passe, passe. Qui la commande? —Tantôt un maréchal de camp, tantôt un lieutenant général. — Vraiment, dit le duc, la garde est bonne, il n'y a rien à craindre. » Charles essaya alors de sonder son interlocuteur. « N'est-ce point à un officier à qui je parle? » Pontis répliqua qu'il était simple cadet. « Hé bien donc, camarade, puisque tu es soldat; dis-moi, y a-t-il longtemps que tu fais le métier? — Dix ou douze ans. — Et depuis combien dans les gardes? — Cinq ou six ans. — Comment, il y a donc longtemps que tu sers sans récompense? C'est pourtant bien malheureux de demeurer toute sa vie en cet état sans monter en grade. Ho bien! continua-t-il, écoute, camarade, il y a bien moyen de faire ici a fortune d'un honnête homme. » Pontis répondit qu'i. ne craignait pas de rien perdre pour attendre avec le maître qu'il servait, et qu'il était assuré que lui rester fidèle, était l'unique moyen d'avancer sa fortune [1]. Charles comprit qu'il n'y avait rien à faire avec cette sentinelle. Quelques heures plus tard, il rouvrit sa fenêtre, et appela de nouveau pour savoir si l'incorruptible soldat des gardes n'avait pas été relevé de faction. Ce fut toujours la même voix qui lui répondit. « Ah! mon maître, » dit alors à Charles le gentilhomme lorrain qui couchait dans la même chambre que lui, « vous êtes arrêté, il n'y a pas moyen de vous sauver [2]. »

Le lendemain au matin, Charles eut encore une lueur d'espoir. Il était au lit, quand il vit entrer dans sa chambre le marquis de Beauvau. « Le duc, qui paroissoit, dit ce fidèle seigneur lorrain, comme un homme extrêmement travaillé d'esprit, se jeta sur les plaintes de la perfidie dont on avoit usé à son égard. » Il s'informa comment le marquis avait pu faire pour passer de la ville au camp. Sur la réponse que la garde n'était pas bien rigoureuse, parce qu'on tenait la ville pour rendue, il témoigna la plus grande envie de s'échapper. Il jura que, s'il pouvait gagner la ville, il la défendrait jusqu'à la dernière extrémité, et qu'après l'avoir défendue

---

1. *Mémoires de Pontis*, t. II, p. 194.
2. Voir dans les *Mémoires de Pontis* sa conversation avec Charles IV, t. II, p. 191.

« Le roi, » dit Pontis, « voulant avoir lui-même le plaisir de faire ce conte, comme il le ferait agréablement, me défendit d'en parler. Mais lorsqu'il avait conté la chose à quelque seigneur de la cour, il m'appelait. »

tant qu'il pourrait, il en ferait plutôt sauter tous les bastions que de la rendre jamais en état de pouvoir servir. « Mais il étoit si malheureux, qu'il n'avoit plus même un bon cheval à qui confier sa liberté et sa vie. » « Je lui répliquai, dit M. de Beauvau dans ses Mémoires, que, s'il ne tenoit qu'à un cheval, j'en avois amené un qu'il connoissoit, et sur lequel je croyois qu'il se pourroit fier. Il me témoigna le vouloir hasarder, et en même temps demanda ses habits pour se lever. Mais, comme il commençoit à s'habiller, un valet vint lui dire qu'il y avoit à sa porte sept ou huit des principaux seigneurs de la cour qui demandoient à le voir; de sorte que, jugeant que c'étoit des gardes que Sa Majesté envoyoit pour veiller sur ses desseins, il me congédia. Et je m'en retournai avec le déplaisir de n'avoir pu rendre ce notable service au duc[1]. » Le même jour, dans l'après-midi (24 septembre 1634), les portes de la ville de Nancy s'ouvraient devant l'armée française. Ce n'était qu'après beaucoup d'hésitation et de combats, après avoir été de toutes façons sollicité, pressé, menacé, que Charles s'était décidé à livrer sa capitale. En vain le cardinal de Richelieu avait envoyé, pendant deux jours, à son logis le père Joseph, capucin, et Bouthellier, secrétaire d'État, pour le sommer de tenir sa promesse. Le

---

[1]. *Mémoires du marquis de Beauvau*, p. 44.

duc de Lorraine ne leur avait remis à chaque fois que des ordres sans valeur, auxquels le marquis de Mouy n'avait pas voulu obéir, n'y trouvant pas les marques convenues avec son maître. Lorsqu'il lui fallut, le désespoir dans l'âme, signer enfin l'ordre définitif, il se retira aussitôt après à Rosières-aux-Salins, sous prétexte de congédier quelques troupes, mais en réalité, pour ne pas assister à la prise de possession de Nancy.

La garnison lorraine sortit à huit heures du matin. Elle était encore composée de deux mille trois cent dix fantassins, et deux cent trente cavaliers, tous soldats de bonne mine et convenablement équipés, capables, disent les chroniques lorraines, de bien défendre les dix-sept bastions de Nancy, et qui se désolaient qu'on ne les eût pas mieux employés. L'armée du roi entra ensuite par pelotons, et prit possession des portes et des bastions. Sa Majesté arriva dans la ville à midi. Le cardinal de Lorraine avait été au-devant d'elle jusqu'à un demi-quart de lieue hors des remparts. Le cortége royal fit son entrée en bon ordre. La compagnie des chevau-légers, armée de toutes pièces, marchait devant. Après elle, et proche de Sa Majesté, les principaux de sa noblesse, et, parmi eux, sept ou huit officiers de son ordre. Le roi avait dans son carrosse le cardinal de La Valette, le comte d'Harcourt, M. le Premier, M. de Brassac et le marquis de La Force.

Ses gardes du corps suivaient, puis ses gendarmes. Après le train du roi, venait celui du cardinal, qui était peut-être plus magnifique que celui de son maître. Il avait en tête trente gentilshommes ; deux écuyers venaient après, suivis d'un de ses grands chevaux de bataille, tenu en main par deux palefreniers ; puis sept pages conduisaient d'autres chevaux de prix. Le cardinal était dans un carrosse qu'escortaient les mousquetaires à cheval de sa garde [1]. Tout ce cortége conduisit le roi jusqu'à la maison du sieur Rousselot d'Hédival, dans la ville neuve, Sa Majesté n'ayant pas voulu entrer dans la ville vieille pour sûreté de sa personne [2].

Le spectacle de cette cour pompeuse était nouveau pour les habitants de Nancy ; ils virent toutefois passer le cortége sans curiosité, et plutôt avec une morne tristesse. Il fallut les contraindre à allumer le soir des feux. Le surlendemain, le duc de Lorraine arriva à Nancy ; il présenta au roi sa sœur, la princesse de Phalsbourg ; celle-ci le salua, dit un auteur lorrain, avec plus de civilité que de joie. Louis XIII l'accueillit gracieusement. Quelquefois il la plaisantait avec douceur : il l'appelait *la Guerrière ;* il la montrait aux gentilshommes de sa cour, disant : « Voilà celle qui se vouloit si bien défendre

---

1. Relation de l'entrée du roi à Nancy.— Archives des affaires étrangères. — Voir aux Pièces justificatives.
2 *Mémoires du marquis de Beauvau*, p. 44.

et tuer tout. » La reine de France arriva le 26 à Nancy. On lui donna, dans la plaine qui entoure cette ville, le plaisir d'une grande revue, qu'elle contempla du haut des remparts. Cependant, chaque fois que Charles IV sortait dans les rues, faisant au roi les honneurs de sa capitale, les habitants de Nancy, qui étaient demeurés si froids à l'entrée de Sa Majesté, se pressaient sur son passage, et, les larmes aux yeux, criaient : « Vive Son Altesse de Lorraine ! » Ce dévouement des sujets pour leur prince fut remarqué de Louis XIII. On dit qu'il le détermina à ordonner qu'on tirât tous les canons et les approvisionnements de la ville vieille pour les transporter dans la ville neuve, et qu'on construisît une citadelle pour dominer la ville. Le célèbre graveur Callot jouissait alors de la plus grande réputation parmi les artistes de son temps. Louis XIII lui demanda de graver la prise de Nancy, comme déjà il avait gravé la prise de La Rochelle et le siége de Breda. Callot refusa. Quelques seigneurs de la suite du roi insistèrent et lui donnèrent à entendre qu'on pourrait bien l'y contraindre. « Je me couperais plutôt le pouce, » répondit l'artiste lorrain [1].

Cependant le roi, ayant tout disposé pour s'assurer la possession de sa nouvelle conquête, s'achemina en grande hâte vers Paris, laissant M. le

---

[1]. Voir les *Recherches de M. Meaume sur la vie et les ouvrages de Callot*. Nancy, 1853.

comte de Brassac comme gouverneur à Nancy [1]. La reine, partie le même jour 1er octobre, ne fit qu'une petite journée et s'arrêta à Toul. Le temps était magnifique, et Anne d'Autriche voyageait en carrosse découvert. Le duc Charles l'escorta à cheval. Pendant la route, il demeura toujours assidûment à sa portière, et l'entretint avec gaieté et galanterie des années qu'il avait passées avec elle à la cour de France. Pour montrer qu'il n'avait rien oublié des exercices favoris de sa première jeunesse, il sauta de son cheval dans le carrosse, et du carrosse sur son cheval, « la reine admirant beaucoup, dit un historien lorrain, cette adresse du prince, et plus encore la force de son esprit dans les pertes qu'il faisoit [2]. »

La campagne, commencée au printemps de l'année 1633, avait parfaitement atteint l'un des buts que le cardinal de Richelieu s'était proposés. La France, qui déjà possédait Marsal, Jametz et Sedan, était devenue, par l'acquisition de Nancy, souveraine maîtresse en Lorraine. Le duc Charles n'était plus un voisin dangereux pour Louis XIII; il avait cessé d'être un allié utile pour l'empereur Ferdi-

---

1. Jean de Gallard de Béarn, comte de Brassac, chevalier des ordres. Il fut successivement ambassadeur à Rome, ministre d'État et surintendant de la maison de la reine.
2 *Histoire manuscrite du P. Vincent.*

nand. Si, à cette époque, la politique du gouvernement français avait eu pour unique objet d'assurer sa frontière de l'est, afin de pouvoir se mêler plus avantageusement aux grands événements qui se passaient en Allemagne, tout aurait été terminé par la soumission à laquelle on avait réduit le duc de Lorraine, soumission qui n'était plus douteuse après les gages qu'on lui avait arrachés. Mais, ainsi que nous avons cherché à l'expliquer au commencement de ce chapitre, d'autres motifs avaient mis les armes aux mains du roi et déterminé les résolutions de son ministre. Louis XIII avait espéré s'emparer de la princesse Marguerite. La jeune femme de Gaston, en s'échappant heureusement de Nancy, en allant retrouver son époux à Bruxelles, avait trompé ses projets les plus chers; il fallait s'en venger. Richelieu avait songé à reculer jusqu'en Alsace les limites du royaume. La facilité de la prise de Nancy avait tenté son ambition; il voulait la satisfaire entièrement. Ainsi, pour obtenir un dernier triomphe, il ne suffisait plus ni à l'un, ni à l'autre, d'arracher quelques autres lambeaux à la Lorraine, déjà plus qu'à moitié subjuguée : il s'agissait d'anéantir son indépendance elle-même, et de dépouiller de sa souveraineté la famille ducale tout entière.

Nous serions assez embarrassés pour raconter ce dernier épisode de la lutte poursuivie avec tant d'acharnement par Louis XIII et Richelieu, soutenue avec tant de persévérance par les princes de la dynastie lorraine, si nous n'avions pour nous guider que les renseignements trop rares fournis par le cardinal, ou les récits naturellement un peu suspects des écrivains lorrains. Heureusement pour nous, les dépêches du ministre français, les correspondances de ses propres agents, conservées aux archives des affaires étrangères, comblent la lacune laissée dans ses Mémoires; elles jettent un jour presque complet sur la nature des procédés, ou violents, ou perfides, que, dans un but de grandeur nationale, il n'a pas hésité à employer, mais qu'il a préféré dérober à la connaissance du public.

Charles ne séjourna pas longtemps à Nancy, où M. de Brassac commandait en maître absolu : le séjour lui en était devenu insupportable. Il se retira, à la fin de l'automne, à Mirecourt, dans les Vosges. Il y fit venir sa femme la duchesse Nicole, sa cousine la princesse Claude, et, malgré ses chagrins, y passa son temps dans toutes sortes de divertissements [1]. Richelieu était bien aise que le duc de Lorraine ne fût point resté dans sa capitale, où sa présence inspirait de l'ombrage [2]. Il voulait le faire

1. D. Calmet, t. VI, p. 112.
2. « Si Son Altesse retourne à Nancy, il sera à propos que vous le voyez et lui parliez conformément à ladite lettre, le portant le plus doucement possible à suivre les intentions de Sa Majesté; que si Son Altesse s'en esloigne et particulièrement de la jonction de ses troupes

venir à Paris [1]. Madame de Phalsbourg et toutes les princesses de la maison de Lorraine étaient persuadées qu'on ne souhaitât si fort de posséder ce prince à la cour de France, qu'afin de l'y retenir prisonnier [2]. En vain, depuis le traité de Charmes, le duc de Lorraine était-il demeuré parfaitement inoffensif, sinon plein de bonne volonté envers la France, de nouvelles plaintes n'en arrivaient pas moins à tout instant de Paris. Il était évident que le roi de France et Richelieu étaient décidés à avoir de continuels griefs contre la Lorraine [3]. Les membres de la famille ducale étaient en proie aux plus vives inquiétudes. Ils se réunirent entre eux, vers la fin de l'année 1633. Ils résolurent que, à défaut de son frère, le cardinal de Lorraine irait à Paris et

à celles du roi, je vous dirai que Sa Majesté est résolue (ensuitte que c'est une manifeste violation du traité) de le prier de ne venir plus à Nancy, à cause des méfiances que ces déportements lui donnent. Ce que vous jugez bien qu'il faudra tenir secret, et ne le découvrir à personne du monde. » Dépêche du cardinal Richelieu à M. de Brassac.

1. « Il semble que Mgr le cardinal ait préveu les brouilleries de Monsieur de Lorraine, en envoyant M. de Cavoye lui demander ses troupes et lui conseiller d'aller trouver le roy..... Mon opinion n'est pas qu'il fasse ny l'un ny l'autre. » Dépêche de M. de Brassac à M. de Bouthellier, Nancy, 31 octobre 1633. Archives des affaires étrangères.

2. « Dans le desseing que Son Altesse avait d'aller à la cour, où il ne prétendait qu'aller et venir, Mme la princesse de Phalsbourg luy a faict croire qu'on l'arresteroit estant là; c'est ce qui l'a fait changer de résolution, et envoyer le cardinal son frère pour tirer le temps en longueur. » Avis de M. de Chamblay, sans date. Archives des affaires étrangères.

3. Voir aux Pièces justificatives les dépêches du cardinal à M. de Brassac, et de M. de Brassac au cardinal, 13 octobre, 31 octobre, 16 novembre, 26 décembre, 5 janvier.

n'épargnerait rien pour tâcher d'apaiser le ministre de Louis XIII[1].

L'espoir d'y réussir se fondait surtout sur un avis donné par Christine de Lorraine, duchesse douairière de Toscane. Elle avait écrit à ses parents de Lorraine qu'elle avait des raisons de croire que Richelieu ne serait pas éloigné de donner sa nièce, Mme de Combalet, au cardinal François de Lorraine. C'était, d'après son opinion, le moyen de tout apaiser, et « la voie la plus sûre pour faire subsister le mariage de Monsieur[2]. » Cette ouverture était venue de Gondi, envoyé de la cour de Florence à Paris. Elle lui avait été inspirée par l'idée fort répandue alors que le cardinal de Richelieu recherchait une grande alliance pour sa nièce. Rien ne prouve cependant qu'il ait jamais songé, comme plusieurs historiens lorrains l'assurent, à marier Mme de Combalet avec le frère de Charles IV, et à lui faire avoir le Barrois en apanage. Il se montra, au contraire, assez froid aux avances du cardinal de Lorraine, et plutôt disposé à profiter des bonnes dispositions du frère de Charles IV qu'à lui laisser concevoir de grandes espérances. Le cardinal de Richelieu se fût-il laissé tenter par cet appât, il est probable que l'animation extrême que, en ce moment plus que jamais, le roi Louis XIII montrait

---

1. L'abbé Hugo, *Vie manuscrite de Charles IV.* — D. Calmet, etc.
2. Levassor, t. IV, p. 417. — Vittorio Siri, *Memorie recondite.*

contre son frère, contre la princesse Marguerite et contre toute la maison de Lorraine, l'aurait détourné d'une semblable pensée. Richelieu se contenta de répéter que si le cardinal de Lorraine, ainsi que son frère, voulaient se rendre agréables au gouvernement français, ils devaient lui remettre en mains le prêtre qui avait célébré le mariage de Monsieur avec leur sœur, livrer l'original du contrat de mariage et toutes les pièces qui pouvaient en établir la nullité. En même temps que Richelieu répondait ainsi au cardinal de Lorraine, il s'informait si M. de Brassac ne pourrait point déterminer le duc de Lorraine à adresser au roi, sous forme d'excuse, une lettre par laquelle il dirait n'avoir pas consenti au mariage de son frère, ce qui serait une bonne pièce pour faire annuler le mariage par le parlement. Si M. de Lorraine se refusait à écrire cette lettre, il insinuait à son agent qu'au moins il devrait tâcher de faire insensiblement dire au duc quelques paroles approchantes, et cela devant le sieur Gobelin, s'il était possible, afin qu'il en pût déposer [1].

Quant au mariage avec Mme de Combalet, « Ma nièce, » dit le cardinal de Richelieu, « vous est fort obligée de l'honneur que vous lui faites. Nous saurons dans un mois si elle veut enfin quitter la fantaisie de se retirer dans un couvent. Dès qu'elle se

---

1. Voir le Mémoire à M. de Brassac, aux Pièces justificatives.

sera déclarée, vous en aurez la première nouvelle[1]... Mais laissons cela, s'il vous plaît. Vous savez que, suivant le traité de Charmes, la princesse Marguerite, votre sœur, doit être remise dans trois mois ; les voilà expirés. Sa Majesté veut que le mariage soit incessamment déclaré nul... Il faut que monsieur votre frère et les personnes de votre maison trouvent bon qu'on les cite au parlement[2]. » Le cardinal de Lorraine se récria. Il répondit que son frère ne s'était pas engagé à mettre la princesse Marguerite entre les mains du roi ; que la chose n'était plus même en son pouvoir, puisqu'elle était à Bruxelles. Il termina en suppliant le ministre de Louis XIII d'intervenir auprès de son maître, afin que le duc de Lorraine ne fût point cité devant un tribunal que, en sa qualité de souverain, il ne pouvait reconnaître. « Comme duc de Bar, » répliqua sévèrement Richelieu, « M. de Lorraine est vassal de Sa Majesté. J'appréhende qu'il ne se fasse une mauvaise affaire, s'il prétend décliner la juridiction de pairs de France[3]. »

En effet, le 4 janvier, les gens du roi présentèrent requête au parlement, pour demander permission d'informer « du rapt commis en la personne de Monsieur, et de la clandestinité du mariage[4]. »

1. *Histoire de D. Calmet*, t. VI, p. 115.— Le P. Griffet, t. IV, p. 453.
2. D. Calmet, t. VI, p 115.
3. *Ibidem*.
4. Voir le rapport de M. Bignon, les *Mémoires d'Omer Talon*. — Griffet, *Histoire de France*, t. IV, p. 452.

La prétention était étrange de vouloir considérer comme un rapt le mariage d'une jeune princesse de quinze ans avec le frère du roi veuf et majeur, entouré, comme il l'était à Nancy, au moment de son mariage, de ses conseillers ordinaires et des principaux officiers de sa maison. La bénédiction nuptiale venait même de leur être de nouveau et publiquement donnée à Bruxelles. Le parlement montra en effet quelque hésitation : il parut disposé à considérer plutôt cette question comme appartenant à la juridiction ecclésiastique. Le roi était décidé, de son côté, à ne se pas laisser arrêter par de pareils obstacles. Il fit, le 16 janvier, une déclaration contre le mariage de son frère. Le 18, il tint au parlement un lit de justice pour la faire enreregistrer [1].

Le duc Charles comprit que ces actes de la cour de France étaient autant dirigés contre lui que contre M. le duc d'Orléans. Il prit alors une résolution qu'il méditait depuis longtemps, conforme à son caractère autant qu'à ses goûts, et qu'il jugea pouvoir sauver peut-être encore son malheureux pays. Par un acte authentique daté de Mirecourt, 19 janvier 1634, il se démit de tous ses États en faveur du cardinal Nicolas-François. Il délia ses sujets de leur serment de fidélité, et leur ordonna

---

1. D. Calmet, t. V, p. 117. — Levassor. — Le P. Griffet.

de reconnaître son frère pour leur naturel et légitime souverain. Deux jours après il se retirait en Alsace, en compagnie de beaucoup de seigneurs de la noblesse et de treize compagnies de cavalerie [1].

Charles comptait trouver ainsi moyen de résister à la France sans compromettre davantage la Lorraine, sans ruiner avec lui les autres membres de sa famille. Il lui en coûtait peu de ne plus régner si, en perdant la couronne, il pouvait continuer de faire la guerre. Il ne lui déplaisait pas, confiant qu'il était dans ses talents militaires, d'être affranchi de tous liens, et de pouvoir, comme chef d'armée, mettre ses forces au service des causes qu'il lui conviendrait d'épouser : un camp lui valait une cour. Il espérait commander les armées d'Allemagne. Peut-être se flattait-il de remplacer Wallenstein, déjà ouvertement brouillé avec l'empereur Ferdinand. La fortune prodigieuse de ce grand capitaine avait séduit son imagination guerrière, comme plus tard elle devait égarer celle du grand Condé lui-même. En quittant la Lorraine, Charles recommanda à son frère de veiller à la sûreté de leur cousine, la princesse Claude ; et dès cette époque, si nous nous en rapportons à une lettre de cette princesse au cardinal de Richelieu [2], il conseilla au nouveau duc d'épouser

---

1. *Mémoires de Forjet*, médecin du duc Charles IV.
2. Voir aux Pièces justificatives la lettre de la princesse Claude au cardinal de Richelieu, pour lui faire part des projets de mariage qu'on a pour elle. 5 janvier 1633.

la sœur de la duchesse Nicole, afin de faire ainsi cesser toute discussion relative à la transmission de la couronne ducale.

Le cardinal François, reconnu duc de Lorraine, s'empressa de faire part de son avénement à Richelieu, et de lui envoyer le sieur de Contrisson, son secrétaire d'État. Richelieu reçut cette nouvelle avec beaucoup de mauvaise humeur. Il rappela à l'agent du cardinal François tous les torts que celui-ci avait eus envers la France. Il se montra aussi animé contre lui qu'il l'avait jamais été contre son frère [1]. Prenant les lettres remises par Contrisson, et dont la suscription portait le titre de duc de Lorraine, il s'écria : « Duc de Lorraine ! duc de Lorraine ! Cette qualité se prend pour tromper le roi ; mais on ne donnera pas dans le panneau. » Après plusieurs témoignages de son mécontentement, il termina en disant : « Jusqu'à présent, j'ai fait profession d'être serviteur de M. le cardinal, mais puisqu'il veut suivre les mauvais exemples de son frère, je serai obligé de me déclarer son ennemi [2]. »

Le ministre de Louis XIII ne s'en tint pas à ces sourdes menaces. Il annonça plus tard à Contrisson, fort consterné, que Sa Majesté pensait tout de bon à déclarer le Barrois réuni à la couronne par la félonie

---

1. Hugo, *Vie manuscrite de Charles IV*. — *Histoire de D. Calmet*, t. VI, p. 420 et suiv.
2. D. Calmet, t. VI, p. 121.

du duc de Lorraine, et que le principal courait risque de suivre l'accessoire : « La loi salique, » dit-il à l'agent lorrain, « n'est pas établie ni en Lorraine ni dans le Barrois. Le prétendu testament de René II n'est pas une pièce fort authentique; en tous cas, il ne sauroit changer la nature des fiefs et des souverainetés. Le duc Charles n'a jamais possédé les duchés de Lorraine et de Bar qu'en vertu de son mariage avec la duchesse Nicole, fille aînée du feu duc Henri. La princesse Claude est héritière légitime si Mme sa sœur meurt sans enfants [1]. »

Une circonstance particulière, dont les auteurs lorrains ne paraissent pas avoir eu connaissance, permettait alors à Richelieu de parler avec cette hautaine confiance de ses futurs desseins. La duchesse Nicole appréhendant, à tort ou à raison, que son mari ne voulût ou l'emmener avec lui, ou l'obliger de se retirer dans la citadelle de Lamothe, avait fait entretenir le roi, par un de ses gentilshommes, du désir qu'elle avait de se mettre sous sa protection, avec sa plus jeune sœur. Le gouverneur de Nancy avait eu ordre de recevoir les deux princesses avec grandes politesses, et de les conduire à Paris [2]. Richelieu s'attendait à les voir arriver d'un instant à l'autre à

---

1. D. Calmet, t. VI, p. 125.
2. Le cardinal mande (25 janvier) à M. de Brassac que Mme la duchesse de Lorraine a envoyé un gentilhomme exprès au roi pour le supplier de la recevoir en ses États.
Instructions à M. de Brassac (en date du 25 janvier 1634), pour lui

la Cour; il n'attendait que de les tenir en son pouvoir pour contester son titre au nouveau duc, et déclarer de bonne prise la Lorraine et le Barrois.

Mais la duchesse Nicole, avertie du parti que le gouvernement français voulait tirer de sa démarche, rassurée d'ailleurs par le départ définitif de son époux, attachée surtout par une vive tendresse à la princesse Claude, était, en secret, entrée dans le projet de marier sa sœur avec le cardinal François. Elle avait donc feint tantôt d'être malade, tantôt d'être trop surveillée pour exécuter sa promesse de venir à Nancy et de se rendre ensuite en France [1]. Richelieu résolut alors de recourir aux mesures de rigueur. Les agents principaux de Sa Majesté en Lorraine, MM. de La Force et de Brassac, ne se montrèrent pas d'abord très-zélés pour l'exécution des ordres violents du ministre de Louis XIII, mais plutôt préoccupés du soin de s'en décharger l'un sur l'autre. Le maréchal de La Force, qui avait reçu commission de rentrer en Lorraine, d'investir la ville de Lunéville, afin d'y surprendre, avec le cardinal

---

diré de recevoir la duchesse de Lorraine et la princesse Nicole. Archives des affaires étrangères.

Instructions au même (en date du 2 février), pour empêcher que Monsieur de Lorraine ne vienne se faire déclarer duc dans Nancy, et n'y reçoive le serment des officiers. Archives des affaires étrangères.

1. « La duchesse de Lorrayne ne sut parler au messager de M. de Brassac, qui lui fit demander pourquoi l'on n'avoit pas de ses nouvelles, mais lui fit dire qu'elle étoit épiée; que c'étoit une maladie qu'elle avoit, etc... » Archives des affaires étrangères.

François, ses deux cousines Claude et Nicole, ne mit pas à arrêter ces princesses toute l'ardeur qu'il avait déployée naguère contre Charles IV. Il envoya plusieurs fois demander à Nancy, à M. de Brassac, si ses instructions n'étaient pas plus précises à cet égard que les siennes. M. de Brassac hésitait auss de son côté. Lorsqu'ils connurent les intentions bien arrêtées de Richelieu, ils s'arrangèrent tous deux pour tâcher de faire exécuter par des subalternes la portion la plus désagréable de leur mission. M. Gobelin, assisté d'un sieur Carnet, se présenta à Lunéville, et signifia au cardinal François de Lorraine l'intention des commandants des troupes françaises de s'emparer de Lunéville [1]. Le cardinal témoigna quelque étonnement, disant que si le roi lui avait fait l'honneur de lui manifester à l'avance son désir de mettre garnison dans la place, il se serait fait un devoir de la lui offrir. Il demanda jusqu'au lendemain pour prendre les dispositions nécessaires. On lui accorda jusqu'au soir.

Il était impossible de se méprendre sur les desseins de la cour de France. Le cardinal François comprit qu'il y allait de sa sûreté, de celle des deux princesses, et de l'avenir de la maison de Lorraine. Il expliqua à sa jeune parente par quels motifs il devenait indispensable de précipiter la conclusion d'un

---

[1]. Voir aux Pièces justificatives la relation de M. Gobelin, en date du 19 février. Archives des affaires étrangères.

mariage conseillé par le duc Charles avant son départ, si fort souhaité par tous les membres de leur famille, et qui était la dernière ressource de leur dynastie et du pays tout entier. Le cardinal persuada facilement la princesse Claude. Depuis longtemps ils ressentaient l'un pour l'autre une affection resserrée encore par leurs récents malheurs. Le mariage fut à l'instant résolu.

A sept heures du soir, pendant que les troupes françaises pénétraient dans la ville et y installaient leurs logements, le cardinal François fit demander à l'abbaye des chanoines réguliers de Saint-Remy, à Lunéville, deux théologiens gradués. Il pria les deux révérends pères de consulter sur-le-champ leurs livres, et de lui dire s'il pouvait, n'étant pas, quoique cardinal, engagé dans les ordres sacrés, épouser à l'heure même sa cousine germaine, sans attendre la dispense du pape. Les deux chanoines allèrent à l'abbaye chercher l'ouvrage du casuiste espagnol Sanchez, *Disputationes de sancto matrimonii sacramento*, et répondirent que Son Éminence, en sa qualité d'évêque de Toul, pouvait se dispenser lui-même de la publication des bans, ou donner à quelqu'un le pouvoir de lui accorder la dispense. Quant au pouvoir de donner dispenses de mariage, *in secundo gradu*, il paraissait, à la vérité, expressément réservé au pape; mais les évêques avaient quelquefois dispensé, en une absolue nécessité. « Je suis

certainement dans ce cas, » répliqua le cardinal
François. Il s'accorda tout aussitôt les dispenses.
Peu d'heures après, dans une chambre retirée du
palais, l'un des deux chanoines consacrait cette
union. Malgré les instances de son mari, la princesse Claude se défendit de consentir à demeurer
avec lui aussi longtemps que les dispenses du saint-
père ne seraient pas arrivées. Probablement le maréchal de La Force fut sur-le-champ averti de ce qui
venait de se passer, et des réserves de la princesse,
car il fit sans plus tarder séparer les deux époux, et
retenir chacun d'eux dans des appartements différents. Comprenant alors quel parti on pouvait tirer
de ses scrupules, Claude se déroba pendant la nuit
à ses gardiens, et alla retrouver son mari [1].

Le lendemain, le prince François et les deux princesses allèrent passer la nuit à Saint-Nicolas, pour
se rendre ensuite à Mirecourt [2]. Ils étaient suivis
de quelques gardes lorrains en petit nombre. M. le
maréchal de La Force les accompagnait, fort courroucé du mariage, mais ne sachant trop ce qu'il
devait faire des nouveaux mariés. Sur l'avis envoyé
par Gobelin, le comte de Brassac, plus décidé ou
muni d'instructions plus précises, accourut à Saint-
Nicolas. Il avait avec lui une escorte considérable,

---

1. D. Calmet. — L'abbé Hugo. — Voir aux Pièces justificatives l'interrogatoire des chanoines de Saint-Remy.
2. Dépêche de M. de Brassac, du 19 février 1634.

et, suivant le dire de Gobelin « s'empara fort adroitement de la duchesse et de la princesse Claude, avec M. le cardinal de Lorraine, qu'on appelle ici monsieur le duc [1]. » Le même soir, tous les membres de la famille ducale étaient prisonniers à Nancy.

Le mariage de François et de Claude déconcertait les projets du cardinal de Richelieu, autant que la fuite de la princesse Marguerite avait dérangé ceux du roi Louis XIII. François et Claude réunissaient en leurs personnes tous les mêmes droits qui avaient déjà donné tant d'importance à l'union de Charles et de Nicole. Leurs enfants devaient être les héritiers incontestables de la couronne de Lorraine. Il était incommode, sinon dangereux, de sévir, au sein même de leur capitale, au milieu d'une population toujours affectionnée à ses souverains, aujourd'hui aigrie par ses revers, contre un prince inoffensif et contre une jeune femme innocente. « Le cardinal eût bien voulu, dit le marquis de Beauvau, séparer la princesse Claude d'avec son mari, et la faire conduire à Paris, en laissant l'autre aller où bon lui sembleroit [2]. » Mais n'admettant pas qu'il pût être marié, à cause du défaut des dispenses, il n'osait rien faire contre lui, de peur que le pays ne trouvât mauvais qu'on attentât à la personne ou à la

---

1. *Mémoires de Gobelin.* Archives des affaires étrangères.
2. *Mémoires de Beauvau*, p. 48.

liberté d'un cardinal distingué par une si grande naissance, et qui n'était pas sujet du roi de France [1]. Les lettres de Louis XIII, les dépêches de Richelieu, témoignent de leur perplexité. En réponse à la lettre par laquelle on lui avait fait part du mariage, le roi de France écrivit au duc François, « qu'il ne lui pouvoit rien dire sur ce sujet, laissant au pape à juger si le mariage avoit pu être valablement contracté, sans avoir premièrement eu la dispense qui est nécessaire en pareilles occasions [2]. » C'était aussi au moyen du manque de dispense que Richelieu espérait pouvoir arriver à séparer les deux époux. Il ordonna au comte de Brassac de dire au duc François que la conscience du roi ne lui permettait pas de supporter qu'il demeurât davantage avec la princesse Claude, sans la dispense du pape [3]. M. de Brassac fit sa commission; mais le prince lorrain répondit « que luy et sa femme étoient plutôt résolus de souffrir la mort par violence que par la séparation... et toujours persistant et disant que, plutôt de s'en aller sans ladite princesse, qu'on les démembreroit tous deux [4]... » « J'use de leurs termes, ajoute l'agent de Richelieu, et je n'ai pu, à ce coup-ci, lui alléguer le

---

[1]. D. Calmet, t. VI, p. 125.
[2]. Lettre de Louis XIII au duc François, 25 février 1634. Archives des affaires étrangères.
[3]. Lettre du cardinal de Richelieu à M. de Brassac, 20 mars.
[4]. Idem.

manque de dispense, car il l'a, il y a deux jours, et m'en a fait veoir l'original [1]. »

L'embarras devenait extrême. Évidemment, le comte de Brassac, placé sur les lieux, hésitait à prendre les mesures violentes qu'exigeait la colère de Richelieu. Mais les instructions qu'il recevait de Paris devenaient de plus en plus pressantes. Ses dépêches attestent qu'il aurait bien voulu pouvoir changer les déterminations du gouvernement français. Il parle, dans ses dépêches, des difficultés qu'il rencontrera à se procurer secrètement une litière. « Dès que M. d'Arpajon sera arrivé, » écrit-il une autre fois au cardinal de Richelieu, « l'on procédera à l'affaire ; je crois pourtant que, sur l'avis que je vous ai envoyé de la dispense, qui est une circonstance assez notable, vous voudrez faire savoir de vos nouvelles avant ledit temps. M. de Lorraine et la

---

1. Dépêche de M. de Brassac, du 20 mars.
En effet, la dispense du saint père était enfin arrivée le dimanche 19 mars. Le lendemain même, c'est-à-dire le lundi, à trois heures du matin, le curé de Saint-Épure, muni de tous les pouvoirs ecclésiastiques nécessaires, maria de nouveau les deux époux, en présence du sieur Bornet, premier gentilhomme de la chambre de Son Altesse, et de M. Arnoult, intendant de la maison. Le soir même, arriva de Paris un ordre de Richelieu de séparer le prince et la princesse, qu'il ne voulait pas considérer comme mariés, à cause du défaut de dispense. Le duc François, assuré qu'il n'y avait plus rien à objecter maintenant à son mariage, montra la dispense à M. de Brassac, et lui avoua que la cérémonie du mariage avait été, pour plus de sûreté, renouvelée. M. de Brassac fut outré de dépit. « Il cria, il jura, il entra dans des fougues furieuses, et en jeta même sa perruque par terre, » dit l'abbé Hugo. — Voir l'abbé Hugo, *Vie manuscrite de Charles IV.* — D. Calmet, *Preuves de l'histoire de Lorraine*, t. VII, p. 199.

princesse Claude persistent toujours dans la mesme opiniâtreté. Nous verrons ce qui arrivera au partement, si le même ordre continue¹. » M. d'Arpajon, qui paraissait avoir été désigné par le cardinal pour faire le coup, hésitait un peu moins, mais désirait aussi avoir des ordres plus précis. « Je presse M. de Brassac d'exécuter l'ordre du roy. S'il ne se donne le soing de séparer les princesses d'avec M. le cardinal de Lorraine, ils feront de grandes violences, et je crois que le cardinal les voudra suivre, si on ne l'arrête; sur quoy les commandemens du roy me sont bien nécessaires². » Carnet, autre agent français, demandait à Richelieu qu'il donnât des ordres pour qu'on mît des gardes auprès des princesses, « de peur qu'elles ne sortent déguisées, vu la grandeur de la ville, le grand nombre de villageois qui entrent céans à cause du marché³. »

Cette crainte, exprimée dans toutes les lettres que le cardinal recevait de Lorraine, avait été surtout excitée par la récente évasion de la princesse de Phalsbourg qui, trompant la surveillance établie aux portes de la ville, venait de s'échapper de Nancy. Dans la lutte maintenant entamée entre les violences de quelques hommes de guerre mal instruits et peu

---

1. Lettre de M. de Brassac au cardinal, 23 mars.
2. Post-scriptum d'une lettre de M. d'Arpajon, 24 mars. Archives des affaires étrangères.
3. Lettre de M. Carnet, 3 mars. Archives des affaires étrangères.

satisfaits de leur nouveau métier, et la ruse de pauvres princesses captives et délaissées, ce fut Mme de Phalsbourg qui, avec son entrain accoutumé, donna le premier exemple d'une heureuse audace. Depuis quelque temps, les soldats français qui gardaient la porte Saint-Nicolas voyaient chaque jour, sortir de la ville, pour aller à la chapelle de Bon-Secours, à un quart de lieue de la ville, un carrosse où était couché tout de son long, la jambe enveloppée de bandages, un gentilhomme anglais, le sieur Brone (ou Brown). Après avoir fait sa neuvaine à la chapelle, pour obtenir la guérison de sa jambe, il rentrait aussitôt après en ville. Accoutumés à le voir régulièrement passer et repasser dans cet équipage, les gardiens cessèrent peu à peu de visiter son carrosse. Quand l'habitude fut bien prise de le laisser traverser sans méfiance, la princesse, habillée en homme, se blottit, accroupie, sous les coussins du devant de la voiture, de façon que la jambe du gentilhomme reposait sur son dos. Cette fois, le carrosse poussa jusque de l'autre côté de la chapelle. Le gentilhomme défit alors les bandages qui entouraient sa jambe, la princesse se débarrassa des coussins sous lesquels elle était cachée, et tous deux, montés sur des chevaux envoyés à l'avance, s'enfuirent du pays d'une haleine jusqu'à Besançon[1].

1. « La porte par où elle est sortie estoit gardée par M. de Charny, frère de M. de Saint-Estienne, et le plus ponctuel de tous les hommes.

Soit que la réussite de l'évasion de Mme de Phalsbourg eût découragé le cardinal de Richelieu, soit qu'il eût été pris de quelque honte en voyant à quelles violences il lui faudrait recourir pour tirer les nouveaux mariés hors de Nancy, il écrivit à M. de Brassac « que beaucoup de personnes pouvant, à l'occasion, trouver étrange que le roy voulût séparer le cardinal et la princesse Claude, il a résolu de souffrir qu'ils demeurassent encore quelque temps à Nancy, pour laisser un peu amortir cette fameuse passion qu'ils ont l'un pour l'autre. » Cette lettre du cardinal de Richelieu était du 2 avril ; le 1er avril au matin, M. de Lorraine et la princesse Claude s'étaient sauvés de la ville.

M. de Brassac en est tombé malade. » Lettre de M. de Carnet, 8 mars 1634.

D. Calmet, qui n'est pas d'ailleurs fort exact dans ses dates, place la fuite de la princesse de Phalsbourg après celle de Monsieur de Lorraine. Il résulte de cette lettre de M. de Carnet, en date du 8 mars, qu'elle s'est au contraire sauvée la première.

Mme la princesse de Phalsbourg avait hâte de se rendre en Belgique, où, si nous en croyons les *Mémoires de Gaston*, M. de Puylaurens avait commencé d'autres amours :

« Les visites que le sieur de Puylaurens avoit faites chez la princesse de Chimay depuis le retour de Monsieur à Bruxelles, avec la beauté de la personne, l'avoient rendu tellement amoureux de Mlle de Chimay la fille, qu'il avoit oublié ses amours de Lorraine et quitté la marque de chevalerie que Mme la princesse de Phalsbourg lui avoit donnée en partant de Nancy, qui estoit un nœud bleu, traversé par le milieu d'une petite épée, avec cette inscription : « Fidélité au bleu mou« rant, » que Puylaurens avoit accoutumé de porter du costé du cœur, pour prendre au lieu le galant vert qui estoit la couleur de la demoiselle de Chimay. La princesse de Phalsbourg ayant su ce changement, ne put souffrir d'être ainsi méprisée. »

Cette fuite avait été beaucoup plus difficile à ménager que celle de la princesse de Phalsbourg, non-seulement parce que la vigilance déjà une fois surprise était devenue beaucoup plus grande, mais aussi parce que le duc et sa femme ne voulaient pas partir séparément, et prétendaient courir ensemble les mêmes risques. Il leur fallait d'abord se dérober du palais, où, sous prétexte de leur faire honneur, on les gardait étroitement. Ils avaient à franchir ensuite les portes de la ville, ouvertes seulement après le lever du jour, et que des gens bien avertis surveillaient avec toutes sortes de précautions. Nous voyons, par les dépêches de M. de Brassac, que, pour endormir sa prudence, la duchesse Nicole, qu'il jugeait « un assez pauvre petit esprit [1], » feignit d'être malade, et que son indisposition retardait seule son voyage à Paris. De son côté, la princesse Claude donnait à entendre qu'elle était grosse. Elle cessa même de témoigner une si grande répugnance d'aller à la cour de France. M. de Brassac crut pouvoir mander au cardinal « qu'il avait fait venir aux princesses l'envie d'aller à Paris, même à la jeune en l'assurant qu'elle y auroit du passe-temps, et qu'elle pourroit bientôt après rejoindre son mari [2]. » Les choses ainsi préparées, voici le stratagème employé par M. de Lorraine et sa femme. Écoutons le récit

[1]. Dépêche de M. de Brassac, du 26 mars.
[2]. Lettre de M. de Brassac au cardinal, 28 mars.

que le marquis de Beauvau, nommé plus tard gouverneur de leurs enfants, entendit plusieurs fois de leurs bouches, et qu'il a inséré dans ses Mémoires[1] :

« Le duc François choisit pour cet effet le premier jour d'avril, auquel on a coûtume en Lorraine de faire de petites tromperies aux personnes qui ne s'en défient pas : ce qu'on appelle le poisson d'avril, dont la pratique étoit encore si peu connuë aux François, que pour éviter d'être trompez, ils se défioient de tout ce qu'on leur disoit ce jour-là, et ils eurent beaucoup de peine de se résoudre à croire les divers avis qu'on leur donna d'assez bonne heure de leur évasion, se persuadant que ce n'étoit que pour les faire courir après eux. La nuit précédente, la duchesse, pour mieux tromper ses gardes, étoit sortie du palais sous un habit de page, portant un flambeau devant Beaulieu, un des gentilshommes du duc François et le conducteur de toute cette entreprise, lequel, encore pour mieux abuser les gardes, feignit d'être en colère contre ce page, et le menaçoit

---

[1]. On trouve, dans les manuscrits de la Bibliothèque nationale (Pièces relatives à l'élection d'Urbain VIII), une pièce intitulée : *Rilazione della fuga delli signori duca et duchessa di Lorena dal castello di Nansy ove erano custoditi, dalle forze Franscese*. Ce récit, assez long et détaillé, relate des circonstances qui ne sont pas dans celui de Beauvau; elles sont assez curieuses et peut-être exactes. Cependant, les erreurs manifestes dans lesquelles l'auteur est tombé sur les faits qui ont précédé cette évasion, nous ont fait préférer la version du marquis de Beauvau, qui est en général fort bien informé et mérite toute confiance quand il raconte les événements survenus de son temps et qui se sont passés presque sous ses yeux.

de lui donner des coups de pied, s'il ne l'éclairoit mieux. Elle alla joindre le duc son mari dans la maison de Bornet, son premier gentilhomme de la chambre, où il s'étoit déjà rendu, aussi déguisé sous un méchant habit de porte-faix, n'ayant pas même épargné sa propre chevelure qu'il avoit fort belle, et qu'il fit raser pour paroître plus méconnoissable. Dès que le jour fut venu et qu'on eut ouvert les portes de la ville, la duchesse, qu'on avoit de nouveau déguisée en pauvre femme du village, portant une hotte pleine de fumier sur le dos, et qui étoit conduite par le duc son mary, déguisé de même, ils sortirent ensemble sans autre suite par la porte de Nôtre-Dame, et marchèrent près d'une demi-lieuë en cet équipage avec des peines incroyables pour la princesse, qui n'avoit jamais fait un si long chemin à pied, ny par des lieux si rabotteux, avant que de joindre Beaulieu, qui les attendoit au rendez-vous qui lui avoit été prescrit, avec des chevaux pour leur monture. Comme ils passoient la porte, une païsanne qui venoit des champs à la ville les reconnut, et, par une indiscrétion rustique, ne put s'empêcher de le dire à un soldat du corps-de-garde qu'elle connoissoit. Ce soldat l'ayant redit à son officier, il n'en fit que rire, croyant que c'étoit le poisson d'avril que cette païsanne luy avoit voulu donner pour se divertir. Il ne laissa pas néanmoins d'en donner avis au comte de Brassac, gouverneur de la ville, quelques heures après, mais sans y asseoir de fondement pour n'être pas lui-même mocqué. Comme ce comte estoit d'un naturel fort soupçonneux et timide, il ne négligea pas d'envoyer incontinent ordonner à l'officier qui avoit la garde du duc et de la duchesse, de s'en éclaircir. Il frappa aussi-tost à leur chambre pour sçavoir s'ils étoient levez ; un valet de chambre, fait au badinage, fit signe de la main, comme pour dire qu'il ne falloit point faire de bruit, et qu'ils dormoient encore. L'officier, qui, comme j'ay déjà dit, les avoit toûjours traittez avec beaucoup de respect et de civilité, resta encore quelque temps entre le doute et la vérité. Mais le comte de Brassac, à qui l'on donnoit à tout moment de nouveaux sujets de crainte, survenant là-dessus, contraignit ce valet de chambre d'ouvrir la porte, et alla encore luy-même ouvrir les rideaux du lit, où, ne trouvant personne, il déchargea sa colère sur M. de Bornet et sur les autres domestiques du duc François, qu'il envoya en prison, avec menaces de leur faire donner la question, s'ils ne découvroient le lieu de sa retraite. Quelque mauvais traitement qu'il leur put faire, il n'en put apprendre ce qu'ils ne sçavoient pas eux-mêmes, le duc l'ayant expressément caché à Bornet, non par défiance qu'il eut de luy, mais afin qu'il put jurer qu'il n'en sçavoit rien. L'on courut de divers côtez après eux, mais inutilement, à cause de l'extrême diligence qu'ils avoient faite, nonobstant la délicatesse de la duchesse, qu'il fallut qu'un homme monté en croupe sur son cheval, tînt toûjours entre ses bras pour aller plus vîte et l'empêcher de tomber. En cet état, ils gagnèrent le comté de Bourgogne; le même jour, ils arrivèrent bien avant dans la nuit au château d'un gentilhomme du duc François, nommé Montrechier, qui est à quelques vingt-trois lieues de Nanci, d'où la duchesse, qui étoit toute rouée de fatigue, ne put partir de quelques jours[1]. »

Lorsqu'on apprit à Nancy, et bientôt dans toute la Lorraine, que le duc François Lorraine et la princesse Claude avaient échappé à leurs persécuteurs, la satisfaction fut extrême. On oublia, pour se réjouir un instant, les tristes préoccupations causées par le

---

1. *Mémoires de Beauvau*, p. 49 et suiv.
Une légende populaire en Lorraine, et qui est probablement empruntée au récit de M. Nicolas du Boys de Riocourt, conseiller d'État de S. A. Charles IV, veut qu'en sortant de la ville, la princesse ait perdu une jarretière de soie incarnate, qui fut relevée par un bourgeois de Nancy. Celui-ci ayant reconnu le duc et la duchesse dans les pauvres vignerons qui passaient devant lui, fît incontinent les vers suivants :

> Qui est que vous soyez, sous cet habit champêtre,
> Beau couple d'ouvriers, faites-nous bientôt naitre
> Quelque chose de doux.
> La vigne où vous allez travailler par ensemble
> Cultivez-la si bien que le fruit vous ressemble
> Et soit digne de vous.

Les souhaits du bel esprit lorrain n'ont pas été déçus : c'est du mariage de François et de Claude de Lorraine que sont sortis Charles V, Léopold, François II, tous trois ducs de Lorraine. Le mariage de François II avec Marie-Thérèse d'Autriche a mis la dynastie lorraine sur le trône des Habsbourg, et c'est elle qui règne aujourd'hui à Vienne.

spectacle des malheurs publics. Les peuples de cette contrée courbée sous le joug de la domination étrangère eurent un éclair de joie, en songeant que l'indépendance nationale n'était pas à tout jamais perdue, puisque leurs souverains avaient pu échapper aux communs ennemis. Ils se prirent à espérer qu'un jour peut-être la Providence leur rendrait les princes qu'elle avait si miraculeusement protégés.

Il semblait que la Lorraine, ainsi abandonnée à elle-même, tenue en bride par des forces supérieures, ne devait plus songer à se défendre. Dans les villes ouvertes ou occupées par les garnisons françaises, la résistance était effectivement impossible. Deux petites places fortes, les seules qui n'eussent pas été préalablement livrées aux généraux de Louis XIII, se chargèrent de montrer ce qu'aurait pu le point d'honneur militaire, chez un peuple naturellement brave et résolu, et combien l'occupation eût coûté cher aux vainqueurs, s'ils n'eussent employé que la force, sans recourir à la ruse. Les gouverneurs des châteaux de Bitche et de La Mothe ne voulurent entendre ni aux sommations du maréchal de La Force, ni même aux ordres de se soumettre que le duc François leur avait fait parvenir de Nancy, pendant le temps de sa captivité. Il fallut les assiéger en règle. La Mothe n'avait qu'une garnison de quatre cents hommes, commandée par Antoine de Choiseul, seigneur d'Itsche. Ces quatre cents hommes et les bourgeois de la ville résistèrent cinq mois entiers à tout l'effort de l'armée du duc de La Force. On amena contre cette place les mortiers à bombes, dont on venait de faire, pour la première fois, l'essai au siége de Bitche, et qui en avaient, en peu de temps, réduit les fortifications en poussière ; mais ces mortiers ne firent point contre les rochers sur lesquels la place de La Mothe était située un effet aussi désastreux. Les assiégés construisaient de nouveaux remparts derrière ceux que le canon faisait écrouler. Tout le monde prenait part à la défense. Un capucin (le père Eustache), frère de M. de Choiseul, ne voulant point, par respect pour la règle de son ordre, tirer sur les assiégeants, roulait contre eux des quartiers de rocher [1]. Les femmes et demoiselles de la ville prenaient part aux travaux ; elles firent même une sortie. Si la défense était bien conduite, l'attaque n'était pas moins vive. Le vicomte de Turenne, qui faisait à cette rude école de guerre le premier apprentissage de son métier, dirigeait les travaux du siége avec

---

1. « Les assiégéz se deffendirent aussi bravement et incommodèrent surtout les nostres avec des pierres qu'ils lançoient continuellement d'en haut en grande quantité. Jusques là qu'on a remarqué que le religieux Eustache, frère du gouverneur, qui sembloit être né plutost pour commander dans une armée que pour obéir dans un cloître, en jeta lui seul plus de dix charretées, en moins de six heures, sur le régiment de Tonniens, parmy les quelles il s'en trouva beaucoup du poids de cent cinquante lievres. » *Histoire du cardinal de Richelieu.* Aubery, liv. IV, p. 215.

une ardeur patiente, qui déjà fixait tous les regards, et lui valait les éloges de M. de La Force, bon juge en ces matières. La valeur française, excitée par cette résistance obstinée à laquelle elle ne s'attendait pas, s'y produisit avec la vivacité et l'étourderie brillante qui lui sont ordinaires. Elle avait été surtout provoquée par une plaisanterie railleuse de M. de Choiseul, qui, au début du siége, poussé d'abord avec moins de vigueur, avait envoyé une bande de violons au quartier du maréchal, pour inviter les gentilshommes français à danser, puisqu'ils ne voulaient pas se battre. Par représailles, le galant marquis de Senneterre, le favori des belles dames de la cour de France, imagina de donner à dîner dans la tranchée à quelques-uns de ses amis. Au moment où il portait la santé du nouveau duc de Lorraine, entendant par là le roi de France, un boulet tiré de la place vint le tuer au milieu de ses convives. Bientôt le brave M. de Choiseul fut à son tour tué par l'éclat d'une bombe. Les assiégés cachèrent sa mort et ne songèrent pas davantage à se rendre. Ils supportèrent la famine et la soif, comme ils avaient supporté le feu de l'ennemi. Il arriva enfin, de la part de Son Altesse Charles de Lorraine, un ordre formel de ne pas continuer une résistance inutile. On discuta, dans le conseil de guerre, pour savoir s'il fallait obéir. Le commandant, M. de Watteville, qui avait remplacé M. de

Choiseul, exigea des bourgeois qu'ils rédigeassent un procès-verbal constatant qu'il se rendait contre son gré, à leurs prières, et pour obéir aux intentions de Son Altesse. Tous ces détails, sur l'exactitude desquels il ne s'est jamais élevé la moindre contestation, sont consignés dans le récit de M. Du Boys de Riocourt, conseiller d'État de Charles IV, lieutenant général du bailliage de Bassigny, témoin oculaire, et qui prit lui-même une part glorieuse à la défense de la place. Quand la garnison sortit, le 26 juillet 1634, avec les honneurs de la guerre, elle ne comptait plus que cent hommes, à peine en état de porter le poids de leurs armes et de se soutenir eux-mêmes.

Après la reddition de La Mothe, la prise de possession de la Lorraine fut complète. Pour prévenir des résistances partielles aussi désespérées que celles dont il venait de triompher, le cardinal ordonna qu'on démolît toutes les petites forteresses éparses dans le pays, et fit démanteler tous les châteaux et demeures seigneuriales qui auraient pu servir de retraites à des hommes de guerre. Il fit une espèce de désert, dit le chanoine Henriquez, d'un pays le plus beau et le plus peuplé de l'Europe.

Le spectacle de ces dévastations fut toutefois épargné à la duchesse Nicole. Elle avait été conduite en France par M. le vicomte d'Arpajon, avec une escorte de cinq compagnies de cavalerie. Elle arriva à la cour de France habillée d'une simple robe de laine [1], vêtement qu'elle avait jugé le mieux approprié à sa misérable condition. Quand elle se rendit à Fontainebleau, le roi, sous prétexte d'une partie de chasse, alla jusqu'à une demi-lieue à sa rencontre. Il la reçut gracieusement; mais la duchesse ne put répondre à son compliment que par des larmes. Tous les assistants étaient attendris. On la logea au palais de Fontainebleau, dans un appartement richement meublé. Suivant l'usage du temps, les murailles en étaient couvertes de tapisseries. Soit dessein, soit inadvertance, l'une d'elles représentait « la fable du pot de terre brisé par le pot d'airain, contre lequel il avoit voulu se heurter [2]; » la douce et résignée Nicole fondit encore en pleurs : elle supplia qu'on voulût bien enlever une image qui lui rappelait trop cruellement le sort de sa patrie.

Lorsque, après avoir chassé Charles de ses États, obligé François et Claude à se réfugier à Florence, Louis XIII reçut, comme une suppliante à sa cour, la femme de son ancien adversaire, il s'imagina qu'il en avait enfin fini avec la famille de Lorraine. Lorsque le cardinal de Richelieu, qui avait acquis Marsal, Sedan, Jametz et Nancy par traité, apprit la reddition de Bitche et de La Mothe, il ne douta pas qu'il n'eût définitivement réuni une nouvelle

---

1. D. Calmet, t. VI, p. 134. — Levassor, t. IV, p. 135.
2. D. Calmet, t. VI, p. 135.

province à la France. Les gazettes du temps ne manquèrent pas de publier le triomphe du roi et la gloire de son puissant ministre. Leurs flatteurs les complimentèrent ; tous deux s'enorgueillirent de leurs succès. Ils avaient tort cependant. Un siècle entier devait s'écouler, pendant lequel la Lorraine et ses princes devaient encore résister énergiquement, et traverser ensemble beaucoup de bons et de mauvais jours, avant d'accomplir leur inévitable destinée.

FIN DU TOME PREMIER.

APPENDICES

NOTES

NOTE I.

pages 7 et 159.

ANCIENNES INSTITUTIONS DU DUCHÉ DE LORRAINE. — DU POUVOIR DE SES DUCS. — DES TROIS ORDRES : LE CLERGÉ, LA NOBLESSE, LE TIERS ÉTAT. — LE TRIBUNAL DES ASSISES.

Nous voudrions essayer de donner à nos lecteurs une idée nécessairement fort incomplète, mais du moins aussi exacte que possible, de la constitution qui régissait, au moment où s'ouvre notre récit, le pays dont nous avons entrepris de raconter l'histoire. Cette tâche est difficile ; elle serait même au-dessus de nos forces, et nous devrions renoncer à répandre la moindre clarté sur l'ensemble assez confus des institutions féodales de la Lorraine, sur ses anciens usages maintenant oubliés, sur ses juridictions singulières, depuis longtemps abolies, s'il fallait nous aider de nos seules connaissances. Heureusement pour nous, en jetant, de nos jours, les plus éclatantes lumières sur les débuts de notre histoire et sur nos origines nationales, des écrivains pleins de science et de talent ont éclairé du même coup, et comme d'une sorte de reflet, tous les points d'un si vaste horizon. Les considérations de M. Guizot sur la formation de notre société, les études de M. Thierry sur la naissance et le développement graduel de nos franchises communales, n'ont pas seulement servi à familiariser le public avec le détail des coutumes usitées sur le vieux sol français, et à lui révéler le caractère particulier de nos propres annales ; elles lui ont singulièrement facilité l'intelligence de tous les faits analogues et contemporains. Le résultat de ces habiles investigations est désormais acquis à la science, et personne n'en conteste plus la vérité ni la valeur. S'il en était autrement, s'il fallait des démonstrations nouvelles et des preuves plus nombreuses, on les pourrait facilement tirer de l'histoire de Lorraine. La Lorraine a suivi d'un mouvement plus lent la marche de la civilisation française. Elle a successivement passé par toutes les phases traversées avant elle par le puissant État dont elle était si rapprochée. Elle s'est seulement un peu plus attardée dans chacune des situations intermédiaires. Elle ne s'est pas autant que la France pressée d'abandonner les traditions du passé. Au moment de la première occupation française, en 1634, elle n'avait pas encore répudié tout à fait le système féodal du moyen âge. Retenant toujours avec un soigneux respect quelque chose des formes antiques auxquelles elle renonçait, elle n'avait cédé qu'en partie à l'influence des idées nouvelles.

C'est ainsi qu'à presque toutes les époques de l'histoire de Lorraine, on pourrait aisément montrer, modifiées il est vrai, mais toujours maintenues en honneur et en plein exercice, des institutions et des coutumes dont les noms seuls subsistaient encore en France. L'autorité des descendants de Gérard d'Alsace, comme celle des fils de Hugues Capet, s'augmenta graduellement de génération en génération, mais ils ne s'affranchirent jamais entièrement des entraves mises a leur pouvoir; ils ne l'essayèrent même pas. Tandis que les rois de France de la troisième race s'appliquaient à dérober de plus en plus à leurs sujets la connaissance des affaires du pays, en ne convoquant les États qu'à des intervalles fort éloignés et pour des circonstances exceptionnelles; tandis qu'ils s'emparaient du droit de faire la paix ou la guerre par l'établissement des armées permanentes, et du droit de distribuer la justice par la création des parlements; tandis qu'ils se rendaient maîtres de la bourse des particuliers en levant des impôts par simples édits royaux, les ducs de Lorraine, moins ambitieux ou mieux contenus, réunissaient encore presque annuellement les trois ordres de leur duché, écoutaient leurs avis et leur demandaient les aides dont ils avaient besoin pour subvenir aux dépenses de l'État; à la veille d'entrer en campagne, ils n'avaient pas d'autres moyens de rassembler une armée que d'appeler autour d'eux les chevaliers leurs vassaux et les gentilshommes bannerets du pays. Enfin, ils avaient consenti à partager avec quelques-uns des principaux de la noblesse le droit de rendre souverainement la justice. Il s'en faut de beaucoup qu'un pareil état de choses se fût méthodiquement établi; nous sommes encore plus loin de prétendre qu'il ait jamais apparu, soit aux princes, soit aux peuples lorrains, comme une constitution formelle se rapprochant, si peu que ce fût, des contrats positifs qui ont, à des époques toutes récentes, servi de règle aux rapports des souverains et de leurs sujets. Nous convenons que la pratique des libertés que nous venons d'indiquer a toujours eu quelque chose d'obscur et d'imparfait, quoiqu'elle ait été, à peu de chose près, continue. Les ducs de Lorraine, lorsqu'ils se sentaient forts, puissants au dehors et populaires au dedans, ont convoqué moins souvent les États, résisté plus fièrement à leurs remontrances, et empiété grandement sur la juridiction de la chevalerie lorraine; ils ont même avec le temps réussi à établir dans leurs États des corps de troupes payées de leurs propres deniers, et qui ne différaient pas essentiellement des autres armées européennes. Par contre, sous le règne de princes moins résolus ou plus faibles, et pendant le temps des minorités, les États du duché, et particulièrement le corps de la noblesse, ont parfois restreint les droits du souverain, et démesurément agrandi leurs propres priviléges. Ces excès ont été rares toutefois et leur durée momentanée. Un sentiment de réciproque modération et de mutuelle confiance a presque toujours présidé aux relations des ducs et de leurs sujets, représentés par les trois ordres du clergé, de la noblesse et du tiers état. Il n'y avait pas eu de contrat proposé d'une part et accepté de l'autre; aucun écrit n'avait stipulé les droits des uns et les obligations des autres. A vrai dire, et absolument parlant, il n'y avait là rien de précis ou de stable, et rien surtout qui fût parfait. Mais, grâce au bon vouloir commun, et l'habitude aidant, ce qu'il y avait de vague ou d'incohérent dans les institutions se trouvait, à l'application, facilement corrigé par la sagesse du plus grand nombre et par les mœurs de tous.

En exposant très-brièvement comment la Lorraine était arrivée à cette situation enviable même pour de plus grands États, nous éviterons d'insister sur les aspects généraux par lesquels l'histoire de cette contrée se rapproche beaucoup de celle de la France. Nous signalerons plus particulièrement les différences qui les distinguent. Notre but sera surtout d'indiquer quelle était la nature du pouvoir souverain des ducs de Lorraine, quelle était la condition particulière de chacun des trois ordres, et ce qu'il faut entendre par le tribunal des Assises.

Plusieurs auteurs lorrains voulurent, au temps de la Ligue, rattacher directement la race de leurs ducs à celle de Charlemagne [1]. Cette thèse, soutenue alors avec tout l'acharnement de l'esprit de parti, et qu'aucun document historique de quelque valeur n'a jamais appuyée, est aujourd'hui complétement abandonnée. L'opinion des écrivains les plus accrédités fait remonter l'origine de la maison de Lorraine à Gérard d'Alsace. Gérard d'Alsace, qui paraît avoir porté, dès avant 1048, le titre de duc et de marchis, reçut de l'empereur Henri III l'investiture féodale du duché de Lorraine. Fut-il nommé directement par l'empereur, comme ayant quelque droit ou prétention personnelle à l'héritage de Lothaire? ou bien choisi, comme le prétendent Henriquez et D. Calmet, par les seigneurs du pays, comme étant le plus considérable d'entre eux et possédant de grands biens en Lorraine, dans le pays de Trèves et en Alsace, fut-il désigné aux préférences impériales par les chevaliers ses égaux en titre, sinon en richesse et en puissance? Cela importe peu. Toujours est-il que Gérard d'Alsace, pourvu du diplôme de l'empereur, fut encore tenu de se faire reconnaître par les anciens nobles du pays, employant tantôt la force, tantôt la ruse, pour imposer la soumission à ceux dont il n'avait pu obtenir l'adhésion [2]. A la mort de Gérard, le duché fut disputé à son fils puîné Thierry par le comte de Mouçon et de Bar. Thierry assura ses

---

1. Voir dans l'ouvrage de D. Calmet, t. VII, p. 78, l'interrogatoire par le président de Metz et M. Nicolas Brulart, conseiller à la cour, de François Rosières, archidiacre de Toul, sur plusieurs points d'un livre que cet auteur avait intitulé : *Stemmata Lotharingiæ ac Barri Ducum*. 1538.

2. « Les nobles troubloient l'État par leurs violences, faisant impunément la guerre aux plus faibles, et portant le fer et le feu dans les villages et dans les bourgs, dans les églises et dans les monastères, sans faire distinction du lieu saint et du profane. Gérard d'Alsace fut obligé d'employer la force, la ruse et l'industrie pour se rendre

droits au duché en s'adressant à l'empereur Henri IV, qui le maintint dans la possession du duché de Lorraine, et en convoquant à Châtenoy les nobles du pays pour reconnaître ses droits. A chaque nouveau règne, on voit les descendants de Gérard ne manquer jamais d'accomplir ces deux formalités : rendre foi et hommage aux empereurs d'Allemagne, et se faire agréer pour suzerain par les nobles de leur pays. En 1093, le duc Thierry réunit la noblesse pour la faire prononcer sur quelques difficultés survenues entre Séhère, abbé de Chaumoussey, et Josselin, seigneur du lieu. Ce jugement, cité par M. Mory d'Elvange [1], et rapporté par D. Calmet dans ses Preuves de l'*Histoire de Lorraine*, est peut-être le plus ancien monument de l'origine du tribunal des Assises. En 1176, Simon II, dans l'assemblée tenue au château de Gondreville, déclare expressément qu'il tenait sa couronne de l'aveu et du choix de sa noblesse autant que du droit de succession [2]. Ainsi donc, en Lorraine comme en France, l'hérédité au trône fut établie en fait longtemps avant qu'elle ne fût reconnue comme un droit. En 1251, à la mort de Mathieu II, nous voyons la noblesse lorraine déférer la régence des États à Catherine de Hombourg, pendant la minorité du jeune duc Ferry III, son fils. Quelquefois les dernières volontés du souverain ne purent être exécutées parce qu'elles n'avaient pas été ratifiées par les nobles de l'ancienne chevalerie. C'est ainsi que le duc Raoul ayant nommé pour régente sa femme Marie de Blois, la noblesse, mécontente du mariage, qu'après la mort du duc, cette princesse avait contracté avec le comte de Linange, lui retira la tutelle de son fils, et la donna, avec le titre de lieutenant général, au Père Brocard de Fénétrange. Cependant les seigneurs du pays n'étaient point si souvent intervenus dans toutes les questions qui regardaient la succession au duché sans en avoir pris l'occasion de faire reconnaître leurs priviléges par le prince entre les mains duquel ils plaçaient ou confirmaient l'autorité. On peut donc dire du pouvoir des premiers ducs de Lorraine ce que saint Simon affirme de celui des premiers rois de France : il fut tout militaire, et jamais despotique.

Jusqu'au règne de Ferry III (1264) les nobles semblent avoir seuls stipulé, comme corps de l'État, avec le souverain du pays. Les gens d'Église ne figurent encore parmi eux qu'à titre de possesseurs de fiefs. Le tiers état n'apparaît pas du tout. En Lorraine, comme en France, ce fut l'Église qui, après avoir eu l'honneur d'abolir l'esclavage personnel,

---

maître des forteresses dont ils se servoient pour entraver la nouvelle monarchie, et où ils se retiroient après avoir fait toutes sortes de dégâts dans le pays. » D Calmet, *Dissertation sur la noblesse de Lorraine*, t. II, p. vj ; *Chronique de Bayen*, etc., etc.

1. *États, droits, usages en Lorraine, ou Lettre d'un gentilhomme lorrain à un prince allemand*, par M. Mory d'Elvange. Juin 1788.

2. « Licet justo desiderio et vocatione legitima virorum nobilium terræ meæ, et hereditario jure patri meo successerim. » (Titre en faveur de Beaupré, cité dans la brochure de M. Mory d'Elvange.)

donna le signal de l'affranchissement des serfs. Les souverains du pays imitèrent son exemple, bientôt suivi par la noblesse. Les abbés et les monastères possesseurs de fiefs, en renonçant à la main mortable, imposèrent à leurs sujets certaines servitudes réglées et quelques redevances fixées par les chartes d'affranchissement. Les ducs, en imposant les mêmes conditions aux habitants qui résidaient sur leur propre patrimoine, c'est-à-dire sur leurs domaines et fiefs particuliers, y ajoutèrent quelques obligations de service militaire. Ainsi firent les seigneurs sur leurs terres; mais les liens qui rattachaient les nouveaux affranchis à leurs anciens possesseurs n'en étaient pas moins très-étroits et rigoureux. « Le seigneur pouvoit toujours faire le haut et le bas, et le plus et le moins, dans sa terre, selon sa volonté, exiger des services, des corvées, des prestations, etc.[1] »

Ces affranchissements successifs, d'abord partiels et restreints, de plus en plus nombreux et étendus, donnèrent insensiblement lieu à l'établissement de beaucoup de villages, de bourgs et de cités où dominaient les lois établies par le seigneur du lieu, et qui jouissaient aussi de certains droits, privilèges et franchises. Ces franchises variaient d'une ville à une autre, suivant la volonté des nobles ou les préférences des serfs nouvellement émancipés. Cependant les premières communes affranchies de la Lorraine furent, en général, constituées d'après un modèle d'institutions adoptées par presque toutes les contrées environnantes, et qu'on appelait alors les coutumes de Beaumont. C'était un ensemble de lois rédigées en 1182 par Guillaume de Champagne surnommé aux Blanches Mains, cardinal du titre de Sainte-Sabine, et archevêque de Reims. Ce prélat les avait octroyées à la ville de Beaumont en Argonne afin d'y attirer des habitants[2]. Les anciens serfs ainsi affranchis, devenus importants par leur nombre, par leur agglomération, par leurs privilèges dont ils étaient fort jaloux, et toujours favorisés par les ducs, ne tardèrent pas à devenir eux-mêmes une puissance. Quel moment précis vit les bourgeois des villes devenir les délégués du tiers état, et les gens d'Église se présenter comme fondés de pouvoir du clergé, et les uns et les autres se réunir dans une même assemblée avec messieurs de la noblesse? Autrement dit, à quelle époque les réunions accidentelles, toutes militaires, purement féodales, et toujours un peu tumultueuses des grands vassaux du pays, furent-elles remplacées par les délibérations paisibles des trois ordres représentant par leur ensemble le corps entier de la nation? Cela est fort difficile à établir un peu exactement.

En effet, longtemps après que l'usage de la convocation simultanée des trois ordres est établi et en plein exercice, on rencontre souvent encore dans les annales de la Lorraine des réunions particulières des seigneurs, traitant et décidant à eux seuls des matières les plus importantes de l'État.

1. Mory d'Elvange, D. Calmet, etc.
2. D. Calmet, *Dissertation sur la jurisprudence lorraine*, t. III, p. cixxxij.

Lorsque les membres de l'ancienne chevalerie se rendent aux assises pour juger souverainement les causes des particuliers, on les voit saisir cette occasion pour s'occuper entre eux des affaires publiques et adresser leurs réclamations au souverain. Quoi qu'il en soit, pendant les XIV° et XV° siècles, ces réunions isolées de la noblesse deviennent plus rares et les assemblées des trois ordres plus fréquentes ; elles prennent d'année en année une plus grande autorité. Les causes du développement continuel de ces franchises nationales s'aperçoivent tout d'abord. Elles sont la conséquence de la politique extérieure suivie par les souverains du pays.

Occupés alors à secouer le vasselage des empereurs d'Allemagne, les ducs de Lorraine sentent qu'ils ont besoin pour s'opposer plus efficacement à cette puissance formidable de pouvoir compter sur le concours et sur l'affection constante de leur peuple. C'est pourquoi ils mettent leur application à donner les plus larges satisfactions à toutes les classes de la population. Le moment où ils résistent le plus vigoureusement aux prétentions impériales, est précisément celui où ils sont le plus portés à céder sans conteste aux remontrances des états. Ils ne relâchent peu à peu les liens féodaux qui les rattachent à la diète germanique, qu'en resserrant davantage les obligations qui les engagent vis-à-vis de leurs propres sujets. C'est Antoine le Bon, le plus populaire des anciens ducs de Lorraine, qui parvient le premier (traité de Nuremberg, 1542) à se faire reconnaître pour souverain indépendant. Ses successeurs, qui cessent à son exemple d'aller à Francfort prêter foi et hommage aux empereurs d'Allemagne, ne refusent pas à l'époque de leur avénement, quand ils font leur entrée solennelle à Nancy, de jurer par-devant les trois ordres officiellement réunis le maintien de leurs droits, franchises et priviléges.

Peu à peu les assemblées des états deviennent presque annuelles. Les ducs s'adressent régulièrement à eux toutes les fois qu'il s'agit de lever quelque impôt. Ces subsides consentis et votés par les trois ordres, s'appelèrent des aides. Les ducs n'étaient pas obligés d'y avoir continuellement recours. Ils avaient par eux-mêmes des ressources qui leur étaient personnelles. C'étaient d'abord les revenus de leurs propres domaines ; c'étaient aussi les droits d'avouerie (on appelait ainsi les redevances que des abbayes, des monastères, des communautés religieuses ou laïques payaient à leur seigneur suzerain pour obtenir sa protection). Ils avaient enfin le produit considérable de leurs salines. Lorsque les temps étaient paisibles, quand il n'y avait point de guerre ni de dépenses extraordinaires, les ducs n'avaient rien à demander aux états ; mais étaient-ils obligés de leur réclamer des aides, alors les trois ordres en discutaient la convenance et la quotité. Ils profitaient le plus souvent de ces occasions pour produire leurs griefs ou remontrances. Les réponses du duc faisaient loi. « Toutes réponses ou ordonnances faites aux états devoient être suivies ; les procureurs généraux, » dit M. Guinet, avocat, dans le mémoire manuscrit dressé en 1680 sur l'état du duché de Lorraine et de Bar avant 1633, « n'avoient pas droit d'en arrêter l'exécution, et chaque gentilhomme pouvoit exiger du secrétaire des copies authentiques qui faisoient foi comme les originaux[1]. »

Nous n'avons pas sur la composition des États des renseignements aussi certains que sur leurs attributions. « Les États, » dit D. Calmet, « étoient une assemblée des trois ordres : du clergé, de la noblesse et du tiers état. Dans l'ordre du clergé, » ajoute le même auteur, « entroient les abbés, prieurs, doyens ou prévôts de chapitre. Dans l'ordre de la noblesse étoient d'abord les gentilshommes de l'ancienne chevalerie, puis les autres gentilshommes possédant fiefs, ayant à leur tête les maréchaux. Dans l'ordre du tiers état étoient compris les conseillers d'État, maîtres des requêtes et auditeurs de la chambre des comptes, les officiers de judicature inférieure, ceux des villes, police, domaines, finances, salines, etc. » Ces indications sont fort incomplètes. Elles ne nous disent point de quelle façon se recrutait chaque ordre; si les gentilshommes de l'ancienne chevalerie prenaient tous séance aux États, ou déléguaient quelques-uns d'entre eux chargés de les représenter tous. Les seigneurs possédant fief nommaient-ils eux-mêmes des députés qui avaient mission de défendre leurs intérêts ? Les membres du clergé siégeaient-ils par délégations de leurs collègues, ou bien par suite de certaines dignités ecclésiastiques dont ils étaient revêtus ? Qui étaient, au juste, ces officiers de judicature inférieure des villes ? Étaient-ce des employés nommés par les ducs de Lorraine, ou bien des autorités municipales choisies par le suffrage de leurs concitoyens ? Quels étaient enfin les rapports des différents ordres entre eux ? Votaient-ils ensemble, ou séparément ? Nous ne trouvons point de réponses satisfaisantes à ces questions importantes, ni dans les nombreuses dissertations qui remplissent les sept volumes in-folio de D. Calmet, ni dans le mémoire, d'ailleurs fort curieux, rédigé par M. Guinet, ni dans aucune pièce authentique qui soit parvenue à notre connaissance. Un jour peut-être quelques personnes plus instruites, et mieux versées que nous dans la connaissance des vieilles coutumes lorraines, réussiront à combler ces lacunes de notre histoire provinciale. Une chose frappe toutefois à la simple lecture des documents qui sont aux mains de tout le monde, c'est la différence essentielle qui subsiste entre les trois ordres longtemps encore après leur réunion en une même assemblée; c'est la proportion fort inégale de leur importance relative.

Au début, le tiers état semble à peine avoir une existence qui lui soit propre. Il apparaît plus en nom qu'en réalité; il n'agit point, on dirait qu'il ne se mêle de rien. C'est sur lui que retombe en plus grande partie le fardeau des impôts, car les aides se prélevaient exclusivement sur les biens de roture, seules propriétés qu'il pût posséder[2]. Cependant, c'est

---

1. Voir le Mémoire de M. Guinet, rapporté par Don Calmet, t. III, p. 222, et la *Dissertation sur la noblesse*, D. Calmet, t. V, p. 243.

2. Voir les ordonnances des États qui autorisent le prélèvement d'un certain droit sur *les biens de roture*.

lui qui semble s'en préoccuper le moins, et qui les vote avec le moins d'opposition. Il n'incommode presque jamais le souverain de ses doléances particulières. Bien opposé en cela au tiers état français, il ne se venge point de sa condition inférieure par d'amères récriminations contre les ordres privilégiés; il ne les dénonce pas à l'indignation publique; il ne se paie jamais de sa libéralité en fières diatribes. S'il se plaint, c'est doucement, sans aigreur, à propos de certains faits toujours articulés et précis. On sent qu'il ne se regarde pas comme systématiquement opprimé; on comprend qu'il est assuré de voir avec le temps ses justes griefs pris en considération. Ces allures paisibles des représentants du tiers état sont remarquables ; elles sont d'ailleurs naturellement expliquées par la situation politique et par les dispositions particulières de la bourgeoisie et du peuple de ces contrées. On ne rencontre pas à toutes les pages, dans l'histoire lorraine, de ces violents soulèvements populaires qui ont si souvent et si profondément agité les populations françaises, et particulièrement les habitants de la ville de Paris. La période anarchique du système féodal une fois passée, il n'y a plus trace dans les annales locales de querelles sérieuses entre les seigneurs et leurs vassaux. Point de révolte de la populace des grandes villes contre l'autorité des ducs. L'unité de croyances maintenue dans la plus grande partie du duché n'y avait pas laissé pénétrer les passions haineuses, qui sont l'accompagnement ordinaire des factions religieuses. Le bas peuple était resté profondément attaché à la dynastie du pays, comme à la foi de ses pères. Ce n'était pas la noblesse seulement, c'était la nation tout entière qui avait vaillamment combattu contre les Bourguignons conduits par Charles le Téméraire, et plus tard contre les bandes protestantes que des aventuriers fanatiques avaient menées du fond de l'Allemagne se ruer sur les frontières de la Lorraine. Ces souvenirs nationaux, communs à toutes les classes, empêchaient qu'elles ne se divisassent en des camps opposés, et leurs intérêts différents ne les avaient pas davantage séparées. Si le tiers état lorrain n'a pas laissé à la postérité de belles, vives et touchantes harangues comme celles qui sont parfois sorties de la bouche des représentants du tiers état français, il n'a pas non plus à se reprocher d'avoir donné tour à tour dans les folies les plus contraires; il n'a pas, comme les corps des notables de Paris, fourni des chefs à la plus vile populace, livré, parfois, la capitale de son pays à des souverains étrangers, organisé le massacre de la Saint-Barthélemy, proclamé un fantôme de roi ligueur en face du véritable héritier de la couronne, ne cessant jamais d'être lâchement soumis aux fantaisies d'un pouvoir sans limites, que pour lui rompre en visière, et s'affranchir à son tour de toutes règles, et tomber aussitôt dans les plus extravagants excès. Telles ne furent pas les destinées plus modestes, mais aussi plus heureuses, du tiers état lorrain. Admis un peu par grâce dans les assemblées des États, il y voit croître graduellement son importance jusqu'au jour où la réunion à la France vient mettre un terme à son existence particulière. Associé depuis lors au sort des classes moyennes de

France, il s'est promptement identifié avec elles. Le triomphe des principes de 89 lui a procuré l'affranchissement définitif et la complète égalité. En Lorraine, aussi bien que dans toutes les anciennes provinces françaises, il est demeuré depuis seul et debout sur le terrain tout semé de ruines ; il est devenu le maître dans les contrées où jadis il avait occupé une situation relativement inférieure ; il a même absolument absorbé les deux autres ordres. Là, comme ailleurs, le niveau universel a détruit, d'une façon irrévocable, les derniers vestiges du régime antérieur. Cependant un observateur attentif pourrait peut-être encore saisir, dans les sentiments et dans les habitudes des populations qui habitent les départements dont l'agglomération composait l'ancien duché de Lorraine, quelques traces bien effacées, il est vrai, mais toujours persistantes des vieilles institutions locales. A considérer les relations faciles qui unissent aujourd'hui entre elles toutes les classes de la société, à voir l'absence de morgue chez les unes, et de jalousie chez les autres, il reconnaîtrait bien vite que le passé ne leur a point laissé après lui de fâcheux souvenirs, et que personne n'a gardé mémoire d'un empire violemment exercé ou d'une oppression injustement soufferte. La déférence naturelle des habitants du pays pour les autorités placées à leur tête, témoigne qu'ils n'ont pas été accoutumés à regarder le pouvoir comme un ennemi, mais qu'ils l'ont toujours considéré comme leur protecteur. La façon calme, modérée, ferme toutefois, avec laquelle les conseils électifs de ces départements s'occupent de leurs intérêts ou défendent leurs droits, démontre assez que la pratique de la liberté moderne n'a rien pour eux d'absolument nouveau. On s'aperçoit enfin, à l'usage prudent qu'elles en font, que ces mêmes populations attachées jadis aux vieilles franchises du pays, ont commencé de bonne heure leur apprentissage politique.

La position qu'occupait jadis le clergé dans les assemblées d'État n'est pas non plus facile à définir. On entrevoit seulement qu'il n'y a pas tenu une place fort importante ; et la raison s'en devine aussitôt. Il n'y avait pas d'évêques en Lorraine. Les gens d'Église étaient soumis à la juridiction des sièges épiscopaux de Metz, Toul et Verdun. Ils n'avaient donc à leur tête aucun dignitaire ecclésiastique d'un rang considérable. Tout le clergé, sa f quelques exceptions inutiles à rapporter, était soumis à l'ordinaire [1] « et consistait en 33 chapitres d'églises collégiales, 55 abbayes, 97 prieurés, 1090 curés, sans comprendre les vicariats amovibles, ni les annexes, et 779 chapelles, en dehors desquelles il fallait compter l'église primatiale de Nancy, érigée en l'an 1603, composée d'un primat, trois dignités et quatorze prébendes [2]. » Outre les pères jésuites qui dirigeaient l'université de Pont-à-Mousson, il y avait encore en Lorraine six commanderies de l'ordre de Saint-Jean-de-Jérusalem dont les commandeurs pouvaient être pris dans l'ordre du clergé, et deux commanderies de Saint-Antoine-le-Vincent.

1. *Mémoire de M. Guinet*, avocat à Nancy. 1680.
2. *Idem*.

« Quant aux couvents des mendiants ou de ceux qui jouissoient de leurs priviléges, ils n'entroient pas dans le compte des États, non plus que les monastères des religieuses, qui se sont beaucoup multipliés, » ajoute l'avocat Guinet, « se trouvant en bonne terre. » Le manque absolu de grands titulaires ecclésiastiques, qui pussent lui servir de chefs dans le sein des assemblées d'État, n'était pas racheté, pour le clergé, par cette circonstance que les évêques des diocèses de Toul, Metz et Verdun étaient le plus souvent choisis parmi les membres de la famille ducale, et revêtus habituellement du cardinalat. Ces princes de l'Église ne pouvaient entièrement oublier qu'ils étaient en même temps princes du sang, et tout naturellement ils épousaient volontiers les intérêts du chef de leur dynastie. Par leur intervention, le clergé lorrain se trouvait perdre en indépendance ce qu'il gagnait en distincion honorifique. Sa considération était grande aux yeux des deux ordres, à cause du caractère respecté dont il était revêtu, mais son influence réelle était restreinte, et son action presque nulle.

On comprend par ce qui précède, que la puissance politique appartenait à peu près exclusivement à l'ordre de la noblesse; nous nous arrêterons donc un peu plus longtemps sur son organisation, sur ses attributions et le rôle qu'il a joué dans les affaires de son pays.

« Tous les hommes sont créés libres et égaux, » dit Dom Calmet au commencement de sa *Dissertation sur la noblesse de Lorraine*, « la différence des conditions ne vient que de la fantaisie, de la vanité, de la cupidité, ou de la violence des hommes..... En Lorraine, » continue le savant bénédictin, auquel nous emprunterons une partie des détails qu'on va lire, « il y avoit des nobles ou gentilshommes de nom et d'armes, de simples gentilshommes, des bannerets, des bacheliers et des nobles par leurs emplois ou par leurs beaux faits, et de simples annoblis. L'ancienne chevalerie de Lorraine étoit composée de gentilshommes de nom et d'armes, c'est-à-dire d'une noblesse si ancienne qu'ils n'en pouvoient montrer l'origine; mais ils prouvoient une possession de temps immémorial par une suite de personnes distinguées par leur noblesse, leur valeur, leurs grands emplois, portant les mêmes noms qu'eux et distinguées par certaines armes ou marques distinctives de leurs maisons, comme par la couleur de leur livrée ou par certains cris de guerre, ou par le nom de leur seigneurie possédée de père en fils sans interruption dans leur maison; et enfin par les armes, sceaux ou écussons affectés à leur famille dans le temps que ces marques d'honneur ont commencé à être fixées dans l'Europe [1]. »

Ainsi que nous l'avons dit au commencement de cette note, les nobles de l'ancienne chevalerie de Lorraine prétendaient avoir été en titres, et en droit, sinon en puissance et en richesses, les égaux des ducs de Lorraine. Quoi qu'il en fût de cette prétention, il est certain qu'au moment de l'établissement de la maison d'Alsace en Lorraine, on n'aperçoit pas qu'il y ait

---

1. D. Calmet, *Dissertation sur la noblesse de Lorraine*, t. II, p. 1 et suiv.

eu une grande différence de rang entre cette famille et les plus considérables du pays. « Les cadets des ducs de Lorraine n'ont pris qu'assez tard le nom de leur maison; ils le laissoient nuement à l'ainé, » dit D. Calmet; « ils ne prenoient que le nom de leurs terres et de leurs apanages, comme Ferry de Bitche, de Castres, de Florenges, de Plombières, etc... » Le duché de Lorraine n'était pas une conquête faite par les ducs à la pointe de leur épée, et par le secours de leur noblesse : c'était un fief dont ils avaient été investis par les empereurs, dans lequel ils s'étaient maintenus par l'autorité impériale, par leur bravoure et leur sage conduite. Ils y avaient été établis pour maintenir le bon ordre dans le duché, pour réprimer les violences des seigneurs, qui abusaient de leur puissance, et pour défendre le peuple, les églises, les campages, contre leurs ennemis, tant domestiques qu'étrangers. Une fraction considérable des nobles du pays, loin de favoriser, au commencement, l'autorité des ducs, leur résistèrent tant qu'ils purent. Il fallut que ceux-ci les réduisissent par la force, ou les gagnassent par leurs bienfaits [1]. Chacun de ces seigneurs avait sa forteresse, où il exerçait une autorité presque souveraine sur ses sujets et sur ses voisins. La décadence de l'empire de Charlemagne, l'éloignement des rois de France et des empereurs d'Allemagne avaient augmenté leur pouvoir, et, lorsque les ducs de Lorraine avaient besoin, dans leurs guerres particulières, du secours de certains nobles, ils étaient obligés de les prier de les suivre dans leurs expéditions, à charge de les rembourser de leurs frais, et de les racheter eux et leur suite s'ils étaient faits prisonniers [2]. Des documents authentiques et nombreux établissent surabondamment quelles étaient pendant les XIIe, XIIIe et XIVe siècle, les rapports des ducs souverains de Lorraine et des gentilshommes de l'ancienne chevalerie. On pourrait citer beaucoup de contrats qui établissent pour combien de temps et moyennant quelles conditions quelques-uns de ces seigneurs s'engageaient à suivre le Duc pendant une expédition militaire dont le but était indiqué à l'avance. Quelquefois on voit plusieurs nobles se cotiser pour avancer au Duc des sommes pour lesquelles il leur donne sûreté sur ses propres domaines. On dirait qu'ils traitent ensemble sur un pied de complète égalité. C'est ainsi qu'en 1392, des franchises excessives ayant été accordées à quelques villes par le souverain, les gentilshommes, dont les vassaux s'y retiraient en trop grand nombre, se plaignent au Duc que la culture de leurs terres ainsi abandonnées en souffre. Le Duc promet alors de ne plus recevoir en bourgeoisie les sujets de ses vassaux, *à charge de réciprocité de leur part* [3]. Un siècle auparavant, Simonin de Rozières (de la maison de Lenoncourt), stipulant avec le duc Ferri III, avait inséré dans sa déclaration, faite le jeudi d'après Noël, que s'il avait quelque chose à demander au dit Duc, *il ne le pourrait*

---

1. D. Calmet. *Dissertation sur la noblesse lorraine*, t. II, p. 9.
2. *Idem*, p. 10.
3. Brochure de M. Mory d'Elvange : *États, droits et usages en Lorraine*, p. 2.

gager ni lui ni ses gens à moins que le Duc ou ses gens ne lui refusassent justice. On appelait alors *gager* prendre soi-même en gage, et à force ouverte, sur les sujets et vassaux d'un autre seigneur, une certaine quantité de butin égale à la somme que l'on réclamait de lui [1].

Ces priviléges n'étaient pas les seuls dont la noblesse jouissait. « Le gentilhomme, » disait la loi du pays, « doit être appelé en jugement par un autre gentilhomme et non par un sergent [2]. » En cas de révolte, la déchéance d'un fief n'allait pas au delà de celui qui avait mérité la punition. Dès 1221, dit M. Mory d'Elvange, au rapport d'un ancien magistrat, dont les mémoires se conservent manuscrits (M. de Bournon), la loi disait : « Qui levera l'étendard de la rebelle contre son souverain seigneur, n'aura grâce, et sera déchu de son fief, *sa vie durante.*» Lorsque le corps des maîtres échevins, et échevins de Nancy, qui était le tribunal criminel souverain pour toute la Lorraine, connaissait d'un crime imputé à un gentilhomme, il devait être adjoint à ce corps, composé, dit l'avocat Guinet, « de personnes excellentes et bien choisies, intelligentes en matières criminelles et civiles, » autant de personnes appartenant au corps de la noblesse, et de pareille qualité que le gentilhomme à juger, « et ces gentilshommes rendaient compte au duc avant le jugement [3]. »

Un corps de noblesse aussi jaloux de ses prérogatives personnelles ne pouvait pas demeurer indifférent aux questions qui touchaient à son influence politique. L'histoire de Lorraine démontre à chaque page combien était grande à ce sujet la préoccupation de l'ancienne chevalerie lorraine. Elle ne manque jamais de saisir avec soin toutes les occasions qui s'offrent à elle de faire constater son droit de se mêler des affaires de l'État. Lorsqu'il s'élève quelque incertitude sur la forme à suivre pour la succession à la couronne, elle ne la résout point, d'accord avec le souverain, sans mettre à profit l'assistance qu'elle lui prête et faire reconnaître ses droits et priviléges. Le 30 janvier 1430, René 1er d'Anjou, succédant à Charles II, en vertu du consentement de la noblesse, déclare, entre autres choses, non-seulement que l'ancienne chevalerie a de tout temps eu droit d'être jugée par ses pairs, mais que « si la chevalerie fait quelque demande au duc, il ne prononcera qu'après avoir pris leur avis [4]..... » En 1454, le duc Jean donna de semblables lettres; son fils Nicolas suivit son exemple. René II, successeur de Nicolas, donna les siennes à Nancy, le 22 février 1477. Antoine, son fils, le 28 mars 1532. Après eux, François 1er, Charles III, Henri II, en firent autant. Enfin, Charles IV signa, suivant la forme ancienne, le 26 mars 1626, ses lettres de confirmation des priviléges de la noblesse.

Nous avons déjà eu occasion de faire observer qu'on ne savait au

---

1. D. Calmet, t. II, p. 9.
2. M. Mory d'Elvange, p. 4.
3. Mémoires de M. l'avocat Guinet en 1680.
4. M. Mory d'Elvange.

juste à quel moment précis le corps de la noblesse, qui s'était assuré de si grandes garanties et qui paraît avoir longtemps stipulé seul avec le souverain, soit à propos de ses intérêts particuliers, soit au sujet des affaires de l'État, avait été conduit à partager cette dernière prérogative avec les deux autres ordres. Ce qui est hors de toute contestation, c'est qu'en admettant les gentilshommes de tous degrés, le clergé et le tiers état, à délibérer avec elle des affaires du pays, l'ancienne chevalerie avait retenu le plus considérable de ses droits, celui qui lui assurait une prépondérance incontestable; nous voulons dire le droit de rendre partout et souverainement la justice. La noblesse lorraine l'exerçait encore en 1634.

On est étonné, au premier abord, de voir une noblesse toute militaire et d'épée, remplir ces fonctions de juges. L'étonnement cessera peut-être un peu si l'on veut bien se souvenir comment et par quelles raisons l'établissement féodal s'est maintenu en Lorraine beaucoup plus longtemps qu'ailleurs. L'état de choses que nous signalons comme existant encore en Lorraine au xviie siècle, surprendra moins encore quand on songera qu'il était, à peu de choses près, celui du royaume de France au commencement de la monarchie française. L'analogie est assez frappante pour qu'il vaille la peine de s'y arrêter un peu. Les grands vassaux de la couronne de France, sous la première, la deuxième et même au commencement de la troisième race, sous le règne des premiers descendants de Hugues Capet, furent, comme les principaux vassaux de Gérard d'Alsace, des seigneurs justiciers autant que des chefs militaires. Ils commandaient leurs sujets en temps de guerre, et ils les jugeaient eux-mêmes en temps de paix. Ils n'auraient pas plus souffert alors que le roi de France, leur seigneur suzerain, prononçât sur les procès de leurs vassaux, soit par lui-même, soit par des magistrats envoyés en tournée sur les lieux, qu'ils n'eussent supporté qu'il y envoyât recruter directement leurs paysans et hommes liges. Le droit de rendre justice était comme celui de lever bannière. Il s'exerçait souverainement dans les limites des domaines de chaque seigneur suzerain. Les rois de France ont commencé par ne rendre la justice en France que dans la portion du territoire qui relevait d'eux directement, en leur qualité de ducs de France et de comtes de Paris, laissant à leurs grands vassaux, grands feudataires, hauts barons, pairs de France, à exercer les mêmes droits sur leurs propres vassaux. Il faut lire dans le duc de Saint-Simon, que sa haine contre les parlements paraît avoir armé en cette occasion d'une singulière puissance d'investigation historique, et qui a émis le premier sur ces matières des opinions que les découvertes de la science moderne n'ont pas entièrement démenties, comment la connaissance des procès passa insensiblement des juges d'épées aux hommes de robe. Animé par le désir de rabaisser les magistrats du parlement de Paris, qui se méconnaissaient, disait-il, au point de s'imaginer qu'ils représentaient l'ancienne cour des pairs, et, revendiquant cet honneur pour lui et pour ses collègues les ducs et pairs, M. de Saint-Simon accumule, à ce sujet, les détails. Il démontre que la justice était autrefois rendue directement par les seigneurs à leurs vassaux, et conjointement avec le roi de France, pour les causes importantes qui touchaient aux grands fiefs du royaume. Il etablit, avec beaucoup de détails et de verve, qu'occupés le plus souvent à la guerre, embarrassés de la multiplicité des procès, les hauts barons avaient pris de simples clercs et des légistes, pour leur donner au besoin des avis. Ceux-ci ne jugeaient en aucune façon, ils étaient consultés par ceux qui jugeaient, d'où leur vint, ajoute Saint-Simon, le nom de conseillers, qu'ils ont toujours gardé depuis. Ils ne siégeaient pas à côté des seigneurs; mais ils étaient assis sur un petit gradin placé aux pieds de leurs maîtres, de façon que ceux-ci n'avaient qu'à se baisser pour recevoir sur le champ et à voix basse leur avis. Et de là encore, poursuit toujours Saint-Simon, l'usage des petits bancs et des hauts bancs de la grande chambre, sur lesquels messieurs les conseillers, de plus en plus assidus aux affaires, de plus en plus consultés, opinant d'abord humblement, jugeant quelquefois. en l'absence des pairs de France, ont fini par s'établir en véritables juges, lorsque ceux-ci cessèrent d'exercer par eux-mêmes des fonctions qui répugnaient à leurs goûts et contrastaient avec leurs habitudes.

Dieu nous garde de pousser la similitude plus loin; et, tandis que M. de Saint-Simon fait les plus curieux efforts de science et de logique pour rattacher plus ou moins bien les ducs et pairs de France ses collègues aux pairs de Charlemagne, nous nous abstiendrons de comparer en aucune façon, pour le rang et la dignité, les anciens barons Lorrains avec les anciens ducs et pairs de France. Nous voulons dire seulement que toute proportion gardée, et du grand au petit, les gentilshommes de la chevalerie lorraine vassaux des ducs de Lorraine étaient, avec les descendants immédiats de Gérard d'Alsace, dans des rapports identiques à ceux qui unissaient les grands feudataires de France aux rois de la première et de la seconde race, et même aux premiers successeurs de Hugues Capet. Parmi ces anciennes maisons lorraines, quatre occupaient un rang qui les rapprochait beaucoup de la famille ducale. C'étaient les Du Châtelet, qui se vantaient d'être cadets de Lorraine à cause de la ressemblance des armoiries, les Ligneville, les Haraucourt et les Lenoncourt. Comme originaires de la Lorraine, et, par suite des grands emplois qu'elles avaient continuellement occupés, ces quatre familles jouissaient, dans l'opinion du pays d'une considération particulière. Après elles, on en remarquait d'autres, leurs égales par le titre et par les dignités, qui étaient venues, à des époques plus ou moins éloignées, s'établir dans le pays. C'étaient, dit D. Calmet, les maisons de Ludres, de Parroye, d'Haussonville, Savigny; celles de Beauvau, de Desarmoises, de Bassompierre, etc..., et quelques autres sorties de la ville de Metz ou de la Lorraine allemande, comme les Raigecourt, les Gournay, les d'Hunolstein, etc., etc. [1]. Tous ces

1. On trouve d'autres détails assez curieux et vrais sur le tribunal des Assises et sur

nobles de noms et d'armes, ainsi qu'on les appelait alors, parfaitement désignés et connus comme tels, avaient retenu, avec beaucoup de soin et de jalousie, le droit de juger, dont les hauts barons de France s'étaient si vite ennuyés et si facilement laissé dépouiller. Le droit d'entrer aux Assises, c'est-à-dire de faire partie du tribunal qui décidait souverainement et sans appel des causes des particuliers, était celui de ses priviléges auquel la chevalerie Lorraine aurait le moins souffert qu'il fût porté atteinte. Tous les gentilshommes faisant partie du corps de la noblesse ne siégeaient pas nécessairement aux Assises. Les ducs, qui pouvaient créer des nobles, ne pouvaient leur donner entrée à ce tribunal. « Il ne suffisait même pas d'avoir épousé une fille de l'ancienne chevalerie pour être capable de l'entrée aux Assises, » comme l'explique fort au long D. Calmet dans un chapitre spécial de sa *Dissertation sur la noblesse*, où il traite des « preuves qu'on était obligé de faire pour avoir entrée aux Assises. Il fallait, du côté paternel, être descendu de gentilhomme de nom et d'armes, et, du côté maternel, de fille ou femme de l'ancienne chevalerie, non mésalliée par un premier mariage. Le texte de la coutume, ajoute D. Calmet, était précis. Ces preuves devaient être faites d'abord

les familles nobles de Lorraine, dans le Mémoire touchant les duchés de Lorraine et de Bar, dressé par ordre de monseigneur le duc de Bourgogne, en 1698, et reproduit en extrait dans l'état de la France rédigé en 1752 sous la direction de M. le comte de Boulainvilliers. Il résulte de ce Mémoire qu'à cette époque beaucoup de ces familles considérables étaient déjà éteintes. « La maison de Florinville était, » dit l'auteur du Mémoire, « tombée en partie en la maison de Beauvau Fleville, en partie en celle de Choiseul Meuse; dom Martin, tombée en la maison de Bassompierre; Haussonville, partie en celle de Nettancourt, pourquoi le comte de Vaubecourt en porte le nom et les armes, partie en celle de Saffre-Cléron; — Marcossey, tombée partie dans la maison d'Haraucourt, et partie en celle d'Huxelles. » Cette liste des anciennes maisons éteintes, s'il fallait la reprendre aujourd'hui, serait beaucoup plus longue. Des quatre principales que nous avons citées, et que l'on appelait communément à la cour de Nancy les quatre grands chevaux de Lorraine, sans qu'il soit possible d'indiquer d'où venait cette appellation, trois paraissent n'avoir plus de représentants avérés; ce sont les du Chatelet, les Lénoncourt et les Haraucourt. Les Ligneville subsistent encore, et n'ont pas cessé d'habiter la Lorraine. Mais les membres de cette illustre famille, qui ont toujours été (pour nous servir des expressions du Mémoire que nous citons) plus accommodés de réputation et d'honneur que de biens, ne peuvent plus soutenir, par leur fortune du moins, l'ancien éclat de leurs ancêtres. Les mêmes vides se font sentir parmi les huit ou douze familles qu'on nommait les petits chevaux de Lorraine, quoique plusieurs de ces noms soient encore portés soit par les descendants directs de ces familles, soit par d'autres personnes qui en ont épousé les filles, qui ont hérité de leurs biens, ou dont les terres ont été par érection ducale érigées plus tard en seigneuries du même nom que les chevaleries éteintes. La différence entre les seigneurs de l'ancienne chevalerie de Lorraine, était d'ailleurs parfaitement factice; les membres de ladite chevalerie étaient parfaitement égaux entre eux, et la distinction entre les grands et les petits chevaux, et le reste de la noblesse, une pure affaire de convention, de mode et de fantaisie, qui n'affectait en rien le fond des choses, et à laquelle ces familles elles-mêmes n'attachaient aucune importance.

devant deux gentilshommes de l'ancienne chevalerie, qu'on nommait commissaires pour les recevoir; elles étaient ensuite examinées en pleines Assises, où l'on prononçait sur la validité ou l'insuffisance des titres [1]. » La composition du tribunal des assises ainsi sommairement expliquée, voyons comme il procédait.

Les Assises se tenaient ordinairement dans trois endroits différents pour la commodité du public : à Nancy, pour le bailliage de Nancy; à Mirecourt, pour le bailliage de Vôge; et à Vandrevange, pour le bailliage d'Allemagne. Les gentilshommes de l'ancienne chevalerie s'y rendaient à leurs frais et jugeaient gratuitement [2].

Les Assises de Nancy se tenaient de mois en mois, à moins qu'elles ne fussent continuées pour des cas extraordinaires, et celles d'Allemagne de deux mois en deux mois. Dans chacune d'elles, l'ouverture du livre (ou rôle des affaires) se faisait par le bailli, et les jugements étaient rendus à la pluralité des voix, mais non en pareil nombre de juges [3].

Pour juger une cause, il fallait être onze gentilshommes aux Assises de Nancy, non compris le bailli, sept aux Assises de Vôge, aussi non compris le bailli; et sept, tant prélats que gentilshommes, aux Assises d'Allemagne [4]. Le bailli présidait à toutes les Assises indifféremment; il jugeait dans toutes les causes aux Assises d'Allemagne; il ne jugeait aux Assises de Vôge que dans le cas de recours, et aux Assises de Nancy que dans ces mêmes cas, et dans ceux des appels des justices inférieures. Il dépendait du bailli de nommer pour échevin, c'est-à-dire pour rapporteur, celui des gentilshommes juges qu'il lui plaisait. Trois gentilshommes se trouvant d'opinion contraire, arrêtaient jusqu'à deux fois le jugement, qui devait être rendu à la troisième fois [5]. On pouvait, dans certains cas, appeler aux Assises de Nancy de celles de Vôges et de celles d'Allemagne; il n'y avait point appel des Assises de Nancy.

Quant à la tenue du tribunal et aux formes du jugement, écoutons le récit de l'avocat Guinet, témoin oculaire des faits que son mémoire nous a transmis :

« Messieurs de l'ancienne chevalerie, » dit Guinet, « venoient à Nancy; et le lundi, à une heure après midi, on sonnoit la cloche de l'Assise, auquel son le bailli et les gentilshommes qui s'y trouvoient s'assembloient dans une salle de la cour, c'est-à-dire du château du duc, sur le grand escalier rond qui avoit vue sur les jardins. Les greffiers, sergents et pareils officiers, les parties, leurs avocats et procureurs étant à la cour, on ouvroit la porte, et tous entroient, et trouvoient Messieurs les baillis en tête, et les autres gentilshommes assis comme ils se rencontroient

---

1. D. Calmet, t. V, p. 258.
2. *Idem*, p. 246.
3. *Idem*.
4. *Idem*.
5. *Idem*, p. 247.

de part et d'autre d'*une longue table couverte d'un tapis de velours* [1].

« Alors le greffier ouvroit le livre, et appeloit les causes suivant son registre, et on commençoit par les plus pressantes et remises par les autres Assises. Alors les avocats plaidoient ou demandoient défaut, et cela fort sommairement; car ce n'étoit que des appointements dont on demeuroit d'accord suivant le style; et s'il y avoit quelques différends

---

[1]. Nous ne voyons pas, en effet, qu'il y ait jamais eu de préséance entre les gentils-hommes de l'ancienne chevalerie. Aucun monument n'en fait mention. Les seuls baillis, encore dans leur bailliage, y présidoient. Les autres se plaçoient comme ils arrivoient à la table, qui étoit une table ronde. Les plus anciens registres des assises, conservés dans la province, sont ceux du bailliage de Vôges ou de Mirecourt. Nulle liste des gentils-hommes siégeans qu'après 1550. On les voit ensuite dans l'énonciation mise au commencement de l'assise, placés selon leur rang d'ancienneté, comme aujourd'hui dans les parlemens et autres juridictions, les conseillers sont inscrits dans les catalogues après les présidens. Le seul bailli, ou celui que le prince commettoit pour le remplacer, changeoit l'ordre de son rang. On trouve au registre desdites assises de 1572 à 1583, pour le 19 mai 1572, messires Claude de Reinach, bailli de Vôges, dont Mirecourt étoit le chef-lieu, Jean Comte de Salm, maréchal de Lorraine, gouverneur de Nancy, Nicolas de Domp-Martin, bailli du comté de Vaudémont, grand-gruyer de Lorraine, Lucyon de Fresnel, Remy de Thuillières, Nicolas de Raigecourt, Antoine du Châtelet, bailly de Nancy, Christophe de Ligniville, chevalier de l'ordre du Roi de France, maître et capitaine général de l'artillerie de Lorraine, frère Jean de Trestondan, commandeur de Saint-Jean-les-Nancy, Saint-Georges-les-Lunéville, chambellan du duc de Lorraine, Robert de Stainville.

Aux assises du 20 août suivant, Lucyon de Fresnel est commis bailly en l'absence de Claude de Reinach, et après Robert de Stainville, le dernier de la séance précédente, parce que sans doute il étoit le plus jeune, ou le dernier reçu, on y trouve de plus Jacques de Raigecourt et Jean de Laval.

A celles du 17 novembre suivant, après Claude de Reinach, Bailly, Hugues de Maulin et Guillaume de Montarby, qui n'avoient pas assisté aux assises précédentes, sont placés avant Lucyon de Fresnel, que l'on vient de voir présider ci-devant comme bailly commis.

A celles du 6 avril 1592, après Jean de Haussonville, commis bailly de Vôges par S. A., en l'absence d'Aphrican de Haussonville, bailly son père, on trouve Georges de Mitry placé avant Antoine de Lénoncourt, et après eux Georges-Bayer de Boppart, Georges de Savigny, Robert de Stainville, Charles de Serocourt et Jacques de Mitry.

A celles du lundi, en mai 1598, après Jean de Marcossey, bailly de Vôges, on voit Georges de Savigny placé avant Antoine de Haraucourt, et après eux Jean des Porcelets, bailly de l'évêché de Metz, avant Gaspard de Ligniville, ensuite François de Bassompierre et Jacques de Mitry.

Si les maisons du Châtelet, Haraucourt, Lénoncourt et Ligniville, qui, par une tradition immémoriale, passent dans le pays pour les quatre maisons de l'ancienne chevalerie originaires du duché, n'avoient aucune préséance sur les autres dans ces assemblées, où la haute noblesse seule étoit admise, on en peut conclure sans craindre la note de témérité, qu'aucune maison ne prétendoit la supériorité sur les autres qui avoient entrée aux assises, et par conséquent que toutes étoient d'origine inconnue.

(*Note de M. l'abbé Lyonnois.*)

plus forts, après la plaidoirie, le bailly se levoit, commettoit un des gentilshommes pour échevin, c'est-à-dire en nommoit un pour lever les voix.

« Lors il sortoit de la salle, où demeuroit l'échevin avec les gentilshommes opinants. Cependant le bailly se promenoit avec les avocats dans la cour. Après on ouvroit la salle, le bailly rentroit et tous les autres. Lors l'échevin prononçoit ainsi : « Par les avis de Messieurs les nobles et par le mien, est dit telle chose; » ce que le greffier écrivoit sur son registre, et cela étoit fini pour cette cause. On poursuivoit les autres; et s'il y avoit du reste, on la remettoit à la prochaine Assise, et la forme de prononcer cette remise étoit ; « Ce qui ne se fait, se fera. » Cela étoit pour les causes d'audience qui ne consistoient qu'en des règlements ordinaires, et s'achevoient le lundi après dîner; et en ces causes le bailly ne jugeoit pas et ne prononçoit pas.

« Le mardi, dès le matin, les gentilshommes s'assembloient pour juger les appellations et preuves par écrit ; et lors le bailly jugeoit comme les autres. On voyoit tout, on lisoit tout. Un gentilhomme lisoit les écritures d'une partie, un autre gentilhomme celles de la partie adverse ; chacun les pièces produites. La coutume étoit sur la table, pour y avoir recours très-exactement; on n'y manquoit pas d'un mot. Il n'y avoit point de rapporteur. Les procès ne se portoient pas ailleurs; ils demeuroient à la garde du greffier, et on y travailloit sans interruption matin et soir, jusques au samedi que l'Assise finissoit, jusqu'à une autre. Il n'y avoit point de griefs, point de production nouvelle, point d'intervenant. On jugeoit précisément sur la sentence dont étoit appel, et sur les écritures et pièces sur lesquelles elle avoit été rendue.

« Si c'étoit une sentence d'audience, les avocats qui avoient plaidé bailloient par-devant les juges des écritures d'agrément, c'est-à-dire des plaidoyers par écrit, qui devoient être agréés de part et d'autre ; c'est-à-dire que l'on demeuroit d'accord que c'étoit ce qu'on avoit plaidé, et ces écritures, avec les extraits de la demande et de la sentence, faisoient toute l'instruction. On les enfermoit dans un sac ; puis on les portoit comme les autres procès par écrit.

« Pour relever l'appel, il n'y avoit point d'autre formalité que de consigner six francs; desquels six francs le greffier du bailliage, pour instruire et mettre le procès dans le sac, le cacheter et porter au greffier de l'Assise, prenoit six gros ; et on bailloit autres six gros au greffier de l'Assise pour toutes choses, et il étoit obligé d'en charger son registre, et de le rapporter au greffier du bailliage avec l'arrêt de l'Assise, le tout cacheté. Les autres cinq francs se mettoient dans le sac, et appartenoient aux gentilshommes, qui ne prenoient point d'épices, ni autres profits, et venoient exprès à l'Assise à leurs frais pour rendre la justice ; et quant à ces cinq francs, ils ne les partageoient pas : pour l'ordinaire ils les bailloient, partie à leurs greffiers, partie aux pauvres.

« La forme de prononcer étoit par écrit au bas de la sentence sur le droit dont étoit appel, en ces termes; par exemple, s'ils confirmaient la sentence : « Le droit de l'hôtel de Monseigneur le duc dit, que le semblant de MM. les échevins de Nancy est bon ; fait en tel jour; » et s'ils le vouloient infirmer : « Le droit de l'hôtel de Monseigneur le duc dit, en infirmant le semblant de Messieurs échevins de Nancy, telle ou telle chose. » Il étoit pareillement écrit au bas de la sentence, et le cachet secret apposé, qui étoit des alérions, de cire verte, et le papier dessus, et signé par le greffier de l'Assise; laquelle étant finie, ceux qui vouloient poursuivre, et croyoient avoir gagné leur procès, faisoient assigner leur partie par-devant les juges dont étoit appel, pour voir faire l'ouverture du droit revenu de l'hôtel de Monseigneur le duc; et à l'audience le greffier du bailliage ouvroit le sac, et en faisoit lecture; et on en demeuroit là, pour exécuter ce qui étoit ordonné, sans autre longueur ni procédure. Point d'appel, point de révision, point d'opposition, point de requête civile, point de proposition d'erreur, point de chicane plus avant.

« S'il s'agissait de faire des enquêtes, des vues de lieux et autres procédures sur les lieux, le bailly nommoit un commissaire, qui étoit d'ordinaire le lieutenant général que l'on appeloit le lieutenant du bailly, ou quelque honnête praticien et bien connu, qui se transportoit sur les lieux. Les enquêtes faites se lisoient en l'Assise; on y en ordonnoit. Les nullités, reproches et contredits se bailloient sur-le-champ. Enfin toutes les longueurs et tous les frais étoient bien retranchés; ce qui arrive toujours quand les juges baillent leurs preuves *gratis*. On observoit encore, s'il y avoit différents avis, que trois gentilshommes pouvoient arrêter le jugement et le mettre à une autre assise, quoique tous les autres fussent d'accord; et l'on appeloit cela *Mettre débat*, ce qui se pouvoit faire deux fois; mais, à la troisième Assise, on jugeoit sans remise à la pluralité des voix.

« On prononçoit en peu de paroles. On ne faisoit qu'une enquête; et si le demandeur, par exemple, avoit fait l'enquête, si elle étoit suffisante, on prononçoit : *Le demandeur en a assez fait*, et rien plus; mais cela signifioit que les conclusions de la demande lui étoient adjugées avec dépens. Si elle n'étoit pas suffisante, on prononçoit : *Un tel a peu fait*, et rien plus; mais cela signifioit qu'il perdoit son procès avec dépens. Et quoiqu'on ne donnât point d'écritures, ni point de griefs à l'Assise, néanmoins on faisoit des *factum* et des remontrances imprimées que l'on distribuoit à Messieurs de l'ancienne chevalerie. On les sollicitoit même tant qu'on vouloit, quelque grands seigneurs qu'ils fussent, et quelque pauvres que fussent les parties. Ils les recevoient toujours, et les écoutoient et les avocats avec beaucoup d'honnêteté. Et comme ces Messieurs avoient des amis et leurs avocats pour leurs affaires particulières, s'il se présentoit quelque question difficile à juger où ils n'eussent point d'engagement, ils les consultoient volontiers, et s'en instruisoient avec sincérité, et on ne trouvoit parmi ces grands seigneurs aucun soupçon de corruption. »

Le mémoire de Guinet est tout entier inséré dans l'ouvrage de D. Calmet, à la suite d'une dissertation sur la jurisprudence lorraine. L'abbé Lyonnois, dans son *Histoire des villes vieille et neuve de Nancy*, imprimée en l'an XIII de la république française, cite l'extrait que nous venons de rapporter. « Telle étoit, » ajoute-t-il, « la forme des jugements en Lorraine. Nos anciens chevaliers ignoroient peut-être cette foule de lois qui, faite pour ôter des ressources à la chicane, ne sert que trop souvent à lui en fournir. Mais ils avoient des principes d'une jurisprudence fixe et assurée. Leur tribunal subsistoit lorsqu'on rédigea notre coutume. Le long intervalle de six siècles pendant lesquels ils ont été nos juges ne peut nous laisser douter de leurs lumières et de leur intégrité. »

Un autre droit des gentilshommes dont Guinet et M. l'abbé Lyonnois ne parlent point, dont ils étaient également fort jaloux et qu'ils ont soigneusement maintenu aussi longtemps qu'a duré le tribunal des Assises, c'était celui de plaider eux-mêmes, non-seulement leur propre cause, mais celle de leurs amis, et enfin des pauvres. Toute personne qui n'était pas assez riche pour faire défendre ses intérêts devant le tribunal des Assises par des hommes de loi, chargeait un gentilhomme de plaider pour lui devant ses collègues des Assises. Semblables demandes n'étaient jamais refusées, et les chevaliers se faisaient honneur de pourvoir alors à tous les menus frais du procès.

On voit, par ce rapide exposé, que la Lorraine jouissait autrefois, sous la domination de ses ducs, d'un ensemble d'institutions plus libres et mieux ordonnées que celle de la plupart des États du continent de l'Europe, à pareille époque. Loin de prétendre que ces institutions fussent assez régulières et parfaites pour satisfaire aux exigences, suivant nous, très-légitimes de l'esprit moderne, nous convenons qu'elles étaient, par plusieurs endroits, assez vagues et défectueuses. Cependant elles suffisaient à peu près aux conditions indispensables d'un bon gouvernement. L'obligation où étaient les ducs de Lorraine de reconnaître et jurer les droits, libertés et franchises de leurs sujets, au moment de prendre officiellement possession de l'autorité, cérémonie qu'ils accomplissaient devant les trois ordres réunis, lors de leur entrée solennelle dans leur capitale, et avant que les portes ne leur en fussent ouvertes, constatait aux yeux de tous quelle était la nature de leur pouvoir, considérable, il est vrai, mais limité. La tenue annuelle des États, sans le consentement desquels il ne se levait pas d'impôts, était une coutume plus efficace encore, qui garantissait les populations contre tout excès d'autorité. La distribution simple et gratuite de la justice par les personnages les plus distingués du pays, quoiqu'il soit facile d'imaginer les abus possibles de ce système, était une autre garantie d'indépendance vis-à-vis du souverain, et prouvait tout au moins l'importance attachée à cette portion essentielle du service public. A Dieu ne plaise, encore une fois, que nous vantions cet ancien état de choses comme étant le dernier effort de la sagesse humaine. Nous avons fort peu de goût pour les réhabilitations enthousiastes d'un passé que ses plus fervents administrateurs cesseraient bien vite de louer, s'il leur était rendu tout entier. Nous voulons dire seulement qu'il y avait, dans cette constitution politique de la Lorraine, les germes d'un régime qui, avec les progrès du temps, pouvaient donner des fruits assez heureux, et d'autant plus excellents qu'ils auraient été le produit naturel du sol et des traditions nationales. Ces institutions étaient en plein exercice lors de la première invasion française, en 1633-34. Elles étaient entrées dans les habitudes du peuple lorrain. Il les aimait, il les respectait; il en était fier. C'est pourquoi, malgré les fautes de leur duc Charles IV, qui les avait, par ses imprudences, commis si mal à propos avec la France, en dépit de leur faiblesse, sur laquelle ils ne se faisaient pas d'illusions, et si petites que fussent leurs chances de succès, les habitants du pays opposèrent tant qu'ils purent à la conquête française une résistance intrépide. L'affection pour la dynastie nationale, d'ailleurs si populaire, ne leur mit pas seule les armes à la main. On les vit se défendre encore énergiquement et sans tenir aucun compte de la grandeur du péril et de l'insuffisance de leurs efforts, quand déjà leurs princes avaient cédé et quitté le pays. Les populations lorraines combattaient alors tout à la fois pour leur existence comme nation, et pour leurs droits comme citoyens. Les gentilshommes et les ecclésiastiques, les bourgeois des villes et les paysans des campagnes, sujets soumis mais libres du duc lorrain, qui avaient chez eux une représentation nationale où leurs intérêts étaient annuellement débattus, une justice indépendante et gratuite, ne se souciaient nullement de faire partie d'un royaume où les états généraux se réunissaient de loin en loin, dans les temps orageux, sans attributions fixes et sans pouvoir réel; où la noblesse était sans dignités autres que celle qu'elles tenaient de la faveur précaire du chef de l'État; où la justice se rendait par des magistrats, hommes du roi, dont les charges étaient vénales et les procédures fort onéreuses. Nous n'aurons que trop d'occasions de raconter, pendant le cours de cette histoire, les épisodes d'une lutte dont l'opiniâtreté étonna beaucoup l'orgueil de Louis XIII et provoqua le courroux de Louis XIV, et que toute leur puissance ne réussit pas à vaincre sans l'emploi des plus impitoyables rigueurs. Le récit de ces violences, si énergiquement supportées par toutes les classes de la Lorraine, trouvera mieux sa place ailleurs. Mais, puisque nous avons commencé à exposer ici le rôle particulier de la noblesse dans les temps antérieurs, nous dirons aussi quel fut son sort dans le naufrage commun.

On suppose aisément qu'après la première invasion de la Lorraine, en 1634, et pendant tout le temps que dura l'occupation française, les assemblées d'États ne furent plus convoquées. Louis XIII s'étant emparé de Nancy, y établit, le 7 septembre 1634, un conseil souverain dont la juridiction fut réunie plus tard au parlement de Metz [1]. L'ordonnance de création abolissait tous les *autres juges souverains et autres juridictions souve-*

---

[1]. D. Calmet, t. II, p. 14.

raines ci-devant établies en Lorraine. Cette clause regardait le tribunal des Assises. Pendant que le roi de France détruisait d'un coup de son autorité l'ancienne judicature du pays, le duc Charles, resté maître d'une très-minime portion de ses États, établissait aussi à Sierk, en 1635, une cour souveraine ambulatoire, qui tenait ses séances tantôt à Sierk, tantôt à Vaudrevange, à Longwy ou même à Luxembourg, suivant que le permettaient les fortunes diverses de la guerre. Soit qu'il ait eu dès lors dessein d'abolir les anciennes Assises, soit qu'il jugeât que cette forme de tribunal convenait mieux à ses intérêts et au goût de son peuple, lorsqu'il rentra momentanément en possession de ses États, en 1641, il composa, à l'exemple de Louis XIII, une cour souveraine qui devait connaître de toutes les causes civiles et criminelles dans les duchés de Bar et de Lorraine. Les membres de l'ancienne chevalerie, qui avaient vaillamment soutenu la cause du Duc contre la France, se plaignirent amèrement, comme d'une injustice, d'une mesure qui les dépouillait d'un de leurs plus précieux priviléges. Ils adressèrent une pétition au duc, et afin que l'œuvre de tous ne parût pas avoir été entreprise à l'instigation de quelques-uns seulement, ils signèrent leurs noms en cercle, voulant indiquer ainsi qu'il n'y avait pas de chef à la tête du parti [1]. Le peu de temps pendant lequel Charles IV demeura en possession de ses États empêcha que ces remontrances n'aboutissent, et les gentilshommes du corps de la noblesse ne parurent pas vouloir abuser contre leur souverain de la situation fâcheuse où le maintenait le mauvais vouloir persistant de la cour de France. Plus tard, en 1661, après le traité de Vienne, jugeant le moment plus opportun pour réclamer leurs anciens droits, ils se réunirent à Liverdun pour aviser au moyen de les faire revivre. Ils créèrent des syndics et des procureurs pour agir au nom de tous et poursuivre, par toutes les voies convenables, le recouvrement de leurs prérogatives. Cette démarche éclatante courrouça fort Charles IV. Il envisagea cette démarche comme un attentat dirigé contre ce qui lui restait de puissance. Il se servit de l'autorité de sa nouvelle cour souveraine pour sévir contre les principaux promoteurs de l'assemblée. Le baron de Cléron-Saffres fut condamné à sortir des États dans la huitaine, avec toute sa famille, et à vendre tous ses biens dans les trois mois, sous peine de confiscation. M. de Ludres et quelques autres des plus zélés furent consignés dans leurs châteaux, sous la garde de soldats y vivant à discrétion, « pour manger leurs poules, » dit le marquis de Beauvau [2]. Mais la rigueur de ces traitements n'abattit pas la fermeté du plus grand nombre. Une nouvelle assemblée eut lieu. Elle commit MM. de Raigecourt, de Bouzai, Desarmoises, Custines, etc., pour agir auprès du duc. Mais Charles éluda, par une lenteur étudiée, de leur donner réponse. Ayant trouvé moyen de

---

[1]. L'abbé Lyonnais, D. Calmet. etc., etc.
[2]. Abbé Lyonnais, *Histoire de Nancy, ville vieille et neuve, Mémoires de Beauvau,* l'abbé Hugo, D. Calmet, etc., etc.

donner satisfaction à Louis XIV, en lui faisant une cession éventuelle de ses États, il se souciait peu, dit D. Calmet, de mécontenter les plus puissants de ses sujets. Au lieu de faire réponse à la requête, qui lui fut présentée à Mirecourt, par le sieur de Tornielle, baron de Brionne, au nom des confédérés, « il s'emporta si fort contre eux, qu'il leur envoya dire de sortir incontinent de la ville, ce qu'ils firent aussitôt, de sorte que, depuis leur départ, il demeura sans noblesse et sans suite autre que celle de ses domestiques[1]. » Peu de temps après, le duc de Lorraine était de nouveau brouillé avec la cour de France. Chassé une dernière fois de ses États, sans avoir pu, même un instant, résister aux armées envahissantes de la France, errant et proscrit pour le reste de sa vie, n'ayant jamais pu remettre le pied dans son duché, l'imprudent Charles IV dut plus d'une fois réfléchir sur les conséquences de la faute qu'il avait commise. Le vain amour d'une fausse grandeur avait précipité sa ruine. En détruisant les anciennes franchises nationales, il avait seulement rendu la conquête étrangère plus facile. En froissant les intérêts de sa noblesse, il s'était aliéné les cœurs de ses plus fidèles et de ses plus puissants défenseurs.

Cette nouvelle occupation française fut très-prolongée. Pendant le temps qu'elle dura, la Lorraine eut le temps de perdre insensiblement sinon le souvenir et le goût de ses anciennes institutions, tout au moins l'habitude d'intervenir elle-même directement dans la gestion de ses propres affaires. Les membres de l'ancienne chevalerie lorraine devenus sujets de Louis XIV, mis en contact journalier avec leurs pareils de France, furent peu à peu entraînés par le courant de sentiments et d'idés qui emportait alors toute la société de cette époque, son aristocratie en tête, vers le pouvoir absolu. Habilement attirés à Versailles par l'éclat prodigieux des magnificences royales, retenus à sa cour par son ascendant personnel et par le désir de pousser leur fortune en gagnant sa faveur, les principaux seigneurs français qui n'avaient jamais exercé de véritables attributions politiques, érigeaient alors en une sorte de doctrine chevaleresque et patriotique leur culte exclusif pour le monarque français. Reconnu comme l'unique représentant de l'État, et le dispensateur absolu de la puissance et de la gloire, Louis XIV était en réalité devenu le souverain maître de la vie, de la liberté et de la considération même de ses sujets. Employés comme les nobles de France dans les armées victorieuses du grand roi, comme eux admis à l'honneur de sa fastueuse intimité, et trop éblouis par le prestige de cette pompe inaccoutumée, les principaux de la noblesse lorraine oublièrent peut-être un peu vite, dans les salons de Versailles, de Marly et de Trianon que les charges de cour non plus que les titres d'honneur ne sont ni les seuls ni les meilleurs priviléges de leur corps, et que la faveur du prince n'est pas la seule source de la grandeur des familles. Lorsque, par un retour inattendu de la fortune,

---

1. Abbé Lyonnois, *Histoire de Nancy, ville vieille et neuve.*

le fils de Charles V et le petit-neveu de Charles IV, fut remis en possession de son duché héréditaire, les membres de l'ancienne chevalerie lorraine accueillirent avec joie le représentant de la dynastie nationale. Ceux que le malheur des temps avait conduits en France, comme ceux qui étaient demeurés en Lorraine, se pressèrent autour de lui avec affection et respect. Nancy les vit tous réunis de nouveau autour de leur jeune souverain. Mais soit que touchés de ses malheurs et confiants dans sa précoce sagesse, ils se fissent scrupule d'ajouter aux embarras de sa situation, soit que la longue suspension de l'exercice de leurs priviléges en eût rendu le rétablissement plus difficile vis-à-vis du public ou moins précieux pour eux, nous ne voyons pas que les nobles du pays aient fait, à cette époque, de grands et sérieux efforts pour les revendiquer.

Se conformant encore, une dernière fois, à d'anciens usages qu'il allait bientôt abolir, le duc Léopold prêta, comme ses prédécesseurs, le serment de maintenir les franchises et libertés de ses sujets [1]. Cependant il ne réunit point les États, et loin de reconstituer le tribunal des Assises, il nomma pour ses États une cour souveraine peu différente de celle qu'avait créée Charles IV. Il y appela seulement, en assez grand nombre, des gentilshommes des meilleures familles lorraines. Les seigneurs les plus considérables du pays entrèrent aussi dans ses conseils, où siégèrent à côté d'eux « ses sujets les plus instruits tirés de tous les ordres de l'État [2]. » La cour du souverain et le gouvernement de l'État furent à peu de chose près arrangés sur le modèle de la cour et du gouvernement de France. La différence gisait principalement dans le contraste du caractère des deux princes, mais ce contraste était frappant. Léopold était simple, modéré et doux envers ses peuples. Son despotisme s'exerça si paisiblement et si sagement, qu'il fut non-seulement subi sans répugnance, mais accepté avec reconnaissance. Sous cette administration éclairée et toute paternelle, il est vrai, mais dont la forme était empruntée à l'étranger, et qui ne se rattachait par aucun lien direct aux traditions du pays, la Lorraine s'assimila de plus en plus à la France. La condition de la noblesse du pays fut rendue aussi pareille que possible à celle de la noblesse de France. Léopold, au moment où il annulait l'influence politique de ses anciens vassaux, voulant sans doute leur rendre en vaines distinctions honorifiques ce qu'il leur ôtait de réel pouvoir, remplaça, pour les plus considérables d'entre eux, le vieux titre de *baron* par les modernes appellations de *comte* et de *marquis* [3]. Il leur donna à remplir près de sa personne des

---

1. Le serment de Léopold fut reçu par M. Lebègue, doyen de la primatiale, sur un autel dressé exprès sous la porte Saint-Nicolas. (M. Mory d'Elvange, *États, droits et usages en Lorraine.*)

2. Idem, ibid.

3. C'est un fait assez commun dans l'histoire des aristocraties de voir les titres et les qualifications s'élever en même temps que les situations s'abaissent. Les premiers grands feudataires lorrains, qui élisaient parmi eux celui qu'ils jugeaient bon de mettre à leur tête comme chef (dux), et qui s'est appelé plus tard duc de Lorraine, s'in-

emplois qui, par leurs priviléges et par leurs attributions, rappelaient les grandes charges de la couronne de France. La noblesse lorraine gagnat-elle beaucoup à cet échange ? Nous en doutons beaucoup. Pour le chef d'un petit État continuellement menacé d'être absorbé par un plus grand royaume, était-ce une prudente politique, celle qui effaçait ainsi tous les contrastes? Nous ne le croyons pas davantage. Quelle que soit la justice qu'il faille rendre aux excellentes intentions de Léopold, il est permis de remarquer qu'il a, sans le vouloir, frayé lui-même la voie à la réunion qu'il appréhendait si fort. Remplacer, comme il l'a fait, par des institutions modernes et uniformes de vieilles coutumes un peu incohérentes mais vivaces et entrées dans les habitudes des populations, substituer à l'exercice des libertés et franchises locales un peu surannées mais chères aux populations l'unique application de l'autorité absolue, quoique douce, du souverain, c'était peut-être, en thèse générale, opérer un progrès administratif, dans le cas particulier c'était à coup sûr travailler contre ses plus évidents intérêts. Il devenait ainsi plus difficile de maintenir le goût de l'indépendance nationale parmi des classes inférieures qui, en subissant le joug étranger, n'avaient quasi plus rien à perdre, et chez des grands seigneurs qui avaient peut-être quelque chose à gagner, en passant au service d'un maître plus puissant. Le règne de Léopold, celui de François II, son successeur, ont laissé en Lorraine des souvenirs excellents. Lorsque ce dernier prince de la dynastie lorraine perdit ses États héréditaires pour aller régner d'abord à Florence et bientôt après à Vienne, où son mariage avec

titulaient simplement noble homme, écuyer, et le plus souvent signaient leur nom tout court, quand ils savaient l'écrire. Plus tard, les membres de l'ancienne chevalerie, décidant souverainement entre eux des questions de succession à la couronne ducale, et jugeant en dernier ressort des procès des particuliers, ne portaient que le titre de baron; ils se contentaient d'être appelés *honorés seigneurs*. On ne les voit pas en prendre d'autres sur la liste des Assises tenues en 1619, 1620 (voir D. Calmet). Chose singulière! le haut et puissant seigneur, enfin, l très-haut et très-puissant seigneur, qui lui succède bien vite, n'apparaissent que plus tard, presque à l'époque où ceux qui recevaient ces appellations un peu superbes perdaient, avec le droit de siéger aux Assises, les fonctions qui en auraient expliqué le sens. Par la même raison, sans doute, ce fut au moment où il réduisit sa noblesse à un rôle inférieur à celui qu'elle avait occupé sous les autres princes de sa race, que Léopold prétendit, par des titres plus fastueux, la mettre au niveau des grandes familles françaises. Le duc Léopold a donc fait beaucoup de marquis et de comtes avec les anciens chevaliers lorrains. Il créa, avec la seigneurie de Hadonvillers, un marquisat, sous le nom de Craon, en faveur de Marc de Beauvau; Cons-la-Grand-Ville, en marquisat pour le sieur Nicolas-François de Lambertye; Condé-sur-Mezelle, en comté pour Christophe de Custine; la baronnie d'Haussonville, venue par héritage à la famille de Cléron Saffres, fut érigée en comté en faveur du baron Ignace de Cléron Saffres, grand-maître d'artillerie; Champignolles en Bassigny, en faveur d'Antboine, baron de Riocourt; la terre de Bayon, en marquisat en faveur de Marie-Isabelle, comtesse de Ludres, qui avait failli épouser Charles IV. Cette terre avait appartenu à Marie d'Apremont, son heureuse rivale. Etc., etc., etc. Voir l'*État de la France*, Durival, t. 1; D. Calmet, etc., etc.

Marie-Thérèse le fit monter sur le trône des Habsbourg, ce fut à Nancy et par toute la contrée un regret universel et un deuil public. Mais quelle que fut la douleur de voir cesser l'existence même de la patrie avec l'administration paternelle des ducs lorrains, il n'y avait rien pourtant dans cette émotion qui ressemblât au trouble profond d'un peuple qui aurait perdu du même coup son indépendance et ses institutions nationales. La complète assimilation qui avait si fort préparé la conquête, en adoucit aussi singulièrement les amertumes. Le règne de Stanislas, pendant lequel la Lorraine conserva une administration séparée et distincte, facilita encore le passage d'un régime à un autre. Parmi les membres de la noblesse, quelques-uns suivirent la fortune des princes qu'ils avaient si bien et si longtemps servis; leurs noms d'origine lorraine ont jusque dans les temps les plus modernes apparu avec éclat dans l'histoire de l'empire d'Autriche. D'autres, et ce fut le plus grand nombre, s'associant au sort de leur concitoyens, s'attachèrent à un pays qui depuis longtemps ne leur était plus étranger. Il suffit d'ouvrir les anciens almanachs, pour voir quelle large distribution d'honneurs, de grades, et d'emplois militaires ou civils Louis XV entendit faire à ses récents sujets. Suivant l'usage du temps, les plus grands seigneurs furent les mieux partagés. Les représentants de la plupart des familles qui avaient marqué dans l'histoire de Lorraine, trouvèrent soit à la cour de France, soit dans ses armées des positions qui n'étaient pas trop inférieures à celles qu'ils avaient occupées sous les princes de la dynastie lorraine. M. de Choiseul, le plus national et, l'on peut dire, le seul grand ministre de son époque, prouva que les seigneurs lorrains n'étaient pas du moins incapables d'être utiles à leur nouvelle patrie. Par une politique judicieuse qui se continua jusqu'à la veille de la révolution de 1789, le gouvernement français, tandis qu'il employait indifféremment sur toute l'étendue du territoire français les services des Lorrains, eut toujours grand soin de donner pour gouverneur et pour commandant à cette province récemment acquise, et d'y placer dans les postes les plus importants des personnages qui lui appartinssent par leur origine, et dont les noms y fussent déjà connus et respectés. Les gentilshommes lorrains furent d'ailleurs en toutes circonstances traités par les rois de France sur le même pied que les seigneurs de leur propre cour. Ainsi, de même que les membres du tiers état lorrain, jadis régulièrement admis aux assemblées délibérantes des trois ordres de la Lorraine, avaient perdu en se fondant avec les classes bourgeoises de France leur droit de représentation, la noblesse lorraine, autrefois investie de véritables attributions politiques, absorbée peu à peu dans la noblesse française, et s'inspirant de ses qualités plus brillantes peut-être que fortes et sensées, finit par partager elle-même sa décadence, ses disgrâces et sa ruine.

NOTE II.

PAGE 20.

L'ABBAYE DE REMIREMONT.

Le nom de Remiremont reviendra souvent dans les pages de cette histoire. Peut-être nos lecteurs nous sauront-ils gré de dire un mot de cette célèbre abbaye, maintenant entièrement détruite, et de la congrégation des religieuses nobles qui s'intitulait, avant la révolution de 1789, l'église insigne, collégiale et séculaire de Remiremont, ou chapitre illustre des dames chanoinesses de Remiremont.

L'église primitive avait été fondée sur une montagne située sur la rive droite de la Moselle, dans un lieu où saint Romarie, seigneur lorrain du moyen âge, possédait un château nommé Habend, et qui s'appelle encore aujourd'hui le Saint-Mont. Il y avait dans ces temps reculés sept bandes chacune de douze religieuses, ayant une abbesse à leur tête. Un monastère d'hommes, vivant comme les religieuses sous la règle de saint Benoît, était établi non loin de là, et les deux couvents dépendaient de Luxeuil.

Du Saint-Mont le religieuses transportèrent à Remiremont, en 900, les reliques des corps de saint Amé, de saint Romarie et de saint Adelphe. Elles bâtirent sur l'emplacement qu'occupe la petite ville de Remiremont un nouveau monastère et une seconde église; mais cette abbaye et son église ayant été consumées par un incendie en 1057, les religieuses abandonnèrent l'observation de la règle de saint Benoît, se firent séculariser par le pape, et reçurent, entre autres priviléges, celui d'être entièrement exemptes de la juridiction de l'ordinaire et de relever directement du saint-siége. Là ne se bornèrent pas les distinctions que les dames de Remiremont, choisies parmi les plus illustres du pays, obtinrent tour à tour, tantôt de la cour de Rome et tantôt du chef de l'empire. Elles furent dispensées de la clôture. Sans être astreintes à aucun vœu, elles purent toujours, en quittant l'abbaye, se marier quand elles voulaient. Le pape accorda à leur abbesse, nommée par elles à la pluralité des voix, toutes les marques extérieures de la dignité épiscopale. Quand elle allait à l'offrande ou à la procession, sa dame d'honneur lui portait la queue, et son sénéchal tenait la crosse devant elle. L'empereur d'Allemagne la reconnaissait pour princesse d'empire; elle en avait tous les priviléges, et dînait sous le dais. Elle avait dans la ville de Remiremont et pays dépendants droit de haute, moyenne et basse justice. Tous les jeudis, après la Notre-Dame de décembre, elle tenait son plaid solennel, accompagnée de toutes les dames. Le jugement se faisait de *par Madame*, et jusqu'à la destruction du couvent, il n'y avait appel de ces jugements qu'au parlement de Paris. L'abbaye avait quatre grands officiers, savoir :

le grand prévôt, le grand chancelier, le petit chancelier et le grand sonrier. Elle était représentée aux États généraux par des députés nommés conjointement par l'abbesse et par le chapitre, et qui siégeaient parmi les représentants de la noblesse et parmi ceux du clergé. L'abbesse faisait faire devant elle les montres et les revues des bourgeois par son sénéchal, qui n'obéissait qu'à elle.

Après l'abbesse venaient hiérarchiquement deux dignitaires, qui étaient la doyenne et la secrète, et deux principales officières, qui étaient les dames sonrière et aumônière; quatre chantres, dix-huit officières et plusieurs chanoinesses, dont le nombre pouvait aller jusqu'à soixante-dix-neuf. L'élection des dames doyenne, secrète, sonrière et aumônière se faisait au chapitre et à haute voix; la dame abbesse choisissait sa coadjutrice, qui devait être agréée par le chapitre, et dix officières. Chacune des dames avait le droit de se choisir une coadjutrice, qu'on appelait nièce, et qui lui succédait de plein droit en cas de mariage ou de mort. L'habit d'église des dames chanoinesses était un grand manteau long à queue traînante, de laine noire, avec collet d'hermine, et bordé des deux côtés par-devant d'hermines d'un demi-tiers de large; celui de la dame abbesse, bordé par en bas, tout autour, en dedans et en dehors, et des deux côtés, de quatre doigts plus large que le demi-tiers. Louis XV, en mars 1774, voulant, dit son ordonnance, témoigner sa bienveillance à l'insigne collégiale de Remiremont, et relever sans doute encore le costume des chanoinesses, leur accorda de porter de la droite à la gauche un large cordon bleu liséré de rouge, auquel devait être attachée, en forme de croix de chevalerie, une médaille représentant saint Romarie.

On s'imagine aisément qu'il y avait presse parmi les dames pour entrer dans une abbaye dont les priviléges étaient si beaux, les habits si somptueux et la règle si peu sévère. Mais il y avait des conditions à remplir qui en rendaient l'entrée aussi difficile qu'auraient pu le faire les règles de la plus étroite observance. Il fallait établir contradictoirement devant le chapitre assemblé ce qui s'appelait alors les soixante-quatre quartiers de noblesse; c'est-à-dire qu'il fallait, si nous ne nous trompons, faire preuve de neuf générations chevaleresques des deux côtés. Beaucoup de familles princières et même royales ne pouvaient faire cette preuve. Chose singulière, par suite du mariage de Marie de Médicis avec Henri IV, Louis XIII ni Louis XIV n'auraient pu faire recevoir leurs filles dans l'abbaye de Remiremont. Le chapitre illustre de Remiremont a presque toujours eu à sa tête soit des princesses de la maison ducale, soit des princesses allemandes, soit des dames des plus grandes familles de Lorraine. A parcourir la liste des dames chanoinesses du dernier siècle, on y rencontre plusieurs noms connus et considérables, mais en grand nombre aussi d'autres noms plus ignorés, portés par des familles plus célèbres sans doute par la pureté de leur origine que par l'éclat de leur illustration. Les dames de Remiremont ne démentaient pas par la fierté de leurs prétentions le sang dont elles étaient sorties : elles ont presque toujours été en querelle, d'abord entre elles, et parfois avec leurs seigneurs suzerains, les ducs de Lorraine, contre lesquels elles se sont plusieurs fois révoltées; ne voulant jamais relever que de l'empire, et ne cédant le plus souvent qu'à l'emploi de la force, lorsqu'on avait mis des soldats en garnison chez elles, ou fait venir dans la ville de Remiremont, pour les intimider, l'exécuteur des hautes œuvres. Ce serait donc une histoire assez orageuse que celle de l'insigne collégiale des nobles dames de Remiremont. Nous la laisserons faire à d'autres, n'ayant voulu que consigner ici quelques détails assez singuliers sur une institution dont le souvenir est aujourd'hui si complétement oublié, et dont l'esprit contraste si fort avec nos mœurs actuelles.

NOTE III.

PAGE 26.

FORTIFICATIONS DE NANCY.

Faire l'histoire des fortifications de Nancy, ce serait raconter celle de la ville elle-même et du duché de Lorraine tout entier. D'abord, faibles et resserrées pendant le moyen âge, elles furent ensuite prodigieusement accrues et embellies pendant le règne heureux de Charles III, et conduites à leur dernier degré de force et de perfection sous Henri II. Détruites en 1662, par suite des exigences de Louis XIV qui en stipula la démolition par les articles du traité signé à Vincennes (février 1661), elles furent un instant relevées par ce même monarque, et enfin définitivement rasées en 1698, au moment de la rentrée du duc Léopold dans ses États héréditaires. Les auteurs contemporains sont tous d'accord pour louer la magnificence de ces bastions qui, par la solidité de leur construction et par la beauté de leur revêtement, ne le cédaient à aucune des places les plus célèbres de l'Europe. Les restes mutilés, que l'on peut encore découvrir aujourd'hui, ne sauraient donner aucune idée de l'effet imposant que produisait l'ensemble des ouvrages dont Orphée de Gaban passe pour avoir donné le plan, et qui furent exécutées par les meilleurs ingénieurs du temps.

Quoiqu'il n'y eût, à vrai dire, qu'une seule enceinte, les fortifications qui séparaient la ville neuve de la ville vieille faisaient de celle-ci comme une sorte de citadelle. Les ouvrages de la ville neuve furent entrepris et terminés par Charles III. Henri II, son fils, ne voulant pas que la ville vieille demeurât comparativement moins forte, se hâta de faire reprendre à neuf tous les anciens bastions. Les travaux qu'il avait commandés furent complétement achevés avant sa mort, survenue en 1624. L'état de la place était si excellent en 1633, que Louis XIII, lorsqu'il reçut Nancy en dépôt, n'y trouva rien à changer. Les nouvelles constructions qu'il ordonna avant de quitter Nancy pour retourner à Paris n'avaient pas pour objet d'ajouter rien à la défense extérieure de la ville, mais uniquement de se prémunir contre la mauvaise volonté de ses propres habitants. Nous laisserons l'auteur d'un Mémoire du temps donner la description exacte des fortifications de la ville vieille, telles qu'elles étaient au moment où on commença leur démolition :

« Ladite Ville-vieille avoit huit bastions et huit courtines environnées de profonds fossés, et contre-minées tout autour. Ses murailles étoient faites de la même façon que celles de la Ville-neuve, avec contre-mines et fausses-portes. Sur chacun des bastions étoit un corps-de-garde. Les plates-formes en étoient fort belles, et batteries bien faites au possible. A la pointe de chaque bastion étoient attachées aux murailles les armes de Lorraine fort artificieusement travaillées, au-dessous desquelles étoient aussi celles de quelques princes ou gouverneurs. Du côté de la Ville-neuve il y avoit trois bastions. Celui qui étoit près de la porte Saint-Nicolas de ladite Ville-vieille se nommoit le bastion de Haussonville ; ensuite étoit le bastion des Michottes qui avoit deux fortes murailles, l'une parée de briques et l'autre de fort belles pierres de taille fort hautes, après lesquelles étoient sculptées des michottes de pierre qu'on y avoit fait, ainsi que disent les chroniques, en mémoire des pains qu'on donnoit aux ouvriers qui y travailloient quand on la faisoit, à cause que l'argent étoit fort rare ; et on en donnoit un par jour à chaque ouvrier. On nommoit encore ce bastion le grand Cavalier. Il y avoit ensuite une belle courtine par laquelle passent les corps qui conduisent l'eau aux fontaines de la place Saint-Epvre et autres. Ensuite est le bastion de Salm, près duquel est l'arsenal. Sous ce bastion il y avoit des magasins à mettre la poudre, le plomb et autres choses nécessaires à la défense de la ville ; parce que depuis ledit arsenal il y avoit une porte secrète par laquelle on alloit audit bastion, pour prévenir quelque malheur qui pouvoit arriver en cas de siége audit arsenal, tant au dedans qu'au dehors. Ensuite étoit la courtine Saint-Antoine et le bastion de Dannemarck, sous lequel il y avoit, pour passer quatre hommes de front, une porte voûtée qui alloit environ une lieue et demie, pour se sauver sans être apperçu, outre des magasins à poudre du côté de la ville. La courtine suivante étoit faite de deux fortes murailles. Celle de pierre de taille avoit été coupée sous Louis XIII, et étoit ladite citadelle dans la ville, à la porte Notre-Dame. Elle étoit fermée des murailles de la ville, excepté que de ce côté Sa Majesté y avoit fait faire deux petits bastions et une courtine près de laquelle il y avoit aussi une porte pour entrer en ladite citadelle, aboutissant à la porte Saint-Louis qu'elle avoit fait faire. Il y avoit ensuite un fort gros bastion, dit le bastion du Marquis, servant à la défense de la citadelle, et auparavant à la défense de la ville. Après étoit une courtine au milieu de laquelle étoit la porte Notre-Dame, où il y avoit trois ponts-levis et une forte demi-lune au devant. Ensuite étoit le bastion le Duc et sa courtine, au milieu de laquelle étoit la porte Saint-Louis que le roi avoit fait faire pour entrer dans la citadelle sans passer dans la ville. Après venoit le bastion des Dames au derrière de la cour, sur lequel étoit un beau jardin avec des jets d'eau ; enfin, une belle courtine unissoit ce bastion à celui de Vaudémont sur lequel il y avoit, comme sur tous les autres, de beaux arbres servant à la promenade, et au bout de sa courtine étoit la porte du côté de la Ville-neuve.

« Sur tous les bastions il y avoit trois belles guérites, l'une à la pointe et les deux autres de chaque côté sur les quarrés. Ces bastions étoient faits en forme de cœurs (ils étoient à orillons), et il n'y avoit rien de plus beau. Les murailles étoient de briques parées comme celles de la Ville-neuve. Devant chaque courtine il y avoit une forte demi-lune avec de profonds fossés. Tout autour il y avoit des chemins couverts et autres fortifications. »

Les fortifications de la ville neuve n'étaient pas moins excellentes et belles. Voici ce qu'en dit le président Canon :

« L'enceinte au dehors étoit une merveille. Elle étoit de dix-sept grands bastions, compris ceux qui faisoient la séparation de la Ville-vieille avec la neuve. Les bastions et les courtines ensuite estoient arraysés de grands carreaux de pierre de taille jusqu'au rez-de-chaussée des fossés, au-dessus revestus de briques de diverses couleurs posées par compartiments jusqu'au cordon de pierre de taille, et du cordon jusqu'au parapet, au devant duquel étoit le chemin de ronde. A chaque angle saillant des bastions, il y avoit de fort belles guérites ou lanternes proprement basties à dôme couvert d'ardoises ; plus bas estoient de grandes armoiries de Lorraine taillées sur pierre de taille ; sous un de leurs angles et au-dessus, les armoiries du marquis d'Haraucourt, qui en étoit gouverneur lorsque le duc Charles III, ayeul de celui-ci (Charles IV), avoit fait bastir et fortifier la Ville-neuve, et faire raccomoder et ajuster la ville à la moderne. Le rempart étoit d'une largeur extraordinaire et d'une hauteur telle qu'elle couvroit les maisons et clochers de la ville. Je vous en fais cette petite description parce qu'elle n'est plus en cest état, ayant esté rasée et ne restant plus aucune marque de cette belle ceinture que les portes, par où elle se pouvoit regarder encore, quand nous en sommes sortis, avec admiration de ceux qui ne l'avoient pas vu[1]. »

Nous aurons occasion de raconter, dans le cours de cette histoire, la démolition des fortifications de Nancy.

---

1. La médaille ou expression de la vie de Charles IV, duc de Lorraine, par un de ses principaux officiers. — A son fils. — Le président Canon. *Manuscrit de la bibliothèque de Nancy*, page 13 et suivantes.

NOTE IV.

PAGE 27.

PALAIS DUCAL DE NANCY.

Le palais ducal de Nancy passe pour avoir été fondé par le duc Raoul vers l'an 1339; peut-être même était-il plus ancien, si l'on s'en rapporte à des pièces historiques récemment découvertes. Quoi qu'il en soit, il est avéré par des témoignages irrécusables qu'il devint, grâce aux constructions nouvelles et aux embellissements successifs qu'y ajoutèrent de génération en génération la plupart des ducs lorrains, une noble, belle et magnifique demeure pour les souverains du pays « C'était une triomphante maison ducale, » dit Edmond du Boulay, auteur de la description des obsèques des ducs Antoine le Bon et François Ier de Lorraine. « Ce palais ne le cédait à aucun autre, » assure Nicolas Remy, « en solidité de structure, commodité de logement, salubrité d'air, et embellissement de tout ce que la main de l'homme a pu y apporter[1]. » Lorsque Louis XIV, se rendant en Alsace, s'arrêta à Nancy, il logea au palais ducal, « lequel, » ajoute M. le marquis de Beauvau, « contint si commodément toute la cour du roy et de la reyne, que Leurs Majestés avouoient que le Louvre n'étoit pas plus habitable. » Ce qui subsiste aujourd'hui du palais ducal n'appartient ni à l'époque curieuse de sa fondation, ni aux temps plus reculés où sa construction fut dirigée par d'habiles architectes lorrains, qui, ayant étudié à Paris, à Blois et à Chambord les merveilles modernes de l'art français, en reproduisirent chez eux les lignes sveltes et hardies, et toute la gracieuse élégance. La Porterie, seul débris qui soit digne de fixer aujourd'hui l'attention des curieux, a été bâtie de 1510 à 1520, par le duc Antoine, et pour servir d'entrée à son palais. Le style de la renaissance n'avait pas alors entièrement remplacé en Lorraine les anciennes formes gothiques; il en avait seulement altéré la pureté et introduit dans les constructions récentes un genre d'ornementation un peu bizarre et surchargé. Il ne faudrait donc pas juger par l'échantillon qui nous reste de la valeur artistique d'une construction dont les meilleures parties, celles qui ont été bâties par Charles III et Henri II, sont maintenant complétement détruites. Cette destruction si regrettable fut en partie l'œuvre du duc Léopold, qui, trouvant le palais habité par ses aïeux trop irrégulier pour le goût du temps, en jeta à bas toute une aile, afin d'élever sur son emplacement un palais à façade grandiose, plus semblable aux constructions que les préférences de Louis XIV avaient alors mises si fort à la mode. Plus tard, le roi Stanislas fit cession à la ville

---

1. *Discours des choses advenues en Lorraine.* Pont-à-Mousson, 1603.

de Nancy de la majeure partie des bâtiments restant de l'ancien palais et des terrains qu'il avait jadis occupé. La ville a depuis peu cédé l'ancienne Porterie et les bâtiments contigus au conseil général. On s'occupe aujourd'hui avec beaucoup de zèle et de soin d'y arranger un local propre à recevoir un musée d'antiquités lorraines, dont les premiers éléments sont déjà réunis.

On peut consulter avec fruit, au sujet de l'ancien palais de Nancy, une *Dissertation historique sur la ville de Nancy*, composée en 1619, qui est généralement attribuée au président Rennel, et qui paraît avoir été composée par un chanoine de la primatiale; l'ouvrage de M. l'abbé Lyonnois, *Histoire des villes vieille et neuve de Nancy*; M. Guerrier Dumast, *Nancy, histoire et tableau*; Cayon, *Description de Nancy*, et enfin une notice de M. Henri Lepage sur le palais ducal. La notice de M. Lepage, appuyée sur de nombreux documents historiques, ne laisse indécise aucune des questions qu'une saine critique peut éclaircir.

NOTE V.

PAGE 40.

BOURG DE SAINT-NICOLAS-LE-PORT.

On est étonné d'entendre citer comme fameuse par toute l'Europe, et centre d'un commerce considérable, une petite ville dont le nom est aujourd'hui à peu près inconnu hors de la Lorraine. Le voyageur qui, en se rendant de Nancy à Strasbourg, traverserait aujourd'hui le bourg de Saint-Nicolas, partagerait cette surprise. L'assertion de l'historien de Thou est cependant parfaitement exacte. Saint-Nicolas-le-Port, comme on l'appelait autrefois, à cause de son port sur la rivière de la Meurthe, a été pendant près de deux siècles un rendez-vous très-fréquenté, où se rendaient, à certaines époques de l'année, les marchands de la France, de l'Allemagne, de l'Italie et de la Flandre. Comme il est presque toujours arrivé pendant le moyen âge, ce furent les pèlerins qui ouvrirent la voie aux trafiquants. L'affluence considérable de gens de toutes classes qui venaient révérer quelques reliques de saint Nicolas, évêque de Myrrhé, déposées dans l'église primitive par un sieur Albert, seigneur lorrain, y attira d'abord quelques marchands en petit nombre, qui vendaient seulement des étendards portant l'image grossière du saint, quelques chapelets et des petits bijoux de dévotion. Telle fut l'origine d'un commerce de bijouterie qui devint bientôt assez étendu et très-célèbre dans les contrées environnantes. La sécurité dont les marchands étrangers jouissaient dans les États des ducs de Lorraine les engagea peu à peu à venir s'établir à Saint-Nicolas pendant la durée des pèlerinages; ils y apportaient, soit par bateaux, au moyen de la rivière de la Meurthe, soit à dos de mulets, seuls modes de transport connus à cette époque, toutes les marchandises et objets d'utilité et de luxe dont ils étaient assurés de trouver en Lorraine le facile écoulement. Pendant le xve et le xvie siècle, la prospérité de Saint-Nicolas fut extrême; elle décrut un peu vers le commencement du siècle suivant. L'église, dont les fondements furent jetés en 1494, et qui fut achevée en 1544, fut construite en entier grâce au zèle d'un simple prieur nommé Simon Moycet, qui paraît avoir surtout fait appel, pour couvrir les dépenses de cet édifice, aux dons volontaires des pèlerins et des commerçants. Les foires franches que Charles III établit à Saint-Nicolas en 1537, les priviléges que son successeur Henri II accorda aux consuls de la ville, ne suffirent pas à la préserver d'une décadence dont les signes étaient déjà apparents pendant les premières années du xviie siècle. Nous aurons occasion de raconter dans cette histoire les ravages affreux que la petite ville de Saint-Nicolas eut à souffrir de la part des Suédois en 1635, et, ce qui est plus singulier, de la part même des soldats de Charles IV de Lorraine. Son église, incendiée par deux fois, fut alors à peu près détruite, et le commerce de la ville ne se releva plus [1].

[1]. Voir, sur l'église de Saint-Nicolas, une notice de M. Cayon fils. — Nancy, 1835.

FIN DES NOTES.

DOCUMENTS HISTORIQUES

ET

PIÈCES JUSTIFICATIVES

I.

LETTRE DU DUC CHARLES DE LORRAINE A MADAME LA PRINCESSE DE CONTI.

16 novembre 1625.

Madame, déspechant presentement ce gentilhomme vers messieurs mes parens sur un suject qui importe autant qu'il se peut au bien et conservation de nostre maison, je luy ay commandé bien expressement de ma part en vous informant bien à plein de ceste affaire, vous prier comme je fay tres affectueusement de vouloir tesmoigner en ceste occasion la grande et particuliere inclination que vous avez faict tousjours paroistre à l'endroict des vostres et de cest estat, remettant aussy au dict sieur porteur de vous faire entendre les justes raisons qui ont meu monsieur mon pere et moy de nous déclarer sur ce suject, qui ne peut estre jamais plus digne des effectz que nous et voz plus proches debvons attendre de vostre affection, et en quoy vous obligerez particulierement, Madame, vostre bien humble et tres affectionné cousin et serviteur,

CHARLES, duc de Lorraine.

(*Manuscrits de Conrart à la bibliothèque de l'Arsenal.*)

II.

LETTRE DE FRANÇOIS DUC DE LORRAINE A MONSIEUR LE DUC DE CHEVREUSE.

16 novembre 1625.

Monsieur, ce gentilhomme depesché de monsieur mon filz et de moy s'en va vous faire entendre ce qui s'est passé en l'affaire sur laquelle il vous a pleu nous departir voz advis; et combien qu'en une chose qui est si juste et si claire comme celle la on n'y puisse trouver a redire, neantmoins le contraire pouvant arriver, nous avons creu vous debvoir faire sçavoir soudain comme le tout s'est achevé afin qu'il vous plaise en donner part où vous jugerez en estre besoin pour empescher qu'on ne mette rien en avant au contraire et de la verité de nostre droict. C'est la supplication bien humble que je vous fay et de vous joindre en ceste cause commune à toute nostre maison selon que ce gentilhomme vous dira plus particulierement et avec qu'elle volonté je vous veux servir y estant obligé plus que personne du monde et demeureray à jamais, Monsieur, vostre bien humble cousin et seruiteur,

FRANÇOIS, duc de Lorraine.

(Manuscrits de Conrart à la bibliothèque de l'Arsenal.)

III.

LETTRE DU DUC CHARLES ESCRITE A LA ROYNE MÈRE.

2 decembre 1625.

Madame, je ne doubte point que sur les premiers bruits qui auront peut estre desjà couru de la résolution que monsieur mon père et moy avons faicte avec la participation de plusieurs de nos principaux conseillers et vassaux, Vostre Majesté ne se trouve aucunement estonnée du changement qui se présentera d'abord à ses yeux comme de chose inopinée de laquelle jusques à present elle n'a sceu les motifs et raisons, et en effect ne les a peu sçavoir comme nous ne les sçavions pas aussi nous mesmes, mais s'il plaist à Vostre Majesté de se donner le loisir d'en entendre le discours et la vérité par le sieur colonel de Florainville mon conseiller d'estat et grand fauconnier auquel j'ay commandé de l'en informer bien amplement. Je me promects aussi que Vostre Majesté trouvera que nous n'avons peu, n'y deu faire autrement pour obéir aux volontez et intentions de nos prédécesseurs, garder la justice aux Princes de nostre maison et conserver nos estats en paix, et tranquilité perpétuele autant que la prudence humaine y peut arriver, j'ay pris la hardiesse, Madame, d'en escrire à sa Majesté Impériale et suplie tres humblement la vostre d'escouter aussi le dit sieur de Florainville qui lui fera cognoistre les moiens ausquelz nous nous arrestons pour conserver à madame ma chère épouse, et madame ma belle soeur touttes les dignitez et prérogatives qui leur sont légitimement deues, ausquelles je ne souffriray jamais qu'il soit faict breche, et perdray plustot la vie que le souvenir de mes obligations à la mémoire de feu mon tres honoré seigneur et beau père, qui soit au ciel, à la grande bonté courtoisie et douceur de madame ma belle mère et à ce que naturellement je doibs à mesdames leurs filles. C'est une croyance, Madame, que ie désirerois fort que Vostre Majesté me feit honneur de prendre par dessus touttes autres considérations car la vérité se trouvera telle que ie dis non seulement pour les choses passées, mais aussi à l'advenir où Vostre Majesté me voira tousjours constant en mon debvoir, et en la dévotion tres humble d'estre jusques au tombeau, Madame, tres humble et tres obéissant neveu et serviteur,

Charles, duc de Lorraine.

(Collection Dupuy, Bibliothèque nationale, t. 682-683-684.)

IV.

MONSIEUR DE *** AU CARDINAL DE RICHELIEU.

La noblesse et le peuple de Lorraine surpris de ce que M. de Vaudémont a fait, n'ont jusqu'à cette heure temoigné aucun sentiment ni en bien ni en mal, hormis le prince de Phalsbourg et le maréchal de Lorraine, le premier à cause de ce qu'il doit au défunt duc père des Princesses et le second à cause du mépris dont il prétend qu'on a usé envers la France, mais l'un et l'autre se sont tus depuis et maintenant comme tout le reste ne disent mot ; on tient le dit prince de Phalsbourg ensorcellé et lui-même en a grande opinion.

Les Princes et leur conseil publient avoir résolu de faire confirmer le changement de successeur en l'etat de Lorraine par assemblée d'estats, mais on ne croit pas qu'ils veuillent prendre le hazard.

Il est certain que ce changement a été fait avec communication de Bavière, Florence et Espagne, mais plus certain encore que depuis plusieurs mois, cela se manie avec M. de Guize, et que M. de Vaudémont a exigé de lui et des autres Princes de sa maison en France par écrit promesses d'appuyer cette affaire de leur sang et de leurs puissances contre quiconque la voudra quereller, et de leurs amis et cabales en France particulièrement.

Voici l'affaire dès le commencement.

Peu après l'investiture du duc à présent régnant, en laquelle les souverainetés de Barrois et de Lorraine furent comprises esgalement, la duchesse douairière fist sentir quelque prétention sur le Barrois pour sa seconde fille, et qu'elle avoit papiers pour la maintenir et la justifier, dont M. de Vaudemont alarmé, après avoir cherché tous moyens de découvrir les dits papiers et les avoir, a fait attaquer la dite dame douairière par mauvais traitement pour la faire venir à quelque dispute de ses prétentions, et mettre papiers sur table, cela a duré huit ou dix mois, et cependant on feuilletoit tous les vieux registres de la maison de Lorraine, tant dans leurs trésors, que dans la maison de Guise, pour trouver de quoi disputer le titre dont la dite dame douairière se prétendoit servie. Enfin ayant été trouvé quelque chose de ce qu'il désiroit, en tout ou en partie, le duc a reproché à sa belle mère qu'elle jetoit des semences de division et de ruine en leur maison, et en leur estat sous des fondemens imaginaires, surquoi, après plusieurs repliques d'une part et d'autre, elle a été assez mal conseillée pour convenir de juger leurs différens, en leur mettant papiers en main ; les juges ont été le comte de Tournielle, le maréchal de Barrois, avec M. de Luznay et deux conseillers. Le jugement a débouté la jeune Princesse de ses prétentions, et adjugé la succession des estats du feu duc Henry aux lignes masculines de la maison à l'exclusion d'elle et de l'aisnée, quoique déjà reconnue pour héritière. Sur cette sentence, tout le reste s'en est ensuivi sans que la dite dame douairière ait pu retirer papiers, ni trouver en tout le pays homme qui ait osé produire ni publier sa protestation contre, quelqu'efforts qu'elle ait pu faire. Depuis que je suis ici elle m'a envoyé le mémoire et la lettre ci incluse dont le porteur m'a narré la petite histoire. La réponse que j'ai faite à la dite dame est en termes généraux de s'accommoder au tems, et aux volontés de ceux entre les mains desquels elle est, n'ayant voulu lui former aucun avis que je n'en eu ordre et instruction, laquelle je supplie que l'on m'envoie le plustot qu'il se pourra de peur que cette dame croye qu'on la veuille abandonner, et ne s'abandonne elle même.

Dépêche sans date ni signature qui paraît être de M. de Flavigny, *commandant à Metz* (1625). (*Ministère des affaires étrangères, affaires de Lorraine.*)

V.

MEMOIRE DES INTERESTZ QUE LE ROY A QUE LA DUCHÉ DE LORRAINE TOMBE EN QUENOUILLE, AVEC UN ADVIS A LA DUCHESSE DOUAIRIERE DE CE QU'ELLE DOIBT ET PEUT FAIRE POUR SE MAINTENIR CONTRE LE COMTE DE VAUDEMONT.

L'an 1624, Henry duc de Lorraine et de Bar estant décédé sans laisser de soy aucun filz legitime, sa fille aisnée Nicole comme sa plus proche héritière luy a succédé ausdictz duchez de Lorraine et de Bar et pour telle a esté recogneüe par les Estatz du pays par préférence sur son oncle François, comte de Vaudemont, frere puisné dudict duc Henry ; mais, cela n'a pas empesché qu'au bout de dix sept mois que ledict comte de Vaudemont ne se soit par force ou autrement faict declarer duc desdictz duchez comme à luy appartenant, à l'exclusion de ladicte Nicole sa niepce.

Sur cela l'on soustient que le Roy a juste cause de s'offenser pour le tort qui est faict à ladicte Nicole et à sa sœur Claude ses cousines et proches parentes de par la Royne sa mere, lesquelles sa Majesté est obligée d'assister et protéger, comme leur bon parent et cousin germain qu'il est de leur mere la duchesse douairiere de Lorraine.

Secondement en excluant les femelles de la succession des duchez de Lorraine et de Bar tandis qu'il y aura des masles de la maison de Lorraine qui sont aujourdhuy en nombre plus de quinze, c'est oster toute espérance à la Maison de France de jamais pouvoir par femmes succeder ausditz duchez contre ce qui s'est observé cy devant en la branche d'Anjou.

Tiercement c'est une entreprise toute notoire sur la souveraineté du Roy pour ce qui touche la souveraineté de Bar; car en cas de débat pour la succession de ladicte duché ou pour la tutelle des ducz de Bar en bas aage, noz Roys en ont tousjours pris cognoissance et ne peuvent les ducz de Bar establir pour ce regard une nouvelle coustume sans l'authorité du Roy leur souverain, dautant qu'encore que les ducz de Bar par grace et concession du roy Henry troisiesme puissent faire et establir des loix et coustumes quant a leurs subjectz, si est-ce qu'ilz ne peuvent faire le mesme, lors qu'il s'agist de la succession dudict duché, le préjudice en seroit trop grand a nos Roys de ne pouvoir adjuger ledict duché à celuy à qui de droict il appartiendroit, et ny peuvent nos roys renoncer au préjudice de leur couronne. L'exemple en est assez récent pour le duché de Lorraine car jaçoit que le duc de Lorraine jouïsse de plus grandz droictz et privilleges en son duché de Lorraine que pour celuy de Bar dont la foy et hommage lige et le ressort sont reservez à noz Roys, ce qui n'est aux empereurs d'Allemaigne pour le duché de Lorraine si est-ce que quand il y a eu contention pour la succession dudict duché entre Ysabeau fille du duc Charles premier decedé en l'an 1430 d'une part, et Anthoine comte de Vaudemont filz du comte Ferry premier puisné dudict Charles d'autre part. L'empereur

Sigismond, comme souuerain en a pris cognoissance et la adjugé en l'an 1434, par l'advis des Princes et Estatz de l'empire, a la Ysabeau par preference sur ledict Anthoine son cousin germain masle de la maison de Lorraine, comme le tesmoignent Symphorian, Champier, Richart de Vasbourg, Emond du Boulay Remy, procureur général de Lorraine et aultres.

Or le remede le plus doux et convenable en ceste occurrence, veu les guerres ou nous sommes, et la puissance et le bonheur de la maison d'Autriche qui favorise tant qu'elle peut ceste entreprise, ce seroit, en attendant mieux, de faire dire soubz main à la duchesse douairiere de Lorraine de presenter des requestes a sa Majesté au nom de ses dittes filles pour leur estre faict droict sur une telle usurpation dudict duché de Bar et quant et quant qu'elle s'addresse a l'Empereur pour ce qui concerne ledict duché de Lorraine et si cela ne se peut pour le peu de liberté ou elle est à présent, de faire faire une protestation par la grande duchesse de Toscane soeur desdict Henry et François et veufve de Ferdinand grand duc de Toscane, au nom de ladicte grande duchesse et de ses enfans, et semblablement par la duchesse de Vandosme fille du duc de Mercœur au nom de ladicte duchesse de Vandome et de ses enfants et que sa Majesté en acceptant lesdittes protestations en une grande et notable assemblée, de leur faire droict lors que la succession de ladicte duché leur escherra, comme aux plus prochains hoirs habiles à succeder, et pour ce leur en faire délivrer un acte signé d'un ou deux secretaires d'Estat. Ainsy, sans une rupture d'amitié avec la maison de Lorraine, que sa Majesté pour le bien de son service ne doibt perdre, l'on conservera son authorité et souveraineté audict duché de Bar et par mesme moyen le droict des parties interessées, lorsque l'occasion se presentera de le pouvoir debattre par proxcimité de lignage par le decedz d'un duc ou duchesse de Bar.

(*Manuscrits de Conrart à la bibliothèque de l'Arsenal.*)

VI.

LETTRE DE *** A MONSIEUR DE MARILLAC, GOUVERNEUR DE VERDUN.

3 decembre 1625.

Monsieur, j'ai receu les vostres avec l'honneur que je rends à tout ce qui vient de vous. Monsieur de Verdun a esté à Nancy et revint hier au soir et s'est plaint dès ce matin à Monsieur d'Angoulesme des carabins que l'on a envoyé sur ses subjectz pour punir leur desobeissance aux commandement de contribuer pour la citadelle. Il a eu response selon le merite du suject. Vous aurez appris ceste grande et extraordinaire nouvelle de Lorraine. Monsieur de Vaudemont s'est déclaré duc et a ceddé à Monsieur son filz aisné son droict a condition de payer ses debtes. Ceste cession a esté acceptée et de Monsieur son filz et de la princesse regnante qui a mesme consenty que les sceaux fussent rompus et de nouueaux faictz au nom de Monsieur son mari. Par ceste action publiée ez bailliages et prevostez, la loi salique est introduite en Lorraine, à l'exclusion des femelles et faveur des masles. Cela a réuny Monsieur d'Elbeuf a Monsieur de Chevreuse et tous les princes lorrains a Monsieur de Vaudemont. Le fondement est le testament pretendu du Roy René decedé il y a 108 ans et quatre actes d'approbation dudict testament par les Estatz d'alors. Les pièces se sont trouvées ez thresors seuls, rien hors de la. Il n'y a eu interruption de la ligne masculine depuis ce temps sinon en la possession de la princesse regnante. Mais on croid y avoir remedié par l'approbation de laditte cession faicte de son consentement et la ruption des sceaux. De son consentement expres on a indiqué les Estatz pour le premier febvrier prochain pour faire authoriser ce changement. Monsieur de Mouy est déclaré duc apres la mort des deux freres le regnant et le cadet et celle de Monsieur de Vaudemont qui s'est reservé le regrez a ladicte couronne en cas de mort de ses ditz enfans sans masles. Monsieur de Pfaltzbourg s'en est plaint en vain ; madame la douairiere a recours aux pleurs, foibles remedes contre si grandz maux. La jeune Princesse sa fille proteste pour la conservation de ses droictz et a dit tout haut que Monsieur frere du roy les releveroit bien ; on a pris un temps commode noz divisions de nostre costé et d'autre l'estat des affaires de la maison d'Austriche. Ils ont leur maison reünie interressée et puissante, et ainsy leurs dictz interestz appuyez. Je vous asseure de bon lieu que l'Espagne et l'Infante des Pays Bas ont sceu, approuvé, favorisé, et pressé ceste declaration par laquelle ilz ont noüé un lien plus serré entr'eux et la Lorraine ; et mesmes on va envoyer de là forces trouppes sur nostre frontiere avec ordre de dependre de celuy que Monsieur de Vaudemont leur donnera. Il s'appelle le duc Pere et l'autre son Altesse. Je ne vous representeray icy les consequences de ce changement mesme en ce qui vous regarde en ceste place. La réunion rehausse le courage. C'est interest nouveau a retiré Monsieur de Mouy qui dit avoir descouvert forces choses, et mesmes que Monsieur de Hornes a faict le mesme et espouse ce party. Ne negligez Monsieur aucun mot de vous bien conserver pour le service du Roy et les vostres, et puis que vous faictes des trouppes, si me jugez propre à vous servir je vous supplie tres humblement que j'aye l'honneur d'y estre employé puisque je veux absolument dependre de vous a qui je suis, Monsieur, votre tres humble et obeissant serviteur. Vous me cognoissez. (Sans signature.)

Le Roy de qui le Barrois releve, peut beaucoup en ceste occurence.

(*Manuscrits de Conrart à la bibliothèque de l'Arsenal.*)

VII.

PROCURATION DE MADAME LA DOUAIRIÈRE DE LORRAINE POUR S'OPPOSER A CE QU'A ENTREPRIS LE COMTE DE VAUDEMONT POUR CHANGER L'ORDRE DE SUCCÉDER EN LORRAINE.

Marguerite de Gonsague duchesse douairière de Lorraine de Calabre de Bar etc. à nostre amé et féal.... Comme du mariage de nous avec deffunct nostre tres honoré seigneur

Henry par la grace de Dieu duc de Lorraine etc., il ne soit issu austres enfans que les Princesses Nicole et Claude de Lorraine nos filles à l'aisnée desquelles après le decès du dits seigneur duc son père lesdites duchez terres et seigneurie devoient appartenir, et, advenant le decès de la dite fille aisnée sans enfans, à la dite Claude sa soeur, suivant les droits de tout temps inviolablement gardez et observez en tous les dits duchez terres et seigneuries, à l'exclusion des masles plus esloignez et notamment de M. François de Lorraine prince et comte de Vaudemont, et Charles de Vaudemont son filz qui eux mesmes l'ont aussi recognu par le traicté du mariage du dit Charles prince de Vaudemont avec la dite Nicole de Lorraine, qu'ils l'ont lors déclarée par le dit contract estre seule héritière universelle de tous les dits estats apres que son dit père seroit décédé, et encores la dite Claude Lorraine apres sa dite soeur aisnée au cas qu'elle vint a deceder sans enfans, mesme l'ont ainsi exposé à Nostre Saint-Père le Pape lors qu'ils ont suplié Sa Sainteté pour la dispense du dit mariage à cause de leur proximité et consanguinité, et encores l'ont tesmoigné plus ouvertement lors que après le deces advenu de nostre dit tres honoré seigneur et mary ils ont veu et souffert que les serments de fidélité homage et tous autres devoirs et recognoissances aient esté rendus à nostre dite fille aisnée, comme estant lors dame propriétairesse des dits duchez terres et seigneuries de son chef, et le dit Charles de Lorraine son mary à cause d'elle. Néantmoins depuis les dits François comte de Vaudemont et Charles de Lorraine aiant pris l'auctorité du gouvernement, soubs le nom de la dite duchesse Nicole ont voulu usurper la propriété des dits duchez terres et seigneuries, et prétendre qu'elles leur appartiennent de leur chef, et à ceste fin faict des déclarations qu'ils ont faict publier pour exclurre la dite Nicole duchesse de Lorraine et la dite Claude sa soeur de la succession de leur père dont on les veult rendre incapables, mesmes ont forcé la dite duchesse de déclarer par escript qu'elle renonce au droit qui lui est acquis par sa naissance ; qui est une entreprise injuste, et une usurpation violente pour despouiller

deux princesses pupilles des couronnes ducales et autres
Estats qui leur appartient, et ausquels le dit sieur comte de
Vaudemont père et son fils se sont introduitz soubz pretexte
d'un mariage et contre lesquelz actes nous ne pouvons faire
nos plaintes et protestations dans les dits duchez terres et
seigneuries ou il ne se trouveroit aucun officier qui les voulust
recevoir, et ne le pouvons faire nous mesme en personne
hors iceux, où nous n'aurions pas la liberté de nous transporter. A ces causes nous vous avons commis ordonné et député,
commettons ordonnons et députons par ces présentes pour
vous transporter hors les dits duchez terres et seigneuries, et
en l'une des villes de la souveraineté ou protection de France,
ou telle autre des princes voisins que vous voirez bon estre,
et que vous jugerez plus commode et de libre et seur accez,
et au dit lieu pardevant un des juges magistratz, ou autres
personnes publiques que vous voudrez choisir, tant en nostre
nom, que comme mère, garde naturelle obligée par tous
les droits de nature et civilz à la conservation des personnes
et biens de nos dites filles, remonstrer ce que dessus, ce faisant dire declarer et protester que les déclarations faictes par le
dit sieur comte de Vaudemont, et par Charles de Lorraine son
filz et tout ce qui s'en est ensuivy sont entreprises violentes
par eux faictes contre le droit des gens, la loy du pays et l'ordre de succéder aux dits duchez, terres et seigneuries, que le
prétendu consentement qu'on dit y avoir esté donné par la
dite Nicole duchesse de Lorraine, et la prétendue renonciation
par elle faicte des dites duchez terres et seigneuries et à la
succession de son père qui lui estoit acquise ont esté par elle
faictz et signez par contrainte et violence de ceux qui ont sa
personne et sa vie en leur pouvoir, que tout ce qui s'en est
ensuivy ensemble tous les actes d'aprobation expresse ou tacite
qu'on voudroit prétendre avoir esté faicts par nos dites filles
et par nous sont nulz, de nulle valeur comme faicts par contrainte force et violence, et partant ne leur peuvent nuire ne
préjudicier que le retardement de la présente déclaration et
protestation ny la forme d'icelle ne leur pourront estre
imputez, ni a nous d'autant que la force et la violence à tous-

jours continué comme elle faict encores à present, et generalement faire toutes déclarations protestations que besoin sera et que vous jugerez estre necessaire pardevant le dit juge, ou magistrat ou autre personne publique auquel vous en requerrerez acte en la meilleure forme et maniere que faire se pourra et pour nous servir ainsi que de raison. Donnons pouvoir et mandement special promettant avoir agreable ferme et stable tout ce qui sera par vous ainsi faict geré et negotié comme si il avoit esté faict par nostre propre personne en tesmoin de quoy nous avons signé ces presentes de nostre seing et seellé du seel de nos armes.

Donné à *** le 1*** jour de l'an 1626. MARGUERITE, et seellé en placart.

(*Collection Dupuy, Bibliothèque nationale, t.* 682-683-684.)

VIII.

ENTRÉE SOLEMNELLE A NANCY ET PRISE DE POSSESSION SOLEMNELLE, DU DUCHÉ DE LORRAINE PAR LE PRINCE CHARLES.

Le dimanche premier jour mars, son Altesse de Lorraine Charles quatriesme du nom, fit son entrée solemnelle et magnifique, avec l'acte de prinse de possession du duché de Lorraine, en sa ville de Nancy, ainsi qu'il s'ensuit.

Il sortit de la ville à la desrobee, le matin dudit jour, à l'issuë de la messe, luy quatriesme en un carosse, et fut disner à une maison platte proche Nancy, appellée la Cense de Soric, pres d'un lieu dit Malgrange, où il demeura jusques sur les quatre heures du soir qu'il en partit, pour s'acheminer audit Nancy.

Au dehors les portes de la ville, fut dressée une forme d'Oratoire, construicte de bois, au de dans duquel estoit un autel richement paré.

Là arriva premierement son Altesse, où elle trouva messire Anthoine de Lenoncourt, primat de Nancy, vestu d'ornements pontificaux, accompagné des chanoines des églises primatiale, et collegiale, des paroisses, et d'autres ecclesiastiques faisant le corps du clergé, qui y estoient processionnellement arrivez.

Ledit sieur Primat presenta à son Altesse une croix, qu'elle adora, et jura sur icelle qu'il défendroit, et maintiendroit l'Eglise et le clergé de Lorraine, en ses droicts et immunitez, et eux aussi jurerent à sadite Altesse de lui garder toute fidelité et obeissance.

Apres ceste action, le seigneur de Remouille, grand escuyer de Lorraine, frere puisné du mareschal de Bassompierre, qui portoit en escharpe l'espée ducale dans un fourreau de parade, la tira, levant la poincte en haut, la porta devant son Altesse jusques dans l'eglise collegiale de S. George.

Tout le clergé retourna processionnellement dans la ville, ainsi qu'il estoit sorty et fut commencé l'entree de son Altesse en cet ordre :

Premierement entra en la ville le seigneur de Haraucourt de Chamblay, bailly de Nancy, à la teste de la noblesse du pays.

Apres suivoit un herault à cheval, seul, vestu de sa cotte d'armes.

Puis marchoit le seigneur de Thou, de la maison du Chastelet, mareschal de Lorraine, tenant un baston à la main, accompagné du grand escuyer, qui precedoit le cheval du duc de Lorraine.

Par apres venoit son Altesse à cheval, forces chevaux enharnachez, à ses deux costez estoient à pied deux escuyers de service.

A l'entree de la porte de la ville, estoit le seneschal de Lorraine, de la maison de Beauvau à pied, avec le sieur de Haraucourt, fils aisné du gouuerneur de la ville, lequel en l'absence de son pere, indisposé, presenta les clefs des portes de Nancy à son Altesse, et au mesme instant, le daix porté par six bourgeois de la ville, luy fut presenté, sous lequel elle se mit.

Fort proche de son Altesse, à sa droite estoit Monsieur son frere seul, tiltré marquis d'Hatton-Chastel, et pourveu de l'eveché de Toul, vestu d'un habit violet.

De l'autre costé à sa gauche, un peu derriere marchoit seul le sieur Diche, seigneur de Choiseul, capitaine des gardes.

Suivoient apres, au rang droict, le marquis de Moüy, et à gauche le prince de Phalsbourg, ayant une casaque à la Vallone.

Puis alloient confusement et sans ordre, les seigneurs et gentils-hommes de l'ancienne cavalerie de Lorraine, superbement vestus, paroissant à la teste de ceste trouppe le comte de Tournielles, grand maistre de Lorraine.

Entre lesquels se voyoient aussi le chevalier de Lorraine, fils naturel du défunct duc Henry ; le comte Jean Reingrave frere du prince de Salin : le sieur de Lenoncourt, bailly de S. Michel, et son cousin Lenoncourt de Sorrea, le baron Daisac, mareschal de Barrois ; les sieurs de Ludres, et plusieurs autres.

Apres cette trouppe marchoient les archers des gardes, precedez des trompettes, et en teste le lieutenant de leur compagnie.

Son Altesse estant descenduë en l'eglise primatiale, elle y fit le serment accoustumé, que l'ancienne chevalerie dit estre l'acte de la prinse de possession du duché de Lorraine, et de l'instalation de fait par ceux dudit duc, qui luy font leurs vœux, et serment de fidelité : mais il y eust du desordre, pour le rang à la séance, entre la noblesse de Lorraine, et ladite ancienne chevalerie, dont fut dressé un acte de protestation, par notaires mandez exprez pour ce sujet.

Apres les graces renduës à Dieu dans la dite eglise, avec musique, chacun se retira, et son Altesse alla en son palais, où se fit un festin public, et souppa avec la duchesse son espouse, assise pres de luy : aux deux costez de la table, assez proche de son Altesse, estoit Monsieur son frere le marquis de Hatton Chastel, et madame Claude sœur de ladite duchesse, et au bas le marquis de Moüy, le prince et la princesse de Phalsbourg.

Apres le soupper se fit un bal dans la grande salle dudit palais ducal, où se trouverent monsieur et madame de Vaudemont tiltrez, duc et duchesse de Lorraine, qui ne s'estoient trouvez à l'entrée de son Altesse leur fils, seulement ledit duc de Vaudemont, sans paroistre, fut voir la disposition du lieu en forme d'Oratoire, où son Altesse avoit esté premierement receuë hors la porte de la ville.

Chacun des princes, princesses, seigneurs, et dames, estant entrez en la salle dudit bal, son Altesse mena madame la duchesse son espouse, au grand bransle.

Apres cela, le duc de Vaudemont voulut que le prince de Phalsbourg son gendre, dançast aussi une courante avec la duchesse sa belle mere, ce qui fut faict, et ainsi se termina cette journee pompeuse, de l'entree du duc de Lorraine en sa ville de Nancy, avec joyes et resjouissances publiques.

(Extrait du *Mercure français*, année 1626.)

IX.

ACTE DE SERMENT PRESTÉ AUX ESTATZ DE LORRAINE PAR LE DUC CHARLES.

Mars 1626.

Au nom de Dieu amen. Par la teneur du present public instrument soit chose cogneüe et manifeste à tous qu'il appartiendra que cejourdhuy datte de cestes, l'Altesse du serenissime prince Charles quatriesme par la grace de Dieu duc de Lorraine, Marchis duc de Calabre, Bar, Gueldres, marquis du Pont à Mousson, Nomeny, comte de Provence, Vaudemont Blamont, Zutphen, etc., par cession du vingt sixieme novembre dernier, passée pardevant J. Vignolles tabellion general du droict acquis à Monsieur le duc François père de son Altesse en la succession dudict duché estant constitué en propre personne à l'entrée de la ville de Nancy accompagné de l'illustrissime et reverendissime prince Monsieur Nicolas François de Lorraine evesque et comte de Toul, prince du Sainct Empire frere à son Altesse et de tres haultz et illustres princes Messieurs Henry de Lorraine marquis de Mouy, et Louys de Lorraine prince Phalsbourg et d'vn grand nombre de seigneurs gentilz-hommes et ceux de sa cour et maison tous à cheval, pour expressement faire son entrée solemnelle en ladicte ville, comme duc et prince souverain dudict duché d'une part, et d'autre part pareillement constitué en propre personne hault puissant et reverend seigneur Philippes Emanuel de Ligneville, docteur en theologie, protonostaire du Sainct Siege apostolique et grand prevost de Remiremont et de Sainct Georges de Nancy, conseiller d'estat de son Altesse seigneur de Tumenis et de Soyecourt, assisté et accompagné d'un grand nombre de prelatz, abbez, prieurs, chanoines et autres gens d'eglise, et de gentilz-hommes de l'ancienne chevalerie dudict duché, seigneurs, nobles, et plusieurs bourgeois et commun peuple representant tous les trois Estatz dudict pays conduictz et menez par hault et puissant seigneur Paul de Haraucourt, conseiller d'Estat et bailly de Nancy, lequel seigneur de Ligneville apres avoir faict la révérence à son Altesse en presence de nous nostaires de l'authorité apostolique inscritz en l'archive de la Cour Romaine soubz signez et des tesmoings enbaps desnommez, a dict, proposé, et declaré plusieurs choses de la part des Estatz concernantes son entrée et joyeux advenement en ceste ville de Nancy, et entre autres propos luy a répresenté l'affection que Messieurs desditz Estats avoit d'obeyr et servir son Altesse comme ses tres humbles orateurs, vassaux sujectz et serviteurs et le contentement qu'ilz recevoient de ceste sienne heureuse entrée, adjoustant que mesditz sieurs des Estatz la presens luy avoient donné charge de le supplier plusque tres humblement se faire entendre, si c'estoit pas le bon plaisir de son Altesse en ensuivant messeigneurs ses predecesseurs de prester et faire serment et debvoirs telz et semblables que iceux ont tousjours et de toute ancienneté faict et presté, et qu'en tel cas sont requis, apres lesquelles remonstrances et propositions, saditte Altesse auroit respondu benignement, et dit qu'ouy, et qu'il en estoit prest. En suitte de quoy le sieur de Ligneville a dit ce qui sensuit :

Tres redoubté et souverain seigneur vostre Altesse jure et promect loyallement et solennellement et en parolle de prince qu'elle gardera maintiendra et entretiendra les trois Estatz de cestuy son duché de Lorraine, a-savoir les gens d'eglise, l'ancienne chevallerie et la noblesse et le tiers estat, en leurs anciens droictz, libertez franchises, et usages qu'ilz ont eu de messeigneurs voz predecesseurs, et de ce en donnerez voz lettres patentes quand requiz en serez. A quoy son Altesse a dit et respondu de son plein vouloir, et qu'elle tesmoigneroit ses affections a ses nobles Estatz ; apres lequel serment ainsy faict et presté par son Altesse hault et puissant Simon de Pouilly baron d'Esno, conseiller de son Altesse, mareschal de Barrois, gouverneur de la ville et citadelle de Sathenay, pour et au nom des Estats du duché de Bar addressant ses paroles a son Altesse Luy a supplié tres humblement vouloir faire le pareil à son entrée en son duché de Bar, auquel son Altesse a dit qu'il en estoit content ; de toutes et chacunes lesquelles choses dessusdiltes ledict sieur de Ligneville ès noms que dessus, et le sieur de Pouilly mareschal dudict Barrois pour ledict duché de Bar, ont demandé respectivement à nous dictz nottaires soubz-scritz leur estre faictz donnez et deslivrez un ou plusieurs instruments publicz, qui furent faictes dictes et passées et accordées à Nancy, a l'entrée de la porte Sainct Nicolas erigée en la ville neufve dudict Nancy le dimanche premier du mois de mars environ ces quatre heures apres midy en l'an de la nativité de nostre Seigneur 1626. Indiction neuf^{me} du pontificat de nostre Saint-Pere Vrbain par la providence divine pape huict^{me} du nom année trois^{me} présens a ce reverendissime et reverends Prelatz messire Anthoine de Lenoncourt Primat en Lorraine, Christophe de Mitry, abbé de Bonfay, Henry Frederic de Bildestin doyen de l'eglise collegiale de Rosoy en Tirache, Jean Martin abbé de Clair-lieu, Claude Cerneval abbé de Nostre Dame de Freystorf, Melchior de la Vallée chantre et chanoine de l'insigne eglise de Saint Georges de Nancy, le prevost des chanoines de Saincte Croix du Pont a Mousson, et haultz puissants et honorz seigneurs Charles Emanuel comte de Tornielle grand maistre en l'hostel de son Altesse et chef de ses finances, Gaspart de Ligneville comte de Tumeins, premier gentilhomme de la chambre de monseigneur le duc François, Jean de Beauveau seneschal de Barrois, conseiller d'Estat de son

Altesse seigneur de Novian, et assistant M. le mareschal dudict Barrois pour le duché de Bar, René de Stainville gouverneur de Marsal, François Digny comte de Fontenoy, Ferry de Haraucourt baron de Chambelay, Christophe de Serocourt gouverneur de Hombourg et de Saint Anod, Abraham du Haultoy seigneur de Rissecourt, Ferry de Ligneville comte de Tantonville, maistre de camp pour le regiment de son Altesse, N. de Thomassin, seigneur de Ville Paroy conseiller et maistre d'hostel de son Altesse, Jonathas du Haultoy seigneur de Vudoncourt, Claude de Religny escuyer de monseigneur le duc François, et plusieurs autres personnes tant d'eglises, gentilz-hommes, et nobles que bourgeois et commun peuple, tesmoings a ce speciallement et expressement appelez priez et requis.

Et d'autant que nous soubz-signez nostaires de l'authorité apostolique inscriptz et immatriculez en l'archive de la Cour Romaine, avons esté presens avec les tesmoings cy devant desnommez a toutes les choses promises et avons icelles ouy dire proposer declarer faire et passer en la forme et maniere que dict est et en dressay et pris la notte de ce est il que nous avons faict le present acte et instrument public et icelluy publié et soubz-signé des seings et manuelz accoustumez de noz nottariatz pour foy et tesmoignage de tout le contenu audict acte et instrument en ayant esté deüement legitimement priez et requis.

(*Manuscrits de Conrart à la bibliothèque de l'Arsenal.*)

X.

RESULTAT DES ESTATS GENERAUX CONVOQUEZ A NANCY LE 2 MARS 1626 ET FINIS LE 23 DUDIT MOIS.

A l'assemblée desdictz Estatz généraux, son Altesse leur auroit faict entendre que des son arrivée a son Estat et couronne il auroit rencontré plusieurs trouppes et gens de guerre à son voisinage et affaires qui l'auroient engagé a de tres grandes despences pour la conservation desdictz Estatz et des droictz d'iceux et pour cest effect a esté contraincte de mettre sur pied des trouppes et gens de guerre dans ses places frontieres qu'Elle entretient encore presentement, au payement desquelles apres avoir employé tout ce quelle avoit du sien et recogneü le peu de moyen de continuer de son seul revenu ordinaire, a cause des grandes charges debtes et engagements de son domaine, Elle auroit emprunté soubz le cautionnement de monseigneur le Duc son pere plusieurs notables sommes de deniers, partie desquelles auroit aussy esté employée à la reception envoy et entretenement d'ambassadeurs et autres sortes de commissions et negociations necessaires au bien de l'Estat, dont son Altesse se trouve fort en arriere et sans esperance de se desangager sans l'assistance commune et generalle d'iceux Estatz.

En second lieu elle leur a faict entendre que pour monstrer le desir qu'elle a de conserver a jamais lesdictz Estatz en leur ancienneté elle leur a donné part de ce qui s'est passé entre monseigneur le Duc son pere et elle pour asseurer l'union des deux duchez de Lorraine et de Bar et en perpetuer la succession en ligne masculine en sorte qu'ilz ne puissent estre jamais separez de leurs noms et maison, et ce en suitte du testament du roy René de Sicile Duc des deux duchez faict en l'an 1406, lequel bien qu'il eust esté tost apres la mort d'icelluy seigneur Roy publié et exécuté entre les enfans au sceu et agreement des Estatz des deux duchez, neantmoins auroit depuis esté ignoré et mis en oubly par l'espace de plus de quatre vingtz ans et jusques a tant qu'estant retourné a la cognoissance de mondict seigneur le Duc il auroit cedé tous ses droictz en faveur de sa dicte Altesse son filz aisné pour ne sortir de la succession prescripte par ledict testament, et demeura dans l'intention dudict seigneur Roy asseurera aussy longtemps la conservation desdictez Estatz que leur maison, mesme pour lesquelles occasions si importantes aura creu que les Estatz ausquelz tel bonheur et confirmation en arrive contribueront volontiers a maintenir la dignité et splendeur de sadicte couronne et maison puisqu'a icelle est attachée la conservation desdictz Estatz.

Ont esté deputez de la part de Messieurs les Estatz, pour

Messieurs les Ecclesiastiques Monsieur de Lenoncour primat, de Ligneville prevost de Saint Georges et Monsieur l'abbé de Flabemont, et pour Messieurs de la Noblesse, Monsieur le comte Tornielle grand maistre, Monsieur le comte Jean Rhingraf Monsieur J. Dherbestin, et Phillipes comte d'Erbestement ou Morchanges, Monsieur de Haraucourt general de l'artillerie, qui ont representé a son Altesse desdictz Estatz les grandes obligations de son heureux advenement en ses couronnes, le voyant si courageusement porté a la deffence de ses Estatz dont ils luy rendront tres humbles remerciements, comme aussy de la cognoissance qu'il luy a pleu leur faire donner du droict que ses Estatz de Lorraine et de Bar avoient (mais trop longtemps ignoré) de debvoir estre inseparablement possedez et gouvernez par les masles de sa serenissime maison a l'exclusion des filles qui en eussent peû transporter les successions aux couronnes estrangères, l'obligation estant a cesdictz Estatz dautant plus grande de luy en rendre tres humbles services et a monseigneur le Duc son pere, que ce droict, estant venu a leur cognoissance l'un et l'autre auroient postposé leurs interestz perticuliers pour ne priver le public dudict droict a luy acquis par la disposition faicte par ledict feu Roy René, scavoir que lesdictz deux Estatz et couronnes de Lorraine et de Bar seroient inseparablement possedez par les masles de sa serenissime maison a l'exclusion desdictes filles ja des lors aggreez par ses Estatz avec obligation de n'y contrevenir ny souffrir estre contrevenu a l'advenir, et en vertu de cela, par ses enfans executé après sa mort.

Que si la memoire doibt demeurer eternelle aux Estatz de son Altesse d'un signalé bien receu de Messeigneurs ses predecesseurs elle ne doibt estre moindre envers celle de monseigneur le Duc son pere de leur avoir estably en la mesme forme du bien de laquelle l'oubliance les pouvoit priver, si par leur sagesse et grande affection a la chose publique, il ne leur eust pleû donner la cognoissance et admettre en jouissance; cest de quoy lesdictz Estatz luy rendent tres humbles graces, et a monseigneur le Duc son pere, comme aux restaurateurs d'un bonheur qu'ilz promettent a son Altesse de garder inviollablement, comme absolument necessaire au repos de ses dictz Estatz et a la conservation de ses deux couronnes de Lorraine et de Bar, louent Dieu et loueront eternellement de les avoir a temps et lors de leur plus grand besoing si puissamment et si favorablement aydez, accordans a son Altesse pour subvenir aux necessitez qu'elle luy a pleu leur faire presenter......

(*Manuscrits de Conrart, à la bibliothèque de l'Arsenal.*)

XI.

ACTE DE PROTESTATION FAICTE PAR LE SIEUR JUSTINIANO PRIANDI RESIDENT EN FRANCE POUR MONSIEUR LE DUC DE MANTOUE LE *** 1626 AU NOM DE MARGUERITE DE GONZAGUE, SUIVANT LADITE PROCURATION ET DU TOUT CONFORME A ICELLE.

PROTESTATION DE NICOLE
DUCHESSE DE LORRAINE.

Sachent tous que ce jourdhui 26 febvrier 1627. Comparant par devant le tabellion juré au duché de Lorraine soubscript demeurant à Nancy et temoins cy en bas denômez tres haute tres puissante et sérénissime princesse madame Nicole duchesse de Lorraine espouse de tres hault et tres puissant et sérénissime prince monseigneur Charles par la grace de Dieu duc de Lorraine et de Bar etc.

A declaré et declare : comme il soit par cydevant elle ait renoncé à la succession par elle pretendue du duchez et Estats de Lorraine et de Bar (comme espouse et estant soubs la puissance de mon dit seigneur), neantmoins cognoissant qu'en cette occasion la force preferée à la raison l'auroit contraint à ladite renonciation qu'elle ne devoit faire comme fille et heritière de feu monseigneur Henry par la grace de Dieu Duc de Lorraine et de Bar, etc., son pere, que Dieu absolve, suivant son testament du 22 may 1621. Ma dite dame veult et entend que ladite renonciation et déclaration ensemble celles qu'elle pourroit faire cy apres à ce subiet seront nulles et sans effect, attendu que c'est contre sa volonté intention et droit qu'elle veult estre conformes au dit testament lequel ma dite dame veult suivre de po t en point, sans s'arrester ni adjouster foy à ce qu'elle pourroit avoir faict cy devant et pourroit faire ci après, comme contrainte par le pouvoir de mon dit seigneur son espoux, et en cas que quelqu'un de la part de mon dit seigneur ou autres voudroient protester contre ces ny prit acte, ma dite dame nomme et eslit le sieur Priandy agent de monseigneur le duc de Mantoue en cour de France, pour protester respondre, et agir pour elle et en son nom, contre tout ce qui se pourroit innover et attenter à son préjudice, en suite dudit acte lequel a requis au tabellion soubscript pour lui servir et valoir en temps et lieu ce que de raison et à elle octroyé en cette forme.

Faict et passé au dit Nancy le dit 26 febvrier 1627. Présens, Honoré sieur Claude de Buffegnicourt escuyer d'escurie en l'Estat de l'Altesse de Madame, et noble Francisque Milani trésorier des finances d'icelle, tesmoins, et a ma dite dame signé ensemble les dits tesmoins, Nicole duchesse de Lorraine, Buffegnicourt tesmoin, F. Milani tesmoin, N. Petit Jean.

(*Collection Dupuy, Bibliothèque nationale*, t. 682-683-684.)

XII.

LE DUC CHARLES IV AU CARDINAL DE RICHELIEU.

Nancy 3 octobre 1629.

Si les affaires du monde n'étoient contrepesées, il y auroit moins de peine à s'en mesler, et moins de gloire aussi, et souvent celles des grands trouvent les plus facheuses rencontres. Vous verrez l'accroche survenu en celles de Monsieur lorsque j'avois déjà commencé d'y travailler, et l'eusse fait plus efficacement sans l'avis qui lui a été donné de delà de quelque poursuite qu'il estime être faite à son occasion, et dont il se tient grandement offensé. Je renvoye le sieur de Connonges pour en advertir le Roi, estant nécessaire de lever cet obstacle à l'esprit de Monsieur, si l'on veut gagner quelque chose sur lui, ainsi que ledit sieur de Connonges vous fera entendre plus particulièrement, et supplie etc.....

(*Archives des affaires étrangères.*)

XIII.

LE DUC CHARLES AU CARDINAL DE RICHELIEU.

Nancy 17 octobre 1629.

Le contentement que j'ai recognu en la personne de Monsieur de ce que l'on a fait pour sa considération en l'affaire de St-Dizier m'avoit donné courage de le convier à parler plus clairement de ses prétentions, affin de lui arracher du cœur tous sentimens contraires aux bonnes intentions qu'il temoigne avoir de s'accommoder aux volontés du Roy, et eusse peut être obtenu de lui ce que je désirois, s'il eut cru faire chose agréable à sa Majesté, qui est l'occasion pour laquelle j'envoie le sieur de Connonges, premier gentilhomme de ma chambre et vous supplie, etc....

(*Archives des affaires étrangères.*)

XIV.

MARÉCHAL DE MARILLAC AU ROI.

Nancy 2 décembre 1629.

J'ai trouvé à mon retour près de Monsieur que les ennemis de Votre Majesté et les siens n'ont perdu le temps de mon absence à combattre les bonnes dispositions que j'avois laissées en son esprit. Combien que les offres que je lui ai portées de sa part dans lesquelles les marques de son amour et de sa bonté envers lui paroissent si hautement, ayant été recues avec grand respect, et qu'il m'aye paru beaucoup de tendresses et d'affection en ses sentimens, elles n'ont pu néanmoins surmonter les fausses opinions et craintes dont ils sont préocupés, et jusqu'ici ni les devoirs de ceux qui l'approchent de plus près, lesquels je dois certifier à Votre Majesté avoir été tres grands, ni les offices de Monsieur de Lorraine et prince de Phalsbourg, ni mes remontrances ne l'ont pu rendre capable d'y trouver ses assurances et de les accepter. Les uns et les autres combattent encor, mais je crains que ce sera en vain si la mesme bonté de Votre Majesté ne leur fournit de nouvelles armes contre le parti contraire dont ils sont visiblement environnés. C'est pourquoi et pour la cognoissance que j'ai combien le mal est près de sa crise, j'ai cru devoir faire à Votre Majesté cette dépêche avant de presser jusque au bout une résolution que je doutois devoir être mauvaise, afin que par sa prudence et souveraine bonté elle y puisse appliquer le remède, et me rendre plus capable d'un bon service par quelqu'honorable commandement, avec lequel en faisant encore plus fortement éclater les grands offices de père et de bon maitre qu'elle respand libérallement sur Monsieur, je puisse détruire toutes les calomnies et les brigues à sa plus grande gloire, mettre Monsieur en son debvoir, vaincre ses soupçons et ses craintes et amener toute cette affaire ainsi que je l'ose espérer en le cas d'une bonne et heureuse fin.

Par cette même dépêche, etc.....

(*Archives des affaires étrangères.*)

XV.

MARÉCHAL DE MARILLAC AU CARDINAL DE RICHELIEU.

Nancy 18 décembre 1629.

Tout ce que j'y puis adjouter est que comme monseigneur de Bellegarde lui [1] et moi, nous sommes hommes réduits, ou à rompre la négociation, ou à envoyer vers vous au secours et à l'ayde. Vous devez croire s'il vous plait que nous recognoissons en elle le seul et unique salut de l'affaire. Ils l'ont trouvé au même état que je vous l'avois donnée par mes dernières, les esprits de ceux qui le conduisent par deçà dans la même assiette et dispositions; ils y ont par leur dextérité et par la force de leurs instructions et de leurs personnes adjouter tout ce qui s'y pouvoit humainement. Mais tout cela n'est rien sans vous en qui la perfection est renfermée, comme les couronnes et les bénédictions pour une œuvre de telle et si notable importance. Nous attendrons vos ordres fort impatiemment et les exécuterons du mesme esprit et volonté, comme

---

1. M. de Bouthellier.

tous les commandemens dont vous me voudrez jamais honorer avec l'affection et l'obéissance que vous doit......

(*Archives des affaires étrangères.*)

XVI.

Mʳ DE BOUTHELLIER AU ROI.

Nancy 3 janvier 1630.

Messieurs le duc de Bellegarde, le maréchal de Marillac et moi dépêchons en diligence ce courrier à V. M. pour lui porter la nouvelle de l'accommodement de l'affaire pour laquelle elle nous a envoyés vers Monsieur. Il a si bien reçu et avec de si bonnes considérations tout ce qui est venu de la part de V. M. que mesme en l'acceptant avec toute sorte de respect, il nous a temoigné particulièrement, pour ce qui est du gouvernement d'Orléans et du duché de Valois, que si ces deux points apportoient le moindre inconvenient dans les affaires de V. M. il ne les voudroit pas. Monsieur nous a fait connoître qu'il en eut dit de mesme pour ce qui est de l'argent comptant qu'il a plu à V. M. de lui accorder, n'eust été les dépenses extraordinaires qui l'ont contraint d'en emprunter pardeça. De quoi, il estime qu'il lui seroit malhonête de ne s'acquitter pas avant que d'en partir. V. M. aura donc, s'il lui plait agréable, de commander à Monsieur à Nancy le plus promptement possible, les deux cent mille livres d'argent comptant; et aussi de faire donner l'ordre pour Ambroise afin que si tost que nous arriverons près de V. M. celui que Monsieur enverra en même temps pour recevoir la place y puisse aller, et renvoyer en diligence vers Monsieur lui en donner compte. Nous estimons que pour le reste V. M. se pretera d'autant plus à le faire aussi promptement que les termes respectueux dont use Monsieur pour ce regard l'y semblent même d'avantage convier.

La conclusion de l'affaire fut faite hier au soir seulement, en présence de Monsieur le Duc de Lorraine et de Monsieur son père qui véritablement y ont contribué du commencement à la fin tout ce qui se pouvoit désirer d'eux. Pour le service et contentement de Votre Majesté, nous lui devons dire aussi que ceux qui sont près de Monsieur n'ont pas manqué d'y apporter de leur part tout ce qu'on pouvoit désirer de leurs soings, ainsi que nous représenterons plus particulièrement à Votre Majesté, lorsque nous lui rendrons compte de la mission dont il lui a plu nous honorer ce que nous irons faire le plus tôt qu'il nous sera possible demeurant cependant.... etc., etc.

(*Archives des affaires étrangères.*)

XVII.

Metz 25 février 1630.

M. de Marillac annonce la présence de quelques corps de troupes de l'Empereur dans l'évêché de Metz. « Il remarque quelque apparence de croire qu'ils y aient été appelés pour quelques desseins de nos voisins plutot que venus en intention d'entreprendre ni donner jalousie, car ils ne sont pas soutenus de forces capables de les maintenir contre celles que le Roi a en cette frontière. Ils ont été faciles à desmouvoir du dessein qu'ils avoient déclaré avoir de mettre leurs gens de pied dans Vic et Moyenvic, et montré une trop grande allarme aussi contre de fort mauvaises et chetives troupes. Mr de Lorraine par ses députés joints aux gens du conseil de Mr de Metz ont arrêté avec le comte de Schönbourg qui commande les dites troupes qu'il se retireroit où il est à condition que le dit s^r Duc se chargeroit de la garde des places pour les ouvrir à l'Empereur et à ses gens toutes fois et quantes et non à d'autres. Lequel traité le Duc n'a osé encor accomplir crainte que le Roi n'y trouvat à redire.

Mr de Marsheville m'est venu hier trouvé de sa part pour me persuader de consentir au nom du Roi la prise de garde des dites places, ce que j'ai rejetté bien loin, avec plainte des mauvais jugemens qu'il fesoit de moi en cela, et ensuite le s^r de Marsheville, qui dit avoir accepté cette commission pour avoir moyen de me faire une autre proposition m'a demandé 800 hommes de pied et 100 chevaux pour les jeter au nom de Mr de Metz dans les dites places de Vic et Moyenvic, et s'en rendre maître, en intention d'exclure par ce moyen et sur un pretexe legitime Mr de Lorraine de ses prétentions, et chasser les Allemands de l'Evesché. J'ai bien jugé sa proposition bonne (comme en effet le succès d'icelle rendroit le Roi maître des places sous le nom de Mr de Metz) mais j'ai cru n'en pouvoir ni debvoir résoudre l'exécution sans ordre du Roi..... »

(*Archives des affaires étrangères.*)

XVIII.

MINUTE D'UNE LETTRE QUI PARAIT ÉCRITE PAR Mr BOUTHELLIER ET ADRESSÉE PAR LE ROI LOUIS XIII AU DUC DE LORRAINE, DATÉE DE TROYES.

4 mars 1630.

Mon frère, quoique je ne puisse croire que les troupes que l'Empereur a fait lever et avancer en grand nombre dans l'Alsace et aux environs soient pour entreprendre chose qui puisse me donner aucun mécontentement, ne doubtant pas que ses intentions comme les miennes ne soient du tout portées à continuer l'amitié et maintenir la bonne intelligence qui a esté depuis ici entre nous. Je n'ai pu moins toutefois, voyant ces préparatifs, que je n'aie pourvu à tout ce qui pouvoit arriver, mettant une armée sur pied sur la frontière de ma province de Champagne, ce qui ne vous a du donner aucun ombrage, tant par la cognoissance que vous avez de ma bonne volonté envers vous, que par les considérations qui ont en effet toujours tenu tous les vôtres entièrement attachés aux intérêts de cette couronne, ainsi que les Rois mes prédécesseurs les ont aussi toujours aimés et chéris d'une affection particulière. M'étant acheminé en cette province, j'ai reçu advis de plusieurs endroits que vous faites faire des levées de gens de guerre dans vos terres, ce que j'ai eu peine à croire, puisque vous ne m'en avez rien fait savoir, aussi je ne crois pas que vous ayez aucune occasion qui vous oblige d'entrer dans cette dépense soit de ma part, soit de quelqu'autre que ce puisse estre. Désirant estre informé par vous mesme de la vérité de ces advis au sujet de ces levées, si vous les avez commencées je vous envoie exprès le s*r* de la Saludie, en qui vous pouvez prendre toute créance, m'assurant que vous ne ferez aucune difficulté de lui dire les choses au vrai, et que vous serez bien aise de me lever tous les justes soupçons que me pourroient donner telles levées en l'estat présent des affaires du dehors, ce qui me conviera d'autant plus à vous continuer l'affection que j'ai toujours eue pour vous, priant sur ce Dieu.......

(*Archives des affaires étrangères.*)

XIX.

M. DE MARILLAC AU CARDINAL DE RICHELIEU.

25 mai 1630.

Après avoir énuméré avec grands détails les levées de troupes, changemens de garnison, approvisionnemens en vivres et munitions de guerre que fait l'Empereur de l'autre côté du Rhin, en Alsace, il ajoute que le bruit généralement répandu est que ces préparatifs sont dirigés contre la France. « Nous aprenons de plusieurs endroits que le projet est d'entrer sur cette frontière avec 40 mil hommes de pied et 10 mil chevaux. Et d'un lieu particulier mais bien fort considérable; que M*r* de Lorraine est chef de cette armée pour l'Empereur, à laquelle il adjouste 8 mil hommes de pied et 2,000 chevaux. Nous considerons outre cela beaucoup de circonstances à savoir les magazins que le dit seig*r* Duc fait de grains en grande quantité depuis quelque temps en toutes ses places, l'amas d'argent, les voiages vers l'Empereur sur divers prétextes, l'engagement du s*r* de Haraucourt l'un de ses serviteurs, fils du gouverneur de Nancy et grand maître de son artillerie au service de l'Empereur pour un régiment de cavallerye, en une telle conjoncture d'affaires. Les mescontentemens qu'il temoigne avoir de la France, les discours des siens; les allées et venues des gens de Monsieur en sa cour, et ce qu'ils disent du mauvais traitement qu'il reçoit du

Roi..... Si quelque chose se doit intenter ici contre le Roi ce sera à l'instant même que vous mettrez par delà la main à l'espée. Aucuns nous veulent faire prévoir que ce pourroit bien être plus tot et sur le pretexe des évêchés. Le dessein de Mr de Lorraine estant de se prévaloir de l'occasion, pour les intérêts dont il se plaint, et les advantages qu'il en pourroit recevoir, et celuy de Monsieur de profitter dans le trouble. Mais nul ne peut tant bien que vous Mg^r juger cela. Ces pensées sont envoyées d'Allemagne et de Lorraine comme choses arrêtées et concertées, à savoir que Mr de Lorraine aura sa part et ses anciennes prétentions sur les Evêchés qu'il tiendra pour l'Empereur, et Monsieur tout le progrès qui se pourra faire dans la France en cette frontière de Bourgogne et de Champagne avec ligue et liaison entre eux. Je crains que vous n'appeliez cela des chimères, mais j'aurois encor plus crainte de faillir en vous les taisant. »

(*Archives des affaires étrangères.*)

XX.

Mars 1630.

Mr de Marillac écrit au Roi pour le tenir au courant du mouvement des troupes impériales dans l'évêché de Metz et sur les frontières. — Il dit que Mr de Lorraine et le prince de Falsbourg en qui il témoigne avoir plus de confiance l'ont assuré que le comte de Shombourg commandant des dites troupes a ordre de l'Empereur de ne rien entreprendre contre les frontières de France, et d'éviter de donner jalousie au Roi. Il termine sa lettre en informant Sa Majesté qu'il vient à l'instant même d'apprendre que le Cte de Shombourg a remis au duc de Lorraine les places de Vic et de Moyenvic, moyennant la promesse que Mr de Lorraine, par les gens du conseil de Mr de Metz et les siens, lui a fait de garder les dites places et lui ouvrir les portes toutefois et quantes pour le service de l'Empereur. Le maréchal mande que celui qui a mesné la teste de cette entreprise est Haraucourt, Lorrain, fils du gouverneur de Nancy, ceux qui l'ont conduit à bout, quoiqu'officiers de Mʳ de Metz, sont pensionnaires de Monsieur de Lorraine et de Mʳ de Vaudémont. Il déplore cet événement à cause de l'importance que les dites places ont à ses yeux, et parce que le Roi, dit-il, y avait plus de droit que personne puisqu'elles appartiennent à un prince qui a l'honneur d'être avoué son parent, qui est son sujet et en sa protection.

(Archives des affaires étrangères.)

XXI.

LETTRE DATÉE DE BAYON ÉCRITE PAR LA DUCHESSE DE CROY A LA REINE MÈRE POUR LUI RACONTER LES DÉTAILS D'UNE NÉGOCIATION DE Mʳ DE LORRAINE AVEC LES ALLEMANDS POUR LE SIÈGE DE METZ.

7 avril 1630.

Ce mesme jour, une personne de créance m'a fait savoir que pour le certain c'est Monsieur de Lorraine qui a fait avancer les troupes allemandes en intention de leur faire assiéger Metz avec promesses de les y payer. Mais les Allemands n'ayant pas voulu entreprendre cela sans être bien assuré ils ont seulement fait passer Mʳ de Shombourg avec 1500 chevaux et 1200 hommes de pied les quels Monsieur de Lorraine paye sous couleur de prêter cet argent à la communauté de Vic, et le dit Mʳ de Shombourg a envoyé Mʳ de Mercy son lieutenant (tant en l'artillerie dont il est général qu'au commandement des troupes) pour traiter avec M. de Lorraine auquel ils demandent deux millions d'or d'avance et la ville de Nancy pour retraite, où ils consentent que M. de Lorraine laisse cinq compagnies qu'il a faites nouvellement pourvu qu'ils y en mettent cinq allemandes (qui sont de 300 hommes chacune) pour s'assurer de la place qu'ils disent leur être absolument nécessaire, sur ce qu'ils tiennent infaillible qu'ils seront battus, car ils apprehendent fort les armées du Roi. Mʳ de Lorraine leur a offert quelque somme d'argent qu'ils ont trouvé trop petite, comme aussi la place qu'il leur offre qui est Marsal; ils ne sont d'accord ni de l'un ni de l'autre.....

(Archives des affaires étrangères.)

XXII.

Mr DE MARILLAC AU CARDINAL DE RICHELIEU.

12 mai 1630.

Ce n'est pas d'aujourd'hui que la contenance de Mr de Lorraine me met en peine. Je l'aie assez témoigné à Troyes, et descouvert une partie des desseins que l'on voit maintenant se dévoiler, que même il y a longtemps que le Roi n'y veut pressentir, mais mes advis n'ont pas été considérés en votre absence. Le Roi peult encore aller au devant et prendre de grands avantages, mais si les affaires de dela permettoient de vous voir icy, il pourroit bien plus.

(*Archives des affaires étrangères.*)

XXIII.

LE MARÉCHAL DE MARILLAC AU ROI.

Il annonce le dessein qu'il a formé d'aller loger l'armée à Du Louart.....

13 mai 1630.

Depuis huit jours ou environ les Allemands ont commencé à faire paroitre quelque dessein de fortifier Moyenvic. Ils ont premièrement coupé les arbres et esplané les murs des jardinages des environs de la ville jusqu'à mille thoises : ils ont tracé deux différends desseins de fortification, et depuis trois jours ils commencent à faire travailler le peuple..... Je n'ai eu que depuis quatre jours response de M. le prince de Falsbourg sur la charge que V. M. lui avoit donnée vers Mr de Lorraine, encores qu'il aye quinze jours qu'il soit auprès de lui. Cette response dit que Mr de Lorraine, suivant le désir de Votre Majesté a depputé un des siens, nommé Rachecourt, vers l'Empereur pour procurer la retraite de ses troupes hors l'évêché de Metz. Mais neantmoins depuis son retour auprès de lui, et avant faire cela, il a fourni somme notable d'argent aux Allemands pour la contribution de ses terres, de celles de Mme la Duchesse douarière et du dit sr de Falsbourg, relevant de l'Empire. Ce que tout le pays trouve fort étrange; car sans cela les dites troupes ne pourroient plus subsister dans ce pays. Il dit que Mʳ de Lorraine se plaint toujours du mauvais traitement qu'il reçoit de la France, et des mauvais offices qu'on lui rend près de S. M. L'arret de Mʳ le Bret est souvent par ses officiers mis sur le tapis. Les terres de Hadon Chasteau, encores que dans le Verdunois, et celle de Clermont en deça de la Meuse sont de la cotisation des contributions, à ce que l'on dit. Il se tient beaucoup d'autres langages qui conclueraient que Mʳ de Lorraine eut concerté avec l'Empereur, et les arrestasse où ils sont, s'ils étaient véritables. Cependant il arme à ce que l'on dit trois regimens : l'un par Connonge, l'autre par le mareschal Daisne, et le troisième par ***; deux cents chevaux par Lenoncourt qui a fait sa paire, et deux cents par Gatinois, outre les cinq compagnies ordinaires dont toujours les chefs sont entretenus..... On travaille à Clermont et à Stenay aux fortifications. Il fut porté ces jours passés dans Clermont dequoi armer 2000 hommes de pied et 200 chevaux..... J'ai seulement à adjouter que chacun par deça et les Lorrains mesmes trouvent fort estrange cette contribution soufferte si patiemment d'un prince qui a beaucoup de cœur, veu qu'elle est contre les constitutions de l'Empire, comme aussi les fortifications de Moyenvic à une lieue de Marsal, qui est son Pérou et sa principale forteresse. Ils disent tout haut que cela attire pareille contribution par les troupes de S. M. En conséquence sur le Barrois; mais elle n'use pas de telles voyes.

..... J'ai encore advis que Mʳ de Lorraine fait encore deux régimens de 500 chevaux; qu'il a de nouveau envoyé Florinville à Vienne, et qu'il retourne à Luneville ne s'estant pas bien trouvé de ses bains de Plombières.....

.... Les advantages que je prends en me logeant à Dulouart sont premièrement d'empescher que les Allemands ne se réunissent, et par ce moyen ne m'ostent la communication de Toul à Metz, comme en ce cas, ils feroient et auroient toute la Moselle, et pouvoir mieux prendre mon temps dans les occasions, et enfin que estant là et y fesant travailler à quelques fortifications, je donnerai à penser à Mʳ de Lorraine, à qui ce lieu est de grande nuisance, et pourrai par là divertir les pensées qu'il pourroit avoir, ou du moins l'eschauffer à chasser les Allemands de l'évéché, et laisser l'entreprise de leurs fortifications, et que demeurant là sans aucun mouvement ni acte d'entreprise ou d'hostilité sur les Allemands, et estant sur les terres de V. M. les plus avancés, je ferai voir que son intention n'est pas de rompre avec eux ni de les attaquer, mais de défendre royalement ses terres et ses limites, et qu'elle ne redoute point les forces d'autrui.....

(*Archives des affaires étrangères.*)

XXIV.

M. DE MARILLAC AU CARDINAL DE RICHELIEU.

16 juillet 1630.

Il lui parle des bonnes dispositions qu'il a cru voir en Mʳ de Lorraine.

XXV.

TRAICTÉ FAICT A VIC LE SIXᵉ JANVIER 1632, ENTRE LE ROY ET LE DUC CHARLES DE LORRAINE.

Le Roy ayant syncerement tesmoigné à Monsieur le duc de Lorraine les mescontemens qu'il avoit de luy sur le suject de diverses occasions qui se sont passées depuis quatre ans après que ledict sieur Duc a fait cognoistre à Sa Majesté avec tout respect l'extreme desplaisir qu'il avoit de luy donner aucun mescontement et le desir et la passion qu'il a de luy plaire a l'advenir en toutes choses il a este accorde ce qui sensuit :

Que ledict sieur Duc se depart des à present de toutes intelligences ligue et association et practique qu'il auroit ou pourroit avoir avec quelque Prince ou Estat que ce peust estre au prejudice du Roy de ses Estatz, pays de son obeissance et protection, comme aussy au prejudice du traicté d'alliance et confederation faicte entre le Roy et le Roy de Suede et entre Sa Majesté et le duc de Bavieres pour la conservation de la liberté d'Allemagne de la ligue catholique, deffence et protection des princes amis et alliez de France.

Qu'a l'advenir ledict sieur Duc ne traictera ny fera aucune alliance avec quelque Prince et Estat que ce puisse estre sans le sceu et consentement du Roy.

Qu'il fera retirer de ses Estatz tous les ennemis du Roy et tous les subjectz qui sont sortis hors du royaume contre son gré et ne leur donnera cy apres passage ou seureté dans iceux.

Ne permettra aussy qu'il se fasse aucune levée ny amas de gens de guerre dedans ses Estatz contre le service de Sa Majesté, ny qu'aucun de ses subjectz serve et assiste ses ennemis, ainsi fera retirer tous ceux qui pourroient estre engaigez au service de quelques princes que ce peut estre contre ledict seigneur Roy.

Donnera toute liberté et pouvoir a ceux qui seront envoyez de sa part de se saisir et arrester dedans ses Estatz tous les subjectz rebelles de Sa Majesté prevenuz et accusez du crime d'Estat ou lèze majesté apres en avoir adverty led. sieur Duc.

Sa Majesté promet audict sieur Duc pour luy tesmoigner sa vraye et syncere affection qu'il luy porte de proteger sa personne et deffendre ses Estatz envers tous et contre tous ceux qui voudroient les attaquer ou envahir en tout ou en partie, pour quelque cause et soubz quelque pretexte que ce peut estre comme les siens propres. Et d'autant que l'intention du roy venant en ce pays n'a pas seulement esté de se faire droict et reparer les torts qui lui ont été faictz par les entreprises de ceux qui abusant du nom et des armes de l'Empereur sont entrez a main armée dans le royaume, ses Estatz, et pays de son obéissance et protection, et y ont occuppé et fortiffié des lieux pour se preparer un chemin a de plus grandz desseins qui eussent avec le temps reüssi au grand prejudice de nostre couronne s'il ne les eust repoussez par la benediction de Dieu et la force de ses armes mais aussy d'adviser aux moyens d'asseurer les Princes et Estatz d'Allemaigne ses voisins et anciens alliez de ceste monarchie et leurs Estatz esquelz ils sont troublez depuis plusieurs années, il a est advisé que si pour destourner l'orage de la guerre qui menace d'une entiere ruïne messieurs les electeurs catholiques et plusieurs autres princes alliez de la France et uniz entre eux il seroit necessaire que le Roy portast ses armes en Allemaigne, ledict sieur Duc promet non seulement donner seur et libre passage par ses Estatz ez armées de Sa Majesté pour entrer en Allemagne ou autres pays et terres qu'il voudra, luy faire fournir vivres et toutes choses necessaires pour le maintien d'icelles qui deppendront de luy aux fraiz et despens de Sa Majesté, mais en outre y joindre ses forces qui ne pourront estre moindres que de quatre mil hommes de pied et de deux mil cheuaux qu'il entretiendra a ses fraiz et despens tant que l'occasion du present dessein durera, et que le Roy tiendra son armée dans l'Allemagne.

Et comme il sera du tout necessaire que les armées qui s'advanceront dans l'Allemagne vers le Rhin ou autres lieux ou il sera jugé a propos pour assister les susdictz princes forcent non seulement les lieux et villes qui voudront s'opposer à leur passage, mais aussy s'asseurent d'aucunes pour la seureté de leur subsistance et des passages pour leur retour il a esté arresté que le tiers de tous lesdictz lieux ainsy prins et occupez par lesdictes armes demeurera ez mains dudict sieur duc de Lorraine qui les pourra conserver et maintenir avec telles garnisons que bon lui semblera et faire lever les contributions ordinaires pour l'entretien d'icelles e que les deux autres tiers demeureront aussi ez mains du Roy; Sa Majesté et ledict sieur Duc demeurant neantmoins conjoinctement obligez a la deffence de tous lesdictz lieux avec le nombre de gens de guerre cy dessus accordé contre qui que ce puisse estre, sans que l'un ou l'autre puisse se demettre et dessaisir d'iceux en tout ou en partie que tous deux n'y consentent.

Oultre ce que dessus ledict sieur Duc de Lorraine tesmoigne

toute confiance et syncerité à Sa Majesté et le grand desir qu'il a de servir entierement a luy pour jamais en consideration de l'asseurance qu'il plaist a Sa Majesté luy donner de l'assister envers et contre tous avec toutes ses forces promet mettre entre les mains du Roy dedans huict jours la place de Marsal laquelle apres l'éxécution du present traicté Sa Majesté promet rendre de bone foy audict sieur Duc et a ses successeurs dedans trois ans durant lesquelz icelluy sieur Duc jouira du domaine, cens, rentes et revenuz, salines, et de tous autres droicts au-dit Marsal terres et villages en deppendans comme il faict des a present, ne cedant et transportant au Roy laditte place que par forme de depost, durant le temps susdict de trois ans, pour la tenir et garder avec telles forces et nombre de gens de guerre qu'il plaira a Sa Majesté.

Promet Sa Majesté audict sieur Duc de ne faire cy apres aucun traicté pour ce qui auroit esté entrepris ensuilte du present traicté sans y comprendre ledict sieur Duc et avoir soing de ses interestz comme des siens propres.

Faict a Vic le sixiesme jour de januier mil six cents trente deux, signé Louys, et un peu plus bas D de Lorraine et encore plus bas, Bouthillier, et a costé est escript et Registré ouy le procureur general du Roy a Paris en parlement le vingt^{me} jour de decembre mil six cents trente trois, signé Du Tillet.

ARTICLES SÉPARÉS ET SECRETS.

Bien qu'au premier article du traicté general faict cejourdhui entre le Roy et Monsieur de Lorraine, il ne soit dit qu'en termes generaux, que ledict sieur duc de Lorraine renonce a toutes intelligences, signe, association, et pratique qu'il pourroit avoir avec quelque prince que ce peut au prejudice du Roy, de ses Estatz, pays de son obeissance et protection, comme aussy au prejudice du traicté d'alliance et confederation faictz entre le Roy et le Roy de Suede et entre Sa Majesté et le duc de Bavieres, pour la conservation de la liberté d'Allemagne de la ligue catholique, deffence et protection des princes et alliez de France; neantmoins la verité est que par ceste generalité, ledict sieur Duc entend renoncer a toute alliance et confoederation qu'il pourroit avoir soit avec l'Empereur, le Roy d'Espaigne, et tous autres princes de la maison d'Aultriche, lors qu'aussy dans l'article troisiesme il en est parlé qu'il fera retirer de ses Estatz tous les ennemis de Sa Majesté et ceux qui sont sortis hors de son royaume contre son gré, ledict sieur Duc entend s'obliger par ceste clause generalle, de ne donner retraicte et assistance dans ses Estatz, ny a Monsieur, ny a la Royne sa mère, ny a aucuns des leurs.

Ce que dessus a esté faict et arresté ce sixiesme jour du mois de janvier mil six cents trente deux pour avoir la mesme force et vertu que le susdict traicté faict a Vic Lesdict jour et an cy dessus ainsy signé C. D. Lorraine et plus bas Janin et a costé est escript et Registré ouy le procureur general du Roy a Paris au parlement le vingtiesme jour de décembre mil six cents trente trois, signé Du Tillet.

(Manuscrit de Conrart à la bibliothèque de l'Arsenal.)

XXVI.

MÉMOIRE DE M^r DE GURON POUR LE CARDINAL RICHELIEU.

Avril 1632.

L'an 1632, en avril, le Roi me fit commandement d'aller trouver Mr de Lorraine sur divers mescontentemens que Sa Majesté avoit de luy.

Monsieur en estoit party en janvier precedent pour aller à Bruxelles et continuant ses intelligences à Nancy, il y envoioit souvent des gens de sa part de quoi entretenant un jour feu Mr de Vaudemont, je lui disois que telles choses estoient de peu d'utilité et pourroient beaucoup nuire, que Son Altesse feroit plus heureusement ses affaires de s'attacher au Roi que d'en user ainsi, feignant d'estre amy et l'estre pas, il attireroit un orage sur luy qui l'accableroit sans s'en pouvoir jamais relever.

Alors le Prince me dit ces propres paroles: Mon Dieu, Monsieur, ouvrez-nous quelque expédient en homme de bien et comme notre amy, vous protestant que je n'ai jamais veu un François que j'aye estimé plus que vous.

A quoi après avoir reparty avec toutes sortes de civilités, je lui dis que je voiois un grand obstacle en leurs affaires qui estoit l'opinion qu'on avoit qu'il eust marié sa fille avec Monsieur, laquelle si elle estoit, je lui pourrois dire confidemment qu'elle seroit la cause de la ruine de sa maison, que je ne prétendais ni le faire parler ni lui faire déclarer son secret, mais que j'estois d'une humeur sincère à ne tromper jamais personne.

Il me pria de lui dire mon sentiment sur l'opinion que j'avois des moiens qu'on pourroit user pour faire agréer ce mariage au Roi, qu'il confessoit ingénuement désirer plus que de vivre, pour la vénération qu'il portoit à la maison de France, d'où il avoit l'honneur d'estre sorty par sa mère, que de plus une de leur maison aiant esté si heureuse que d'en avoir esté reine depuis peu, il osoit dire qu'il ne croioit pas qu'on pust trouver à redire quand sa fille seroit mariée avec un frère du Roi. Je répondis à cela, que pour le sang, il ni avoit rien d'estrange, mais bien dans les formes, lui pouvant dire hardiment que de l'humeur que je cognoissois le Roi, s'il estoit vrai qu'ils se fussent oubliés jusques là du respect qu'ils lui devoient, ayant marié son frère contre sa volonté qu'il périroit ou les feroit périr, qu'il prendroit cela non seulement comme un rapt, mais comme félonie du vassal contre son seigneur, que les lois du royaume estoient telles et contraires à tels mariages, que les parlemens, les Estats, toute la France s'y opposeroit et les casseroit, et que le fruit qu'il en recueilleroit seroit un déplaisir éternel et une honte perpétuelle à leur maison. Il répliqua encore, mais au nom de Dieu, Monsieur, assistez nous de vos bons conseils en une chose qui nous est si importante, vous n'obligerez pas des princes ingrats.

Je lui dis que j'avois un fort bon conseil à lui donner pour le repos de sa maison et la conservation de l'honneur de madame sa fille, mais que j'estois assuré qu'il ne le prendroit pas, néanmoins il me laisseroit de lui dire et de le publier à tout le monde, affin que ceux du païs qui le sçauront se souviennent qu'ils n'ont vue jamais un François meilleur Lorrain que moy. Mon advis donc estoit qu'il menast madame sa fille au Roi et qu'il lui dist que sur ce que tout le monde parle de son mariage avec Monsieur, pour montrer son obéissance et soumission, il lui amenoit pour la marier où il lui plairoit, ou la mettre dans un couvent, lui remettre le choix de sa condition à sa volonté, que c'estoit là le seul conseil qu'il devoit prendre, qui ne seroit pas personnellement approuvé de madame la princesse de Falsebourg, mais que je sçavois que s'il en usoit autrement et qu'il fist le mariage (s'il n'est faist) le Roi le perdroit et toute sa maison, que s'il souffroit cet affront, il pourroit souffrir qu'on lui ostast sa couronne; assurez vous que si vous l'entreprenez vous en maudirez l'heure.

Je me tus après ce discours pour voir ce qu'il me diroit et remarquant que mes paroles l'avoient fort étonné, il fit un grand soupir et demeura sans parler, ce qui me fit reprendre la parole et lui dire : Je vois bien que Votre Altesse n'a pas pris plaisir en ce qu'elle a entendu de moy, mais je serois indigne de l'honneur qu'elle me faist de me communiquer si librement les choses qui lui touchent le plus au cœur, si je ne lui disois la vérité de ce que sçois de cette affaire. Je le dis de rechef que si ce mariage est faist comme on dit, il faut que Votre Altesse perde l'espérance d'avoir jamais de repos. Je vous dis encore vous estes tous sujets du Roi de beaucoup d'endrois, vous voiez vos Estats agrandis de plusieurs dépouilles des évêchés de Metz Toul et Verdun, vous verrez le parlement qu'on va établir, joignez toutes ces choses ensemble et considerez que votre unique salut est d'estre uny avec le Roi. On a souvent dit de Votre Altesse, et votre propre frère l'a souvent dit au feu Roi, et Votre Altesse le sçait bien, que vous estes Espagnol, et plusieurs croient qu'en ce mariage est renouvelée et fait revivre l'ancienne faction de la ligue bastie par ceux de votre maison avec le roi d'Espagne. Que Votre Altesse juge combien de choses se renouvelleront et qui sont oubliées. Tous ceux qui seront intéressés en cette alliance ne cesseront de representer tous les différens attentats contre la maison roiale par les vostres, tous ces vieux escrits qui les accuserent de s'estre voulu emparer de la couronne, esteindre les princes du sang, comme ce qu'on voulut faire à Orléans et qu'on fit à Rouen, les déclarations contre les autres pour les rendre inhabiles à la succession de la couronne. La mort de Henri III, les généalogies de Charlemagne publiés lors, se renouvelleront, vous verrez lors que tout le monde s'y opposera. C'est pourquoi il n'y a point d'autres conseils à prendre que de se conserver l'amitié du Roi et juger que sa bonté est grande, sa puissance incomparable, assisté d'un ministre si jaloux de l'honneur de son Roi, vous devez bien croire qu'il ne sera jamais porté à conseiller la patience en une offense telle que seroit celle d'un subject qui violant le droit d'hospitalité auroit pris contre toute sorte de respect le fils de son seigneur pour le marier avec sa cadette dont l'aisnée n'auroit épousé qu'un gentilhomme, et, si ce qui se dit est vray, en auroit sur le marché encore épousé une autre [1].

Alors Mr de Vaudémont me dist qu'il m'estimoit plus que jamais à cause de ma franchise, qu'il penseroit tout à l'aise à ce que je lui avois dit, qu'il sçavoit ce qu'il devoit à Sa Majesté, qu'il aimoit mieux mourir que de lui déplaire et sur ce je me séparay de lui.

Je ne manquai pas de faire part de ce discours à madame la princesse de Falsebourg lui disant que je lui voulois faire entendre ce que j'avois dit à Monsieur son père touchant ce mariage, et me disant que j'estois trop violent en mes pensées, elle me pria que je les voulusse adoucir, et que je voulois prendre le genre du principal ministre du Roi, que je ne voulois jamais partager les choses, mais emporter tout par autorité, et que je visse un peu s'il ni auroit pas de moiens plus doux pour acquerir leur maison entière au Roi et aux

---

1. Allusion au mariage supposé de la princesse de Phalsbourg avec M. de Puylaurens.

intérets de M^r le cardinal, ce qui estoit aisé en fesant le mariage de Monsieur avec sa petite sœur. Je lui dis qu'elle se tromperoit et tous ceux de sa maison quand ils penseroient séparer Monsieur le cardinal des intérêts du Roi, pour les joindre aux leurs; que pour le mariage de Monsieur, je lui avois dit le discours que j'avois faist à Monsieur son père, que j'y pourrois joindre un autre expédient qui estoit que Monsieur quitast Bruxelles, et qu'il s'en allast se jetter aux pieds du Roi et se soubmettre entièrement à ses volontés, que quand il auroit rendu tesmoignage de ses bonnes intentions, alors demandant instamment au Roi cette princesse pour sa femme, que peut estre on lui accorderoit, mais que hors cette voie ou la première que j'avois proposée, qu'ils n'esperassent que malheurs de leur mariage, leur redisant pour la millième fois, que le faisant sans le Roi, ils s'en repentiroient tous. Je dis les mêmes choses à M^r le cardinal de Lorraine et la dite princesse de Falsebourg estant ensemble dans la chapelle de Bon Secours. J'en dis autant à madame la princesse Margueritte lui louant sa beauté et sa bonté, que j'estimois que pourveu qu'elle eust la bonne grace du roi et qu'elle fût mariée par ses mains, elle pourroit bien estre encore digne femme de Monsieur, que si l'affaire se faisoit par une autre voye, je les tiendrois en hasard de souffrir beaucoup. J'entretins depuis Monsieur de Lorraine de tous ces discours, il me demanda ce que j'en croiois en conscience, et me pressa fort de lui dire l'opinion que j'en avois, je lui dis en riant. Jurez moi foi de prince, que c'est le seul serment auquel je crois ceux qui vous ressemblent, et sur ce je promets à Votre Altesse de croire ce qu'elle m'en dira. Pour vous jurer, respondit-il si Monsieur a couché avec ma sœur, ce qu'il me dit avec une parole plus deshoneste, je ne le feray pas, mais s'il y a mariage entre eux, je veux estre damné. Je lui dis lors qu'il se souvienne bien de ce serment, et que s'il ne m'avoit dit la vérité, je lui en ferois reproche.

Un autre jour entretenant madame de Lorraine, elle me demanda ce qu'on croioit en France de ce mariage, je lui dis qu'on ne le croioit pas sur l'opinion qu'on avoit de la prudence et sagesse de Leurs Altesses, qu'ils n'auroient jamais voulu se précipiter en un tel abisme de malheurs, sur quoi elle fit un grand soupir. Et alors je lui demandai ce que Son Altesse en croioit, elle me dit avec serment qu'elle n'en sçavoit rien, qu'on s'estoit souvent caché d'elle et de sa sœur, que tout le monde disoit bien que cela estoit, mais qu'elle ni vouloit jamais penser sur les apreshensions des choses que je lui disois avoit toujours pensées.

Plusieurs fois je l'ai entretenue sur cette matière en la mesme façon et la pluspart des principaux de ce pais là. De sorte que en Lorraine l'on a seu que le Roi estoit fort éloigné de consentir à ce mariage, et l'on n'en pouvoit attendre que ruine et désolation.

Alors ils se rioient de moy m'entendant ainsi parler parce qu'ils avoient l'espérance de l'armement de Monsieur qu'on preparoit en Flandres, ils croioient les partis mieux faits en France où ils attendoient de grandes révolutions qui ne produisirent rien.

Au mois de juin 1633, le Roi me renvoia de rechef vers Mr de Lorraine, et apres quelques rencontres à mon arrivée, il me fit partir de Nancy sans le voir, enfin je le vis présentement à Lunéville, puis estant allé à Vic, je le revis à Nancy ou arrivant je le trouvai par la rue, comme je voulais descendre de mon carosse, il me fit dire qu'il m'alloit attendre à son escurie où je le fus trouver, et là il me parla de mille choses hors du sujet de mon voyage, et entre autres, il me disoit qu'il n'avoit veu, il y avait plus d'un an, une seule communication de la Reine mère, ni de Monsieur dans Nancy, et qu'il avoit assez temoigné ne le désirer pas. Alors je lui dis que je trouvois la Vaupot bien hardy d'avoir demeuré 8 jours dans cette ville, s'estre promené par les rues en public, dans les palais, dans sa chambre et chez les princes, veu que cela estoit contre sa volonté. Il est vrai dit-il qu'il a esté très souvent pressé de venir voir ma petite sœur et lui faire des complimens de la part de Monsieur. Vous ne voudriez pas lui dis-je confesser que Monsieur eust envoié visiter Madame sa femme, vous le croiez dit-il, je le sçois bien et vous en avez parlé à plusieurs en Lorraine, et vous l'avez escrit à la cour dès l'an passé, mais je veux estre damné si cela est, car il faudroit que je fusse le plus grand fol de la terre, si j'avois souffert ce mariage, sachant bien que le Roi ne le consentira jamais et que si je l'avois faist, il me poursuivra jusqu'à ma ruine totale, et Mr le cardinal que je sçois qui ne m'ayme pas ne demanderoit pas mieux d'avoir un sujet pour me perdre, il faudroit que j'eusse perdu l'entendement, car que puis je jamais espérer de Monsieur que ruine, il sera toujours pauvre, mal avec le Roy et moi ayant l'honneur d'estre son beau frère quand je dormirois, on me soubconneroit d'estre toujours pour lui, puisqu'on le faist bien sans cela et jamais je n'aurois de paix que je ne fusse non seulement hors de mon estat, mais hors du monde. Je lui dis que s'il me parloit au vray de cette affaire, je ne voulois pas pénétrer plus avant, mais que son discours estoit tellement dans la sagesse, que ce seroit une grande merveille s'il croioit autrement et qu'au moins je le priois de n'oublier pas ce discours dont je le ferois souvenir, et me feroit faire de grands reproches à ceux qui m'avoient conté des particularités si précises de ce mariage. Qu'il sembloit que d'en douter, c'estoit ne croire pas qu'il y eust un soleil au monde. Sur cela nous nous séparasmes.

Ceux qui m'avoient parlé du mariage l'avoient faist avec une grande science comme je l'escrivis lors à Mr le cardinal, car ils m'avoient compté que la chose s'estoit faiste chez madame de Remiremont sa tante qui conduisoit l'ouvrage, où il ni avoit qu'elle, Monsieur et Madame la princesse Marguerite, Mr de Vaudemont, Mr le cardinal de Lorraine, Mr d'Elbeuf, Madame la princesse de Falsebourg, la dame Neuvellote gouvernante de la princesse et un religieux de l'ordre de St Benoist qui les épousa. Monsieur de Lorraine estant lors à Vic avec le Roi pour avoir sujet de dire, je n'y estois pas.

En octobre 1633, estant à Remiremont, l'abbesse du lieu me racontant comme elle avoit faist sauver sa petite nièce, l'ayant habillée en garson pour la mettre dans le carosse du cardinal de Lorraine, son neveu la trouvant si belle que craignant qu'elle ne fut recogneue, elle lui frottoit le visage avec du saffran et de la terre, me demanda, si je ne scaurois point de moien de fléchir Mʳ le Cardinal, s'assurant que si cela estoit, le Roi le scaurait bien tost, et que ce faisant, il obligeroit toute sa maison à luy, qu'il devoit considerer que les temps pourroient changer, et que d'avoir de tels amis comme ils le seroient tous, dont Monsieur seroit le chef, ce ne lui seroit pas un petit advantage dans un revers de fortune, et que si je voulois lui recompenser cela et m'y employer qu'ils recognoitroient tous en mon endroit les marques de bonne volonte que j'y tesmoignerois. A quoi je fis réponse que je me garderois bien de proposer telle chose à Mʳ le Cardinal qui n'aprenoit rien plus à ceux qui l'aprochent que de ne songer point à l'avenir, mais estre toujours attachés au présent et servir le roy selon les conditions et le temps où l'on est, sans former des desseins sur les choses futures, par ce qu'autrement il est impossible de servir en homme de bien et servant le Roy, il croit faire ce qu'il doit et laisser faire à Dieu, du reste; que c'estoit un discours que je lui avois oui dire plusieurs fois et que j'avois appris de lui d'en user ainsi pensant que toutes les offres que l'on me pourroit faire la dessus, quand bien j'y verrois le mal ou bien certain, ne me pourroient jamais faire changer, pour monstrer que je n'avois pas perdu mon temps en la bonne école dans laquelle je me nourrissois; que d'espérer non plus que Mʳ le Cardinal portast le Roy à s'appaiser après une telle offense, qu'il falloit prendre d'autres expédients plus convenables à la dignité du Roy et à leur sureté, qui estoit de conduire cette princesse innocente par son regard, mais chargée des pechés de sa maison aux pieds du Roy, lui demander pardon pour tous et recevoir la loi de Sa Majesté; que cela estoit la seule voie pour s'oster du chemin de beaucoup de malheurs, lui disant franchement, affin qu'elle n'en doutast point, que je ne croiois pas que le Roi pardonnast jamais un tel attentat.

Après cela elle fit fortes plainstes et soupirs sur sa pauvre nièce disant comment on pourroit dissoudre un tel mariage. Je lui respondis qu'en France on ne l'appeloit pas ainsi, mais un rapt particulier en la personne de Monsieur, et civil en la personne du Roi et de l'Estat qui ne se pouvoit réparer qu'en faisant déclarer nul ce qu'ils appeloient mariage. Elle me répondit quand ils auront des enfants, ils seront bien reçus de tout le monde. Je sçai bien lui dis-je que ce sont les termes dont vous usâtes pour faire avancer l'exécution du mariage, mais affin de vous détromper, ne savez-vous pas que les estrangers ne laissent point d'héritiers en France et que ceux de la maison de Lorraine au commencement y ont pris titre de nationalité pour laisser des successeurs, or votre niepce qui n'en a point pris, ayant des enfans estrangers, comment pourriez vous penser qu'on les souffre prendre part dans le royaume veu que ce seroit contre les loix de l'Estat?

Sur cela nous nous séparasmes après m'avoir fait prier de n'y apporter point de passion, je lui jurai que je ni en avois nullement et que je la voudrois servir en son particulier et ainsi me séparay d'elle la laissant fort triste.   Guron.

(*Bibliothèque nationale, Collection Dupuy*, vol. 586-587.)

Dans les *Mémoires de Richelieu*, dont le manuscrit est aux affaires étrangères, on lit (année 1632) : « Ensuite de ce conseil, le roi envoya Guron au duc de Lorraine, avec charge de se plaindre civilement de tous les mécontentements que le roi avoit de lui, et lui représenter les manquements de foi à ce qu'il avoit promis par le traité fait avec Sa Majesté. » Après cette phrase, il se trouve dans le manuscrit une lacune de deux pages et demie. Nous sommes assez tenté de penser que cette lacune devait être comblée par le récit des faits racontés dans la lettre de Guron, dont on ne trouve aux archives du ministère des affaires étrangères ni la minute ni la copie. Cette supposition nous paraît d'autant plus fondée que nous avons eu occasion de remarquer que les *Mémoires de Richelieu* avaient été le plus souvent composés par ce ministre ou par ses secrétaires sur les pièces originales conservées aux archives des affaires étrangères. Le plus souvent ces pièces sont ainsi intitulées : *Avis donné au roi sur l'état présent des affaires*, et semblent avoir été dictées par Richelieu, soit pour être présentées au roi, soit pour lui servir de notes, lorsqu'il opinait dans le conseil. Elles se trouvent habituellement insérées par fragments dans les *Mémoires*, avec quelques additions ou retranchements. Il n'y a le plus souvent de différence qu'un simple changement dans les temps des verbes qui sont mis du présent à l'imparfait.

XXVII.

TRAITÉ DE LIVERDUN.

26 juin 1632.

Articles accordez entre Monsieur le cardinal de Richelieu, commissaire dépputé par le Roy et les sieurs de Ville, premier gentilhomme de la chambre, et Janin, secretaire d'Estat, et commissaires depputez de Monsieur le duc de Lorraine.

Sa Majesté retirera ses armes des Estatz dudict s^r Duc de Lorraine où elle avoit esté contrainte de les porter pour tirer raison de son procedé, les faisant à son grand regret revenir d'Allemagne où elle les avoit avancées pour le secours de ses alliez catholiques.

Elle remettra audict sieur Duc la ville et chasteau de Bar, la ville et chasteau de Sainct Michel, le Pont à Mousson, et generallement tout ce qu'elle a conquis dans ses Estatz depuis qu'elle y est entrée avec ses armes.

Moyennant quoy ledict sieur Duc deposera dans neuf jours les villes chasteaux et citadelle de Stenay et Jametz entre les mains de Sa Majesté scavoir est Stenay dans six jours et Jametz trois jours apres, le-tout avec les armes vivres et munitions qui sont dedans et ce pour quatre ans à condition que ce temps expiré lesdictes places luy seront renduës de bonne foy au mesme estat qu'il les aura deposées à raison de quoy en sera faict bon proces verbal comme aussy des munitions de guerre qui seront pareillement renduës au au mesme estat, pour ce qui est des grains Sa Majesté en retiendra ce que bon luy semblera au prix courant faisant des à present rendre le surplus aux commissaires depputez à ceste fin par ledict sieur Duc.

Pendant le temps du depost, il sera loisible à Sa Majesté de mettre tel nombre de gens de guerre qu'il luy plaira dans lesdittes places pour la garde d'icelles et les habitans presteront le serment de fidelité au Roy s'obligeant à ne rien entreprendre au prejudice du service de Sa Majesté contre lesdictes places pendant ledict depost, lequel n'empeschera pas que Son Altesse ne jouïsse de tous et chacuns ses revenus et droictz comme il faict à present les officiers dudict sieur Duc exercans leurs charges soubz son authorité ainsy qu'ilz sont.

Ledict sieur Duc deposera aussy entre les mains de Sa Majesté la ville et forteresse de Clermont dans trois jours avecque ceste difference que par ce que Sa Majesté pretend que ledict comté de Clermont luy appartient et releve de sa couronne dont il y a proces pendant en sa cour de parlement de Paris au lieu que les deux autres places doibvent estre restituées aud. sieur Duc des ceste heure. Il est convenu entre Sa Majesté et luy par le present traicté que ladicte ville forteresse et comté de Clermont et tout ce qui en deppend demeureront en pleine propriété et souveraineté au Roy comme Sa Majesté le desire moyennant le prix qui en sera payé par Sa Majesté audict s^r Duc a raison du denier cinquante sur le pied du revenu de la terre dont estimation sera faicte par commissaires qui seront depputez de part et d'autre dans six mois eu esgard à ce que la terre vallut durant les deux dernieres années dont il sera faict une commune, cependant et jusques a ce que le prix dudict comté dudict Clermont ait esté payé par Sa Majesté ledict sieur Duc en jouira comme des autres lieux cy-dessus, et si dans le terme de quatre ans speciffié cy-dessus pour le depost Sa Majesté n'avoit payé le prix dudict comté ainsi qu'il est porté dans ces articles la ville et le chasteau dudict Clermont seront restitués au mesme estat que Sa Majesté les aura receuz.

Item, il est aussy arresté qu'il sera fait inventaire et estimation des pieces d'artilleries et munitions de guerre qui se trouveront dans ladite place pour estre payées par Sa Majesté audict sieur Duc.

De plus qu'entre cy et un an ledict sieur Duc rendra la

foy et hommage qu'il doict à Sa Majesté pour raison du Barrois mouvant de la couronne ainsy qu'il doiht.

Et pour le regard des differens meuz ou à mouuoir entre Sa Majesté et ledict sieur Duc à raison des eveschez de Metz Thoul et Verdun, et autres lieux quelz qu'ilz puissent estre, seront nommez des commissaires de part et d'autre qui seront tenuz de s'assembler quand il plaira à Sa Majesté dans la ville de Paris pour terminer et régler le tout à l'amiable afin qu'à l'advenir rien ne puisse troubler la bonne intelligence d'entre Sa Majesté et led. sieur Duc.

Ledict sieur Duc observera religieusement à l'advenir les les cinq premiers articles du traicté de Vic qui reprennent nouvelle force en vertu du present sans plus s'en departir en façon quelconque et ne lairra passer par ses Estatz aucunes trouppes de gens de guerre qui ayent dessein contre le Roy ou ses Estats.

Il demeurera aussy inviolablement uny et attaché aux interetz de Sa Majesté joindra ses armes aux siennes et l'assistera de toutes ses forces en quelque guerre que Sa Majesté puisse entreprendre, donnera passage libre dans tous ses Estatz et ses armées et luy fournira de vivres dont elles auront besoing en les payant au prix courant estant preallablement adverty du temps du passage des trouppes et de la quantité des vivres qu'il fauldra pour estre fournis par les commissaires dudict sieur Duc à ceux de Sa Majesté, Sa Majesté protegera et deffendra la personne dudict sieur Duc et tous ses Estats contre qui que ce puisse estre sans exception quelconque.

Faict à Liverdun le vingt sixiesme jour de juing mil six cents trente deux pour estre rattifié au premier jour par Sa Majesté et ledict sieur Duc ce que les sieurs commissaires depputez ont respectivement promis esdictz noms signé le cardinal de Richelieu, Henry de Livron Ville, Janin.

Nous Charles de Lorraine etc., ayant receu les articles du present traicté avons icelluy ratifié et promettons l'accomplir ainsi qu'il a esté convenu par noz commissaires cy dessus nommez en foy de quoy nous avons signé et faict contresigner par nostre secretaire d'Estat et commandements soubzcript faict en nostre ville de Nancy le vingt septiesme juing mil six cents trente deux signé C. de Lorraine et plus bas Voillet et à costé est escript Registré ouy le procureur general du Roy à Paris en parlement le vingtiesme decembre mil six cents trente trois signe Du Tillet.

En suitte du traicté faict et passé ce jourdhuy entre Monsieur le cardinal duc de Richelieu pour le Roy et les sieurs de Ville et Janin, pour Monsieur de Lorraine par lequel il est accordé que les villes et citadelles de Stenay, Jametz et Verdun seront disposées entre les mains du Roy dedans certain temps, il a esté convenu que Monsieur le cardinal de Lorraine viendra dès demain trouver le Roy et demeurera pour ostage en tel lieu qu'il luy plaira jusques à ce que lesdistes places soient remises entre les mains de Sa Majesté laquelle moyennant ledict ostage promet de ne rien entreprendre contre ledict sieur Duc pendant ledict temps. Faict à Liverdun le vingt sixiesme jour de juing mil six cents trente deux, ainsi signé X Henry de Livron Ville et Janin et à costé est escript Registré ouy le procureur general du Roy à Paris en parlement le vingtiesme decembre mil six cents trente trois signé Du Tillet.

(*Manuscrits de Conrart à la bibliothèque de l'Arsenal.*)

XXVIII.

LE CARDINAL DE RICHELIEU A M^r DE GURON.

19 juin 1633.

Monsieur, afin que vous ne doubtiez pas de ma diligence je vous escris le premier et vous envoie un courrier qui vous rendra celle-cy pour nous donner advis comme le chancelier Oxistern (Oxenstiern) a mis entre les mains du Sr de la Grange aux Ormes un papier signé de luy dont je vous envoie la copie par lequel vous verrez comme il se plaint des déportements de Monsieur de Lorraine et la permission qu'il demande au Roy de s'en ressentir, cela vous donnera plus de moien de parler à Son Altesse fortement en luy tesmoignant de plus en plus, sans faire mention du papier signé, que si elle ne prend garde à elle le Roy ne pourra ni ne debvra plus la garantir des orages qui la menacent, dont elle en voit déjà une partie sur ses terres. Monsr de Chamvallon nous aiant donné advis comme les trois burgraves et le prince de Birkenfeld ont passé les montagnes pour entrer en Alsace et ont déjà commencé à piller et à ravager plusieurs villages de Lorraine sur quoy le dit Sr Duc n'aura pas manqué de vous en faire plainte et de vous prier d'y apporter vitement tel remede que vous pourres, en escrivant aux dist princes et y interposant le nom du Roy. Ce que Sa Majesté aiant presvenu elle m'a commandé de vous faire savoir qu'elle ne veult pas que vous empeschiez en aucune façon les Suedois de faire ce quils ont entrepry mais bien que vous reportiez à S. A. que vous n'avez pas pouvoir de le faire et les justes subjets qu'ont les dits Suédois d'agir contre luy, pour les raisons portées par une instruction que neantmoins vous donnerez advis de tout en diligence pour sçavoir la volonté du Roy.

(*Archives des affaires étrangères.*)

XXIX.

MÉMOIRE ENVOYÉ A M. DE GURON LE XXIIIe JUIN 1633.

Le Roy ayant veu que le Sr de Guron a mandé de la mauvaise réception qu'on luy a faite à Nancy, la lettre d'excuse que le duc luy a escritte qu'il ne peut pas desabvouer, quand mesme il ne l'auroit pas commandée parce quelle est signee de luy, Sa Majesté juge à propos qu'il trouve le moien d'y retourner avec honneur, c'est à dire si le Duc en témoigne la moindre envie, ou mesme quand il ne le feroit pas si le dict Sr de Guron rencontre quelque occasion propre pour cet effet.

Qu'estant dans Nancy il luy dira qu'il estoit venu pour lui

communiquer les plaintes que les Suedois ont fait au Roy contre luy. Sa Majesté, desireuse de conserver la paix entre ses voisins a bien voulu s'en esclaircir avec luy, et que depuis ayant apris qu'il s'est accomodé avec les Suédois, et que néantmoins il n'a pas cessé de faire ses levées. Sa Majesté n'a pas creu le bruit qui couroit de cet accomodement véritable, parce que ledict duc ne scauroit avoir autre occasion de faire ces levées que la mauvaise inteligence qui estoit entre luy et les Suédois; c'est pourquoy le Roy, continuant son affliction en ce qui le regarde, a jugé à propos de s'en informer plus au long. Lesquelles choses le Sr de Guron dira avec telle modération qu'il donne plutot sujet au duc de parler que de se descouvrir luy-même.

L'effet pour lequel le Roy luy mande de retourner à Nancy est affin qu'il descouvre autant qu'il pourra l'estat de la place par le moyen des inteligences qu'il y a déjà, et qu'il y en acquière de nouvelles avec destérité et soubs main, et pour veoir s'il ne s'y pourroit point mesnager quelque dessein prompt et utile. Il s'enquièrera des vivres, des munitions, fortifications et troupes qui sont dans la ville, et de celles qui s'y pourroient loger, ce que l'on croit que Mr de Lorraine puisse faire avec les Espagnols ou les gens de Monsieur; quel est son dessein à l'égard de Monsieur, et ce qu'il peut traiter avec luy.

Il dira aussi doucement à Son Altesse les discours que luy a faict le Sr Janin touchant l'exécution du Traitté de Liverdun, en ce qui regarde Clermont et autres points; qu'il a bien de la peyne à croire que le Sr Janin ayt tenu tels propos avec son ordre, puisque le Traitté s'est faict avec toutes les circonstances requises.

Le Roy a trouvé fort bon l'advis qu'il a donné par ses dernières lettres touchant les accomodements de S. A. avec les Suédois, que l'on ne croit pas estre si fermes que les choses ne puissent venir à rupture.

(*Archives des affaires étrangères.*)

XXX.

EXTRAIT D'UNE DÉPÊCHE DE M. DE GURON AU CARDINAL DE RICHELIEU.

Lunéville, 1er août 1633.

Monseigneur, hier Monsieur le duc de Lorraine m'envoya le Sr Fournier, pour me prier avec toute instance, encore que mes courriers ne soient pas arrivés, que je l'aille voir à Nancy, non comme l'homme du Roi, mais comme son ami particulier; qu'il étoit résolu de me faire toutes sortes de caresses et bonne chère; que tout le monde m'y verroit avec plaisir, sans aucune cérémonie ni considération, comme à mon voyage dernier. Puis de la part de Madame la Duchesse, qu'elle me prioit de n'aigrir point les affaires; que tout le monde avoit opinion que je ne refuserois pas mes offices au bien du pays, et de la part de tout ce que j'ai d'amis dans Nancy, je suis conjuré de ne changer point mes bonnes volontés en mauvaises, me conviant d'être bon moyenneur de Paix.

Il ne fait que partir tout à cette heure, et luy ay repondu civilement que quand je le saurois à Nancy je l'irois saluer puisqu'il le désire; il est à Épinal où il va souvent : de là, il retourne à Lunéville, puis à Nancy. Ce sont des promenades continuelles.

Par une autre voye, on m'a envoyé un mémoire que Votre Éminence jugera bien s'il est véritable, parce qu'il s'agist de ce qu'elle a dit, et de la réponse qu'elle en devoit voir aujourd'huy.

C'est que Chanvalon a mandé que Votre Éminence étant dans sa littière pour aller à Chantilly, l'appela et dit : « Monsieur l'ambassadeur de Lorraine, je vois bien que nous n'aurons jamais fait avec Monsieur de Lorraine, et que c'est toujours à recommencer; mais assurez-le que si le Roy retourne une autre fois dans son pays, il rafflera tout : je vous jure, ma foy, que je suis bien marri. Je vous prie de l'en advertir promptement, et de l'assurer de ma bonne volonté. » Il me semble que ce courrier est arrivé mercredi à Nancy, qu'on l'a dépesché pour qu'il arrive aujourd'hui, où sera Votre Éminence, et que la réponse porte des plaintes contre les Suédois, pour se deffendre des quels; il est armé. Que si toutefois le Roy n'approuve qu'il soit en cet état, il se réduira à ce qu'il luy plaira, et tiendra à faveur s'il plaît à Sa Majesté se rendre entremetteur de leurs différens, se soumettant à ce qu'il plaira au Roy d'ordonner.

Cependant il veut faire enlever un quartier des Suédois, et a envoyé jour et nuit dire à Florinville, qu'à quelque prix que ce soit, il façe ung coup d'importance sur eux, afin que le Roy prenant la peine de s'en mesler, il le trouve la main garnye pour sortir de cette affaire avec réputation, n'ayant pas considéré que s'il arrive contre sa pensée que ses gens soient battus, il met tout son Estat en compromis.

Il est fort en colère contre Florinville de ce que le vendredi 22 du passé, il ne tailla pas en pièces les quatre cornettes de cavallerie qui les vinrent recognoitre à leur arrivée à Salerne. Il est tout vray qu'elles ne se pouvoient sauver, et, dans la chaleur de cette deffaite, le Birkenfeld, qui venoit après avec vingt cornettes de cavallerie, pouvoit courre fortune, et ensuitte tout ce qui avoit demeuré à Haguenau qui couroit grant hasard, comme il se vit par une sortie que firent ceux de dedans, qui faillit à causer ung grand désordre sur le bruit des canons de Salerne et du fort de Haubar, pour donner avis des secours arrivés.

Le desseing estoit qui n'a pas été suivi de faire lever le siége, pousser l'armée, et puis s'en aller tourmenter Strasbourg pour les faire crier à l'ayde du Roy, et prendre son parti selon que l'occasion le requerroit.

Il y aura plus de peine à présent, car il est tout certain que lors ils estoient foibles maintenant ils sont plus forts, ayant fait venir à eux des trouppes qui estoient delà le Rhin vers Basle et Brisac, de sorte que ils sont à Nancy en plus grande inquiétude, car aujourd'huy, 1er aougst, le temps que le Roy recevra la lettre de Son Altesse est aussi le temps donné pour attaquer les Suédois ou demain, et mercredi aussi. Voici les heures d'allarme pour savoir le succès de cette entreprise, et comment le Roy recevra cet effet quand il aura seu, soit qu'il réussisse ou bien ou mal, et parce que ce desseing estoit caché et qu'on ne le mandoit pas au Roy, j'ay cru qu'il importoit d'en donner avis à Votre Éminence. J'ay deux hommes en Allemagne, leur retour me fera savoir ce qui s'est passé.

Lavaupot a esté ces jours à Nancy et en est parti aujourd'huy. Ce qu'on dit de son voyage est peu asseuré. Ce qu'on m'en écrit est qu'il est venu pour donner avis à Son Altesse du traitté que Monsieur fait avec le Roy, l'assurant qu'il ne l'abandonnera point, et vouloit savoir ce qu'il avoit à faire pour les conserver, et qu'il envoyoit pour en prendre ordre de luy, et en outre le convioit de lui envoyer madame la princesse Marguerite sa femme jusque dans le Luxembourg, où il enverroit recevoir pour la conduire à Bruxelles. On rend sa réponse avec doute comme n'étant pas bien sceue. On dit qu'il a fait cognoistre qu'il seroit fort content de l'accomodement, l'assurant que, puisqu'il avait receu tant de ruine pour l'amour de luy, on ne le voudroit pas abandonner, que pour sa sœur il voudroit avoir le consentement du Roy pour cet envoy, ce dont je doute, puisque l'on ne parle plus douteusement de ce mariage, qu'on tient avoir été fait et consommé, pendant que Son Altesse fut à Vic treuver le Roy pour dire : Je n'y estois pas, et qu'au passage à Nancy Monsieur la vit deux nuits qu'il demeura. Monsieur d'Elbeuf en a parlé fort particulièrement; aussi étoit-il le septiesme, avec le moine qui les épousa.

On a sceu par ce voyage de Lavaupot la rupture de l'intelligence de Monsieur de Puilorens et de la Princesse de Falsebourg, et qu'en présence de la Princesse de Chimay dans le palais à Bruxelles, il avait foulé aux pieds son ordre qui est une certaine espée attachée à ung nœud de rubans de bleu mourant.

(*Archives des affaires étrangères.*)

XXXI.

EXTRAIT D'UNE LETTRE DE M. DE SAINT-CHAMOND
AU CARDINAL DE RICHELIEU.

Metz, 12 août 1633.

Monseigneur, mercredi dernier, les Lorrains allant secourir Haguenau, ont esté entièrement defaicts par les Suédois et suyvis jusqu'à Saverne ; les ungs dient qu'il en est demeuré trois cent morts sur la place, et le reste s'est débandé ; les autres dient qu'il s'est rallié encores quelque cavallerie : nous en saurons demain les particularités, et je vous les manderay, tant y a que le combat est bien certain, et que l'espouvante est telle dans toute la Lorrayne que tout fuit. Le duc est à Nancy dans ung estonnement extraordinaire, et j'ay cru qu'il falloit profiter ceste occasion pour essayer de le porter à remettre ses plaçes et son païs au Roy avant que les Suédois l'occupent et lui ay dépesché le Sr de la Haye, avec charge de le convier à pourvoir à sa seureté et à celle de son Estat, qu'il ne sauroit trouver que dans la protection du Roy ; si cela ne sert il ne nuira pas, et j'estime que voycy le temps de donner une bourrade à Nancy. Il en a osté le gouvernement au prince de Salm et ne l'a encore donné à personne.

(*Archives des affaires étrangères.*)

XXXII.

EXTRAIT D'UNE LETTRE DE M. DE SAINT-CHAMOND
AU CARDINAL DE RICHELIEU.

Metz, 14 août 1633.

Monseigneur, je vous envoye une relacion de ce que j'ay peu recueillir du combat des Suédois et des Lorrains. Il est certain qu'à la 1re nouvelle qu'en eust Mr de Lorrayne, il alla dans la chambre de mad. sa femme et lui dict : « Tout est perdu ; sauvés-vous vistement à Nancy, » et de fait ils partirent tous à l'heure mesme de Lunéville, et arrivèrent à Nancy à dix heures du soir avec le plus grand estonnement du monde. Depuis Cormange y est arrivé qui les a vus un peu rassurés en apparence; mais en effect ils ne savent tous où ils sont ny ce qu'ils font, et le peuple de Nancy est si mutiné contre son prince, qu'il y en a qui disent ouvertement qu'ils voudroient estre au Roy.

La princesse Marguerite ayant obtenu de M^r son frère l'apartement de feu mad. de Lorrayne pour s'y loger, la princesse de Phalsbourg a creu que c'estoit pour s'éloigner d'elle, et lui en a faict tant de froydeurs, que les François qui sont à Monsieur, s'en estant apperçeus, n'osent plus la visiter, et ont escrit contr'elle à mondit seigneur leur maître. Outre cela, elle a tousjours fort caressé Sauvebeuf qui est mal avec Puylaurens, tellement qu'on dict que ledit Puylaurens est très-mal satisfaict de ladite princesse de Phalsebourg et son maître aussy.

Le prince de Salm ayant esté maltraicté de parolles par Mr de Lorrayne, lui a remis le gouvernement de Nancy, et se retire chez lui. On croit que le maréchal d'Ayne l'aura.

XXXIII.

EXTRAIT D'UNE LETTRE DU SIEUR DE L'ISLE A M. DE GURON, DU 16 AOUST, QUI REND COMPTE DU COMBAT DE HAGUENEAU.

Le mercredy, xme aoust, les Lorrains qui quelques jours auparavant avaient reçeu quelques pièces de canon et munitions, et s'estoient campez et retranchez en la plaine qui est devant Saverne, quittèrent leurs retranchements, et avec toutes leurs trouppes, marchèrent vers Paffenhauen, petite ville du comté de Hanau, distante de Hanau de deux lieues.

Ils avoient le ixme fait avancer le régiment de Gastinois avec deux pieces de canon pour battre la ville de Paffenhauen, croiant la prendre en chemin faisant, comme il y avait grande apparence, n'y ayant que 200 paysans dedans, et les murailles très-mauvaises; mais le peu d'estat qu'ils faisoient de ceste place, les rendant moins soigneux et vigilans qu'ilz ne devoient estre, lesdits paysans leur vindrent dès le point du jour donner une si furieuse camisade, qu'ils mirent en fuite 500 Lorrains qui estoient devant leurs portes, et prindrent les deux pieces de canon qu'on devoit pointer contre eux.

Et en mesme temps, ils envoièrent en diligence demander secours à Birquenfeld, qui aussitost, avec la plus grande partie de ses trouppes, vint au devant des Lorrains qu'il rencontra dans une plaine proche dudit Plaffenhauen, où ayant rangé son armée en bataille, et avec sa cavallerie qui estoit de 2,500 chevaux, prit la droite et donna la gauche aux sieurs Vitteztum, sergent de bataille, et Collonnel Ranzau, pour conduire l'infanterie qui estoit de cinq à six mille hommes donnèrent sur les Lorrains.

A la première charge, la cavallerie lorraine, qui estoit de plus de 2,000 cuirasses, enfonça celle des Suédois qui n'estoit armée que de pistoletz, et la mit en route. Mais d'un autre costé, l'infanterie suédoise fut si bien conduite, que non-seulement elle repoussa et mit en fuitte celle de Lorraine et prist leur canon, mais aussi s'en servit avec tant de dextérité contre la cavallerie lorraine, qu'elle la contraignit d'abandonner le champ de bataille, leurs bagages et munitions, et regagner les montagnes en grand désordre, quoiqu'ils ne fussent poursuivis que de deux compagnies de cavallerye.

Six à sept cens morts, cinq pièces de canon, deux cens et tant de chars de munitions, tentes et bagages, et plus de deux mil mousquets que l'infanterye jetta par les champs, et environ 150 prisonniers, dont Sauvebeuf et Riamour en estoient.

Les Suédois n'y perdirent que 200 hommes et autant de blessés.

Ils sont résolus de faire justice de quelques capitaines de cavallerie, qu'on tient avoir par trahison fait ce désordre, et d'aller jouer le reste de la commédie sur le théâtre de la Lorraine, quoy qu'on asseure que les Lorrains ayent reçeu depuis un renfort de Bourguignons, et qu'ils se rallient aux environs de Sarbruc pour avoir leur revanche.

Que le prince Birquenfeld et le comte Otto-Louis Rhingrave sont venus à Strasbourg pour consulter avec le Rhingrave de ce qu'ils ont à faire.

Que durant le combat, ceux de Magnan, advertis qu'on avoit quasy tiré toutes les trouppes pour aller au devant des Lorrains, firent une sortie sur le peu qui restoit, le mirent en fuitte, et bruslèrent toutes leurs huttes; mais ils furent de rechef incontinent bloqués.

Que le duc fit enlever le comte d'Eberstein, beau-frère du comte de Lignage Visterbury, de sa maison de Frauenbirg, entre Deux-Ponts et Sarbruc, laquelle il fit piller, ne laissant à la comtesse sa femme qu'une chemise, et mena ledit comte prisonnier avec sa robe de nuit; sans qu'il eut jamais rien eu à démesler ave Mr de Lorrayne, et sa maison ayant toujours été à la dévotion de la France.

Il espere bien que.....

(*Archives des affaires étrangères.*)

XXXIV.

LETTRE DE MONSIEUR DE SAINT-CHAMONT AU ROY.

Saint-Nicolas, 22 août 1633.

Sire, j'escrivis à V. M. le jour que je partis de Metz pour venir coucher à Cheminot, et le mesme soir M. de Lorraine y envoya le Sr de Salmes soubz pretexte de me demander seureté pour assembler ses Estats au Pont a Mousson, mais en effet pour recognoistre mon dessein sur l'advis qu'il avoit eu que j'assemblois une armée et m'aprochois de luy. Je luy fis response que V. M. m'avoit commandé d'entrer dans ses Estats avec ses forces pour luy temoigner son ressentiment de ce qu'il estoit allé chercher et attaquer hors de son pays les Suedois qui sont ses alliez et partant je ne luy pouvois donner seureté ny pour ses Estats ny pour quoy que ce soit qui dépendist de luy, et party en mesme temps pour venir assembler l'armée à Bouxiere au Chesne, et la coucher en ce lieu d St-Nicolas ou je n'ay trouvé aucune resistance.

Avant ma reponse M. de Lorraine partit à une heure après minuit de Nancy c: en fit partir à neuf heures du matin Madame sa femme et Madame sa belle-sœur, et on dit qu'il les veult faire aller à Basle et que luy mesme abandonnera son pais, n'ayant pas peu assembler plus de 5000 hommes tant de pied que de cheval, encores l'espouvante y est si grande que tout se desbande mesme depuys que j'ay pris ce logement.

Hier apres disné qui estoit le lendemain de mon arrivée, M. de Lorraine me renvoya le Sr de Salin, avec une grande lettre pleine de soubmission et de services pour V. M. et il me dict en avance que S. A. me prioit d'employer mes offices pour luy envers V. M. Je lui respondis que je le ferois volontiers s'il vouloit confirmer par les effets les belles parolles qu'il me mandoit et partis aussy tost apres l'avoir depesché pour m'en aller attaquer Luneville sans la depesche que j'ay receu de V. M. par laquelle elle m'a commandé de ne m'amuser point à assiéger des petites places, mais bien de prendre les postes que je jugerois les plus avantageuses pour empescher que rien n'enstrast dans Nancy. Je tournay donc aussy tost, et m'en allay avec 500 chevaux aux environs de Nancy, ceux de dedans laisserent aprocher les notres jusque au bord du fossé sans tirer disant quilz ne commenceroient pas la guerre les premiers. Et apres avoir recogneu les logements qui sont tres commodes pour une armee, je laissay toute cette cavalerie en garde pour empescher que ceux de dedans ne les brulassent cette nuit comme jay eu advis qu'ilz en avaient le dessein. Ilz m'ont raporté qu'ilz avoient arresté M. le cardinal de Lorraine, lequel m'a envoye un gentilhomme pour me prier de le laisser passer, attendu qu'il s'en retournoit en diligence trouver V. M. de la part du Duc son frere, pour luy porter toute sorte de satisfaction se bien que je l'ay faict relascher. Ilz ont priz encores un gentilhomme a pied sur l'aube du jour, qui se vouloit jetter dans la ville, et ont ouy toute la nuit travailler a mener du canon sur le rempart.

Je parts avec d'autres trouppes pour m'aller loger plus pres de la ville, et n'en plus bouger jusques a nouvel ordre et laisseray toujours des gens icy pour garder ce passage, mais il me faut tenir les quartiers extremement forts, a cause de l'armee de M. le Duc de Lorraine qui est assemblee à Raon quatre lieues par de là Luneville. Il est vray que dans 2 ou 3 jours j'espere qu'elle ne sera plus parce que tout se debande, et desormay il entrera fort peu de choses dans Nancy ou il y a quantité d'etatz mais peu de soldats et encore moins de capitaines. On m'a assuré quil y avoit quantite de blé et de vin.

(Archives des affaires étrangères.)

XXXV.

LETTRE DE MONSIEUR DE SAINT-CHAMOND AU ROY.

Metz, 22 août 1633.

Sire depuis ma lettre escrite, M. le cardinal de Lorraine m'a envoyé le sieur Fournier secret. d'Estat de S. A. pour me dire qu'il alloit trouver V. M. pour luy offrir la personne de M. son frère et qu'il se despartiroit entièrement de son Estat en faveur de luy cardinal, et m'a prié de luy mander mon advis et si je croyois que V. M. acceptast sa proposition. Je luy ai faict response quil y avoit si longtemps que j'estois party d'aupres delle que je ne pouvois pas scavoir vos intentions mais que voyant la jalousie que S. A. vous donnoit tous les ans je ne conseillerois pas à V. M. de s'accommoder avec luy maintenant, qu'a condition de le mettre en estat de ne plus vous donner de peyne puisque vous le pouvez si aysement, et sur ce que ledit Sr Fournier m'a pressé de lui dire qu'il falloit que M. le cardinal de Lorraine vous offrist absolument la personne, les places, et les Estats de S. A. de Lorraine et qu'il conviast V. M. de venir à Nancy, il est party pour luy raporter mon advis, je ne scay s'il le suivra, mais je recognay un grand estonnement en eux, si bien que V. M. se pourra servir de ses advantages, et me commander ses volontés.

Ledit Sr Fournier m'a prié encor de la part du S^r cardinal de n'aprocher point si pres de Nancy les trouppes de V. M. pour deux jours, je luy ay dict que je ne le pouvois faire pour deux raisons, l'une parce qu'ils y vouloient faire entrer des gens de guerre, et l'autre parce qu'ils y vouloient brûler les villages et maisons des environs de quoy je les voulois empescher.

(Archives des affaires étrangères.)

XXXVI.

EXTRAIT D'UNE LETTRE DE M. DE SAINT-CHAMOND
AU CARDINAL DE RICHELIEU.

23 août.

Je vous envoye une lettre de madame la princesse de Phalsebourg ou vous trouverez une postille beaucoup plus grande que le corps de la missive, et ensuitte de ce qu'elle a désiré de me voir nous nous sommes trouvés ce matin dans l'église de N^{re}-Dame-de-Bon-Secours qui est entre cy et Nancy, ors je m'attendois que notre entretien seroit bien plus de guerre que d'amour, mais elle ne m'a parlé que de l'amour de Monsieur et de la princesse sa seur, que le mariage estant faict il y alloit de l'honneur de toute sa maison et qu'en conscience on ne le sauroit rompre, que vous aviés au reste rencontré une belle occasion d'obliger toute sa maison et M. aussy, que sa dite seur estoit sortie de Nancy et avoit pris le chemin de Flandre pour se rendre auprès de M., son mary, et venir tous deux ensemble se jetter aux pieds du roy et luy demander pardon, et pour conclusion elle m'a prié de m'entremettre en cest accomodement et en mesme temps le Sr de Salin m'est venu trouver de la part du Duc et m'a prié de le voir dans quelque campaigne moy 3e, et luy de mesme.

Par ma réponse je luy ay exagéré l'offense du Roy en ce mariage, et luy ay dict que mon entremise estoit inutile aussy bien que notre entrevue de S. A. et de moy puisque le Roy estoit si pres et que M. le cardinal son frère y avoit commencé sa négoçiation; que ce n'estoit pas pour m'excuser de la servir, et S. A. aussy, et que pourveu qu'on me fist des propositions quy peussent contenter L. M. je me chargerois de les luy fere entendre.

En effect je tiens que la d. princesse Marguerite est encore dans Nancy quoy qu'elle die et il y a trois jours que je la fais guester, et ay sy bien estably mes gardes qu'elle aura grand peyne de se sauver et qu'il n'entrera plus de vivres dans la ville dans laquelle il paroist deja beaucoup d'étonnement, et crois que si on la prene et que les Suédois desfaient l'armée de Lorrayne elle ne résistera pas jusqu'au bout, n'y ayant point de bons capitaines dans les places. Mad. de Lorrayne a dict en partant de Nancy qu'elle alloit en Bavière, mais je crois qu'elle n'en savoit rien ny sa seur non plus.

Pour M. de Lorrayne il ne faict que courir et ne souppe jamais où il a disné tellement qu'on ne peut sçavoir où il est qu'il n'en soit party.

(*Archives des affaires étrangères.*)

XXXVII.

EXTRAIT D'UNE LETTRE DE LA PRINCESSE DE PHALSBOURG A M. DE SAINT-CHAMOND.

22 août.

J'espere que le voiage de M. mon frere le cardinal fera de bons effets, portant au Roy de la part de l'altesse de M. mon frère toutes les marques çertaines de l'affection qu'il a à son service, et je veux espérer, quoique vous fassiez les préparatifs de nous assiéger, quy est bien la marque d'estre ennemy que dans peu de temps nous serons si fort unis dans les mesmes interêts que qui attaquera l'un frapera l'autre, puisque le mariage de Monsieur et de ma seur est aujourd'huy cogneu et avoué à M. le cardinal de Richelieu par M. mon frère, et comme Evesque il a mesme donné la permission; nous avons grand regret de cognoistre que le Roy en cela puisse etre mal satisfaict et pour cet effect on rendra au Roy toutes les satisfactions imaginables. M. le cardinal de Richelieu a faict esperer cette faulte remissible, cela estant il doit croire que M^{rs} mes frères seront absolument ses amys et serviteurs du bon du cueur, car à la vérité moyennant l'honneur sauvé à ceste affaire de n'estre point choqué et annullé par l'autorité du Roy nous tous dirions n'estre jamais contraires aux moindres desseins et interests de M. le cardinal de Richelieu, et je croy que Dieu veult tirer d'un desordre ung grand bien et qu'il a permis qu'une occasion signalée comme celle çi arriva pour mettre les choses en un point que l'on ne puisse plus doubter de se pouvoir manquer de foy, et certes à mon advis il ne falloit pas une moindre occasion que celle-là pour nous remettre tous en intelligence, et je conclus ce discours en disant et avouant par tout le monde que nous ne sommes pas dignes de vivre si après ceste faulte remise nous commettons encore occasion d'ingratitude et de manque de foy envers celui qui peut tout. Je vous supplye de contribuer à nostre bonheur, si je croyois que N^{re} Dame de Bon Secours me fust asseuré et que vous ne le trouviez pas mauvais j'estimeray beaucoup un heur de vous entrenir. Au reste vous avez des cavaliers à qui nous avons donné la vie de très bon cueur dans l'aproche qu'ils ont faist de la ville. Nous vous tenons pour nos amys et nous avons autant de raisons de désirer la paix avec le Roy comme nous avions de subjects de souhaitter la guerre avec les Suédois. Il fault quitter ces mauvaises alliances, et fault que nous prenions le party de servir le Roy quand il aura besoing de ses serviteurs. Je vous proteste que je parle du meilleur de mon cueur.

(*Archives des affaires étrangères.*)

XXXVIII.

LETTRE DE M. DE SAINT-CHAMOND.

Au camp de Javaille, 24 août 1638.

Monsieur, j'ay receu ce matin et en mesme temps vos deux lettres du 23 de ce moys, par la premiere vous me mandez de depescher à Birkenfield pour l'asseurer que le Roy ne veult aucun traité avec M. de Lorraine afin que la peur qu'il en aurait ne l'empesche pas d'attaquer vivement les trouppes ; et par l'apostille de la seconde vous me marquez que depuys votre lettre escrite, M. le cardinal de Lorraine a obtenu un second passeport pour venir trouver S. M. ce qui m'a fait cognoistre que le traicté n'est pas rompu entierement tellement que si le Roy pouvoit trouver ses advantages par cette voye là ie ne l'estime pas a propos de l'engager par mes lettres aux Suedois, de ne faire aucun traité. Outre que la depesche que j'y pourrois faire maintenant est entierement inutile parce que le gentilhomme que m'a envoyé ledit Birchenfield m'a donne sa parolle que l'armée entreroit demain dans la Lorraine et iroit droict attaquer les trouppes de S. A. et passeroit mesme jusques à celles de Bourgogne, tellement que j'en attendray l'effet et s'il y manque j'y renvoyray le S^r de La Garde, que j'ay retenu expres aupres de moy, parce qu'il scait les chemins qui sont fort difficiles et dangereux et je suis grandement en peine du pauvre Monsieur de la Touche que j'y ay moi mesme envoié à mon depart de Metz, et n'en ay poinct de nouvelles.

(*Archives des affaires étrangères.*)

XXXIX.

EXTRAIT D'UNE LETTRE DE M. DE SAINT-CHAMOND AU CARDINAL DE RICHELIEU.

26 aoust au soir.

M. le cardinal de Lorrayne passa hyer icy me disant qu'il alloit trouver M. son frère sans espoir d'en rapporter aucun contentement et me dict qu'il reviendroit aujourdhuy. Mad. la princesse de Phalsbourg l'accompagna jusque içy et me demanda avec grande instance ung passeport pour se retirer en sa maison. Je luy tournay longtemps ce discours en raillerie, et enfin je luy promis d'en escrire au Roy et elle s'en retourna mal satisfaite.

Le frere et la seur me pressèrent extraordinairement de voir S. A. Je respondis que ceste entrevue seroit inutile puisque l'on n'esperoit aucune raison de luy, qu'il falloit auparavant prendre une bonne résolution de contenter le Roy et se soubmettre entierement à luy et puis j'escouterai volontiers des propositions, ainsy je m'en suis défaict attendant vos commandements que mon fils m'a rapporté ce matin et vous assure Monseigneur, qu'ils seront fidelement executés.

Il y a trois jours que j'envoyay 50 hommes dans le chateau de Moinery qui y furent reçus sans difficulté, et ainsy j'ay assuré ceste place avant qu'en avoir receu l'ordre. Je ne laisse plus sortir personne de Nancy et arreste tous les jours des soldats qui y veulent entrer. Ce matin j'ay eu avis que le régiment de Florinville de Fin venoit d'Erdon pour se jetter dans Nancy j'ay envoyé le recognoistre et nos courreurs seuls les ont fait desbander entierement. J'en ay le 1er capitaine prisonnier et plusieurs soldats. J'ay esté adverty de bon lieu que M. de Lorrayne a relasché le comte d'Embresheim qu'il avoit pris prisonnier et qu'il a envoyé aux Rheingraves ses parents leur offrir tout ce qu'ils désiroient de luy pourvu qu'ils fissent sa paix avec les Suédois. J'ay incontinent depesché le Sr Descoutures, qui en est fort cogneu, pour descouvrir ce traitté le rompre en cas qu'il soit commencé et presser les Suédois d'attaquer l'armée lorrayne. Ils n'ont encore pris que Bouquenon.

Cependant M. de Lorrayne assembla hier à St-Dié toutes ses forces qui consistent en 7 régiments qui font environ 3000 hommes et en 7 corvectes mal montées et point armées qui font environ 1200 chevaux. J'ay 30 espions parmy eux pour m'advertir du chemin qu'ils prendront et vous assure qu'ils ne me surprendront pas onze lieues a faire pour venir icy.

Madame de Lorrayne et sa soeur sont allées à Besançon à leur grand regret. Je tiens que la princesse Marguerite est encore dans Nancy aussy bien que celle de Phalsebourg et veilleray si bien qu'elles n'en sortiront pas aisement. Notre garde se faict très bien, on ne tire point encores, s'il vous plaict de m'envoyer promptement ung bon ingénieur il levera bien à son aise le plan de la place.

(*Archives des affaires étrangères.*)

XL.

RELATION DE LA SORTIE DE LA PRINCESSE MARGUERITE DUCHESSE D'ORLÉANS, DE LA VILLE DE NANCY, POUR SE RENDRE A BRUXELLES.

Nancy, 4 septembre 1633.

L'action que madame la princesse Marguerite, soeur du duc de Lorraine et femme de monsieur le Duc d'Orleans a faite pour se sauver de Nancy, n'est pas moins genereuse que courageuse, elle sortit dudit Nancy le dimanche III de septembre 1633, à quatre heures du matin, pour aller trouver mondict sieur le Duc d'Orleans à Bruxelles, ou elle arriva 2 jours aprez six^{me} dudit mois de sep^{bre} vestue en garson scavoir hault chausse et pourpoint de drap d'Espagne noir, vne peruque, bottes et esperons avec l'espée au costé et la plume, accompagnée d'un gentilhomme que jay veu autre fois escuïer de madame de Remiremont appelé Danisé, Ilz sortirent donc dudit Nancy et passerent plusieurs sentinelles du Roy, entre autres, une qui les arresta, mais ledit Danisé luy faisant acroire qu'il estoit à monsieur de Saint Chaumont les laissa passer et firent treize lieues ceste journée la, ils rencontrerent des trouppes des Suédois qui les contraignirent de se cacher dans un bois taillis et fort espais auquel entrant ou sortant, la pauvre Princesse s'est toute escorchée les mains aux espines et ronces à l'androit de la manchette. Le lendemain ilz arriverent à Thionville auquel lieu on ne leur voulut point ouvrir la porte, d'abord priant de les laisser entrer et que c'estoit vn jeune gentilhomme de bonne maison qui estait malade, pendant ce parlement Madame estoit couchée par terre sur le manteau de son conducteur entortillée dans le sien, quelques habitans qui estoient sortis voyans ce beau gentilhomme fort pasle de la fatigue du chemin en eurent pitié, l'on fit en sorte de le faire entrer et le mettre en une hostellerie, ce qu'estant, ledict sieur Danisé conducteur fust advertir madame de Viltz femme du gouverneur, laquelle ne manqua pas de luy donner logement et changement d'habits, avec gens de cheval et de pied pour la conduire jusques à Namur, auquel lieu Monsieur la fut querir avec toute sa cour (qui est assez gentille veu la necessité), jusques audit Namur à dix lieues d'icy où la Royne mere ne peut aller à cause d'un mal de dentz. En entrant dans la ville tous les bourgeois estoient charmés, l'Infante accompagnée de ses dames et de toute la noblesse du pais fut au devant d'elle qui lui a rendu tout l'honneur que l'on sauroit souhaiter l'ayant rencontrée à une lieue de Bruxelles, elle mit pied à terre environ cinquante pas, ce que fist aussy Madame. Aprez quelque petit de compliment ladite Infante la prit par la main et la

fist monter dans son carosse luy referant tousjours le hault
bout et la meilleure place, ce fut elle qui l'accompagna dans sa
chambre quelle mesme deux jours devant elle fit accommoder
et meubler des plus beaux meubles que j'ay jamais veu, car
sa chambre, l'antichambre et la chambre de presence sont ta-
pissées de drap d'or frisez, les unes plus belles que les autres,
et les daiz à queues de mesme et marchepiedz de Turquie par
touttes les chambres; c'est bien la plus genereuse Princesse
qui ayt esté et qui sera jamais. Je crois fermement qu'aprèz
sa mort elle fera des miracles puisqu'elle en fait tous les jours
durant sa vie. Il ne fut jamais rien de pareil en elle tant pour
sa bonté, piété, et saincteté de vie. Il y en a encores plus que
je ne saurois vous dire pour avoir esté tesmoing de beaucoup
de ses genereuses actions, madicte dame nostre maistresse est
servie par les officiers de Monsieur pour n'en avoir point encore à elle, et la serviront encores; j'eus cest honneur d'y
estre employé, et j'advoue que c'est une belle Princesse et fort
bonne. Le jour de la Nostre Dame qui estait jeudi dernier vııı,
dudict mois de septembre, mond. seigneur fust faire son bon
jour à Nostre Dame de Hault, à trois lieues de Bruxelles, à
pied, et à tous les pauvres qu'il rencontra il donna l'aumosne,
et Madame a une devotion qui est à la ville que l'on appelle
Nostre Dame de Bon Secours. Si j'estois auprez de vous je
vous dirois plus particullierement le tout, car l'histoire en est
belle et ay ouy dire à madicte dame qu'elle n'eust jamais cru
ce que les romans disent des princesses exilées sy elle mesme
n'en eust fait l'expérience. J'oubliois à vous dire les presens
que l'infante fait à Madame tous les jours: le lendemain de
son arrivée elle luy fit present d'un habillé et deshabillé
d'une princesse, car depuis les mulles de chambre jusques aux
rubans pour faire des vollans cela n'a point esté oublié non
plus que le linge, chemise de jour et de nuit, rabatz et tout ce
qui est nécessaire. L'autre jour luy fist presant d'un coffre de
satin bleu remply de vazes precieux pleins de santeure et
autres gallanteryes, je n'aurois jamais fait à dire.

(*Collection Dupuy, à la Bibliothèque nationale*, vol. 379-380.)

XLI.

LETTRE DE MADAME LA DUCHESSE D'ORLÉANS A MONSIEUR DE PUYLAURANS.

5 septembre 1633, à Thionville.

Monsieur, je me suis sauvée par la grace de Dieu et me suis desguisée en habit d'homme accompagnée de trois gentilzhommes, l'un de madame ma tante, le second de mon frère aisné et le dernier qui est à moy; des trois nous en avons perdu un la nuit qui court grande fortune d'estre arresté, je suis à Thionville, je vous prye le faire savoir à la personne que vous savez, et que j'attendray icy ses commandements, rien ne me presse d'en partir que pour luy obeyr, je vous prie que je sache sa volonté et croyez que je ne seray jamais ingrate ny mescongnoissante des bons offices que j'ay receus de vous.

(*Collection Dupuy, à la Bibliothèque nationale,* vol. 379-380)

XLII.

TRAICTÉ FAICT ENTRE LE ROY ET MONSIEUR LE DUC DE LORRAINE LE SIXIÈME SEPTEMBRE MIL SIX CENTS TRENTE-TROIS.

Le Roy ayant grand suject de se plaindre du sieur Duc de Lorraine tant pour les diverses intelligences pratiques et menées qu'il a faictes au préjudice des traictez faictz entre Sa Majesté et luy à Vic, le dernier decembre mil six cents trente et un, et à Liverdun, le vingtsixiesme juing mil six cents trente deux, que pour les entreprises et hostilitez faictz par luy contre les alliez de Sa Majesté à l'esgard desquelz lesdictz traictez l'obligeoient de prendre vne conduite contraire.

Qu'à raison du mariage pretendu faict entre Monsieur son frere unicque et la princesse Margueritte, sœur dudict sieur Duc non seulement sans la permission du Roy mais contre l'expresse defence qu'il en avait receu de sa part par ceux qu'il avoit envoyez et employez vers luy pour en avoir la licence.

Que parce que aussy depuis que ledict sieur Duc jouïst des Estatz qu'il possede, il n'a point rendu l'hommage qu'il doibt à Sa Majesté pour raison du Barrois ny depputé des commissaires comme il estoit obligé pour esclaircir divers autres droictz et pretentions que Sa Majesté peut avoir contre luy.

Ce qui auroit obligé Sa Majesté d'entrer en armes dans les Estatz dudict Duc pour tirer raison de telles offences.

Aprez que ledict sieur Duc a faict supplier Sa Majesté par monsieur le cardinal de Lorraine son frere de lui remettre les manquements arrivez en ce qui est cy dessus speciffié et offre à Sa Majesté toute satisfaction qu'elle pourroit desirer pour telles offences faictes, il a esté arresté entre monsieur le cardinal de Richelieu de la part du Roy et monsieur le cardinal de Lorraine fondé en pouvoir général de monsieur le duc de Lorraine son frere ce qui en suit.

Que ledict Duc renonce de nouveau à toutes les alliances contraires à celles de France, proteste n'avoir plus à l'advenir aucunes intelligences prejudiciables au Roy nommement avec la maison d'Austriche soit en Allemaigne, en Espaigne ny avec quelques particuliers, que ce puisse estre qui soyent hors de l'obeissance et de la grace de Sa Majesté, qu'il veut à l'advenir servir envers tous et contre tous sans exception quelconque et ce avecque toutes les forces que la condition de son Estat pourra le permettre, et pour oster tout soupçon qui fut capable de faire encor aucunes entreprises contre les alliez de Sa Majesté, il s'oblige à ne faire aucun armement contre les troubles presens de l'Allemaigne sans l'expres consentement du Roy.

Promet aussy ledict sieur Duc de désarmer aussy que Sa Majesté aura parolle de mons^r Oxenstiern, grand chancellier de la couronne de la Suede et ses confederez, de ne rien entreprendre contre luy et qu'ilz auront retiré leur armée de ses Estatz fors des comtez de Saverdun, Bouyvenon occupez par eux depuis peu. A raison de quoy ledict sieur Duc supplie le Roy de prendre cognoissance des droictz qu'il a sur lesdictz comtez et du suject qu'il a d'en prendre la restitution pour laquelle il plaira à Sa Majesté d'entremettre, ledict sieur Duc se soubsmettant à son arbitrage au cas que ledict sieur chancellier Oxenstiern et ses confederez veulent faire le mesme.

Que la ville de Nancy sera deposée entre les mains du Roy dans trois jours pour y demeurer avec telle garnison qu'il luy plaira y mettre jusques à ce que la bonne conduilte dudict sieur Duc ou la paciffication d'Allemaigne oste lieu d'apprehender pareilles menées et entreprises qu'il a faictes contre le Roy et ses alliez.

Comme aussy jusques à ce que le susdict mariage pretendu entre Monsieur, frere unicque du Roy, et la princesse Marguerite, soeur dudict Sr Duc, soit declaré nul par voyes legitimes et vallables pour à quoy parvenir, ladicte princesse Marguerite sera mise dans quinze jours entre les mains du Roy qui trouve bon qu'elle demeure dans Nancy où plus facilement on pourra esclaircir les circonstances de ce qui s'est passé en ce prétendu mariage. « Depuis par l'accommodement faict entre ledict Sr Duc il a esté deschargé de representer ladicte Princesse attendu qu'elle est à Bruxelles aprez qu'il a consenty la dissolution dudict mariage par lesd. voyes. »

Et enfin jusques à ce que les differendz qui peuvent estre entre le Roy et ledict Duc à cause des Estats qu'il possede soient raisonnablement decidez, ce à quoy il sera incessamment travaillé de part et d'autre sans intermision ny remise, Sa Majesté et ledict Duc demeurans cependant en tous les droictz qu'ilz pretendent leur estre acquis jusques à ce jour sans qu'on puisse pretendre qu'en vertu du present traicté ilz renoncent à aucuns droictz.

A esté aussy arresté que le duché de Bar demeurera en l'Estat qu'il est en la saisie ordonnée par arrest du Parlement de Paris jusques à ce que Sa Majesté ait receu la satisfaction qui luy est deüe pour raison dudict duché de Bar.

De plus a esté convenu qu'il ne sera touché en aucune façon par Sa Majesté ny les siens au revenu dudict duché de Lorraine et Estatz en deppendans, duquel ledict sieur Duc ou ses successeurs et ayans cause joüiront librement comme aussy de la ville de Nancy qui sera remise de bonne foy audict sieur Duc ou ayans cause aussy tost que les choses cy-dessus seront mises à execution et que pendant que laditte place de Nancy demeurera consignée ez mains du Roy, il sera permis à monsieur le cardinal de Lorraine de faire sa demeure en icelle si bon luy semble avec libre jouïssance de toutes jurisdictions et droictz fors en ce qui concerne le commandement des armes qui deppendra entierement de celuy qu'il plaira au Roy y laisser à ceste fin, lequel rendra tout respect audict sieur Cardinal convenable à sa qualité et condition et recevra le mot de luy.

Et afin qu'il puisse estre avec plus de dignité dans ladilte place d'autant que le palais ducal est dans la vieille ville. Lors qu'il luy plaira y demeurer la garnison françoise sera obligée d'estre toute dans la nouvelle ville sans tenir aucune chose de la vieille ville sinon les deux bastions et la porte qui separe les deux ville où il sera permis à ladilte garnison de se loger seurement comme elle l'estimera à propos. Le Roy trouvant bon qu'en ce cas ledict sieur Cardinal ait une compagnie de cent hommes choisiz par luy pour faire garde devant son logis à condition que tous les canons, armes et munitions de guerre qui sont maintenant dans la vieille ville seront transportez dans la nouvelle.

Les gens de guerre qui seront en garnison dans ladicte place ne molesteront en aucune façon les habitans, vivront avec tel ordre que lesdictz habitans n'auront aucune occasion de s'en plaindre, et au cas qu'il en arrivast autrement en quelque occasion que ce peut estre il y sera promptement pourveu au contentement desdictz habitans.

Or d'autant qu'il pourroit arriver que les troubles d'Allemaigne ne se termineroient pas si tost que Sa Majesté le souhaitte et qu'il est à desirer. Il a esté convenu que si la guerre dure plus de quatre ans les conditions du present traicté preallablement accomplies, Sa Majesté se deportera du depost de la ville de Nancy et la remettra entre les mains dudict sieur duc de Lorraine ses successeurs et ayans cause pour en jouïr pleinement et aux mesmes droictz qu'il a faict cy-devant. Depuis, a esté accordé que sans attendre les dictz quatre ans si tost que ledict sieur Duc aura accomply tout ce qu'il a promis ladicte ville lui sera renduë.

Faict au camp devant Nancy le sixiesme septembre mil six

cents trente-trois, signé : le cardinal de Richelieu, le cardinal de Lorraine.

Aprez avoir veu le traicté cy-dessus faict entre monsieur le cardinal de Richelieu de la part du Roy et monsieur le cardinal de Lorraine mon frere de la mienne, il declare par le present acte le trouver bon et voulloir qu'il ait lieu et entier effect avec adjonction de ce qui en suit.

Que non seulement la porte qui est entre la vieille et la nouvelle ville avec les deux bastions seront entre les mains du Roy, mais de plus l'autre porte de la vieille ville appellée de Nostre-Dame, et ce pour éviter les inconveniens qui pourroient arriver des soupçons qu'on pourroit prendre s'il estoit autrement.

Que sur la proposition faicte par monsieur le cardinal de Richelieu, Monsieur de Lorraine pourra estre quand bon luy semblera dans Nancy tout ainsy qu'il en est dit cy-dessus; pour monsieur le cardinal son frere, y pourra faire sa demeure avec tous les honneurs deubz à sa qualité de Duc.

Que bien que Nancy par les articles du traicté cy-dessus doive estre entre les mains du Roy pour quatre ans, au cas touteffois que dans trois mois ledict sieur Duc remettra madame la princesse Margueritte entre les mains de Sa Majesté qui aura agreable de la faire traicter selon sa qualité et condition, ledict sieur Duc consentant comme il faict des à present la dissolution de son mariage avec Monsieur, à laquelle il sera procedé par voye legitime et vallable et que le surplus du traicté soit accomply, Sa Majesté restituera ladilte place de Nancy sans attendre davantage, rasant les fortifications d'icelle si elle le juge à propos.

Faict à Charmes le vingtiesme jour de septembre mil six cents trente-trois, signé : Charles, duc de Lorraine, et, plus bas, Janin.

Nous soubz-signez cardinal de Richelieu, en vertu du pouvoir qu'il a pleu au Roy nous donner, declarant accepter pour Sa Majesté les articles cy-dessus signez par monsieur le Duc de Lorraine et promettons les faire ratiffier par sad. Majesté ainsy que le traicté signé par monsieur le cardinal de Lorraine le sixiesme jour du present mois. Faict à Charmes, le vingtiesme jour de septembre mil six cents trente-trois, signé : le cardinal de Richelieu, registré ouy le procureur general du Roy à Paris, le vingtiesme decembre mil six cents trente-trois, signé : Du Tillet.

Bien qu'il soit dit par le traicté faict ce jourdhuy entre monsieur le cardinal de Richelieu de la part du Roy et monsieur le cardinal de Lorraine, en vertu du pouvoir general de monsieur son frere que madame la Princesse Margueritte sera remise dans quinze jours entre les mains de Sa Majesté pour plus facilement esclaircir les circonstances du prétendu mariage entre Monsieur et Elle. Il a esté neantmoins convenu qu'au cas que monsieur le cardinal de Lorraine ne peust remettre ladilte Princesse entre les mains du Roy dans le temps porté par ledict traicté d'autant qu'il a promis d'aller à ***, ainsy qu'il avoit desiré, Elle est demeurée à Thionville. Icelluy traicté ne lairra pas de demeurer en sa forme et teneur moyennant que ledict Cardinal et ledict sieur Duc son frere facent de bonne foy tout ce qu'ilz pourront pour retirer ladilte Princesse et la remettre entre les mains de Sa Majesté, ainsy qu'ilz s'y sont obligez et que cela n'empesche pas la dissolution dudict pretendu mariage par voyes legitimes et vallables, ainsy qu'il est porté par le susdict traicté faict au camp devant Nancy ce sixiesme septembre mil six cents trente-trois, signé : le cardinal de Richelieu, le cardinal de Lorraine, et plus bas est escript, registré ouy le procureur general du Roy à Paris en Parlement, le vingtiesme decembre mil six cents trente-trois, signé : Du Tillet.

(*Manuscrit de Conrart à la bibliothèque de l'Arsenal.*)

XLIII.

REDDITION DE NANCY.

Septembre 1633.

Le plan du siége de Nancy, gravé par Tavernier, graveur du roi, dont nous devons la communication à l'obligeance de M. de Saint-Florent, est accompagné d'une dédicace et d'un récit du siége que nous croyons devoir reproduire.

Au Roy.

Sire, Votre Majesté ayant désiré que le plan du siége de Nancy, commencé par mon beaufrère de Malleval, en mon absence, et parachevé par moy, fut gravé et imprimé, l'ayant vérifié sur les lieux, et recogneu qu'outre la représentation asseurée de la place et des environs, elle a trouvé la vérité de celle des travaux qu'elle mesme y avait tracéz et faist faire en sa présence, avec une vigilance si grande qu'elle est incroyable, si ce n'est à ceux qui les ont veus, y en ayant plus de la moitié de faists en trois sepmaines. J'ai creu, Sire, estre aussi obligé d'en escrire les discours. Ainsi que je l'ay ouy réciter par Votre Majesté à quelques princes et Seigneurs, des plus expérimentez du Royaume en cest art, qui s'estonnèrent de la grande prévoyance qu'elle avoit euë (après avoir considéré la situation de la ville), d'avoir trouvé à l'instant tout ce qui estoit nécessaire à faire pour l'assiéger, depuis le commencement jusques à la fin. Subjest qui servira d'instruction, avec les belliqueuses actions que Vostre Majesté a faites depuis vingt ans, pour augmenter le nombre qui s'en va presque infiny, de tant de grands Capitaines et de soldats qu'elle a cy-devant faits, donc le moindre ayant porté les armes six mois dans ses vieilles trouppes par le bon soing qu'elle a de les instruire, seroient capables de commander en quelque part du monde où ils sçauroient aller. C'est ce qui donne de la crainte à ses ennemis, de l'asseurance à ses alliez, et donnera, Dieu aydant, du soulagement et du repos à son peuple. Vostre Majesté n'ayant plus à souhaitter qu'une chose à ce subject pour son repos et la conservation de sa santé. C'est qu'il plaise à Dieu de maintenir celle de Monseigneur le cardinal qui, comme un Argus, vigilant et prévoyant, sçait descouvrir toutes les entreprises et stratagemes qui se dressent contre Votre Majesté et son Estat, pour luy en faire à mesme temps un fidèle rapport, estant bien asseuré qu'aussitost qu'elle aura la cognoissance du mal, qu'elle sçaura y donner le remède. C'est où se remarque les graçes qu'elle a receuës du Tout-Puissant, n'en ayant pas manqué une de toutes celles qu'elles a entreprises jusques à ce jour, et qui nous promet à l'advenir un heureux succez de toutes ses généreuses actions. Je le prie de tout mon cœur qu'elle lui continuë ses graces, les faisant jouyr longuement du fruict de ses travaux, et remplir son regne de ses benedictions, et à moy celle de bien cultiver les fruists de mon mestier dans l'escolle qu'elle faist à son peuple par son exemple, afin de les employer à son service, comme estant, Sire, vostre tres-humble, tres-obeyssant, et tres fidelle subjest et serviteur, R. Desiette.

RECIT DU SIEGE DE NANCY.

Le Roy l'ayant résolu, partit de Monceaux, et séjourna quelques jours à Chasteau-Thierry pour donner temps à ses troupes de se trouver au rendez-vous qu'il leur avoit donné, où estant arrivé, il en partit deux jours aprés, et arrive devant Nancy le vingt-sixiesme d'aoust 1633; où il fist le tour de la ville pour la recognoistre, accompagné de Monseigneur le Cardinal, et des officiers de son armée. Il tint conseil de guerre sur ce subjest.

Le lendemain, recevant les advis des plus experimentez d'icelle, qui tendoient la pluspart à circuir avec les lignes de la circonvalation, les montagnes qui regardent le couchant de ladite ville du costé de Thoul; mais ayant bien considéré la nature du pays et sa situation, et sçachant le nombre de gens de guerre dont son armée devoit estre composée ne les trouva pas à propos, et toutes fois il les communiqua tous à Mondit Seigneur le Cardinal estant sur lesdites montagnes, desquelles il pouvoit presque voir toute la situation de la place; et à l'instant le Roy luy dist le sien, qui estoit de n'en circuir qu'une partie, parce que le travail en seroit trop grand, occupant pour le moins les deux tiers de son armée, qui ne devoit estre que de trente-cinq mille hommes de pied, de cinq mille chevaux, et que son dessein estoit de n'en faire que pour occuper le tiers, et les deux autres serviroient pour battre la campagne aux avenuës du secours, et par ainsi marchant au large avec ses ordres, la faire vivre commodément sans incommoder le pays, avec dessein toutes fois, qu'une partie d'icelle viendroit relever de quinze en quinze jours celle du camp pour la rafraîchir, en cas qu'elle en eust besoin. Monseigneur le Cardinal trouva cest advis extrêmement bon, pourvu que lesdits travaux ne peussent estre ruinez par ceux de la ville, et que lesdites montagnes estant gaignées, des Ennemis ne peussent pas incommoder ceux qui seroient dedans. A quoy le Roy respondit qu'il estoit fort facile de le faire en les mettant au milieu des deux, et qu'elles n'en pourroient estre incommodez que de l'artillerie, où l'on remedieroit aux lieux qui seroient voisins de ladite ville par les traverses que l'on feroit au dedans, devant, et derriere lesquelles l'on mettroit partie de la cavalerie en garde, pour s'en servir contre les sorties, et que où les montagnes verroient lesdist travaux, que l'on y feroit des forts pour en garder les avenuës, tels qu'ils ne se pourroient forcer d'emblée, n'y sans siege reglé; et que son armée n'estant qu'à une journée ou deux dudit siége, qu'elle auroit le temps de les secourir. Outre qu'il avoit recogneu que l'on pouvoit inonder facilement entre lesdites montagnes et travaux de grandes vallées fort spacieuses, par la retenuë des eaux qui en descendent, ce qui empescheroit que les quartiers et lignes de circonvalation ne pourroit estre forcées que par certaines avenuës, dans parties desquelles il se rencontroit des bois, par dedans lesquels en y passant lesdites lignes, elles seroient couvertes par devant et par derrière, et que coupant le taillis à moitié de hauteur d'homme, donneroit jour pour voir venir les Ennemis, qui ne le pourroit faire en bataille, ordre, ny autrement, rencontrant cest obstacle, et par ainsi très-facile à deffendre; mesmes qu'aux autres avenuës plus accessibles, l'on mettroit au devant d'icelles les meilleurs forts qui se doivent faire. Et que pour ce qui regarde l'autre partie desdites montagnes, qu'il faut necessairement occuper, parcé qu'elles ne passent qu'à trois cens thoises de la ville, et que les travaux qui seroient au milieu des deux seroient incommodez l'un et de l'autre. Qu'il seroit à propos de bien fortifier et garder l'avenue de Thoul, qui est la plus facile, et que pour le reste qui est une grande espace de forest montagneuse espoisse, le bout d'icelle qui descend vers la ville, estant presque du tout inaccessible, qu'il suffiroit de faire un chemin entrelassé d'arbres, depuis le lieu où est le fort des marques 20 jusques qu'à celui de Navarre marqué Y dans le plan, vis à vis duquel il avoit recogneu un destroit entre deux montagnes, où la rivière passe, et où il se peut faire une chaussée, qui serviroit de passage avec un pont qu'il se pourroit faire vers le quartier de Saint-Chaumont, pour avoir la communication libre avec les autres quartiers et travaux qui seroient de ladite rivière, et pour inonder presque les deux tiers du circuit de ladite ville, qui sont prairies, jardins, et autres lieux bas, et par ainsi leur en oster la commodité, mesmes des sorties, sinon par les lieux éminents, qui se trouveroient en ce cas puissamment fortifiez et gardez, n'estant obligez de tenir aux autres lieux qui seroient inondez, que des sentinelles, ceux de la ville, n'y pouvant venir qu'avec des batteaux.

Estant résolu, que si le secours venoit par Villeneufve (qui devoit estre son quartier), bien qu'il fut fortifié, il sortiroit avec ses trouppes pour aller au devant d'iceluy, et laisseroit dedans tous les bagages, qu'il feroit garder par les vallets.

Estant tout ce qu'il croyoit estre de plus avantageux, tant pour poser et construire les forts, lignes et redoute de la circonvalation, que pour le moyen de les conserver.

Et qu'il ne restoit plus à présent qu'au moyen de faciliter les vivres de l'armée, qui seroit destinée pour ce subject, à quoy il avoit desjà pensé, et qui estoit de prendre les grains, foins et avoines qui se trouveroient dans les maisons des Fermiers du Duc de Lorraine, et en faire un magazin dans deux de ses maisons, qui se rencontrent proche et dans lesdistes lignes. Ce qui fut faist, et s'en trouva pour faire vivre ladite armée plus de trois mois, qu'il feroit descendre tous les moulins à eau qui sont vers Sainst-Nicolas, proche dudit pont, qui devoit estre vis à vis dudit quartier de Sainst-Chaumont, avec ce qu'ils en trouveroit à bras, pour faire moudre tous les bleds, et par ainsi avoir toutes les commoditez qui se peuvent souhaitter.

Ce que Mondit Seigneur le Cardinal trouva fort à propos, disant qu'il n'y avoit plus rien à desirer après une si grande prevoyance.

Et dès lors le Roy ne voulant perdre temps, il partit avec Monsieur le Mareschal de La Force, et la plus grande partie des officiers de son armée, pour aller tracer luy mesme lesdits forts, lignes et redoutes de ladite circonvalation, ainsi qu'il l'avoit proposé, et continua avec ledit sieur Mareschal tous les jours dès quatre heures du matin, ayant le soing d'ordonner à chacun en particulier le travail qu'il devoit en faire, voyant faire les marchez, les controller, et faire payer en sa presence.

Si bien qu'agissant universellement dans tous les fonctions dudit siège, ses Officiers et Capitaines n'auroient qu'à exécuter ses ordres, et ses Ingénieurs ses desseins, à quoy les uns et les autres se sont portez si diligemment, qu'en trois sepmaines les deux tiers desdits travaux estoient faists.

Ce qui estonna le Duc et ses habitans de telle sorte, voyant la force et la bonté de sa place luy estre inutille, desespèré du secours de ses alliez, et pressé par Mondit sieur le Mareschal de La Force, qui avoit commandement de le combattre, il se résolut, pour éviter que ses subjets et luy ne fussent totalement ruinez, de venir demander luy-mesme la protection du Roy, qui la luy accorda en lui remettant Nancy, où il entra le vingt-cinquiesme jour de septembre 1633.

C'est ce que j'ay peu apprendre lorsque le Roy le récitoit sur le plan à Messieurs les conte de Soissons, d'Angoulesmes et de Longeville, à Chasteau-Thierry, et ce que j'ay veu pendant que j'ay esté audit siege.

DESCRIPTION DU SIÉGE DE NANCY,

COMMENCÉ LE VINGT-SEPTIESME JOUR D'AOUST, ET RENDU LE VINGT-TROISIESME JOUR DE SEPTEMBRE MIL SIX CENTS TRENTE-TROIS.

A La ville vieille de Nancy.
B La ville neufve.
C Quartier du Roy.
D Parc de l'Artillerie.
E Quartier de M. de Saint-Chaumont, où estoient logéz les régimens de Picardie et Thonin.
F Quartier de cavalerie.
G Quartier des régiments de Hocquincourt, Menillet et Sainst-Estienne.
H Quartier du régiment de Piedmont et de six cornettes de cavalerie.
I Quartier de Sainst-Annay.
J Quartier de Montozier.
K Logis de M. de Sourdy.
L Quartier de M. des Chastelliers avec les régimens de Navarre et Castelmoron, six cornettes de cavalerie qui se devoient jetter dans les forts et retranchemens en cas de nécessité.
M Quartier du régiment de Normandie et six cornettes de cavalerie.
N Régiment de Thuraine hutté.
O Régiment de Champagne hutté.
P Quartier de Longumeaux.
Q Fort pour garder l'avenuë de parc de l'Artillerie.
R Fort pour garder l'avenuë du quartier du Roy.
S Fort de Richelieu.
T Fort de la Mailleraye.
V Fort de Sainst-Chaumont.
X Fort de la Suze.
Y Fort du marquis de la Force.
Z Fort du vieil Estang.

1 Fort Dessay.
2 Fort de la Butte.
3 Fort du Hallier.
4 Fort du Penchant.
5 Fort de Sourdy.
6 Fort de la Digue.
7 Fort de Navarre.
8 Fort.
9 Fort de Nesle.
10 Fort Darpajon.
11 Fort des Chartreux.
12 Fort de Sainst-Louys.
13 Fort de Vaubecourt dans lequel le régiment de Nettancourt est logez.
14 Fort de Navarre où son régiment est campé.
15 Fort de la Force.
16 Fort des Liégeois où ils sont campés.
17 Fort pour empescher que le secours ne se loge sur la montagne.
18 Logis fortifié naturellement pour garder l'avenuë de la montagne.
19 Autre fort pous empescher que le secours ne gaigne la montagne.
20 Chaussées pour retenir les eaux qui descendent de la montagne, afin d'inonder les vallées pour empescher le secours.
21 Autres chaussées pour inonder partie de l'avenuë du quartier du Roy et du parc de l'Artillerie, pour obliger le secours à passer au devant des forts Q et R.

22 Pont pour la communication des quartiers qui sont au delà de la rivière.

23 Digue pour la communication susdite et pour inonder toutes les prairies et lieux bas à l'entour de la ville, qui contiennent les deux tiers d'icelle, afin d'en ôter la commodité des pâturages et des sorties.

24 Cavallerie en garde à l'avenuë du quartier du Roy.

25 Traverse pour couvrir de la ville les travaux et les régiments qui seront en bataille derrière.

26 Magasins pour les vivres.

SONNET SUR LA REDUCTION DE LA VILLE DE NANCY.

Rempart haut eslevé, fiere enceinte de pierre,
Creux et larges fossez, travaux ingénieux
De l'esprit et de l'art, chef-d'œuvre audacieux
Pour braver les efforts des puissants de la terre.

Et quoi ? vous rendez-vous au seul bruit de la guerre,
Bastions qui lancez des esclairs par les yeux,
Et vos canons armez de la foudre des cieux
Seront-ils maintenant sans feux et sans tonnère ?

Mais vous avez raison, vostre Duc ceste fois
Est sage en vous livrant au plus brave des Roys,
Qui sçait brider les mers et briser les montagnes.

Remparts vous n'estes pas des Alpes en hauteur,
Fossez, vous n'estes pas des mers en profondeur,
Et pour luy monts et mers sont de razes campagnes.

A Paris, chez Melchior Tavernier, graveur et imprimeur du Roy pour les tailles-douces: 1633. Avec permission.

On trouve dans le *Mercure français* cet autre sonnet sur la prise de Nancy :

Plus fier que Montauban, plus fort que La Rochelle,
Plus mutin que Privas, mais plus mal deffendu,
Nancy, l'orgueil du monde, heureusement rendu,
Termine en peu de jours une longue querelle.

La victoire, ô grand roy, vous suit à tire d'aile
Depuis que vous avez vos faveurs respandu
Sur celuy dont le corps et l'esprit n'est tendu
Que pour nous mettre en main quelque place nouvelle.

Qu'on ne me parle plus de ce siége ennuyeux
Qui coûta tant de sang à ses victorieux,
Et tant loué des vers d'Homère et de Virgile.

Notre siècle fait honte à celui de Priam
Où les Grecs en dix ans ne prenoient qu'une ville,
Et nostre roy Louys en prend dix en un an.

S. D. G.

XLIV.

Nancy, 20 septembre 1633.

Le Roy fit hier son entrée en cette ville qui se peut dire avoir estée en son bon ordre, mais non en cérémonie, les mousquetaires a cheval de sa garde entrerent les premiers en bon ordre accoutumé. La compagnie de chevaux legers de S. M. armée de toutes pieces, puis toute la noblesse la plus part parée et plus proche de S. M. 7 ou 8 chevaliers de son ordre. Elle etoit en carosse et avec elle le cardinal de Lavalette, M. le comte de Harcourt, M. le Premier, M. de *** et M. le marquis de La Force, sa garde du corps suivoit puis sa compagnie de gens d'armes armés de toutes pieces et en apres le train de monseigneur le Cardinal dont les premiers citoyens, 25 ou 30 gentilshommes et de ses domestiques puis deux de ses écuyers suivys d'un de ses grands chevaux menés en main par deux palfreniers et de 7 de ses pages avec tous ses chevaux de prix menés en main par des palfreniers montez puis le carosse ou il estoit et ensuitte les mousquetaires a cheval de sa garde.

Le Roy alla descendre et loger dans la nouvelle ville en une maison particuliere n'ayant pas voulu prendre son logis qui avoit esté faict dans la ville au palais du Duc.

Monsieur le cardinal de Lorraine vint au rencontre de sa Majesté à un demy quart de lieue de la ville et revint avec elle dans son carosse. Il a faict aujourdhui sa cour à S. M. on dit qu'on luy donne l'evesché d'Alby.

Nos gens gardent tout dans la ville sans exception de porte ny de bastions. M. de Lorraine l'ayant mieux aymé ainsi qu'avec les reserves que M. le cardinal son frere avait faicte parce qu'il a cru que S. M. auroit eté toujours la plus forte. Il ne pouvoit avoir d'autre ni de meilleure sureté que sa parolle pour luy et les siens. M. le comte de Brassac a le commandement de la garnison, S. M. y laissant toute l'autre à monsieur le duc de Lorraine excepté ce qui est de la sureté de son service dans la place. L'on a amené aujourdhui tous les canons des murailles et de l'arsenal pour les faire voir à S. M. Il n'y en a point de plus beau au monde ny en plus grande quantité en aucune place, et il s'en peut dire de mesme de tout ce qui est pris en une ville de guerre, il n'y avoit aucun habitant de ceux que l'on faisoit estat de garder dans la ville qui n'aye moins que pour un an de vivres et tout ce peuple est tellement affectionné à son Prince quil y a apparence qu'il se fust sacrifié pour sa defense s'il en fust secondé. Dans la vieille ville le baron d'Aisne mareschal du Barrois qui est un vieux cavalier fort estimé, commandoit, dans la nouvelle un vieux gentilhomme gascon appelé M. de La Ferté habitué et maryé au pays qui y a acquis grande estime, et sur tous les deux le marquis de Mouy qui est aussy estimé homme de valeur et qui eusse pu bien se servir de l'expérience des autres.

La Royne est arrivée cette apres diné en cette ville où elle a eu aussitot grande cour.

M. de Lorraine qui estoit avant hier allé voir la princesse de Phalzbourg est arrivé ce soir en cette ville et la dite princesse aussi. La duchesse de Croy y est venue voir leurs Majestes. Et la cour y seroit belle sy elles y faisoient séjour elle part le 19 de ce mois pour aller coucher à Thoul, et de là a grandes journées vers Paris. On ne dit point encore bien assurement si sa Majeste séjournera longtemps.

(*Archives des affaires étrangères.*)

XLV.

LETTRE ADRESSÉE A M. BOUTHILLIER SECRÉTAIRE D'ESTAT, PAR M. DE BRASSAC.

Nancy, 31 octobre 1633.

Monsieur, il semble que monseigneur le Cardinal ayt preveu les brouilleries artificieuses de monsieur de Lorraine envoyant M. de Cavoys pour luy demander ses trouppes et luy conseiller d'aller treuver le Roy, la raison de ce que il dit est que nonobstant la promesse qu'il avoit faicte au S^r de La Garde de désarmer ce que moy mesme j'avois creu sur quelques apparences, il n'a neamoins licentié qu'une partie et retenu encores les trouppes que commandent Bassompierre, Oselippes, Bérüe, Bordeaux, et il croit encore quelques autres, tellement que ça esté très a propos que mon dit Seigneur luy a escrit. Il se treuva hier surpris en l'arrivée dudit Sr de Cavoys et respondit néantmoins qu'il donneroit lesdites trouppes lesquelles il depeint fort petites, et dit en outre qu'il croit aller treuver le Roy dans deux jours. Mon opinion n'est pas qu'il fasse ny lun n'y l'autre, c'est a dire que s'il donne des trouppes ce sera si peu, faisant esloigner le reste, que cela ne sera pas considérable. Et quant à son assentiment à la cour, encores qu'il m'aye dit à moy mesme qu'il iroit (le cardinal de Lorraine) si est ce que Tulipe m'a dit apres qu'il ne scavoit pas s'il niroit point à Plonbieres boire des eaux. J'ai conseillé audit Sr de Cavoys de luy dire quil attendroit icy et l'adjonction de ses trouppes et son partement puisque le tout devoit estre dans deux jours, afin d'en porter des nouvelles asseurées à mon dit Seigneur.

(*Archives des affaires étrangères.*)

XLVI.

LETTRE ADRESSÉE A M. BOUTHILLIER, CONSEILLER D'ESTAT, PAR M. DE BRASSAC.

Nancy, 16 novembre 1633.

Monsieur, vous aurez veu monsieur le cardinal de Lorraine plustost que vous ne recevrez celle cy, s'il a rapporté les plaintes que monsieur son frere fait des Suedois, de monsieur de La Force, et de la cour du Parlement de Metz a la façon qu'il les crie, vous aurez bien reconnu quil se veut donner des sujets de n'etre jamais bien avec nous, luy et madame de Fallzbourg entretinrent quatre grosses heures ledit seigneur Cardinal plustost qu'il partit, je l'avois laissé auparavant en bonne trempe comme je vous l'ay mandé, je ne scai s'ils l'auront diverti car il est fort faible contre eux.

Je crois que c'est un très bon expedient de montrer qu'on désire que ledit seigneur Duc aille a la cour, et s'il n'y va (comme cela ne peut entrer en l'opinion de ceux qui le connoissent de deça) on verra s'il s'en pourra faire une suffisante cause de soubçon avec les autres accasions qu'on en a afin de prendre un poste icy autre que nous n'avons qui assure tout a fait, et qui ne le laisse pas en estat d'attendre patiemment une occasion pour tenter du mal.

(*Archives des affaires étrangères.*)

XLVII.

ADVIS DE M. DE CHAMBLAY.

Dans le dessein que S. A. avoit d'aller à la cour où il ne pretendoit qu'aller et venir, madame la princesse de Fallzbourg luy a fait croire que l'on l'arresteroit estant là, c'est ce qui l'a fait changer de resolution et envoyer M. le cardinal son frere pour tirer le temps en longueur et voir quel trait prendront les affaires d'Allemagne. Walstein qui escrit souvent de sa main à S. A. l'asseure qu'il a reduit les Suedois à l'extremité et que devant que le printemps arrive il sera sur le bord du Rhin avec cent mille hommes de pied et trente mille chevaux et le delivrera des mains du Roy et tout son Estat.

En attendant madame la princesse de Falzbourg (que l'on croit asseurement mariée avec M. de Puylaurens) luy conseille d'aller en Flandre avec Monsieur, elle veut estre de la partie, M. de Ville dit quil vaut mieux aller en Allemagne et que deca l'on voit le parti de l'Empereur au dessus sans aucun doute. M. de Rachecourt asseure quil vaut mieux temporiser en ce pays en attendant la revolution d'Allemagne, et afin de n'estre pas surpris s'approcher de la Mothe ou S. A. se pourra retirer et estre en assurance quand bon luy semblera.

S. A. est encore dans l'irresolution du choix de ces trois conseils. Neantmoins il fait conduire quantité de munitions de vivres de guerre dans la Mothe et veut mener Madame et madame la princesse sa sœur a Mirecourt qui est tirant vers la Franche-Comté.

Touttes deux ont peur qu'on ne les jette et les enferme dans La Motte, et se deffendent tant qu'elles peuvent de ce voyage, mais elles auront peine de l'empescher, elle ont bien l'alarme aussy qu'il les envoye en ladite Franche-Comté.

(*Archives des affaires étrangères.*)

XLVIII.

MÉMOIRE POUR M. DE BRASSAC.

26 décembre 1633.

Le dit sieur de Brassac dira ouvertement à M. de Lorraine que le Roy n'entend point son procédé et le trouve fort étrange, que par le traité fait avec lui, il ne peut faire aucune levée sans advertir Sa Majesté.

Que ses forces doivent être jointes avec celles du Roi, et qu'au contraire de ses obligations, il grossit ses troupes sans nécessité, sans en avertir S. M., et leur défend de suivre son armée qui sont toutes contraventions que sa dite Majesté ne peut supporter. Qu'elle le prie une fois pour toutes de dire nettement quelles sont ses intentions, et de rendre son procédé conforme à ses paroles, que le Roy ne désire point qu'il ait plus de 500 chevaux; bien qu'encore ne lui sont-ils nécessaires que pour la bienséance, et qu'outre cela Sa Majesté désire-t'elle qu'ils soient conjoints avec son armée, comme il est obligé par le traité, avec ordre d'obéir à M. le Maréchal de la Force et de servir dans les occasions qui se présenteront.

Si Monsieur de Lorraine répond à tout cela, que les Suédois sont entrés dans ses pays, le dit Sr de Brassac lui dira que le Roy a fait faire toutes les instances nécessaires pour les en faire sortir, dont il attend de bons effets, et qu'en tout cas, n'étant pas lui seul assez fort pour les en chasser, le meilleur moyen qu'il puisse prendre est de s'attacher inséparablement au Roy pour obliger d'autant plus S. M. à soutenir sa cause, ce qu'elle fera indubitablement, s'il lui en donne sujet par sa bonne conduite.

Le dit Sr de Brassac lui fera représenter ce que dessus le plus exactement qu'il pourra, s'il n'est pas à Nancy, et l'assurera de la bonne volonté du Roi et que Sa Majesté a donné tous les ordres nécessaires au parlement de Metz pour sa satisfaction suivant les réponses qui ont été faites aux articles présentés de sa part par M. le cardinal de Lorraine.

Si le dit sieur de Brassac connoît par les réponses de Monsieur de Lorraine qu'il ne veuille rien faire de ce que dessus, il lui dira librement qu'il a charge expresse de lui faire savoir que s'il demeure en ces termes, le Roi commande à M. de la Force et à lui de traiter avec le dit Duc, comme avec une personne qui vient de gaieté de cœur enfreindre les traités qu'il a faits avec S. M., et qu'en ce cas, il trouvera bon s'il lui plaist, qu'il le prie de ne demeurer plus à Nancy ni lui ni Madame de Phalsebourg, le Roi lui ayant expressément recommandé d'en user ainsi, au cas seulement qu'il ne veuille pas satisfaire à ce à quoi il est obligé par ces traités, mais prenne plaisir à donner de justes soupçons au Roi de sa conduite.

Il lui fera encore entendre de la part du Roi de trouver bon tant que l'armée du Roi sera en campagne en ces quartiers-là, et qu'il y aura lieu de soupçonner le passage des Espagnols, que S. M. tiendra garnison dans ...... qu'il retirera dans 3 mois tout au plus tard; Sa Majesté y étant contrainte d'autant que les Espagnols ne pouvant passer par Thionville sans entrer au pays messin; ils se servent de cette place pour faire passer leurs gens et argent en allant et tiennent l'armée du Roi en continuelle jalousie, et sur sa réponse, le Roi verra ce qu'il aura à faire.

Fait à St Germain en Laye le xxvie j. de décemb. 1633.

(*Archives des affaires étrangères.*)

XLIX.

LETTRE DU ROY A MONSIEUR LE PROCUREUR GENERAL.

2 janvier 1634.

Nostre amé et feal comme nous faisons entendre à nostre Cour de Parlement par noz Lettres Closes de ce jour ce qui est de nostre volonté et intention en la declaration de la nullité du mariage de nostre tres cher et tres amé frere le Duc d'Orleans avec la Princesse Marguerite de Lorraine, nous avons bien voulu les accompagner de la presente pour vous dire que vous ayez à presenter nosdittes Lettres à nostre Cour de Parlement et à faire de vostre part toutes les poursuites, diligences et requisitions qui seront necessaires en ceste action en vostre loyauté et conscience, selon que nous nous en reposons sur vostre suffisance affection et fidelité à nostre service, si ny faictes faute, car tel est nostre plaisir. Donné à Sainct Germain en Laye, le deuxiesme janvier 1634.

L.

LETTRE DU ROY A MONSIEUR LE PREMIER PRESIDENT.

2 janvier 1634.

Monsieur le Jay, mon intention estant de faire proceder à la declaration de la nullité du mariage de mon frere le Duc d'Orleans avec la Princesse Marguerite de Lorraine, j'ai faict entendre bien particulierement à ma Cour de Parlement, par mes Lettres Closes de ce jour, de que je desire estre faict en cela par les voyes de droict et accoutumées, et comme c'est chose de tres grande importance non seulement au bien de mon service mais au repos de l'Estat, je vous ay bien particullierement voulu faire celle cy pour vous dire que vous ayez de vostre part à contribuer en ceste action tout ce qui deppend de l'authorité de vostre charge et que vous jugez en vostre conscience y debvoir estre faict, à quoy m'asseurant que vous vous employerez avec fidelité et affection, je prieray Dieu qu'il vous ait, Monsieur le Jay, en saincte grace. Escrit à Sainct Germain en Laye, le deuxiesme jour de Janvier 1634.

(*Manuscrits de Conrart à la bibliothèque de l'Arsenal.*)

LI.

LETTRE DE LA PRINCESSE CLAUDE AU CARDINAL DE RICHELIEU SUR LE SUJET DU MARIAGE QU'ON LUI PROPOSAIT AVEC M. LE CARDINAL DE LORRAINE.

4 janvier 1634.

Monsieur, estimant que ce seroit commettre un crime que de douter de vostre bienveillance après en avoir reçu tant de marques précieuses, je n'ai voulu manquer à vous donner advis d'une proposition de mariage que Mr de Lorraine m'a fait faire de Mr son frere et de moy. Mais, comme je suis resolue de ne rien faire que ce que la volonté du Roy et vos bons conseils m'ordonneront, j'en differe la réponse tant que je puis, attendant de vos nouvelles qui seront toujours telles que je les souhaite, quand elles m'asseureront de vostre santé, parce que je suis et veux toujours estre.

(*Archives du ministère des affaires étrangères.*)

Cette lettre autographe de la princesse Claude fait partie de la collection des documents lorrains des affaires étrangères. On y trouve un brouillon de réponse du cardinal, mais insignifiante et sans date.

LII.

MÉMOIRE POUR M. LE COMTE DE BRASSAC.

Paris, 10 janvier 1634.

Monsieur de Lorraine ayant témoigné vouloir se porter à donner consentement au Roy en toutes choses justes et raisonnables qui lui seront possibles. Et principalement en ce qui regarde le fait de la nullité du mariage prétendu entre Monsieur et Madame la princesse Marguerite de Lorraine, ainsi qu'il est obligé par le dernier traité qu'il a fait avec le Roy, et qu'il en a fait assurer S. M. par le Sr de Contrisson. Sa dite Majesté désire que le dit Sr de Brassac, traitant avec le dit S^r duc les choses qu'elle lui a commandées par ses mémoires et instructions précédentes, il lui dise que le Roy désire savoir de lui les raisons pourquoi il s'est caché pour faire le mariage de Monsieur et de la princesse Marguerite.

Le dit seigneur Duc ne manquera pas de répondre que ce n'est pas lui qui a fait le dit mariage, mais que c'est son père et madame la princesse de Phalsbourg qui l'ont fait en dépit de lui. Sur quoi le dit Sr de Brassac lui demandera les raisons pourquoi il n'a pas été d'accord avec eux sur ce point, vu qu'il ne pouvait recevoir plus d'honneur que de donner sa sœur pour femme à un héritier présomptif de la couronne, et portera insensiblement Son Altesse à dire qu'il reconnaissait bien lors du dit mariage les avantages qu'il en pouvait recevoir, mais qu'il a voulu rendre ce respect au Roy de ne pas consentir à une chose qu'il savait n'être nullement approuvée de S. M. et qu'elle lui avait fait témoigner ne consentir pas.

Le dit Sr de Brassac fera en sorte que le dit Sr Duc tienne ce discours devant le Sr Gobelin, afin qu'il en soit témoin et qu'il le puisse déclarer aussi bien que lui à Sa Majesté.

Ensuite de quoi il fera connaître adroitement à Son Altesse que pour donner entière satisfaction au Roy et pour se disculper lui-même puisqu'il est vrai que le mariage prétendu entre Monsieur et la princesse Marguerite s'est fait sans son consentement, et pour mettre son honneur à couvert, il serait à propos qu'il écrivist une lettre à S. M. de cette substance.

Que l'action de rapt qui a été intentée contre lui au parlement de Paris l'a d'autant plus touché qu'il n'a jamais voulu consentir au mariage de Monsieur et de Madame la princesse Marguerite sa sœur; feu M. de Vandemont son père et Madame la princesse de Falsbourg seuls l'ayant fait contre sa volonté qui a toujours été contraire à cette action par le respect qu'il portait au Roy, lequel lui ayant fait savoir qu'il ne consentirait pas au mariage. S'il y a moyen de faire écrire une semblable lettre à M. de Lorraine, le Sr de Brassac rendra un grand service au Roy parce que en effet ce sera une preuve invincible que le Roy n'a point consenti que Monsieur épousât Madame la princesse Marguerite, ce qui est très-important pour la nullité du mariage.

Le dit Sr de Brassac fera donc ce qui lui sera possible avec sa prudence et sa dextérité afin que S. A. l'escrive et l'envoie aussitôt à S. M. par un courrier exprès, et en ce cas il dira au dit Sr Duc que Sa Majesté aura entière satisfaction de lui s'il procède avec cette sincérité et qu'elle lui en fera paraître des effets en sorte qu'il en devra avoir contentement, sinon il ne manquera pas de faire que le sieur Gobelin soit présent lorsque S. A. déclarera qu'il n'a point voulu consentir au susdit mariage de Monsieur et de la princesse Marguerite afin qu'au moins on aie une preuve par témoin de la déclaration de M. de Lorraine.

(*Archives des affaires étrangères*)

LIII.

EXTRAIT D'UNE LETTRE DE M. DE BRASSAC A M. DE BOUTHILIER.

Nancy, 5 janvier 1634.

Ledit seigneur Duc envoya il y a deux jours quérir madame la Princesse de Falsebourg, les seigneurs de Raichecourt et de Ville, qui demeurèrent tout hier en conseil, le Cardinal de Lorraine n'y fut point appelé encore qu'il fut là. Ce n'est pas qu'il ne soit toujours dans sa timidité accoutumée et que le Duc de Lorraine et la Princesse de Falsebourg ne le gourmandent comme un enfant, et quand il est auprès d'eux il veut tout ce qu'ils désirent.

La Duchesse de Lorraine a envoyé ce matin à M. de Brassac le sieur Du Chamblay pour lui dire qu'on croit que M. de Lorraine veut aller en Italie, ne se sentant pas assuré ni à la Bourgogne ni à Luxembourg, ou quoi que ce soit à un des trois lieux et emmener la Princesse Claude et la Duchesse de Lorraine, sollicitant M. de Brassac de faire savoir à S. M. et à Mgr le Cardinal le désir qu'ils avaient d'être en leurs mains, pressant infiniment M. de Brassac de faire cette dépêche, la Duchesse de Lorraine a donné charge à celui duquel le nom est en chiffre de dire qu'elle fera la malade, et que si elle était une fois sous l'autorité du Roi, elle ferait tout ce qu'il lui plairait ordonner.

Celui de qui le nom est en chiffre dit que Mgr le Cardinal lui avait ordonné de faire savoir des nouvelles de la Duchesse de Lorraine quand ladite Duchesse le voudrait, et qu'ainsi c'est pour s'acquitter de cette charge; M. de Brassac n'a rien répondu sinon qu'il en avertira, et ne faut pas douter qu'on envoie souvent chercher la réponse. La Princesse Claude se joint avec la Duchesse. M. de Brassac ne croit pas que jamais le Duc de Lorraine cesse de faire tout au rebours des intérêts du Roi, tellement que si M. de la Force et l'armée s'éloignaient et allassent en Allemagne, je crois qu'il serait bien nécessaire que des troupes demeurassent autour de Nancy, pour se mettre dans la vieille ville quand il serait trouvé à propos, et quand la mesure des extravagances de M. de Lorraine serait comble.

(*Archives des affaires étrangères.*)

LIV.

CESSION ET TRANSPORT DES DUCHÉS DE LORRAINE ET DE BAR AU CARDINAL DE LORRAINE, PAR SON FRERE LE DUC DE LORRAINE.

Mirecourt, le 19 janvier 1634.

Charles par la grace de Dieu Duc de Lorraine, Marchis, Duc de Calabre, Bar, Gueldres, Marquis du Pont a Mousson, et de Noumeny, Comte de Provence, Vaudemont, Blamont, Zutphen, Salme, Sarverden etc., A tous presens et a venir salut. Combien que depuis notre advenement a cette courone, Nous aions contribué tous les moiens, soins et devoirs que nous estimions suffisans pour maintenir nos Estats et sujets au repos et tranquilité que nous desirions, et pour nous acquiter de l'obligation que nous avons commune a tous Princes Souverains de procurer le repos de nos sujets; Neantmoins nous avons jusques à present reconu peu d'avancement au juste dessein que nous avons tousjours eu non seulement de conserver nos sujets en tranquilité, mais aussy de nous maintenir en bonne intelligence avec les Princes voisins; Et quoi que nous aions emploié toute notre industrie pour faire reüssir des effets conformes a nos justes intentions; Neantmoins aians esté interpretés autrement que nous ne l'avions peu prevoir, et reconoissans qu'au lieu de prendre nos actions avec la mesme franchise et sinceritè que nous les avions exercées, et dont nous avions rendu des preuves suffisantes par toutes les submissions qui avoient esté desires de nous, et mesme deposé les plus importantes places de nos Estats, pour divertir les impressions sinistres que l'on avoit prins de nos deportemens; Les aversions que l'on a prins au contraire nous font assés conoitre que notre personne a esté plutost rendue odieuse que nos actions n'en ont produit sujet, Ce qui nous a obligé de recourir au dernier remede, que nous estimons seul capable d'arrester le cours des plus grandes ruines et desolations, desquelles nos Etats semblent estre menacés, en introduisant en la joüissance administration et gouvernement d'iceux une personne de laquelle on puisse prendre plus de confiance que nous n'en avons peu jusques a present acquerir par toutes les

voies que nous aurions jugées convenables, et temoigner en
ce faisant le desir entier que nous avons de preferer le repos
de nos sujets a nos propres contentemens; Et pour cet effet,
nous estant proposés que nous ne pouvions faire election
d'une personne dont les actions puissent donner plus de confiance que celle de notre tres cher et tres amé frere Monsieur
Nicolas François de Lorraine Cardinal, qui est d'alieurs notre
legitime et presomptif héritier, et de la conduite duquel, nous
en esperons autant de bonheur qu'il est necessaire aux succés
favorables de restablissement et conservation de nosdits Etats.
Pour ces causes et autres considerations a ce nous mouvans,
et specialement de l'affection particuliere que nous portons à
notre dit frere, tant à cause de notre proximité que des parties tres loüables que nous avons reconu en sa persone. Scavoir faisons, Qu'apres avoir mis en deliberation par plusieurs
et diverses fois cette proposition en notre Conseil, Nous en
presence de notredit frere, et d'autres Princes de notre sang,
Seigneurs et Officiers de notre courone, Avons de notre propre science, pure franche et libre volonté donné, cedé, conferé et transporté, donnons, cedons, conferons et transportons par donation entre vifs, de pure liberalité, et sans y pouvoir contrevenir pour quelque cause et consideration que ce
soit, a notredit frere present et acceptant, a la charge neantmoins de reversion a nous, en cas que nous survivions notredit
frere, nos Duches de Lorraine et Barrois, Terres et seigneuries
enclavees en iceux, y annexees et en dependantes, selon que
nos predecesseurs et nous en avons jouy, et icelles tenues et
possedees cy devant et jusques a present, et generalement
tous nos autres biens, Terres et possessions, droits, noms,
raisons et actions qui nous competent soit en propriété ou
usufruit et a quel titre ce soit, sans aucune chose retenir ou
reserver; Et desquels Duchés Terres et Seigneuries et toutes
autres possessions et autres droits a nous appartenans Nous
nous avons des a present dessaisi et dessaisissons par ces presentes, et en avons saisi et saisissons notredit frere comme
vray Seigneur propriétaire et possesseur d'iceux; Voulons et
entendons que par la tradition des presentes il soit et demeure

reellement et actuellement saisi et en possession desd. Duchés Terres et Seigneuries et droits a nous competans et appartenans; A la charge et condition toutes fois qu'il demeurera tenu et obligé de paier et satisfaire toutes et chacunes nos dettes tant personelles que reelles legitimement contractees jusques au jour de la presente Cession Transport et Donation. Si donnons en mandement à tous nos Mareschaux, Seneschaux, Presidens et gens de nos Chambres des Comtes de Lorraine et Barrois, Baillifs, prevosts, leur Lieutenans, Procureurs Generaux, leur substituts et tous nos autres Officiers, Justiciers, hommes et sujets qu'il appartiendra, chacun a son egard, que la presente Cession, Transport et Donation levée, publiee et enregistree, Ils la suivent entretiennent et executent, la facent suivre entretenir et executer selon sa forme et teneur. A l'effet de quoy et pour conoistre et faire reconoitre notred. frere pour leur Prince naturel et souverain, Nous les avons dispensé et dispensons du serment qui nous a esté par eux cy devant presté; Voulons et entendons que tous les honeurs devoirs et obeïssance a luy deubs en consequence du present Transport, Cession et Donation, lui soient rendus tels et semblables que ceux ausquels ils ont esté jusques a present tenus et obligés envers nous. Car ainsi nous plaist. En tesmoing de quoy nous avons a ces presentes signees de notre main fait mettre et apprendre notre grand scel. Donné a Mirecourt le 19 Janvier 1634. Ainsi signé Charles, Et sur le reply Par son Altesse, contresigné par secretaire Rousselot; Et a l'autre bout est escrit Registrata C. Jeannin Pro. C. Coriel.

(*Manuscrits de Conrart à la bibliothèque de l'Arsenal.*)

LV.

EXTRAIT D'UNE LETTRE DE M. DE BRASSAC A M. DE BOUTHILIER.

Nancy, 18 février 1634.

Je prends l'occasion du Sr Toison, notre munitionnaire, qui s'en va pour ses affaires particulières, afin de vous dire l'état où sont les affaires de deça.

Je vous ai écrit comme quoi M. de Brassac avait envoyé vers la Duchesse de Lorraine savoir la raison pour laquelle il ne savait point de ses nouvelles. Lad. Duchesse ne sçut parler au messager, mais elle lui fit dire qu'elle était épiée; que c'était une maladie qu'elle avait eue, de laquelle elle n'était pas remise, qu'elle continuait à vouloir se mettre sous la protection du Roi, et es mains de M. de Brassac, qu'elle en cherchait tous les moyens.

Je vous ai aussi mandé que M. de Brassac avait écrit à M. de la Force, comme il estait bon de se saisir de tous les passages, afin qu'on ne transportât ni la Duchesse, ni la Princesse Claude. A la réception de cette lettre, M. de la Force eut les ordres du Roi, tellement qu'il envoya hier M. Gobelin vers M. de Brassac pour l'advertir qu'il venait droit à Paul et l'envoyait pour concerter.

L'advis de M. de Brassac fut d'envoyer aux troupes qui étaient advancées le nom de tous les ports et tous les passages pour s'en saisir, sous prétexte de loger et conduire lesdites troupes en garnison, attendant que M. de la Force vint; cela s'est fait, et afin que la Duchesse ne s'étonnât pas, M. de Brassac a fait en façon qu'il le lui a fait savoir.

Cependant l'opinion de M. de Brassac fut que M. de la Force ne parlât point de la Duchesse ni de la Princesse Claude, mais seulement qu'il fît dire au Cardinal de Lorraine que pour certaines considérations, le Roi voulait mettre garnison à Lunéville, et lorsqu'on y sera la Duchesse dira sa volonté, laquelle M. de Brassac ne voulait pas qu'on fît plus tôt de peur de péril pour ladite Duchesse.

J'apprends de ce soir que les passages de Lunéville sont saisis, et que la Princesse de Phalsebourg a dit qu'elle se doutait que l'on voulait Lunéville, la Duchesse et la Princesse Claude. M. de Brassac attend des nouvelles de M. de la Force, et puis selon qu'il le jugera, ils le verront pour terminer, aidant Dieu l'œuvre.

Il faut avouer que cette charité est digne du Roi et de Mgr le Cardinal. Voilà l'estat de cette affaire qui n'est commencée que de ce soir. Aussitôt qu'il sera achevé, l'on vous dépêchera. Cependant la Princesse de Phalsebourg crie : « Je suis dans mes corps de garde à mettre tout en bon ordre. »

Signé : BRASSAC.
(*Archives des affaires étrangères.*)

LVI.

DE M. DE BRASSAC A M. DE BOUTHILIER.

Nancy, 19 février 1634.

Monsieur, je vous escrivis l'estat où était l'affaire des princesses de Lorrayne il n'y a que deux jours, et hier matin sachant que monsieur le maréchal de la Force était près de Lunéville, je crus que je ferais bien de l'aller trouver. Je ne doutais point qu'en entrant il n'arrêtât les princesses, mais il ne le trouva pas à propos, et m'avait destiné des troupes pour me servir. Je rencontrai en chemin avec M. le cardinal de Lorraine lesdites princesses. Je fus surpris de leur voir seulement six gardes de monsieur de la Force et leur train qui triplait bien ce qui estait avec moi pour ce que je n'avais que vingt chevaux. Je demandai à mon dit S^r le Cardinal où ils allaient, il me répondit à St-Nicolas le soir, et le lendemain à Mirecourt.

J'avais appris un quart d'heure auparavant par un des leurs que ledit seigneur Cardinal avait épousé la princesse, deslors qu'il vit M. de La Force approcher de luy et qu'il avait consommé le mariage.

Comme je me vis près de St-Nicolas, je dépêchai à M. d'Arpajon qui estait à Rosières, et en l'attendant ayant rencontré quelques gentishommes français et croyant que la Duchesse à qui je ne pouvais parler en particulier continuast en la résolution qu'elle avait même témoignée deux jours avant, et craignant qu'on l'emmenast la nuit, pourquoi empêcher, il fallait que je fisse faire des gardes, je dis audit seigneur Cardinal que le Roi désirait que ladite Duchesse et la Princesse allassent à Nancy. Il fut fort surpris et néanmoins dit qu'il le voulait, et puisque monsieur de La Force l'avait assuré qu'il pourrait aller avec elles où il voudrait, qu'il ne les pouvait abandonner, et me priait de lui dire si sa personne estait en danger, je lui dis que non, et pour témoigner qu'il pouvait élire le chemin qu'il lui plairait, lors il se résolut de venir, ce que je crus ne lui devoir dénier.

Il me demanda si je savais qu'il fût marié, qu'il croyait que S. M. ne le trouverait pas mauvais. Je répondis que je venais d'apprendre son mariage, et que je ne savais pas ce que le Roi en dirait. Il est vrai que cela me fit encore désirer de les voir à Nancy, lieu où S. M. peut ordonner ce qu'il lui plaira sur les personnes qui y sont et où c'est un témoignage d'obéissance d'y venir.

Le soir, je fus voir la duchesse que je trouvai fort gagnée par sa sœur, et laquelle me dit qu'il était vrai qu'elle avait désiré la protection du Roi et sortir d'avec son beau-frère mesme depuis trois jours qu'elle me l'avait encore mandé, que maintenant sa sœur estant mariée, elle n'était plus en l'alarme qu'elle avait été, toutefois qu'elle était bien aise que je les conduisisse à Nancy, et que là elle écrirait au Roi, et lui ferait entendre son intention. Je lui ai menée croyant qu'elle parlerait comme elle devait, et je trouve que c'est un pauvre petit esprit qui ne dit rien que par induction et au contraire de ce qu'il faut, et dutout sous le joug de sa sœur, elle escrit à S. M. qui jugera comme elle trouvera à propos sur ces occurrences.

J'ai cru que quand même elle ne m'eust pas dit qu'elle voulait venir ici (ce qu'elle a fait), que je lui devais conduire, puisque c'est un lieu où elle peut parler librement, que c'est venir reconnaître l'autorité du Roi. Vu ce mariage que S. M. et Mgr le Cardinal ne scavaient pas, que peut-être encore on l'eust pu transporter, et qu'en tout cas le Roi s'en défera quand il lui plaira, s'il s'en trouve chargé.

Monsieur de Chamblay me disait incessamment que pourvu qu'elle fust une fois ici, il la gouvernerait, cependant elle ne fait pas semblant de le connaître, il a pourtant servi de façon qu'il est grandement à considérer.

Monsieur le cardinal de Lorraine envoie vers le Roi et monseigneur le Cardinal; il proteste toujours fidélité, et si S. M. et S. E. l'obligent en ceci d'être éternellement attaché à eux. C'est ce qu'il m'a prié d'escrire. Je suis toujours sur mes gardes, car les soupçons ici n'ont point de fin, mais je suis trop heureux si le Roi et monseigneur le Cardinal agréent mes services.

(*Archives des affaires étrangères.*)

LVII.
MÉMOIRE ENVOYÉ PAR M. GOBELIN.

Nancy, 19 février 1634.

M. le maréchal de La-Force ayant reçu à Sarrebourg les dépêches du Roi, il se trouva empêché en délibération de ce que S. M. lui ordonnait touchant les princesses de Lorraine et ne s'estimant assez éclairé par les ordres qu'il en avait, il jugea à propos que j'allasse trouver M. de Brassac croyant qu'il pourrait avoir une connaissance plus particulière des intentions de S. M. sur ce sujet. Je partis en même temps de Sarrebourg et je vis M. le cardinal de Lorraine à Luneville comme par occasion en passant pour reconnaître s'il aurait eu quelque pressentiment des desseins du Roy, si les princesses y étaient, et s'il y avait apparence qu'ils dussent s'en aller auparavant que M. le maréchal de La Force eut pu investir cette place, et s'il y avait des forces suffisantes pour en opiniastrer la défense. Je trouvai la Cour de Lorraine fort petite, et l'ai laissée sans aucun soupçon de ce que nous voulions faire, dont j'advertis incontinent M. le maréchal de La Force, et me rendis à Nancy pour donner advis à M. de Brassac que M. le maréchal de La Force allait investir Lunéville, et ayant appris ce qui s'était passé de la négociation touchant la duchesse de Lorraine, se retourna en même temps avec le Sr de Carnet trouver M. le maréchal de La Force à une lieue de Lunéville qu'il fist aussitôt investir, et le lendemain matin je fus avec ledit Sr de Carnet parler à M. le cardinal de Lorraine auquel je fis entendre au long les raisons que le Roi avait de suffisant de cette place et de Chatay. M. le maréchal de La Force n'ayant pas jugé à propos de lui parler encore des autres, et qu'il m'avait donné charge de lui dire qu'il désirait entrer le jour même dans Lunéville. A quoi il me répondit qu'il avait sujet de se plaindre de ce procédé, qu'il n'était point nécessaire de l'investir, qu'a la moindre lettre il eut rendu cette place, et toutes celles que le Roi eut désirées, qu'il demandait seulement à M. le maréchal de La Force de lui donner jusqu'au lendemain.

Nous lui dîmes que nous ne pouvions, et que nous avions ordre précis que ce fut le jour même : ce qui fut aussi refusé par M. le maréchal de La Force au Sr de Lenoncourt qui avait été envoyé vers lui de la part de M. le cardinal de Lorraine pour ce sujet cependant que nous traitions avec lui. L'ayant laissé pour prendre sa résolution s'il sortirait le même jour, je demandai à saluer la Duchesse sous prétexte de lui faire compliment de la part de M. le maréchal de La Force et me servir de l'occasion de ce qu'elle estait dans le lit pour lui dire en particulier suivant les ordres de M. le maréchal de La Force et de Brassac, que l'armée du Roi s'était advancée principalement en sa considération et pour protéger ses subjets, qu'elle devait quitter toute sorte d'appréhension, et parler avec une liberté toute entière, et si pour soutenir ses droits plus librement, elle désirait aller en quelque ville de Lorraine, ou en tout autre lieu qu'il luy plairait, elle n'avait qu'à le déclarer, et se pouvait assurer de l'assistance des armées du Roi, et pour lui donner plus de créance et de courage de me découvrir franchement ses sentiments, et lui faire paraître que j'avais connaissance de ce qui s'était passé, je lui dis de la part de M. de Brassac qu'elle pouvait se souvenir qu'elle avait donné à celui qui lui porta les nouvelles de la protection que le Roi lui avait accordée une bague pour marque de contentement qu'elle en avait. Elle me répondit qu'il était vrai qu'elle l'avait demandé au Roi, mais que c'était auparavant que M. son mari s'en allât, et de crainte qu'il ne l'emmenât avec lui, et lui ayant reparti, si elle ne l'avait pas aussi demandé depuis, elle en demeura d'accord, et que c'était pour l'appréhension d'être mal traitée de M. son frère, mais qu'il vivait en si bonne intelligence avec elle qu'elle en disposait comme de son gant, et qu'elle ne désirait point aller autre part qu'avec lui, et après lui avoir fait entendre ce que j'ai jugé à propos pour la porter dans les mêmes sentiments qu'elle avait témoignés auparavant, voyant que je ne gagnais rien sur son esprit, je lui fis connaître qu'elle ne devait rien dire du discours que je lui avais tenu et prendre sujet qu'elle m'avait demandé du délay de partir de Lunéville que j'avais dit ne lui pouvoir donner, ayant ordre du contraire. Elle me fit aussi promettre de ne rien faire paraître de ce qu'elle m'avait dit ; de là nous revînmes voir M. le cardinal de Lorraine qui me dit que pour témoigner la déférence qu'il rendait aux volontés du Roi, il sortirait dès le même jour de Lunéville et que M. le maréchal de La Force y pouvait entrer, et que dès le lendemain il livrerait tous les biens de guerre qui y étaient, et lui ayant aussi demandé ordre pour laisser entrer les troupes du Roi dans Chatay ; il me le fit délivrer. M'étant enquis sans lui donner à connaître pour quel dessein, du chemin qu'il tiendrait il me dit qu'il irait coucher à St-Nicolas avec les princesses. Après quoi, nous fûmes rendre compte à M. le maréchal de La Force de ce que nous avions fait, lequel voyant que la Duchesse n'avait persisté à vouloir la protection du Roi de même façon qu'elle l'avait demandé auparavant, et que son intention ne portait point qu'il arrestât les princesses. Il renvoya le sieur de Carnet trouver en diligence M. de Brassac pour lui donner advis de ce qui s'était passé, afin qu'ayant une connaissance plus particulière des intentions du Roy sur ce subjet, il les pût exécuter s'il se trouvait à propos à Saint-Nicolas où les princesses allaient coucher accompagnées de quelques gardes, de M. le maréchal de La Force, et où par son ordre je me rendis le soir fort tard. M. de Brassac s'étant advancé fort à propos, et sachant que les princesses étaient à St-Nicolas, il s'est assuré fort adroitement de leurs personnes ; M. le vicomte d'Arpajon y a fait une garde fort exacte toute la nuit avec lui comme il avait fait les jours précédents pour fermer les passages de la Moselle et de la Meurthe. Aujourd'hui M. de Brassac a fait conduire dans Nancy la duchesse et la princesse Claude avec laquelle M. le cardinal de Lorraine qu'on appelle ici M. le Duc, se maria vendredi au soir depuis que Lunéville fut investie. Signé : GOBELIN.

(*Archives des affaires étrangères.*)

LVIII.

EXTRAIT D'UNE LETTRE DE M. D'ARPAJON
A M. DE BOUTHILIER.

Nancy, 2 avril 1634.

Monsieur, Suivant les commandements du Roy, je me suis rendu, mardi 28, du Pont à Saint-Vincent, et le 29 a eu lieu l'indisposition de Madame la Duchesse de Lorraine, qui a été jugée si dangereuse par les médecins de Mr le Comte de Brassac, que cela a retardé notre départ. Hier, premier avril, Mr le Cardinal de Lorraine, vêtu en paysan, et la Princesse Claude en paysane, sont sortis de la ville, et s'étant mis en carrosse à la Malgrange, sont allés d'une telle vitesse jusqu'à Mirecourt que, quelle diligence que Orderon, que Mr de Brassac envoya soudain après et pour suivre, ils ont gardé l'avant de trois heures qu'ils avoient; si bien que apréhendant bien s'ils n'ont arrêté à Mirecourt qu'ils ne se soient sauvés à la Franche-Comté, mais s'ils s'arrêtoient tant soit peu encore, soudain les compagnies de Mongen, chevalier de chasses arriveroient pour leur couper chemin entre Mirecourt et la Franche-Comté, ce qu'ils pourront faire parce que ces compagnies étoient advancées à quatre lieues sur ce chemin.

Le moyen que le Cardinal de Lorraine a conçu pour sortir du palais, est par un degré dérobé qui montoit au galetas que l'indisposition de Monsieur de Brassac lui avoit ôté le moyen de reconnoistre. Il en donna la charge à personne de qualité qui la prirent par là. Ils trompèrent la garde de Monsieur de Bauveau, qui estoit fort exacte fors en ce degré qui n'étoit su de personne, et certes je ne sais comment cet accident est arrivé, n'ayant jamais eu une plus exacte garde que celle qui estoit ordonnée, et qui se tenoit aux environs de cette maison. Ceux qui ont plus d'habitude avec ce Prince, disent qu'il recevoit vendredi par l'ordinaire des lettres de Paris, par où l'on lui donnoit advis qu'il étoit compris dans les poursuites qui se font contre Mr son frère, et que ce mot est dans la lettre : — Les poursuites contre L. L. Altesses. —

La passion de la Princesse Claude en est le plus puissant motif, selon mon opinion, et ce que, dans la même lettre, l'on escrivoit que j'avois ordre de les conduire séparément, l'une à Paris, l'autre au bois de Vincennes. Voilà, M. le Comte, ce que je puis vous rendre de cette action qui m'afflige bien fort. J'espère que demain ou après nous partirons, avec la Duchesse qui est très faible, et espère qu'elle sera conduite surement suivant les commandements que j'ai reçues.

Signé : ARPAJON.

(*Archives des affaires étrangères.*)

LIX.

Les cartons des archives des affaires étrangères, et les volumes manuscrits des années 1633, 1634 et suivantes, à la Bibliothèque nationale, sont remplis de Mémoires rédigés soit par les secrétaires d'État du roi Louis XIII, soit par des magistrats, qui paraissent avoir été consultés sur les moyens de réunir la Lorraine à la France. Nous avons choisi entre beaucoup d'autres le Mémoire suivant, quoiqu'il fût sans date et sans nom d'auteur, parce qu'il nous a paru l'un des plus curieux, et qu'il reproduit la plupart des raisons alléguées ailleurs.

QUEL EST LE PLUS SEUR MOIEN POUR REUNIR A LA COURONNE DE FRANCE LES DUCHEZ DE LORRAINE ET DE BAR.

Deux moiens sont proposez : Le premier est celuy de la guerre par la conqueste qui est fondé dans le droit des Gens.

Sur iceluy, il semble estre expedient, voire mesme nécessaire, de considerer qu'encores qu'il soit receu et mis en usage par touttes les nations; toutefois il n'est pas tout à fait conforme aux loix du christianisme, par lesquelles touttes usurpations du bien d'autruy sont interdites, et quoy qu'elles ne deffendent pas la legitime défense, et que dans icelles l'on puisse trouver l'offensive ainsy que la deffensive, toutefois les conquestes ne doivent estre faites qu'à dessein de rendre ce qui a esté pris lors que les causes pour lesquelles on est venu à la guerre seront cessées; et ainsy ce n'est qu'une conqueste viagere et momentanée, sy on ne veult blesser la conscience.

La Monarchie françoise a cet advantage sur touttes les souverainetez de la chrestienté, qu'elle est pure, innocente, et affranchie du blasme de la possession du bien d'autruy ; tant s'en fault, elle est en reste de beaucoup d'Estats et provinces qui ont esté usurpés sur elle.

Ce droit requiert encore une autre condition, c'est qu'outre que la guerre doit estre juste, il fault que la conqueste soit faite sur le vray possesseur. Par exemple, sy un prince souverain est en tutelle par default d'aage ou de sens, et que son tuteur enfraigne les alliances qui sont entre cet Estat et celuy d'un autre Prince souverain pour raison de quoy on vienne à la guerre dans laquelle l'Estat vienne à estre conquis sur le tuteur. Quand le mineur sera venu en aage ou en son bon sens, et qu'il offre de réparer les fautes de son tuteur, son Estat luy doit estre restitué, autrement la détention seroit vicieuse et passeroit en usurpation.

Or est-il que le duc de Lorraine, qui s'est déclaré ennemy de la France, et qui a donné occasion au Roy d'entreprendre à l'encontre de luy une guerre juste, n'est pas duc de Lorraine de son chef, mais comme mary et bail de sa femme, et par conséquent touttes les fois qu'elle viendra au Roy luy faire satisfaction des fautes et offenses faites par son mary, et qu'elle les désavoura son Duché luy doit estre rendu.

On objecte que le duc de Lorraine, par un establissement de la succession masculine dans ce Duché qu'il pretend avoir esté faict, s'est fait recognoistre duc de Lorraine de son chef, en a pris la qualité et exercé les fonctions à quoy sa femme a consenty, du moins ne s'y est point opposée.

La response est facile, l'action du duc de Lorraine est une pure usurpation, rebellion et désobéissance pour laquelle sa femme est bien fondée à lui résister, reprendre la possession de ses Estats, remettre l'autorité et le gouvernement en ses mains, et pour cet effet implorer le secours et assistance des Princes voisins qui ne luy doit estre déniée.

Tellement que si maintenant elle estoit venue se plaindre au Roy de l'usurpation et violence de son mary, et requerir sa protection contre luy, il semble que Sa Majesté ne la luy peut honnestement refuser, et ainsy la remettre dans son

Estat les frais qui y auront esté faitz préalablement acquitez.

Pour le duché de Bar, on allègue un autre moien qui est que le duc de Lorraine estant tombé en crime de félonnie a commis son fief.

Il y a pareille response qu'au précédent que ce n'est pas luy qui est duc de Bar, mais qu'il n'est entré en possession d'iceluy que du chef de sa femme, et par conséquent il peut bien avoir forfaict quant à sa personne à laquelle on peut faire le procès, mais non quant au fief principalement, si sa femme le désadvoue comme sans doubte elle fera.

Et qu'il ne soit vray; par arrest du Parlement du mois de juillet 1633, il a esté ordonné qu'il sera procedé par voye de saisie sur le duché de Bar faulte de foy et hommage non faitz par le duc de Lorraine et de Bar à cause de Nicole de Lorraine, sa femme, et par ainsy elle est recognue et non luy, duchesse de Bar, par cet arrest qui a esté exécuté par commissaires envoyez sur les lieux, avec commissions signées en commandement et scellées du grand sceau; après cela, comment peut-on maintenant soustenir que le duché de Bar appartient au duc de Lorraine et non à sa femme. Touttes les Nations ne diront-elles pas que la France n'a cherché que des pretextes pour usurper un Estat qui est en sa bienseance faisant en peu de temps des actes sy contradictoires. Que deviendra ce tittre de juste qui a esté déféré à nostre Roy par un consentement universel à cause de sa justice et equité, s'il la viole en un acte qui est à la veue de tout le monde.

Il y a bien plus, c'est quand le duc de Lorraine pourroit passer pour duc de Bar, et qu'en cette qualité pour ses crimes et félonies le duché de Bar fust confisqué au Roy, ce ne sçauroit estre que des parties du duché de Bar, desquelles il est vassal lige de la Couronne. Or est-il qu'il n'y a que les bailliages de Bar et de Bassigny qui soient de cette nature suivant les reprises, et par conséquent ce n'est que sur ces bailliages que la confiscation peut eschoir, et la possession du bailliage de Saint Miel et du marquisat du Pont à Mousson (qui sont quatre fois plus grands que les bailliages de Bar et Bassigny) luy demeureroit. Que sy l'on dit que le Roy s'en saisira par droit de guerre, il faut avoir recours à la response que nous avons faite cy devant touchant le duché de Lorraine.

D'ailleurs la voye de confiscation est toujours odieuse, principalement en ce fait cy, où il n'est pas constant que celuy sur lequel on confisque soit seigneur légitime et incommutable de la chose confisquée.

Davantage, le Roy en ce faisant ne fera rien pour sa couronne; car les roys se sont reservez cette puissance de remettre les confiscations suivant leur bonté et indulgence qui est immense, et celle de notre Roy par dessus celle de tous ses predecesseurs. Tellement que dans quelque temps estant appaisé et satisfait des offenses qui ont été commises contre Sa Majesté, et possible par la consideration et la prière des princes voisins, remettra au duc de Lorraine ce qui aura esté confisqué sur luy, ou quelqu'un de ses successeurs le fera; ainsy que Philippes le Bel qui rendit à Edouart, comte de Bar, les seigneuries de la Marche, Chastillon, Conflans, Gondrecourt, et quelques autres qu'il avoit confisqués sur Henry III, comte de Bar, son père; à quoy les nullitez qui seront en la présente confiscation leur donneront toutte facilité.

De sorte que la Courone de France n'en recevra aucun advantage, ains demeurera privée des droits qui luy appartiennent en l'un et en l'autre de ces duchez que nous allons faire voir ci dessous, et le duc de Lorraine ou ses successeurs y profiteront en ce que par ce moien leur imaginaire loy salique sera confirmée et recognue par la France, contre laquelle elle a esté principalement introduite, pour empescher que par alliance ou autrement les duchez de Lorraine et de Bar ne pussent y estre annexez, qui est un point des plus importants qui se puisse imaginer.

Je demeure d'accord que les offenses que le duc de Lorraine a faites contre le Roy et la France, par plusieurs années et en diverses façons, méritent chastiment qui ne peut estre moindre que de la privation de ses Estats, s'ils estoient a luy. Et qu'en tout cas il luy fault oster les moiens de nuire.

C'est à quoy il sera pourveu par le moien suivant, qui est le second, proposé sur cette demande.

Cet aultre moien est appuié sur trois maximes indubitables et universelles. I. Que le vassal ne prescript jamais contre son seigneur ny le seigneur contre son vassal pour ce qui est des choses qui sont de la substance et essence du fief; II. que les droits de la Couronne de France sont inaliénables et imprescriptibles; III. que la prescription ne rend point un titre valable qui est nul de soy, c'est à dire qu'un usurpateur n'est point à couvert par le laps de temps pourveu que l'on justifie son usurpation.

Appliquons ces maximes à notre fait : pour ce qui est du duché de Lorraine on justifie par lettres authentiques que ce duché est mouvant de la Couronne de France à cause de la réunion à icelle du comté de Champagne, duquel les ducs de Lorraine relevoient et se rapportent. plusieurs actes de foy et hommages et autres actes qui le témoignent depuis l'an 1118 jusques en l'an 1275. Tellement que par les deux premières maximes cy dessus il n'y a point de doubte que le Roy peut justement contraindre le duc de Lorraine ou plustost sa femme à reprendre de la Couronne de France le duché de Lorraine.

Que si l'on dit que l'Empereur s'y opposera, prétendant que le duché de Lorraine est mouvant de l'Empire, il y a plusieurs responses, entre autres ces deux : la première, que l'acte de foy et hommage que l'on rapporte, fait par Thibault duc de Lorraine à Blanche comtesse de Troye et à Thibault son fils comte de Champagne, en l'an 1218, a esté fait en la présence de l'Empereur Frederic, de l'archevesque de Tours et autres seigneurs de l'Empire, qui n'a point reclamé le Duc de Lorraine comme son vassal, voires que Fréderic luy mesme a donné ses lettres testimoniales du mesme jour portant que ceste foy et hommage a esté faite en sa présence sans qu'en l'une et en l'autre de ces lettres il y ait aucune réserve de vassalité en faveur de l'Empire, qui estoit toutefois nécessaire et en usage dans ce siècle, comme il se prouve par plusieurs actes qui sont dans le mesme registre ou ces deux lettres sont insérées, où il se voit quantité de seigneurs qui se déclarent vassaux du comté de Champagne, comme entre autres le comte de Vaudemont dans la clause de le servir envers et contre tous, il y a *excepté le comte de Bar duquel je suis vassal lige premier qu'au comte de Champagne*. Ainsy, le comte de Luxembourg dans son hommage excepte l'Empereur, l'archevesque de Treves et le comte de Flandre, auxquels il doit service promis qu'au comté de Champagne.

La seconde raison est, que l'Empereur n'a aucun droit sur les terres qui sont au deça du Rhin que par usurpation, d'autant que cette rivière a servi de bornes à la France depuis l'établissement de la monarchie française jusques vers le déclin de la féconde famille de nos Roys, c'est à dire près de cinq cent ans durant, et depuis les comtes de Champagne, qui estoient vassaux liges de la Couronne de France, se sont fait recognoistre pour seigneurs de fief par les ducs de Lorraine, comtes de Bar, de Luxembourg et autres, qui tenoient les terres et seigneuries enclavées entre le Rhin et la Meuse. Et quand le comté de Champagne a esté réuny à la Couronne par le mariage de l'héritière de Champagne avec Philippe le Bel, il fit un traité à Vaucouleurs avec l'Empereur Albert et les prelats et barons de l'Empire, par lequel il est dit que les limites de la France seront jusque à la rivière du Rhin ainsy que d'ancienneté.

Que sy l'empereur objecte qu'il est en jouissance depuis un fort long temps, on respondra qu'estant usurpateur, comme on le justifie, sa jouissance n'est d'aucune considération par la troisième de nos maximes qui est accompagnée d'une autre indubitable que les souverains ne prescrivent jamais les uns contre les autres : et la raison est qu'ils n'ont point de juge par devant qui ils puissent se plaindre de l'injuste détention de leur bien, ils attendent que la force soit de leur costé pour rentrer dans ce qui leur appartient; à quoy faire il n'y a point de temps prefix, non pas mesme mille ans comme dit un ancien jurisconsulte.

Quant au duché de Bar, il est justifié qu'il est non seulement mouvant de la Couronne de France, mais aussy que c'est le propre héritage du Roy et qu'il a esté usurpé en 1414,

1415 et 1419 par les prédécesseurs du Duc de Lorraine sur les ayeulx du Roy, comme chef de la royalle maison de Bourbon, branche de Vandosme.

D'ailleurs il est justifié que le Roy, à cause de la Couronne, a droit de la moitié par indivis sur les duchez de Lorraine et de Bar, à cause que Marguerite d'Anjou, royne d'Angleterre, qui estoit héritière pour moitié avec Yoland d'Anjou, sa sœur, de René d'Anjou et d'Isabeau de Lorraine, ducs de Lorraine et de Bar (en cas que l'usurpation que René avoit faite du duché de Bar fust un titre valable) a fait cession et transport au Roy Louis XI de la part qu'elle avoit en iceux duchez, moiennant de grandes sommes de deniers qu'il lui avoit baillez et autres secours d'hommes, vivres et vaisseaux, par plusieurs fois, pour tirer son mary Henri VI, roy d'Angleterre, hors de prison et le restablir en son Estat, ce qu'elle fit; et que depuis, son mary avec son fils, le prince de Galles, ayant esté tuez et elle arrestée prisonnière, le mesme Louis XI paya cinquante mille escus d'or pour sa rançon et luy bailla pension sa vie durant pour s'entretenir selon la qualité, outre qu'il avoit presté grandes sommes de deniers à la Reine d'Anjou, à Jean, duc de Lorraine et de Calabre, son fils, et à Nicolas, fils de Jean, qui par sa mort sans enfants laissa icelle Yoland (de laquelle sont issus les ducs et duchesses de Lorraine qui vivent à present), et Marguerite d'Anjou ses tantes pour héritières des duchez de Lorraine et Bar, chacune pour moitié.

Que sy l'on dit qu'il y a plus de deux cents ans que la maison de Lorraine est en possession qui met à couvert toutte la deffectuosité du titre, quand il y en auroit.

L'on respondra avec cette distinction : que pour le droit que la Couronne a dans la propriété de la moitié par indivis des duchez de Lorraine et de Bar, que luy a acquis ce roy Louix XI par la cession que lui en fit Marguerite d'Anjou, légitime héritière avec Yoland d'Anjou, et par les autres obligations et ypotheques qu'il avoit dessus. C'est une moquerie d'alléguer la prescription par la seconde des maximes sus rapportées. *Pour la propriété du duché de Bar*, qui appartient au Roy comme chef de la maison de Bar, à la vérité s'agissant des droits entre particuliers, la prescription peut estre alleguée, mais elle ne peut operer ny avoir force en ce sujet parce que la prescription n'a que deux effects, l'un est que celuy qui est en possession par trente ans sans minorité n'est point obligé à montrer de titre, l'autre qu'il est censé possesseur de bonne foy à l'esgard des fruictz; et cette affaire n'est ny en l'un ny en l'autre de ces deux cas. Car pour le premier on ne demande point de titres au Duc de Lorraine, au contraire, le Roy produit les siens par lesquels il appert que le duché de Bar a esté usurpé sur ses predécesseurs par ceux du Duc de Lorraine; par conséquent, la prescription n'est point alléguée à propos.

Suivant nostre troisième maxime, et pour le second cas, il ne se fait point d'instance pour la répétition des fruictz, de sorte qu'il demeure pour assuré que le duché de Bar appartient au Roy par l'un et l'autre des moiens sus rapportez.

Cela estant ainsy posé, n'est-il pas plus glorieux au Roy et plus asseuré d'employer les moiens de droit qu'il a pour réunir à sa couronne la mouvance du duché de Lorraine et la propriété du duché de Bar.

Contre ces moiens, il n'y a rien à dire; pour ce qu'estant moiens de droit, ils seront approuvez par toutte l'Europe aux yeux de laquelle il fault que cete affaire passe et que Sa Majesté se maintienne le titre de Juste qui luy a esté defferé. N'est-il pas plus expédient, quand on a des moiens de droit, de les employer et s'en servir, que d'avoir recours à ceux de la confiscation qui sont toujours odieux, que la pluspart du monde ne prendra que pour pretexte de s'emparer du bien d'autruy, principalement quand se verra l'inconstance de la procedure, en une année saisir le duché de Bar comme appartenant à la duchesse de Lorraine, et l'année d'après le confisquer comme appartenant à son mary.

Que si l'on insiste en disant l'avis que vous donnez est pour la propriété du duché de Bar, mais non pour celle du duché de Lorraine, duquel vous n'accordez que la mouvance.

A cela je responds que c'est tout ce qui importe à l'Estat

et à la couronne de France : 1° d'autant que par ces moiens la souveraineté de la France sera recognue dans la Lorraine qui est un point tres important ; 2° parce que le droit de mouvance donne la seigneurie directe dans ce pays lequel joint à la souveraineté rend la personne du duc de Lorraine et tous les habitants sujetz du Roy lequel en consequence de cete directe seigneurie pourra exercer tous les droits de souveraineté sur le duc de Lorraine et ses sujetz. Touttes les forteresses, murailles et portes des villes appartiendront à Sa Majesté dans lesquelles elle pourra mettre telle garnison qu'il lui plaira. Toutte l'artillerie et ce qui en despend seront mis en sa puissance. Il pourra faire lever des gens de guerre, passer sejourner ses armées dans la Lorraine comme dans les autres provinces de France ; le duché de Lorraine n'estant à cause de cete directe seigneurie que comme le duché de Guise, d'Albeuf, d'Aumale et autres, et mesme la consistance en sera bien restrainte par le retranchement qu'il est nécessaire de faire des villes, terres, seigneuries qui ont esté tirées du duché de Bar qu'il luy fault rendre et de celles qui ont esté usurpées sur les eveschés de Metz, Toul et Verdun : ce qu'estant effectué de quatre millons de livres de revenu, que l'on dit que les duchez de Lorraine et de Bar, en l'Estat qu'ils sont a present, rendent par chacun an, il en demeurera à la France plus des trois quartz. Et sy elle abolit une souveraineté qui s'estoit sy fort eslevée qu'elle a prétendu à celle de France.

La forme qu'il semble devoir estre tenue pour se servir de ces moiens et les faire réussir est que Sa Majesté envoye une déclaration à la cour du Parlement de Paris contenant les mauvaises procédures du duc de Lorraine ; et comme il s'est déclaré entièrement ennemy de la France, les droits que le Roy et la Couronne ont dans le duché de Lorraine et de Bar, lesquels sont sy clairs que le Roy se faisant justice à soy mesme et à sa couronne par la force de ses armes pourroit de plain droit réunir à sa couronne les duchez de Lorraine et de Bar. Toutefois pour faire cognoistre à tout le monde la droiture de ses intentions auparavant que de procéder a icelle réunion. Il veut qu'il en soit juridicquement décidé par la Cour de Parlement à laquelle il en attribue toutte cognoissance pour estre en icelle appelez à la requeste du Procureur général ceux qui peuvent avoir interest, et les formes de justice gardées et observées rendu arrest desfinitif. Et attendu que pendant le procès il n'est raisonnable que les ennemis du Roy tirent le revenu et secours des duchez de Lorraine et de Bar pour luy faire la guerre ordonne qu'il sera procédé par voie de saisie et establissement de commissaire.

Le proces peut estre jugé dans peu de temps contradictoirement ou par defaut, et la cause est tellement juste, qu'il est impossible que Sa Majesté n'obtienne ses fins qui sont la réunion du duché de Bar à la Couronne en touttes ses appartenances et dépendances, et que le duché de Lorraine soit déclaré mouvant de la Couronne, et que dans un certain temps le duc ou la duchesse de Lorraine feront les foy et hommage.

S'ils obéissent à cet arrest, il n'y a plus rien a redire ; s'ils n'obéissent pas dans le temps prescrit iceluy passé attendu la félonnie et autres crimes sera faite la réunion du duché de Lorraine par voies légitimes et suivant les maximes du droit des fiefs qui fermeront la porte a touttes plaintes et aux pièces et intercessions des Princes étrangers que le duc de Lorraine interposera, d'autant que le Roy n'aura qu'à les payer de l'arrest de sa Cour de Parlement. Et ainsy rejettera sur autruy l'envie et ce qui peut estre dit de cette action, et en tirera un signalé et juste advantage pour la Couronne.

Ces choses soient dites avec toutte l'humilité et soubmission convenable.

(*Collection Dupuy, à la Bibliothèque nationale*, t. 682-683-684.)

FIN DES PIÈCES JUSTIFICATIVES DU TOME PREMIER.

TABLE DES CHAPITRES

DU TOME PREMIER.

CHAPITRE PREMIER. — Situation de la Lorraine. — Sa population. — Ses anciennes institutions. — Politique des ducs. — Ils s'affranchissent peu à peu du vasselage des empereurs d'Allemagne, et s'allient étroitement avec la France. — Établissement des cadets de Lorraine en France. — Leur rôle considérable sous Henri II...... 1

CHAPITRE II. — Charles III est emmené en France. — Il est élevé à la cour de Henri II avec les enfants de France. — Ses qualités précoces lui attirent la bienveillance de tous. — Il épouse Claude de France. — Il se rend en Lorraine avec sa nouvelle épouse. — Il retourne un instant en France pour assister aux conférences de Fontainebleau. — Ses mesures contre les protestants de Lorraine. — Sur la réclamation des anciens chevaliers, il fait une nouvelle entrée à Nancy, et jure de maintenir leurs priviléges. — Troubles de France. — Le duc de Lorraine répare ses places frontières et se tient prêt à toutes les éventualités. — Il commence la construction de la ville neuve de Nancy. — Ses rapports avec la cour de France jusqu'à la mort du duc d'Anjou.. 14

CHAPITRE III. — Le duc Charles III entre secrètement dans les intérêts de la ligue. — Réunion de tous les princes lorrains dans une assemblée tenue à Nancy. — Autre conférence à Joinville. — Le duc Charles aide sous main les ligueurs à s'emparer de Toul, Mézières et Verdun. — Par représailles, l'armée protestante d'Allemagne pénètre en Lorraine. — Charles III la repousse jusqu'aux frontières de France. — Il assiége Jametz et Sedan. — Nouvelle réunion des princes lorrains à Nancy. — Sommation adressée à Henri III. — Journée des Barricades. — Mort du duc de Guise et de Henri III. — Tentatives faites auprès du roi d'Espagne pour qu'il appuie les prétentions de la maison de Lorraine à la couronne de France. — Elles échouent. — Le duc Charles se détache peu à peu de la ligue. — Il attaque et prend Stenay, Dun, et s'avance en Champagne. — Politique du duc de Lorraine pendant la tenue des États de Paris. — Il s'applique à déjouer les projets de ses cousins de Guise et du parti espagnol. — Cartel entre Henri IV et le duc de Lorraine. — Préliminaires de la paix. — Traité de juillet 1595..................................... 31

CHAPITRE IV. — État de la Lorraine après la guerre. — Embarras financiers. — Le duc Charles met quelques-unes de ses troupes à la solde de la France. — Il songe à réduire le taux des emprunts faits pendant la durée de la guerre. — Les chevaliers s'y opposent. — Projet de mariage entre Henri duc de Bar et Catherine de Bourbon, sœur d'Henri IV. — Difficultés qu'il rencontre. — Le pape refuse les dispenses. — On passe outre. — Les évêques de France ne veulent point consacrer cette union. — Comment Henri IV vient à bout de leur résistance. — Le mariage est célébré par l'archevêque de Rouen. — Le duc de Bar va à Rome solliciter les dispenses. — Objections et délais de la cour de Rome. — Les dispenses n'arrivent qu'après la mort de Catherine. — Voyage du roi de France en Lorraine. — Il arrange le différend survenu au sujet de l'élection d'un évêque à Strasbourg. — Difficultés entre le duc de Lorraine et le Saint-Siége à l'occasion du commandement accepté par le comte de Vaudemont dans l'armée des Vénitiens. — Hésitations du duc de Lorraine. — Il se refroidit pour l'alliance française. — Son caractère et sa mort.......... 55

CHAPITRE V. — La mort de Charles III ne change rien à la politique de la Lorraine. — Caractère de Henri II, prince faible et irrésolu. — Projets de Henri IV sur la Lorraine. — Il se propose de marier le Dauphin avec la princesse Nicole, fille ainée de Henri II. — Il envoie Bassompierre à la cour de Lorraine. — Bassompierre demande la main de la jeune princesse. — Hésitations de Henri II sur la réponse à donner au roi de France. — Il accepte. — Ce projet d'alliance brouille Henri II avec le comte de Vaudemont son frère. — Mort de Henri IV............. 86

CHAPITRE VI. — Effets de la mort de Henri IV. — Abandon de sa politique. — Système de Marie de Médicis sur les alliances de la France. — Elle renonce au mariage lorrain. — Elle arrange le mariage de Louis XIII avec une infante d'Espagne. — Bonnes relations de la Lorraine et de la France, après l'abandon du projet de mariage. — Administration du duc Henri. — Il songe à donner sa fille au baron d'Ancerville, bâtard d'un Guise. — Nouvelle rupture entre les deux frères. — Mémoires échangés au sujet de la succession de Lorraine. — Le comte de Vaudemont mène son fils Charles de Lorraine en France. — Ses débuts à la cour. — Il accompagne la reine à Bordeaux. — Assiste à l'échange des princesses de France et d'Espagne. — Fait l'amoureux de la reine, et soufflette le comte de Soissons. — Son intimité avec Louis XIII. — Est rappelé à Nancy. — Va en Allemagne, assiste à la bataille de Prague, et s'y distingue. — Mort du baron de Lutzebourg. — Intervention singulière d'un carme déchaussé espagnol. — Mariage de Charles et de Nicole, du baron d'Ancerville (prince de Phalsbourg) et de Henriette de Lorraine. — Dernières années de Henri II. — Sa mort 102

CHAPITRE VII. — Avénement de Charles IV. — Il fait son entrée solennelle à Nancy et confirme les priviléges des trois ordres. — Il gouverne pendant plus d'une année, conjointement avec la duchesse Nicole. — Le comte de Vaudemont se fait reconnaître duc de Lorraine par les États assemblés, en leur présentant un testament de René II, qui établit la succession masculine. — Après avoir régné quelques jours, il se démet en faveur de son fils, et Charles devient seul et unique souverain. — Le nouvel ordre de succession est reconnu par les trois ordres réunis, et par les cabinets étrangers. — La France seule ne se prononce pas. — Exécutions, pour crime de magie, de deux anciens serviteurs de Henri II. — Charles IV renouvelle son entrée solennelle à Nancy, et jure une seconde fois le maintien des priviléges des trois ordres. — Première atteinte qu'il porte aux droits de l'ancienne chevalerie. — Elle ne soulève aucune réclamation. — Popularité de Charles IV. — Son portrait et son caractère. — Richelieu entre dans le conseil du roi Louis XIII. — Il reprend l'œuvre politique de Henri IV. — Il envoie Guron à Nancy, afin de persuader au duc de Lorraine de se déclarer contre la maison d'Autriche. — Guron échoue dans sa mission. — Pourquoi. — Richelieu revendique, comme faisant partie du domaine de la couronne de France, plusieurs portions des États du duc de Lorraine. — Ressentiment de Charles IV. — Il est sollicité par les catholiques de France à prendre parti contre le cardinal. — Arrivée de Mme de Chevreuse à Nancy........ 139

CHAPITRE VIII. — Portrait de Mme de Chevreuse, son caractère, ses aventures antérieures. — Elle engage le duc de Lorraine dans ses intérêts. — Affaire de l'évêque de Verdun. — Arrivée de Montaigu à Nancy. — Charles promet au roi d'Angleterre de pénétrer en armes en Champagne. — Il va à Paris, assurer le roi de sa fidélité, et s'en retourne brusquement à Nancy, parce qu'on exige de lui l'hommage pour le Barrois, au nom de sa femme. — Montaigu est arrêté en Lorraine. — La saisie de ses papiers fait découvrir à Richelieu tout le plan des confédérés. — Charles réclame vivement la remise de Montaigu. — Il est refusé. — Déroute des Anglais à l'île de Ré. — Le duc de Lorraine et Mme de Chevreuse viennent à Paris demander au cardinal l'oubli du passé. — Prise de La Rochelle...................... 182

CHAPITRE IX. — Effet considérable produit en Europe par la prise de La Rochelle. — Le caractère du roi changé par ce premier succès. — Son goût pour les entreprises militaires. — Il s'achemine vers la Savoie, et rencontre le duc de Lorraine à Châlons. — Entrevue des deux souverains. — Ce qui se passe en France pendant l'absence du roi. — Jalousie de Louis XIII envers Gaston. — Effets des méfiances réciproques des deux frères. — Caractère de Monsieur. — Grande passion qu'il affiche pour Marie de Mantoue. — Cette princesse est conduite au château de Vincennes. — Monsieur sort du royaume et se réfugie en Lorraine. — Accueil qu'il y reçoit. — Le duc Charles offre de se mêler de l'accommodement. — Il se conclut à Nancy par l'entremise de MM. de Marillac, Bellegarde et Bouthillier. — Séparation amicale de Charles et de Gaston, qui pendant son séjour en Lorraine s'était montré épris de Marguerite de Vaudemont, sœur du duc Charles.................... 222

CHAPITRE X. — Situation des affaires extérieures de la France après le retour de Monsieur en France. — Leur gravité, tant en Allemagne qu'en Italie. — État des relations du duc de Lorraine avec Louis XIII à cette époque. — Nouvelle incartade de Monsieur au moment du départ du roi pour l'Italie. — Entrevue entre les deux frères et réconciliation. — Brouilleries entre la reine-mère et le cardinal, peu de temps après la maladie du roi. — Monsieur se laisse entraîner à y prendre part. — Menaces qu'il adresse au cardinal. — Il se retire à Orléans. — Fuit en Bourgogne, et en Franche-Comté. — Il est poursuivi par le roi et demande asile au duc de Lorraine. — Le duc de Lorraine fait ses conditions. — Monsieur s'engage à épouser Marguerite de Vaudemont. — Accueil empressé qu'il reçoit en Lorraine. — Intrigues qu'il y noue. — Le roi s'avance en Champagne pour surveiller les démarches de Monsieur et du duc de Lorraine. — Relations de la France avec le roi de Suède, qui s'avance en Allemagne et défait les Impériaux. — Armements du duc de Lorraine, faits d'accord avec Monsieur et l'empereur d'Allemagne. — Le roi en prend jalousie et somme le duc de Lorraine de passer le Rhin avec ses troupes. — Campagne du duc de Lorraine en Allemagne. — Il ne peut joindre Gustave-Adolphe. — Ses troupes sont épuisées par les fatigues et les maladies. — Mort du prince de Phalsbourg. — Charles généralissime des armées de Bavière. — Il est rappelé dans ses États par les menaces du roi Louis XIII, qui fait mine de vouloir envahir la Lorraine. — Traité de Vic entre Louis XIII et Charles IV. — Gaston épouse secrètement la sœur du duc.. 241

CHAPITRE XI. — Querelles parmi les conseillers de Monsieur à l'occasion de son mariage. — La cour de France s'en doute, sans pouvoir en acquérir la certitude. — Nouvelles menées en Lorraine contre la France. — Elles n'échappent point au cardinal. — Il expose au roi en son conseil la situation des affaires extérieures du royaume, et décide le roi à faire une nouvelle expédition en Lorraine. — Le roi part pour se mettre à la tête de son armée de Champagne, et ordonne aux maréchaux de La Force et d'Effiat d'assaillir la Lorraine. — Monsieur entre en Lorraine et vient coucher à Nancy. — Les troupes qu'il mène avec lui mettent en déroute trois cornettes de cavalerie française à Malatour. — Le roi saisit le Barrois faute d'hommage, et entre en Lorraine. — Il envoie attaquer le régiment du marquis de Lenoncourt à Rouvroy. — Fait mettre le siége devant Nancy. — Son armée occupe la Lorraine pendant que le maréchal de La Force poursuit Gaston en France. —Triste situation du duc de Lorraine, abandonné à la merci du roi par les Espagnols et par les Impériaux. — Il offre deux de ses places fortes en dépôt. — Le roi exige la cession pure et simple du comté de Clarmont. — Charles est obligé d'y consentir. — Il met son espoir dans le succès de l'expédition de Monsieur en Languedoc. — Défaite de Monsieur à Castelnaudary. — Conditions humiliantes de son traité avec le roi. — Il nie son mariage avec la princesse Marguerite. — Mort du duc François de Vaudemont. — Tristesse et abattement du duc de Lorraine après la défaite de Gaston.. 298

CHAPITRE XII. — Mort de Gustave-Adolphe. — Monsieur se sauve de nouveau en Belgique. — Desseins du roi et du cardinal à l'égard du duc de Lorraine. — Négociations entamées avec la plupart des cours de l'Europe. — Le sieur de Miré envoyé vers le maréchal comte de Horn. — Objet de sa mission. — Le roi s'avance vers la Lorraine, après s'être entendu avec les généraux suédois. — Défaite du corps de l'armée lorraine par les Suédois. — Le maréchal de La Force pénètre en Lorraine, pendant que le roi s'empare du Barrois. — Négociations du cardinal François de Lorraine avec le cardinal de Richelieu. — Elles n'arrêtent pas la marche de l'armée de Louis XIII. — Il envahit Nancy. — Fuite de la princesse Marguerite. — Traité conclu par le cardinal François pour rendre Nancy. — Ce traité n'est pas ratifié par Charles IV. — Le maréchal de La Force marche contre le duc de Lorraine. — Celui-ci demande une entrevue. —Il espère, à la faveur du traité de Charmes, se jeter dans Nancy. — Comment son dessein est prévenu. — Reddition de Nancy. — Retour du roi à Paris. — Le duc Charles fait cession de ses États à son frère le cardinal. — Cette cession est mal accueillie en France. — Le cardinal de Richelieu veut s'emparer des princesses Nicole et Claude. — Il fait envahir Lunéville pour les surprendre. — Mariage du cardinal François et de sa cousine Claude. — Ils sont conduits prisonniers à Nancy. — Richelieu veut les séparer. — Fuite de la princesse de Phalsbourg. — Évasion du duc Nicolas-François et de Claude. — Prise de Bitche et de La Mothe par les Français, après une vigoureuse résistance. — La duchesse Nicole à la cour de France.................................. 332

APPENDICES.

NOTE I. — Anciennes institutions du duché de Lorraine. — Du pouvoir de ses ducs.— Les trois ordres: le clergé, la noblesse, le tiers état. — Le tribunal des assises. 427
NOTE II. — L'abbaye de Remiremont... 453
NOTE III. — Fortifications de Nancy... 455
NOTE IV. — Palais ducal de Nancy... 458
NOTE V. — Bourg de Saint-Nicolas-le-Port...................................... 459

DOCUMENTS HISTORIQUES ET PIÈCES JUSTIFICATIVES.

I. — Lettre du duc Charles de Lorraine à madame la princesse de Conti....... 461
II. — Lettre de François duc de Lorraine à monsieur le duc de Chevreuse...... 462
III — Lettre du duc Charles escrite à la royne mère......................... 462

IV. — Monsieur de*** au cardinal de Richelieu............................ 463
V. — Memoire des interestz que le roy a que la duché de Lorraine tombe en quenouille, auec vn aduis a la duchesse douairière de ce qu'elle doibt et peut faire pour se maintenir contre le duc de Vaudemont....................... 465
VI. — Lettre de *** à monsieur de Marillac, gouverneur de Verdun........... 468
VII. — Procuration de madame la douairière de Lorraine pour s'opposer à ce qu'a entrepris le comte de Vaudemont pour changer l'ordre de succéder en Lorraine... 469
VIII. — Entrée solemnelle à Nancy et prise de possession solemnelle du duché de Lorraine par le prince Charles... 472
IX. — Acte de serment presté aux estatz de Lorraine par le duc Charles..... 473
X. — Resultat des estatz generaux convoquez a Nancy le 2 mars 1626 et finis le 23 dudit mois... 478
XI. — Acte de protestation faicte par le sieur Justiniano Priandi resident en France pour monsieur le duc de Mantoue le *** 1626 au nom de Marguerite de Gonzague, suivant ladite procuration et du tout conforme à icelle....... 481
XII. — Le duc Charles IV au cardinal de Richelieu.......................... 482
XIII. — Le duc Charles au cardinal de Richelieu............................ 483
XIV. — Le maréchal de Marillac au roi...................................... 483
XV. — Le maréchal de Marillac au cardinal de Richelieu..................... 484
XVI. — Monsieur de Bouthellier au roi...................................... 485
XVII. — Le maréchal de Marillac au roi..................................... 486
XVIII. — Minute d'une lettre qui parait écrite par monsieur de Bouthillier et adressée par le roi Louis XIII au duc de Lorraine, datée de Troyes........ 487
XIX. — Le maréchal de Marillac au cardinal de Richelieu.................... 488
XX. — *Idem*... 489
XXI. — Lettre datée de Bayon, écrite par la duchesse de Croy à la reine mère pour lui raconter les détails d'une négociation de Monsieur de Lorraine avec les Allemands pour le siége de Metz....................................... 490
XXII. — Le maréchal de Marillac au cardinal................................ 491
XXIII. — Le maréchal de Marillac au roi.................................... 491
XXIV. — Le maréchal de Marillac au cardinal de Richelieu................... 493
XXV. — Traicté faict a Vic le six^e janvier 1632, entre le roy et le duc Charles de Lorraine... 493
XXVI. — Mémoire de monsieur de Guron pour le cardinal Richelieu............ 497
XXVII. — Traité de Liverdun.. 506
XXVIII. — Le cardinal de Richelieu à monsieur de Guron..................... 509
XXIX. — Mémoire envoyé à M. de Guron le xxiiie juin 1633................ 510
XXX. — Extrait d'une dépêche de monsieur de Guron au cardinal de Richelieu. 512
XXXI. — Extrait d'une lettre de M. de Saint-Chamond au cardinal de Richelieu. 515
XXXII. — Extrait d'une lettre de M. de Saint-Chamond au cardinal de Richelieu. 515
XXXIII. — Extrait d'une lettre du sieur de L'Isle à M. de Guron, du 16 aoust, qui rend compte du combat d'Hagueneau...................................... 516

TABLE DES CHAPITRES.

XXXIV. — Lettre de monsieur de Saint-Chamond au Roy.....................	518
XXXV. — Lettre de monsieur de Saint-Chamond au Roy.....................	520
XXXVI. — Extrait d'une lettre de M. de Saint-Chamond au cardinal de Richelieu.	521
XXXVII. — Extrait d'une lettre de la princesse de Phalsbourg à M. de Saint-Chamond...	522
XXXVIII. — Lettre de M. de Saint-Chamond...............................	523
XXXIX. — Extrait d'une lettre de M. de Saint-Chamond au cardinal de Richelieu.	524
XL. — Relation de la sortie de la princesse Marguerite, duchesse d'Orléans, de la ville de Nancy, pour se rendre à Bruxelles.........................	525
XLI. — Lettre de madame la duchesse d'Orléans à monsieur de Puylaurans.....	528
XLII. — Traicté faict entre le Roy et monsieur le duc de Lorraine le sixiesme septembre mil six cents trente-trois...	528
XLIII. — Reddition de Nancy...	533
Récit du siége de Nancy...	535
Description du siége de Nancy, commencé le vingt septiesme jour d'aoust, et rendu le vingt-troisiesme jour de septembre mil six cents trente-trois......	539
Sonnets sur la réduction de la ville de Nancy.............................	540
XLIV. — Relation de l'entrée du roy à Nancy.............................	541
XLV. — Lettre adressée à M. Bouthillier, secrétaire d'Estat, par M. de Brassac.	542
XLVI. — Lettre adressée à M. Bouthillier, conseiller d'Estat, par M. de Brassac.	543
XLVII. — Advis de M. de Chamblay......................................	544
XLVIII. — Mémoire pour M. de Brassac..................................	545
XLIX. — Lettre du Roy à monsieur le procureur général....................	546
L. — Lettre du Roy à monsieur le premier président.......................	547
LI. — Lettre de la princesse Claude au cardinal de Richelieu sur le sujet du mariage qu'on lui proposait avec M. le cardinal de Lorraine...............	547
LII. — Mémoire pour M. le comte de Brassac.............................	548
LIII. — Extrait d'une lettre de M. de Brassac à M. de Bouthilier............	550
LIV. — Cession et transport des duchés de Lorraine et de Bar au cardinal de Lorraine, par son frère le duc de Lorraine.............................	551
LV. — Extrait d'une lettre de M. de Brassac à M. de Bouthilier.............	553
LVI. — De M. de Brassac à M. de Bouthilier..............................	555
LVII. — Mémoire envoyé par M. Gobelin.................................	557
LVIII. — Extrait d'une lettre de M. d'Arpajou à M. de Bouthilier............	560
LIX. — Mémoire sur les moyens de réunir la Lorraine à la France...........	651

FIN DE LA TABLE DU TOME PREMIER.

www.ingramcontent.com/pod-product-compliance
Lightning Source LLC
Chambersburg PA
CBHW070331240426
43665CB00045B/1331